한반도 통일과 기독교

열린출판사 실천신학시리즈
한반도 통일과 기독교

지은이 / 한기양
펴낸이 / 김윤환
펴낸곳 / 열린출판사
1판 1쇄 펴낸 날 / 2011년 9월 1일

등록번호 / 제2-1802호
등록일자 / 1994년 8월 3일
주소 / 서울 중구 인현동2가 192-20 정암프라쟈 504호
전화 / (02)2275-3892   팩스/(02)2277-6235

2011ⓒ한기양
저자와의 협의에 의해 인지는 생략합니다.
잘못된 책은 교환해 드립니다.

ISBN 978-89-87548-96-8 03230

값 18,000원

한반도 통일과 기독교

칼 바르트의 '화해론'을 바탕으로

*The Church's Practical Task for
the Peaceful Unification of the Korean Peninsula
based on Karl Barth's Doctrine of Reconciliation*

한 기 양 지음

열린출판사

■ 추천사

오늘 우리는 평화를 누리며 하루하루를 살아가고 있습니다. 그러나 그것은 위장된 평화임을 우리 모두 잘 알고 있습니다. 언제 터질지 모르는 전쟁위협, 서로 양보할 수 없는 이데올로기갈등, 그러면서도 통일의 염원과 '통일이후의 불안'이 끊임없이 교차하는 경계선상에 놓여있기 때문입니다.

이 경계 선상에는 다양한 이론과 다양한 프로그램들이 등장하여 이 첨예한 통일문제를 풀어가려 합니다. 심지어는 '북한 선교'와 '북한 돕기' 운동마저 기독교 확장주의의 수단으로 나타나는 경우도 눈에 띠곤 합니다. 더욱이 통일문제를 신학적 이슈로 쟁점화 하는 일은 오랜 세월 이 땅에서 터부시되어 왔습니다.

바로 이 혼돈 속에 한기양 박사께서 그의 야심작 『한반도 통일과 기독교』를 내놓았습니다.

이 저서는 통일문제가 북한선교 이전에, 북한 돕기 이전에 실천신학이 풀어가야 할 신학적 이슈라는 논의의 새 지평을 열어놓고 있습니다.

이 저서는 한국정치의 희생자였던 자신의 어둠을 뚫고, 다가오는 하나님의 부르심 앞에서 신앙양심으로 고백하는 한 신앙인의 깊은 고뇌의 표현이기도 합니다. 그러기에 이 저서는 학문적 표현을 빌린 그의 신앙고백서입니다.

더 나아가 이 저서는 기독교 신앙과 신학의 핵심주제인 '그리스도의 화해론'에서 통일문제를 풀어가는 담대함을 담고 있습니다.

예수 그리스도를 통하여 온 세계와 온 인류를 자신과 화해하시는 하나님의 약속이라는 종말론적 지평에서 통일의 실마리를 찾아가는 신학적 통찰력은 통일을 정치, 경제, 국제관계에서 접근하는 모든 시도들을 넘어서고 있습니다.

통일은 궁극적으로 하나님의 통치하심안에서만 가능하다는 그의 신앙적, 신학적 신념의 표현이기도 합니다.

한 박사의 저서는 앞으로 전개될 통일의 정치적 논의와 기독교적 담론에 중요한 단서를 제공할 뿐 아니라, 북한 선교의 방향설정에도 하나의 큰 이정표가 될 것입니다.

실천신학대학원대학교
총장 은 준 관

■ 추천사

먼저 한기양 박사의 『한반도 통일과 기독교』의 발간을 진심으로 축하합니다.

저자는 민족문제와 생명문제에 대해 도서관이나 연구실에 갇힌 신학이 아니라, 많은 그리스도인들과 함께 예수적 사랑을 실천해 온 목회자이자, 필자와 함께 평화와 사랑 나눔의 유엔협력기구인 '굿네이버스' 사역의 동역자이기도 합니다.

이 책의 연구에 있어 그 출발은 다음과 같은 질문으로부터 시작되었다고 봅니다.

첫째, 지구상 유일한 분단민족으로서 60여년 냉전의 굴레에서 벗어나지 못한 채 서로의 가슴에 총부리를 겨누고 있는 한반도에서 기독교는 어떤 모습인가? 둘째, 한국교회가 자기 민족의 통일문제에 대한 진지한 신학적 성찰과 대응을 적절히 하고 있는가?

이 질문에 대한 한기양 박사의 신학적 대답도, 또한 실천적 대답도 바로 '화해'입니다.

남북 각각의 체제를 지탱하는 세상의 이데올로기가 결코 한반도 문제를 풀어줄 수 없다고 보고 저자는 '그리스도의 화해론'으로 한반도 통일론을 접근합니다.

한기양 박사는 오늘의 한반도를 아직 미완의 해방공간 그 연장선에 있다고 보고, 점점 고착되어가는 분단 풍토에 대해 한국 기독교의 진지한 성찰과 대안을 제시하고 있습니다.

그간 역대 정부와 종교계가 선언적 의미의 화해를 표명한 적이 종종 있었습니다만 진정한 평화와 통일은 분단 상황의 역사적 이해와 지배 이데올로기의 신학적 분석 없이는 그 화해제스처 또한 일과성 행사나 정치적 수사에 불과할 것입니다.

이러한 현실에 대해 저자는 남측 교회의 맹목적 적개심과 북측의 왜곡된 사상을 역사적, 객관적으로 분석하고, 칼 바르트의 화해론을 한반도 상황에 접목하여 신학적, 실천적으로 상당한 성과를 나타내게 되었습니다.

필자는 이 책이 한반도 문제를 걱정하는 교계의 지도자와 그리스도인들에게 민족문제, 통일문제를 기독교적 시각으로 깊이 있게 이해하도록 돕는 '신학과 실천의 가교'가 되어줄 것으로 기대합니다.

이제 한반도 통일문제는 더 이상 정치인들만의 몫이 아니라, 예수 그리스도의 평화와 사랑에 빚진 우리 한국기독교의 중요한 사명이자, 헌신의 문제라는 것을 일깨워 준 한기양박사의 출간을 다시한번 경의와 감사를 드립니다.

저는 이 책이 많은 그리스도인에게 읽힘으로 시대를 향해 던지는 교회의 소리로 온 겨레에 퍼져가길 간절히 소망합니다.

굿네이버스 회장
이 일 하 목사

■ 저자 서문

　1980년 5월 광주민중항쟁을 지켜보면서, 보수적인 신앙 속에서 자라온 저는 '사회적 사건'을 통해 부르시는 하나님 앞에서 역사의 소용돌이에 휘말려 들어갔던 기억이 떠오릅니다. 이후 줄곧 '이 땅의 그리스도인은?' '이 땅의 교회는?' '이 땅의 목회자는?' '이 땅의 신학은?'이라는 근본적인 물음이 항상 저를 붙잡아 늘어지곤 했습니다. 그리고 그 물음들은 헝클어진 실타래처럼 풀어야 할 숙제로서 저를 역동하게 하는 그 무엇이었습니다.
　그 물음들은 결국 저로 하여금 우리 시대의 현실과 근본적인 모순을 직면하게 했으며 피해갈 수도 없게 했습니다. 우리의 신앙이 보다 실천적이고 구체적이기 위해서는 한반도의 분단현실을 극복하기 위한 것에 초점을 맞추지 않으면 안 된다는 점과, 한반도의 평화통일이야말로 이 시대 주요한 역사적 과제라는 점을 분명히 하는 것이었습니다. 또한 이는 반드시 하나님께서 보시기에 아름다운 모습으로 주님이 원하시는 참된 평화이어야 할 뿐만 아니라, 이 일은 '약한 자 힘주시고, 강한 자 바르게'하시는 하나님의 공의로움에 부합해야 함과 동시에, 세계성과 보편성을 획득해야 한다는 관점을 놓치지 말아야 한다고 생각했습니다. 그렇다면, 당연히 한국교회는 이렇게 중요하고 핵심적인 과제를 위해 헌신해야 하고, 또 가장 주요한 선교과제로 삼아야 한다는 점에서 예수 그리스도의 화해를 말하고 싶었습니다.
　한동안 정리되지 않은 채 닫아두었던 '그 물음들'의 서랍을 다시 열어서 차근차근 정리하도록 강권하신 은준관 총장님께 먼저 감사드립니다. 또한 열정적이고 세심하게, 그리고 친절하게 이끌어주신 김용성 교수님의 지도가 없었다면 이 연구는 가능하지 않았을 것입니다. 끝까지 격려하며 수준 높은 논문이 되도록 지적해주심에 머리 숙여 감사드립니다. 또한 한 번도 뵌 적은 없지만, 예전부터 존경하며 신학관점에 공감하며 저서들을 애독(愛讀)했고, 본 연구를 진행하면서 더욱 뵙고 지도받고 싶을 정도로 자랑스러운 박순경 교수님께 감사드리지 않을 수 없습니다.

한편, 환경과 생명에 대한 목회에 앞장서며 전문성을 쌓아오던 저의 목회활동과 선교방향을, 돌연 북측사회와 민족분단의 현장으로 향하게 하신 하나님의 이끄심을 깨닫도록 방북의 기회와 북측과의 나눔 사역을 가능하게 한 굿네이버스 회장이신 이일하 목사님과 지라니문화사업단의 임태종 목사님께도 감사드립니다. 그리고 특히 저의 목회활동 처음부터 지금까지 속속들이 꿰뚫어 보시며 이해해주고 격려하며 끊임없이 공부하며 연구하도록 응원하며 도와주신 이영재 박사님께 감사의 정을 담아드리고 싶습니다. 또한 논문을 잘 다듬어 편집하고 출판할 수 있도록 힘써 주신 열린출판사 김윤환 목사님께도 감사드립니다.

뿐만 아니라 울산새생명교회 성도들에게 큰 절을 올립니다. 늘 분주하여 세심하게 돌보지 못한 목회자를 탓하지 않고 연구에 전념할 수 있도록 기다리며 기도해주신 성도들에게 감사드리며, 이 연구의 결과 또한 저 개인의 것이 아닌 성도 여러분들과 함께 나누는 우리 공동체의 것임을 밝힙니다.

무엇보다도, 언제나 뜻을 같이하며 정성을 다해 힘의 원천이 되어준 사랑하는 아내와 귀하고 사랑스런 딸에게 고마움은 물론이고 기쁨을 나눕니다.

2011년 여름 폭우 중에
태화강변에서 한 기 양

목 차

- **추천사**_ 은준관/이일하
- **저자서문**

제1장 서론: 한국교회와 '화해론'

1. 한국교회의 절박한 과제- 분단현실의 극복 _15
2. 기독교 화해론과 한반도 통일 _22

제2장 칼 바르트'화해론'의 해방적 실천

1. 화해에 대한 성서적 정의 _29
2. 칼 바르트의 화해론의 내용과 형식 _33
    1) 화해의 영원한 근거인 계약   2) 위기에 처한 계약의 성취
    3) 화해론의 구조와 형식   4) 생명의 빛, 예수 그리스도
3. 화해론의 근거 _40
    1) 삼위일체 하나님   2) 예수 그리스도
    3) 십자가 사건을 통한 객관적 화해
4. 칼 바르트의 해방적 실천 _49
    1) 화해를 위한 투쟁   2) 냉전체제의 비판
    3) 하나님 말씀에 근거한 반전 평화운동
5. 화해신학과 화해의 교역 _60
    1) 화해된 인간 존재의 세 가지 형식   2) 화해의 교역
6. 화해의 근원 - 예수 그리스도 _71
    1) 십자가의 사랑   2) 예수 그리스도의 인격과 속죄
    3) 성령과 교회공동체
7. 교회공동체의 화해 교역 _75

제3장 한반도의 이념적 갈등 정황

1. 한국기독교와 민족분단 _81_
    1) 한국기독교와 사회주의의 갈등   2) 민족교회 재건의 실패
    3) 사회주의 사회에서의 북측의 기독교
2. 이념적 갈등과 화해되지 못한 사회 _131_
    1) 민족분단과 갈등의 역사적 뿌리   2) 이데올로기의 허상
    3) 칼 바르트가 말하는 화해되지 못한 사회

제4장 북측사회의 객관적 이해와 비판

1. 북한사회의 객관적 이해의 필요성 _161_
2. 북측 주체사상의 종교적 성격 _163_
    1) 종교화된 주체사상   2) 주체사상과 수령
    3) 도그마화 된 주체사상   4) 수령과 기독교
3. 수령숭배와 교조적 유일영도체계 _195_
    1) '최고뇌수'인 수령과 '10대원칙'   2) 개인숭배와 주체사상
    3) 주체사상의 영생관   4) 수령숭배의 의례(儀禮)
    5) 수령중심의 조직과 윤리   6) 북측이 주장하는 '우리식 사회주의'
4. 주체사상에 대한 연구조건과 북측의 문제 _234_
    1) 주체사상의 연구에 대한 조건
    2) 주체사상에 대한 북측 내에서 제기되는 문제들
    3) 공산주의적 전체주의에 대한 바르트의 입장
5. 칼 바르트의 전체주의에 대한 비판 _240_
    1) 칼 바르트의 러시아혁명 비판
    2) 정치적 절대주의와 이데올로기의 우상화
    3) 민주주의와 사회주의 현실에 대한 바르트의 견해

제5장 화해의 가능성과 한국교회의 모색

1. 칼 바르트의 동서(東西)화해를 위한 실천 _256
    1) 냉전의 한복판에 선 칼 바르트 2) 바르트의 제3의 길
    3) 바르트의 공산주의 이해   4) 바르트 신학의 사회적 관점
    5) 바르트가 말하는 교회의 과제
2. 한국교회의 화해를 위한 가능성과 노력 _276
    1) 화해의 가능성을 위한 탐구   2) 화해를 위한 남북교회의 협력과정
    3) 인도적 지원에 나선 한국교회의 노력
3. 한국교회의 역할과 과제 _303
    1) 남과 북의 교회 현실   2) 기독교와 주체사상과의 만남의 전제들
    3) 바르트의 '화해된 사회'의 개념과 민족화해를 위한 극복과제
4. 화해와 통일을 향한 한국교회와 신학 _327
    1) "떨쳐 일어나 방향을 전환하고 고백하는 교회"
    2) 바르트의 화해론에 의해 재구성해보는 전통적 교회 표지
    3) 민족화해와 평화통일을 위한 신학적 모색

제6장 결론: 화해의 직분을 맡겨주셨으니 _367

■참고 문헌 _374

제1장 서론
한국교회와 화해론

제1장 서론: 한국교회와 화해론

1. 한국교회의 절박한 과제 - 분단현실의 극복

문명적 대전환 시기인 21세기를 맞아 생명세계[1]가 과연 다음 세기까지 지속가능한가에 대한 과제를 우리 인류는 떠안고 있는 상황에서, 미래학자들은 미래에 대한 낙관적 전망을 하지 못하고 있다. 어쩌면 '지구촌 생명세계'가 종말을 맞을지도 모른다는 예측들을 내놓고 있다.[2]

아시아-태평양 지역은 그 문제의 중심이라고 할 수 있다. 그 중에서도 특히 한반도를 중심으로 황해와 동해를 연하여 살고 있는 한국, 중국, 일본, 대만 등 15억의 생명조건이야말로 진실로 인간이 얼마나 밀집된 지역에서 사람답게 살 수 있는가를 실험하는 인류 최후의 결전장이라고 해도 과언이 아닐 것이다. 이 지역은 지구에서 가장 인구가 밀집된, 대도시가 가장 많은, 그러면서도 경제성장률이 가장 높은 지역이다. 또한 이 지역은 세계 최대 쓰레기발생지역이며, 최대 인구이동지역이며, 최대 에너지소비지역이며, 최악의 환경오염지역이 된다. 곧 지구촌 문제의 핵심지역임을 의미한다. 한국은 바로 황해와 동해의 중심이며, 북경과 동경을 잇는 동북아 대도시 회랑(回廊)지역의 중심이

---

[1] 자연과학에서 말하는 '생태계'라는 개념보다는 인문·사회과학 분야를 포괄하는 것으로서, 신학적 사고 속에서 표현할 수 있는 '피조세계'를 이른바 '생명세계'로 표현했다.
[2] 김정욱, 『위기의 환경』 (서울: 도서출판 푸른산, 1992), 18~22를 참조.

다. 지구촌 문제의 핵심지역의 중심이 바로 한국인 셈이다. 그런 한국의 각 지역에 근거를 두고 실재(實在)하고 있는 한국교회야말로 그 책임이 실로 막중하다 하겠다.3)

이런 거시적(巨視的) 관점에서 한반도의 평화통일이 갖는 의미는 민족적 차원을 넘어서 세계사적 의미와 영향을 끼칠 것이 분명하다. 물론 그 통일의 과정과 결과의 내용이 어떠하냐에 따라 그 비중은 다르겠지만 세계적 사건이 될 것이다.

극단적인 대립을 화해와 상생으로 평화를 이루는 한반도의 평화통일이야말로 이 시대 세계평화의 주요한 역사적 과제일 것이다. 또한 이는 반드시 하나님께서 보시기에 아름다운 모습으로 주님이 원하시는 참된 평화이어야 한다. 뿐만 아니라, 한반도의 평화통일은 '약한 자 힘주시고, 강한 자 바르게' 하시는 하나님의 공의로움에 부합해야 함과 동시에, 세계성과 보편성을 획득해야 할 것이다. 그렇다면, 당연히 한국교회는 이렇게 중요하고 핵심적인 과제를 위해 헌신해야 하고, 또 가장 주요한 선교과제로 삼아야 할 것이다. 이점에 대한 한국교회의 입장은, 평화통일과 이른바 '북한선교'4)의 긴박성에는 모두 동의하지만, 구체적인 실천방안이나 지향하는 방향에 대해서는 여러 교파와 교단으로 나누어져 있는 만큼이나 다양하고 분분하다. 즉, 제대로 정리하고 있지 못하다는 것이다. '왜, 평화통일이어야만 하는지?' '왜, 교회가 앞장서야만 하는지?' '통일을 하지 않으면 안 되는 것인지?' '북측의 주체사상과 과연 화해가 가능하기는 한 것인지?'

---

3) 한기양, "지방자치시대 환경선교의 방향과 과제",「KNCC '95 환경선교정책협의회 자료집」(1995.10.23.), 35~36.
4) 임희모는 한국교회의 북한선교에 대한 다양한 관점을 소개하면서 보다 통전적이고 통합적인 선교개념을 가지고 화해와 평화를 추구하는 평화통일선교를 말하고 있다. 임희모,『한반도 평화와 통일선교』(서울: 다산글방, 2003), 26~41에서 참조. 이 부분에 대해서는 제3장에서 보다 자세히 다룰 것이다.

'하나님나라와 그 의를 구하는 신앙적 실천과 한국교회의 평화통일선교는 어떤 연관이 있으며, 어떻게 필연적일 수밖에 없는 것인지?' 이런 질문에 대한 보다 성서적이면서도 역사성과 보편성을 지닌, 체계적이고 정교한 신학적 응답이 성실하게 정리되지 않으면 안 된다.

분단문제와 한국교회의 과제

세계질서와 평화를 위협하는 문제는 바로 우리 민족의 분단에 압축되어 있다고 해도 과언이 아니다. 인류 역사가 시작된 이래, 이렇게 철저하게 단절된 분단선(155마일의 휴전선)은 그 어디에도 없었다.[5] 따라서 세계평화의 문제는 바로 이 한반도의 분단 극복의 과제와 잇닿아 있다.

한반도의 분단현실, 세계역사의 주역들의 의식 내부에서부터, 또 이들이 만들어낸 불의한 세계상황 내부에서부터 분단된 세계가 안겨준 민족분단의 현실에 직면하여 이 한반도는 의와 평화에의 궤도를 이탈하여 오늘에 와서는 그 궤도의 단서조차 찾기 어려운 실정이다. 이런 한반도 상황은 바로 오늘의 주요한 세계상황이다. 우리의 미래가 비관적이거나, 세계의 미래가 결코 파멸일 수는 없을 것이다. 의와 평화의 왕이신 예수 그리스도가 부활하셨다는 복음은 다름 아니라, 바로 이것이 세계의 미래요, 희망이라는 뜻이다. 이 때문에 우리는 무력하다고 자처하면서 세계의 위기를 방관하고 있을 수만은 없다. 문명적 위기와 민족분단, 핵무기의 위협을 강 건너 불구경 하듯이 논할 수는 없는 것

---

[5] 정치, 경제, 군사, 외교, 사회, 문화, 사상, 이념 등 모든 분야에 있어서의 대립과 갈등의 장벽에 남북한의 젊은이 250만 여 명이 넘는 병력이 핵무기를 비롯한 최첨단 무기로 무장한 채 무려 65년이 넘도록 대립하고 있는 국경선이 세계역사상 그 어느 나라에도 없었다. 한기양, "북한 사회를 듣다"(울산정치포럼 강연, 2004).

은 그것이 바로 우리 한반도의 절박한 분단 상황이기 때문이다.

우리의 신앙적 책임은 '지금 여기'구체적으로 이 민족에 대해서이다. 우리의 절박한 상황이 신앙양심과 슬기와 용기로써 극복되는 방향에로 접어들기만 한다면, 우리는 다시금 훌륭하게 세계역사에 있어서 하나님의 의와 평화를 증언하게 될 것이다. 우리의 분단은 분명히 죄악이요 비극이지만, 이것이 또한 역설적으로 새 역사의 계기가 될 수 있다.[6] 우리가 여전히 강대국의 눈치나 살피고 그들로 하여금 한반도의 운명을 좌지우지하도록 내버려둔다면, 우리는 그런 하나님나라를 향한 새 역사의 계기를 영영 상실하게 될지도 모른다.

우리 한국교회의 신학은 '지금 여기'한반도의 절박한 현실에 대한 하나님의 뜻과 말씀을 질문하고 응답받는 것이어야 할 것이다. 그리고 민족과 세계의 문제를 정확하게 진단할 수 있는, 그래서 새로운 미래와 하나님나라의 의와 평화를 제시할 수 있는 역사를 변혁하는 실천의 원동력이 되어야 할 것이다.

화해의 자리

남과 북의 대화하는 만남의 자리는 언제나 자본주의적 가치와 주체사상적 가치가 그 밑바닥에 흐르고 있다. 거기에 기독교가 한 자리를 차지하고 앉을 자리는 없는 셈이다. 우리의 자리는 회담장 '바깥'이다. 그런데 그 회담장 바깥은 대중이 서성거리는 자리이다. 우리의 할 일은 회담장 안에서 서로 물러설 수 없는 대결이 되었을 때, 백성의 소리를 대변하는 일일 것이다.[7] 물론 그 소리를 대변할 곳이

---

[6] 박순경, "민족과 세계의 평화", 『기독교사상 300호 기념논문집』(서울: 대한기독교서회, 1983), 427.
[7] 문익환, "남북통일과 한국교회", 『기독교사상 300호 기념논문집』(서울: 대한기독교서회,

어디 우리뿐이겠는가. 하지만 우리는 그 모든 소리와 함께 백성의 소리를 크게 외쳐야 하는 것이다.

우리가 처한 상황이 단순하지 않은 점은 이렇게 첨예한 대립이 교회 밖에만 있는 것이 아니다. 먼저 실마리를 풀어야 할 것은 실은 교회 안에 있다. 한국교회는 너무 허물어져 있다. 근본적인 것에서부터 표피적인 것까지 복합적으로 단절되어 있는 현 상황에 대처할 교회의 관점들이 너무나 서로 다르다. 그렇다고 우리는 지금 신학과 교리의 다른 점을 조정해서 하나의 교회로 통합할 의지와 신뢰, 시간과 열정도 없어 보인다. 하여 급박한 지금 남과 북의 만남의 현실 앞에서 갈팡질팡하고 있다고 해도 과언이 아닐 것이다.[8] 여기서 안과 밖의 복잡 미묘한 문제를 차분하게 차근차근 풀어 가면 좋겠지만, 격동하는 현 상황은 이를 기다려주지 않는다. 다만 실천적인 동참을 요구하고 있을 뿐이다. 무엇이 이 백성, 이 민족에게 생명과 평화를 지향하게 할 것인지가 중요하다.

한국교회는 '지금 여기에서' 이 민족의 결정적인 관심사에 같이 해야 한다. 이는 성육신의 신앙을 오늘 이 땅에서 실천하는 길이기 때문이다. 물론 우리는 이 민족의 평화통일에만 그쳐서는 안 된다. 세계성과 보편성을 획득하는 '새 하늘과 새 땅'을 바라보는 '하나님나라 운동'으로 이어져야 할 것이다. 그러라고 하나님께서는 우리를 부르고(called out), 세우고(called up), 다시 세상으로 보내는(call into) 것이기 때문이다.[9] '지금 여기에서' 우리가 외면할래야 외면할 수 없이 맞닥뜨려야 할 가장 큰 문제는 두말할 것 없이 민족의 평화통일이라는 거족적인 문제이다. 이런 민족의 비원을 외면하고 한국교회의 신학이

1983), 327.
8) 같은 글, 328.
9) 은준관, 『신학적 교회론』 (서울: 대한기독교서회, 2000), 451.

무엇을 문제 삼을 수 있을까. 평화통일을 위한 신학이 하루 속히 모색되어야 한다. 그것은 유물론자들인 북의 주체주의자들과 허심탄회하게 대화를 나눌 수 있는 신학이어야 한다. 교회를 박멸하던 그들, 도저히 한 자리에 앉을 수 없다고 피차 생각하던 그들과 한 형제가 되는 화해의 신학[10]이어야 한다. 적당히 덮어서 얼버무리는 화해가 아니라 살을 베어내는 '회개'와 자기혁신이 요청되는 신앙적 실천이 전제되는, 예수 그리스도의 십자가 사랑에 근거를 둔 '화해의 신학'이 절실한 것이다.

'지금 여기에' 필요한 바르트의 신학적 관점

1934년 5월 31일에 발표된 히틀러에 저항하는 독일의 고백교회(Bekennende Kirche)의 신학성명인 「바르멘신학선언(Barmer Theologische Erklärung)」을 기초했고,[11] 제2차 세계대전 때 자원해서 스위스 방위군으로 히틀러의 나치즘에 대항하여 라인 강변을 사수했던 '칼 바르트(Karl Barth)'에 의하면, "하나님께서는 살아계시고 지금 이곳에서 행동하시고 말씀하고 계신다"[12] 때문에 "신학의 관심과 초점 역시 지금 이곳에서 행동하시고 말씀하고 계시는 하나님께 맞추어야 한다"[13]고 하면서, 살아계신 하나님의 음성을 듣는 일은 한편으로는 예수 그리스도의 계시와 성서적 증언을, 또 한편으로는 주어진 상황과 시점을 깊이 고려해야 한다는 것이었다.

20세기 현대사의 격랑(제1,2차 세계대전, 분단과 냉전시대) 속에서

---

10) 문익환, "남북통일과 한국교회", 333.
11) 김명용, 『칼 바르트의 신학』 (서울: 이레서원, 2007), 91~101에서 참조.
12) 같은 책, 46.
13) 같은 책, 47.

하나님의 말씀을 붙들고 '하나님나라를 위한 신학'을 정립하며 끊임없이 '지금 여기에서' 하나님께 다시 물었던, 바르트의 신학적 관점이 오늘 우리에게도 절실히 요청된다 하겠다.[14]

문명사적 위기, 혹은 세계사적 변혁의 소용돌이 속에서 분단되고 서로 대립하며 갈등한 지 반세기가 지난 한반도에서 화해의 메신저가 되어 '하나님의 평화'를 선포해야 할 한국교회는 '지금 여기에서' 무엇을 하고 있는지 스스로 엄정하게 물어야 할 것이다.

그리고 한국교회는 하나님나라를 위해 '지금 여기에서' 무엇을 해야 하는지, 갈등과 증오의 현장에서 '예수 그리스도의 몸' 된 교회로서 어떻게 화해를 실천하며 '하나님의 평화'를 어떤 모습으로 증언할 것인지 정직하게 응답해가야 할 것이다. 이런 문제의식에서 바라보면, '한반도의 평화통일'에 관한 교회의 관점은 결코 '북한선교'로만 파악할 수 없는 문제이고, '하나님나라' 관점에서 '교회의 교회됨'에서부터 종말론적 미래 전망까지 아우르는 총체적 이정표를 세우는 신학적 대응이 절실히 필요한 것이다.

이런 관점에서의 통일은, 단순한 국토통일을 넘어서 현실적인 정치·경제·사회·문화적 민족화해와 사회통합의 온전함을 위해서 '하나님나라 운동'이어야 한다. 하나님나라는 전쟁이 없는 곳이고, 약한 자와 강한 자가 차별이 없이 사회적 혜택을 누리는 곳이다. 그것은 평화로운 곳이며, 희망의 노래가 있는 곳이다. 이 하나님나라는 이 땅의 나라에서도 평화통일이 이루어지는 현장에서 부분적으로 경험된다. 이런 평화통일의 사건은 하나님나라의 실재를 믿게 만들 것이다(요17:21).[15]

이 논저는 칼 바르트의 화해론에 근거하여 한반도의 평화통일에 대

---

14) 같은 책, 46~52에서 참조.
15) 이범성, "통일, 하나님나라운동", 『통일·사회통합·하나님나라』 (서울: 대한기독교서회, 2010), 66.

한 신학적 탐구와 함께 교회의 실천적 과제를 모색하는 연구이다. 바르트가 화해론을 말한 당시의 독일을 비롯한 유럽의 신학적, 사상적, 종교적, 그리고 정치·사회적인 상황 아래에서 그의 신학사상이 어떤 의미를 지니고 있으며 어떤 영향을 끼쳤는지 살펴보면서, 오늘의 한반도의 상황 속에서 우리에게 말씀하시는 하나님의 음성을 바르게 듣고 이해하려고 시도할 것이다. 그리고 이 일에 쓰임 받을 한국교회가 "역사종말론적 하나님나라백성공동체"[16]로서 거듭남으로써, 한반도의 분단 상황 속에서 '화해'의 직분을 감당하며 평화통일에 앞장서 나가는 것이 '지금 여기'에서의 하나님나라운동임을 규명할 것이다. 또한 한국교회의 평화통일을 위한 실천이 한반도에만 국한되는 것이 아니라 세계를 향한 '하나님의 평화'를 선언하는 보편성을 가져야 함을 증언할 것이다.

2. 기독교 화해론과 한반도 통일

화해의 관점

예수 그리스도의 복음은 하나님께서 예수 그리스도를 통하여 분열되고 막힌 담을 헐고 소통의 다리를 놓아 하나님과 사람 사이에, 또 사람과 사람 사이에 화해하고 하나 되어 화평과 조화를 성취하는 것을 말한다. 이런 의미에서 예수 그리스도의 복음은 화해를 통하여 평화를 이루는 해방과 자유의 복음이다.

---

16) 은준관, 『신학적 교회론』, 452.

'화해'라는 말은 물론 신학적 개념도 될 수 있고, 정치사회적 개념도 될 수 있다. 이 말은 신학적인 의미와 정치사회적인 의미에서 차이와 동일성을 동시에 찾을 수 있다. 다시 말해 우리는 신학과 정치를 좁은 의미에서 구별하기도 하고, 또 넓은 의미에서 신학(종교)과 정치를 동일하게 취급할 수도 있다. 신학이 주로 하나님과 인간관계를 다루는 데 비해서, 정치는 주로 사람과 사람과의 관계를 다루는 것이라고 볼 수 있다. 사상·이념·제도라고 할 때, 종교와 정치는 각각 자기의 사상·이념·제도를 갖고 있으며 둘 다 이 세상과 세계역사 속에 존재한다. 따라서 신학(종교)과 정치의 차이는 그 내용에 있지 결코 그 형태나 형식에 있지 않다.[17]

이런 관점에서 남측의 자본주의적 자유사상과 북측의 사회주의적 주체사상을 '하나님나라'의 기준으로 동의할 것은 동의하고, 비판할 것은 비판해야 할 것이다. 자본주의나 사회주의는 둘 다 기독교의 궁극적 이상이 될 수 없다. 왜냐하면 기독교의 이상은 성서에서 증언하고 있는 바 하나님의 창조질서에서나 예수 그리스도를 통한 화해질서, 구원질서 속에서도 하나님의 주권과 통치를 강조한다. '주의 기도'나 십계명[18]에서 명확히 표현되고 있듯이 '하나님나라'의 표상으로서 '하나님의 통치(die Herrschaft Gottes)'가 그 속에서 강조되고 있다. 통치는 통치인데 세상의 지배자들과는 판이하게 다른 것, 즉 평화의 왕으로 오신 예수 그리스도의 '종의 형태'를 성서는 증언(빌2:7)하고 있다. 이 예수 그리스도의 '종의 형태'야말로 '화해신학'의 핵심이다.

---

[17] 이화선, "칼 바르트의 화해신학에서 본 민족통일", 『남북통일과 기독교』(서울: 통일신학동지회, 1989), 215.
[18] 이영재는 "십계명의 시대정신"(「목회자신문」 2007.5.25.)이라는 글에서 오늘의 우리 현실에서 십계명의 영적 통찰을 통한 하나님의 주권과 통치로서의 하나님의 선교를 말하고 있다. 이영재, 『토라로 세상읽기』(전주: 전주성경학당, 2008), 57~62에서 참조.

화해질서는 단순히 창조질서 속에서의 인간행위에 개선된 연장이 아니라, 하나님의 약속과 은총에 의한 새로운 질서이다. 여기에는 법적인 정의라는 속죄행위가 있은 뒤에 사죄(赦罪)라는 죄와 사망으로부터의 해방과 자유가 선포되어야 한다. 다른 말로 표현하면 인간이 범죄로 말미암아 양자 간에 만든 심연(深淵)에 다리를 놓고, 원수가 된 둘 사이의 장벽을 헐며 얼어붙은 얼음장 위에 사랑의 기운으로 그 얼음을 깨야 한다. 이것이 곧 요한복음 3장16절의 예수 그리스도의 화해행위요 하나님의 사랑이다.

화해를 말할 때, 마치 우리가 화해할 수 있고 화해를 하는 것처럼 착각하기 쉽지만, 근본적으로 예수 그리스도의 화해행위가 기초가 되고 토대가 되어야 한다는 사실을 잊어서는 안 된다. 남북통일을 위한 민족화해를 말할 때, 남북 양 정권이 구체적으로 「6·15공동선언」[19])에서 천명한 바와 같이 협상을 통해 '연방' 혹은 '연합'의 통일정부를 수립하는 것을 말하겠지만, 결국 따지고 보면 분단의 원인을 찾아 서로 분단된 민족 자체의 화해가 없이는 불가능할 것이다. 설령 물리적 통일이 성립된다 하더라도 진정한 화해 없이는 또 다른 갈등을 초래할 것이다. 자신을 희생 제물로 내놓는 예수 그리스도의 화해행위처럼 자기희생의 쓰라림이 전제된 진실한 '화해'를 통한 통일이야말로 평화통일이라고 할 수 있다.

따라서 이러한 '화해신학'에 입각해서 구체적으로 북의 주체사상과 대화를 통하여 공존하고 민족적 협상이 가능한 길을 찾는 것이 매우 중요한 일일 것이다.[20]) 이는 곧 민족화해와 세계평화를 위해서도

---

19) 참조 : 2000년6월15일 역사적인 남북정상회담을 마치며 김대중, 김정일 남과 북의 양 정상이 화해의 손을 맞잡고 합의한 「6·15공동선언」 제2항에서 "남과 북은 나라의 통일을 위한 남측의 '연합제' 안과 북측의 '낮은 단계의 연방제' 안이 서로 공통점이 있다고 인정하고 앞으로 이 방향에서 통일을 지향시켜 나가기로" 천명했다.

대단히 중요한 요소가 된다고 보기 때문에 앞으로 한반도의 평화통일이 이 같은 '화해신학'의 관점에서 남북화해와 평화통일을 추진해가는 것이 적절하다.

바르트 화해론으로 본 한국교회의 실천적 과제

이 논문을 전개하면서 중요하게 고려되어야 할 것은 상황의 변화에 따른 현실성, 신학적 사고의 변화성, 전체적인 내용의 통일성, 즉 현실에 대한 날카로운 비판성, 그리고 내용의 통일성에 근거한 변화를 반영하는 교의적 개방성이다. 이런 요소는 칼 바르트 신학에서 나타나는 특성을 따르는 것이기 때문이다.[21] 바르트의 화해론이 신학의 사변적 측면에 머물러 있지 않기 때문에 이 논문은 특별히 그 개념이 현실을 어떻게 비판적으로 파고드는지를 고찰한다. 바르트의 신학이 언제나 현실적인 상황에 근거하고 현실적인 문제에 영원한 하나님의 진리를 던지려고 했기 때문에 그 진리에서 멀어진 인간의 종교적·정치적 현실에 대한 비판은 당연한 것이었다.[22]

따라서 현실의 문제에 직면하여 무력한 인간이 하나님을 의지할 수밖에 없다는 신학적 성찰로 진술된 바르트의 화해론과 그의 해방적 실천을 제2장에서 고찰할 것이다. 그리고 제3장에서는 한반도에서의 이념적 갈등정황을 살펴볼 것이다. 남측의 "화해되지 못한 사회"[23]적

---

20) 이화선, "칼 바르트의 화해신학에서 본 민족통일", 224.
21) 김애영, 『칼 바르트 신학의 정치·사회적 해석』 (서울: 대한기독교서회, 1991), 6.
22) 이병일, "칼 바르트의 '하나님의 절대타자성'과 '하나님의 인간성'의 현실비판 연구"(서울: 한신대 신학대학원 석사학위논문, 1998), 4.
23) '화해되지 못한 사회'에 대해서는 제3장에서 자세히 다루었다. Ulrich Dannemann, *Theologie und Politik im Denken Karl Barths*, 이신건 옮김, 『칼 바르트의 정치신학』 (서울: 한국신학연구소, 1994), 193~210에서 참조.

위기와 한국교회의 비성서적인 문제정황들에 대한 자기비판을 고백할 것이다. 이어 제4장에서는 현실체로서의 북측의 주체사상에 대한 이해와 비판, 그리고 주체사상의 종교적 성격과 수령숭배에 따른 교조적 유일영도체계에 대한 비판을, 제5장에서는 바르트의 동서(東西)화해를 위한 실천을 바탕으로 남북화해의 씨앗들과 가능성을 모색하고 남북교회의 협력과정을 살펴보며 한국교회의 '88선언'과 남북교회 및 세계교회가 함께 한 '글리온 선언'의 의미를 되새기면서 앞으로의 역할과 과제들을 고찰해볼 것이다. 우리의 죄책을 통회 자복하는 것에서부터 시작될 실천과제들을 모색함으로써, 예수 그리스도를 따라 십자가의 길을 지향하며 하나님나라에 대한 종말론적인 희망을, 바르트의 교회의 삼중적 직무와 봉사에 의거한 한국교회와 신학, 그리고 바르트의 화해론에 의해 재구성해보는 '하나의, 거룩한, 보편적인, 사도적인' 교회의 전통적 표지에 따른 교회의 민족화해와 평화통일을 위한 신학을 모색할 것이다. 끝으로 제6장에서는 하나님나라와 정의, 평화, 생명이라는 키워드로 '그리스도의 화해'속에서의 평화통일을 실천하는 교회의 모습들을 그려볼 것이다.

제2장
칼 바르트 '화해론'의 해방적 실천

제2장
칼 바르트 '화해론'의 해방적 실천

1. 화해에 대한 성서적 정의

화해의 사전적 의미는 "다툼질을 서로 그치고 품"[24]이다. 이 정의에서 알 수 있듯이 화해란 항상 인간들 사이 혹은 그룹 사이의 갈등의 현장 속에서 그 극복을 목표로 한다. 우리의 사회적 삶을 표면적으로 들여다보더라도 그 갈등의 양상은 다양하고 복잡하다. 민족 간 남북의 갈등, 지역 간의 갈등, 빈부의 갈등, 남녀의 갈등, 부부의 갈등, 진보와 보수의 갈등, 인간과 자연의 갈등, 종교 간의 갈등, 지구화된 자본주의 체제로 초래된 새로운 여러 양태의 갈등 등이 당장 쟁점이 되는 것들이다. 모든 곳에서 갈등의 상처와 고통은 너무 깊고, 구원과 화해는 너무 먼 것 같다. 갈등의 종류가 다양한 만큼 화해의 종류도 다양하고, 때로 화해로 위장된 얼버무리기가 나타나기도 한다. 최근 화해라는 단어가 일상적으로 자주 쓰일수록 위장된 화해를 경계해야 한다.[25]

'화해'라고 번역된 희랍어 'katallage'는 바울 사도의 표현이다.

---

[24] 이희승 편, 『국어사전』(서울: 민중서림, 1974), 2141.
[25] 심광섭, "갈등의 현실과 화해의 신학", 감신대 토착화신학연구소, 2005가을 학술대회 발표 논문.

바울은 고린도후서 5장에서 화해의 메시지를 이렇게 전하고 있다.

> 이 모든 것은 하나님께로부터 옵니다. 하나님께서는 그리스도를 내세우셔서, 우리를 자기와 화해하게 하시고, 또 우리에게 화해의 직분을 맡겨 주셨습니다. 곧 하나님께서 사람들의 죄과를 따지지 않으시고, 화해의 말씀을 우리에게 맡겨 주심으로써, 세상을 그리스도 안에서 자기와 화해하게 하신 것입니다. 그러므로 우리는 그리스도의 사절입니다. 하나님께서는 우리를 시켜서 여러분에게 권면하십니다. 우리는 그리스도를 대신하여 간청합니다. 여러분은 하나님과 화해하십시오.[26]

위에서 '화해'라는 용어는 주로 하나님과 인간 사이에서 이루어진 내용으로 되어 있다. '하나님과 화해하라' 이것은 예수 그리스도를 믿고 거듭났다는 의미가 아니다. 이 글을 받고 있는 고린도 교인들은 이미 예수 그리스도를 믿고 거듭난 자들이다. 이 의미는 본질적으로 하나님과 화해된 고린도 교인들이 하나님 말씀대로 삶으로써 그와의 즐거운 교제관계를 계속 유지하라는 말이다. 그러므로 인간의 차원에서 화해는 우선 하나님과 인간 사이에서 주어진 화해에서만 근거되어진다.

우리의 죄를 담당하신 그리스도가 화해의 주격이다. 나는 화해 받은 자로서 주격이 된다. 그러나 그 주격은 언제나 화해자와 연결된 주격이다. 하나님과 인간의 화해는 하나님이 화해되어지는 것이거나 하나님이 하나님 자신을 인간과 세상과 화해하도록 하는 것이 아니다. 오히려 그것은 인간이 하나님과 더불어 화해되어지는 것이고, 우리가 우리 자신을 하나님과 화해하도록 하는 것이다(고후5:20). 다시 말해서 화해에 있어서 하나님과 인간이 동등하지 않다는 말이다. 화해란 인간

---

[26] 고린도후서 5장18~20절, 표준새번역.

이 하나님과 같은 위치나 같은 입장에서 원수관계에서 친구관계로 된다는 의미가 아니라, 하나님께서 인간보다 월등한 입장과 위치에서 화해를 성립케 한다.27) 이와 같은 변화는 성령의 작용이며, 우리에게는 은혜요, 값없이 주어진 선물이다.

'화해한다'는 동사를 의미하는 희랍어 katallaso는 하나님과 인간 사이에 처해 있는 상황의 변화나 혁신을 의미한다. 이것에 근거해서 인간들 사이에서의 상황의 변화나 갱신도 동시에 생각하게 되는 것이다. 고린도후서 5장18절에서 화해는 인간에게 있어서 가능한 모든 변화나 갱신을 근거로 하고 있다. 왜냐하면 바로 앞 절에서 '낡은 것은 사라지고 새 것이 나타났다'라는 '새 사람'에 근거하고 있기 때문이다.

성경은 '새 사람'이 되는 길을 제시하고 있는데, 그것은 세례를 통해서 물속에서 죽고, 성령의 불로 '옛 것'이 타고 다시 탄생하는 것을 말하고 있다(행1:8, 2:1). 예수는 육으로 난 것은 육이요, 영으로 난 것은 영이라고 했다. 영은 바람과 같이 임의로 불고 그 소리는 들어도 어디에서 어디로 가는지 모르듯이 영은 자유롭게 왕래하되 성령 자체는 볼 수 없으나 그 결과로서 나타난 거듭난 상태를 바람의 흔적처럼 볼 수 있고 알 수 있다는 것이다(요3:6~8).

여기서 '새사람'으로의 변화는 복음서에서 회개와 일맥상통하는 의미로 쓰인다. 복음서에서 회개의 의미28)는 잘못에 대한 단순한 뉘우침이나 개심이 아니라, 인격적 변화이다. 그것은 매일매일 잘못을 뉘우치고, 조금씩 갱생해간다는 의미의 수양이나 노력을 통한 도덕적, 윤리적 진보를 의미하지 않는다. 화해로 가는 회개는 전 인간의 변화

---

27) 최종호, 『칼 바르트, 하느님 말씀의 신학』 (서울: 한들출판사, 2010), 328~329.
28) Rechard V. Peace, *Conversion in the New Testament: Paul & Twelve*, 김태곤 역, 『신약이 말하는 회심』 (서울: 좋은씨앗, 2001), 434.

를 의미하며 이제까지 인간중심의 생활에서 하나님중심과 이웃중심으로 생활태도를 바꾸는 것을 의미한다. 성경에서 보여주는 화해는 제도의 변화나 정치체제의 변화를 의미하지 않는다. 기독교의 교회 개념은 학교, 정당, 기타 사회단체들과는 구별된다. 교회는 자기 목적만을 가지고 있는 것이 아니라, 사회와 세계를 위해 존재한다. 그것은 사회에 대한 교회의 화해정책이며 봉사이다. 따라서 교회는 이 세상을 향하여 화해의 복음을 힘차게 선포해야 한다. 화해에 대한 또 다른 성경본문에서 이렇게 말하고 있다.

> 우리가 하나님의 원수로 때에도 그분의 아들의 죽음으로 하나님과 화해하게 되었다면, 하나님과 화해가 이루어진 지금에 와서 하나님의 생명으로 구원을 받으리라는 것은 더욱 확실한 일이 아니겠습니까?[29]

위의 성경에서 화해는 구체적으로 그리스도의 죽음을 통하여 우리에게 현실이 되었다. 희생양으로서 그리스도의 대속은 불의와 악에 대한 심판이 이루어졌다는 것을 의미한다. 불의와 악에 대한 대속 없이는 화해란 불가능하다. 아담의 타락 이후 인간은 미움과 다툼과 살인을 감행해 왔다. 끝내는 그리스도를 죽이는 일에까지 인간은 죄악을 저지른 것이다. 그리스도의 십자가 죽음은 인간성 자체를 의심하게 한 것이다. 이 범죄한 인류를 위해 그리스도가 화해의 제물이 된 것이다. 그리스도의 죽음을 통한 화해는 이웃의 죄를 용서하는 데 성립하는 것이 아니라, 사람의 용서가 미치지 못하는 차원에서 이루어진 것이다.[30]

따라서 화해는 가능성이 아니라, 현실성이 된 것이다. 이 현실성은

---

[29] 로마서 5장10절, 표준새번역.
[30] 최종호, 『칼 바르트, 하느님 말씀의 신학』, 330.

죽은 지 사흘만에 다시 사신 그리스도에게서 증명되었다. 이런 의미에서 화해는 신앙의 행위이다. 이 신앙행위는 사랑의 행위로 나타난다. 이 사랑으로 이루어진 화해의 행위는 그리스도의 화해로서 온 세상에 희망이 된다. 그리스도는 온 인류를 화해케 하기 위해서 십자가에서 하나님으로부터 버림을 받았다. 이 세계에서 화해의 현실성과 가능성이 열린 것이다.31)

2. 칼 바르트의 화해론의 내용과 형식

바르트는 1932년부터 『교회교의학』을 출간하기 시작했는데, '화해론'은 1953년에 제1권(*CD IV/1*)이, 1955년에 제2권(*CD IV/2*)이, 그리고 1959년에는 제3권(*CD IV/3-1, CD IV/3-2*)이 출간되었다.

1950년대 유럽은 한마디로 급격한 변동의 시대였다. 한편으로, 그 시기는 유럽의 산업과 경제가 제2차 세계대전의 상흔을 떨치고 일어나는 시기였다. 당시의 유럽인들에게 자동차와 텔레비전의 소유는 일반화되었고, 이 놀라운 경제발전은 대중문화의 도래를 촉진시켰다. 로큰롤과 팝음악이 등장한 것도 바로 이 시기였다. 다른 한편으로, 1950년대 유럽사회 전반에 세속화의 물결이 급속히 퍼져나갔고, 교회의 신도 출석률은 현저히 감소되기 시작했다. 또한 이 시기에 동서 양진영의 냉전과 군비경쟁과 지구상의 모든 생명을 한순간에 파멸시킬 핵무기의 지구적 확산이 시작되었다. 세속주의의 쇄도, 냉전의 심화, 핵무장 등으로 대변되는 1950년대의 혼란스러운 상황 속에서 바르트는 고통당하는 피조세계의 모든 현실을 예수 그리스도 안에서 일어난 하나님과 인

---

31) 같은 책, 331.

류, 그리고 세계와의 화해사건에 비추어 이해하고자 했다.32)

1) 화해의 영원한 근거인 계약

기독교 복음의 핵심은 예수 그리스도의 고난과 죽음, 그리고 부활을 통해서 인간의 죄가 사함을 받고 구원을 얻게 되었다는 것, 곧 하나님과 인간의 화해의 사건이다(고후5:19). 이 화해사건은 교회가 선포하는 복음의 근원과 내용이다. 왜냐하면 이 화해의 사건에서 예수 그리스도 안에 계시된 하나님이 누구신가, 그분이 인간을 위해서 무엇을 하셨는지가 가장 분명하게 나타나기 때문이다. 여기서 인간은 저주받은 버려진 존재에서 선택된 존재로, 하나님의 원수에서 그의 자녀와 친구로 넘어간다. 그리스도가 우리 인간을 위하여 심판과 부정을 대신 떠맡고 우리에게는 생명과 자유와 해방을 주신 것이다.33) 화해론은 이 사건의 내용과 의미를 통찰하고, 이해하는 과제를 갖는다.

그런데 화해는 다른 한편으로 하나님과 인간 사이에서 맺어졌던 계약의 성취이기도 하다. 하나님은 영원 전부터 예수 그리스도 안에서 계약의 하나님이 되고자 하셨고, 인간을 그분의 계약 파트너로 삼고자 하셨다. 그러므로 이 계약은 본래 하나님과 인간 사이에 처음부터 존재했던 사귐이었다. 이것은 화해가 우발적인 사건이 아니라는 것을 말해준다. 하나님이 인간과 맺은 이 계약은 이후 계속되는 모든 시간 동안의 하나님과 인간의 관계를 결정하는 사건이었다. 인류 역사 가운데서 실행되는 모든 하나님의 의지의 사건은 그분의 계약의 의지의 사건이고, 하나님이 시간과 공간 속에서 행하시는 일 가운데 그 어떤 것도

---

32) 최영, "바르트의 화해신학과 목회현장의 과제", 『말씀과 교회』 47호(서울: 기장신학연구소, 2009), 248.
33) 같은 글, 249.

이 계약과 무관한 것은 없다.34)

2) 위기에 처한 계약의 성취

그러나 하나님이 인간과 맺은 그 계약의 관계는 인간 편에서의 일방적인 계약의 파기에 의해서 위기를 맞게 되었다. 하나님의 계약의 파트너인 인간이 창조주 하나님을 생명의 원천과 주님으로서 의지하고 신뢰하고 순종해야 하는 관계를 깨뜨린 것이다. 그 결과 인간의 본래적인 자유, 존엄성, 가치는 왜곡되고 어두워졌다. 인간은 하나님으로부터 멀어져 타락하고, 죄와 어둠의 노예가 되었다. 그러나 하나님과의 계약을 파기한 인간에게 주어진 운명은 저주와 비참, 죽음의 형벌이 아니었다.

하나님은 예수 그리스도 안에서 인간에게 내려질 저주, 비참과 죽음의 형벌을 자신의 것으로 만들고, 저주스러운 결과와 대결하여 청산한다. 그 결과 인간은 죄와 죽음의 세력에서 해방되어 하나님과 사귀고, 그의 영광스러운 생명에 참여하는 새로운 피조물이 된다. 이것이 성서가 증언하는 구원이다. 그 때문에 예수 그리스도는 단순히 계약의 성취가 아니라 해체, 붕괴, 파기 위기에 처한 계약의 성취이다.35) 그리스도의 사역은 하나님과 인간 사이에 가로놓여 있는 장애물의 제거를 통한 화해, 속죄, 회복의 특징을 띠고 있다.

이 화해는 하나님 자신에 의해 진행된 하나의 교환을 통하여 성취된다(고후5:21). 하나님은 우리의 죄와 비극적인 운명과 저주를 자신의 것으로 삼으시고, 우리에게는 그 자신의 의와 생명을 주신 것이다. 이

---

34) K. Barth, *Church Dogmatics* IV/1, 22~66에서 참조.(이하 *CD* IV/1로 표기한다.)
35) 최영, "바르트의 화해신학과 목회현장의 과제", 250.

화해의 역사는 전 인류의 역사와 관련된다. 왜냐하면 모든 인류 역사는 하나님이 인간과 영원 전에 맺으신 계약의 역사이기 때문이다.

그러므로 계약은 창조보다도 선행하고, 하나님께서 우선 원했던 것은 구속과 화해이다. 하나님은 계약을 파기한 파트너를 그에 마땅한 저주와 비참, 어둠과 죽음 속에 내버려두지 않고, 그의 반대와 저항에도 불구하고 그를 노예에서 자유인으로, 죽음에서 생명으로 옮겨 놓으셨는데, 바르트는 이 하나님의 특별한 행위를 '하나님이 우리와 함께'의 의미를 지닌 임마누엘의 사건으로 설명한다. 임마누엘의 하나님은 그의 신성(神性) 안에 인성(人性)을 지니고 있는 하나님, 곧 우리가 고통의 심연에 있을 때, 우리를 위해 우리를 대신하여, 고통을 당하고 죄인들을 위해 고난을 받고, 죽고 부활하시어 하나님 우편에 앉아계시며 우리를 대표하는 분이시다. 바르트는 이 "우리를 위한 하나님(*Deus pro nobis*)"[36]인 예수 그리스도에 대한 이상의 논의를 토대로 화해론을 전개한다.

3) 화해론의 구조와 형식

칼 바르트의 화해론은 창조론(*CD III/1-4*)과 구속론(미완성) 사이에 서서 그 둘을 독특한 양식으로 연결시켜준다. 계약이 화해의 전제이므로 화해론은 자연히 창조론에 뒤따른다. 화해의 사건에서 우리와 함께 하시는 하나님이신 예수 그리스도는 파괴된 계약을 회복함으로써 인간의 종말론적 구원을 가능하게 만든다. 그러므로 화해론은 자연적으로 구속론에 선행한다.[37]

---

36) *CD IV/1*, 67~78에서 참조.
37) 최영, "바르트의 화해신학과 목회현장의 과제", 251.

바르트의 화해론을 표로 정리하면 다음과 같다.[38]

예수 그리스도의 인식은 삼중적이다 :	▷참 하나님, 자신이 스스로 낮아지신 분 ▷종으로서의 주님,▷그리스도의 제사장적 직무(CD IV/1권)	▷참 인간, 하나님에 의해서 들리움 받은 인간 ▷주님으로서의 종 ▷그리스도의 왕적 직무(CD IV/2권)	▷우리의 화해에 대한 보증인 ▷그리고 증인 ▷참된 증인 ▷그리스도의 예언자적 직무 (CD IV/3권)
화해사건에서 죄에 관한 참다운 인식이 생긴다 :	교만	태만(나태)	거짓
화해의 사건 :	칭의	성화	소명
성령의 사건 :	공동체의 부름 (Sammlung)	공동체의 세움 (Auferbauung)	공동체의 보냄 (Sendung)
예수 그리스도 안에 있는 그리스도인의 존재 :	믿음	사랑	소망

화해론 제1권(CD IV/1, 14장)은 전통 교의학에서 예수 그리스도의 제사장적 직무라고 불렸던 것을 다룬다. 제2권(CD IV/2, 15장)은 그리스도의 왕적 직무를 다룬다. 제3권(CD IV/3, 16장)은 그리스도의 예언자적 직무를 다룬다. 세 장은 각각 다섯 절을 내포하고 있다. 첫째 절은 기독론적 측면에 관한 논의이다. 둘째 절은 인간의 죄의 형태, 즉 인간의 교만, 나태 및 거짓 등을 다룬다. 셋째 절은 화해의 사건에서 객관적으로 발생하는 사실, 곧 인간의 의인, 성화 및 소명을 다룬다. 넷째 절은 성령의 역사를 통한 화해의 주관적 실현, 곧 기독교공동체의 모임, 세움, 파송을 다룬다. 마지막 절은 성령의 능력에 의해서 그리스도 안에서 믿음과 사랑과 소망의 삶을 살아가는 개별 기독교인의 삶을 다룬다.

---

38) 김재진, 『칼 바르트의 신학해부』 (서울: 한들, 1998), 25.

4) 생명의 빛, 예수 그리스도

바르트는 예수 그리스도의 화해사역에서 그 근거와 가능성을 갖는 성서와 교회 밖에 있는 참된 말들에 대해 말한다. 부활하신 예수 그리스도는 세상의 주님이며, 그 자신을 위한 증인들을 성서와 교회 밖에서조차 불러내실 수 있기 때문이다(마3:9).

물론 성서와 교회 밖에 있는 참된 말들은 그 자체로는 궁극적인 힘과 의미가 없다. 단지 예수 그리스도 안에서 하나님이 교회뿐만 아니라, 세상과도 화해하셨고, 또한 하나님이 교회의 울타리 밖에서도 활동하시기 때문에, 교회는 자신 있게 교회 밖에서 말해진 그런 참된 말들을 고려할 수 있다. 바르트는 의도적으로 성서와 교회 밖에 있는 참된 말들에 대해 단 하나의 구체적인 예도 제시하지 않는다. 그것은 그의 관심이 그런 말들을 불러일으키고 그것들을 통해 그 자신을 증명하는 예수 그리스도를 전적으로 드러내려는 데 있었기 때문이다.[39]

단지 바르트는 성서와 교회 밖에 있는 말들이 참된 것인지 거짓된 것인지를 구별하는 기준을 다음과 같은 질문 속에서 제시한다. "그 말들은 사람들을 보다 자유롭게 만들었는가, 아니면 더욱 예속되게 만들었는가? 그들을 얼마간 향상시켜 주었는가, 심연 속으로 더 깊이 밀어 넣었는가? 그들을 하나가 되게 했는가, 분리시켰는가? 그들을 세웠는가, 파괴했는가? 모았는가, 흩어지게 했는가? 살게 했는가, 죽게 했

---

[39] 그러나 바르트는 여러 곳에서 모차르트의 음악을 하나님의 은혜의 비유라고 했고, 보티첼리의 그림과 특히 그뤼네발트의 그림을 모범적인 문화의 사례로 생각하기도 했다. 또한 정치적인 분야에서 참된 문화는 형제애, 정의, 책임과 자유를 증진시켜주는 것이고, 경제적인 분야에서는 사회정의를 촉진하고, 물질의 궁핍을 해소하고, 자기본위의 이익추구를 없애는 것이라고 했다. 최영, 『칼 바르트의 신학이해』 (서울: 민들레책방, 2005), 164~167에서 참조.

는가?"40)

바르트는 그리스도의 화해사역이 하나님이 창조하신 세계에서 일어났다는 점을 주목하면서, 이 세계에 속한 빛들, 말과 진리들에 대해 논하려고 다시 창조론(CD III/1)의 논제로 돌아간다. "창조는 은혜의 계약사가 전개될 무대이고, 바로 이 장소에서 화해와 구원의 사건이 일어난다."41) 창조의 목적은 화해이다. 하나님은 그의 세계를 보증하고 지지하고 보호하시는 분이다. 창조는 창조주 하나님의 신실한 활동이기 때문에, 인간의 파괴적인 죄에도 불구하고 영속성과 항구성의 특징을 갖는다. 창조세계가 그 자신의 고유한 빛들과 진리들, 곧 그 자신의 언어와 말들을 갖고 있다는 것은 이 창조주의 신실성에 기인한다.

하나님의 말씀은 '영원한 빛'이며, 그 빛이 빛나지 않은 때는 없었다. 이 빛으로 말미암아 다른 모든 빛들이 존재하게 되었고, 그 빛이 없으면 다른 빛들은 빛을 잃고 만다. 이 세계의 빛들과 진리들은 단지 하나님의 말씀과의 관계 속에서만 나름대로의 힘과 가치와 타당성을 갖고, 세상의 생활 속에 혼돈이 침입하는 것을 저지할 수 있다. 그러나 그 빛들은 단지 세상적인 진리일 뿐이기 때문에, 인간의 죄를 근절시키지 못하며 그를 죽음에서 구원하지도 못한다.

바르트는 이런 맥락에서 종교 간의 대화의 문제를 언급한다. 바르트에 의하면 교회의 선교는 교회가 타종교들을 진지하게 평가하고 받아들이는 동시에 그들과 타협하지 않고 독특하고 새로운 복음을 그들에게 제시하는 것을 전제한다.42) 만약 이 두 가지 전제들이 엄격하게

---

40) CD IV/3-1, 128.
41) CD IV/3-1, 138.
42) 종교 간의 대화에 대한 몰트만의 입장은 바르트를 이해하는 데 도움이 된다. J. Moltmann, Der Geschichte des Dreieinigen Gottes, 이신건 역, 『삼위일체와 하나님의 역사』 (서울: 대한기독교서회, 1998), 9 이하를 참조.

고려되지 않는다면, 다시 말해서 만약 우리가 타종교들을 있는 그대로 존중하고 동시에 그들에게 전적으로 새롭고 낯선 예수 그리스도의 복음을 제시하지 않는다면 교회의 선교는 무의미하고 소망이 없는 일이 되고 만다는 것이다.43)

3. 화해론의 근거

1) 삼위일체 하나님

성경이 가르치는 하나님은 삼위일체 하나님으로 정리된다. 예수는 "나와 아버지는 하나다"(요10:30)고 한다. '나는 아버지 안에, 아버지는 내 안에 게시기'때문에 '하나'라는 것이다(요14:7, 14:10). 또한 예수는 성령의 능력에 힘입어 마귀를 내쫓는다. 성령과 예수는 하나가 된다. 결국 3=1이 되는 논리적 모순을 발견한다. 삼위일체 하나님은 세 분 하나님이 서로 각기 독자적으로 머물러 계시는 분이 아니라 상호 침투하여 거하는 독특한 양태를 가진다. 이것을 초대 교부들은 '페리코레시스(perichoresis)'44), 즉 상호 침투와 순환이란 용어로 삼위일체의 관계를 설명했다. 성부, 성자, 성령의 하나님은 완전한 분이다. 말하자면 삼위일체이신 세 원이 따로 있는 것이 아니라, 완벽하게 겹쳐진 것이다. 다시 말해 성부 안에 성자와 성령이, 성자 안에 성부와 성령이, 그리고 성령 안에 성부와 성자 하나님이 완벽하게 하나

---

43) 최영, 『칼 바르트의 신학이해』 (서울: 민들레책방, 2005), 159~174에서 참조.
44) 페리코레시스(perichoresis)란 무대위에서 춤을 추는 댄서 두 명이 손을 잡고 추는데 원으로 춤을 추면 하나로 추는 것 같이 둘이 아니라, 하나로 움직이는 것을 뜻한다.

로 겹쳐진 것이다.[45]

우리는 삼위일체 하나님을 어디서 만나는가? 예배드릴 때, 성령이 강림하시는데, 그 성령 안에서 우리는 성부를 만나고 성자를 만나는 것이다. 세상을 창조하실 때 성부 하나님은 성자와 성령과 함께 창조하셨다고 믿는다. 이런 이유에서 하나님의 의해 창조된 이 세계는 삼위의 하나님의 영광이 동시에 빛나고 있다고 할 수 있다. 그렇다면 성자 하나님이 십자가에 달렸을 때 성부 하나님은 어디에 계셨을까? 마찬가지로 하나님은 성자의 고통에 같이 참여하고 있었다.

신학자 몰트만은 그의 책 『십자가에 달리신 하나님』(Der gekreuzigte Gott)에서 성자께서 십자가에 달리면서 '엘리, 엘리, 라마 사박다니'하고 부르짖을 때, 성부 하나님은 함께 고통을 받고 있었다고 했다. 버림받은 자의 아픔과 버리는 자의 아픔이 서로 다르지만 분리시킬 수 없이 똑같은 것이었다. 아들을 아버지로부터 분리시키는 십자가 위의 버림받은 상태는 하나님 자신 안에서 일어난 사건이다.[46]

바르트의 화해론의 기초는 바로 이런 삼위일체 하나님의 절대적 주권과 연결된다. 바르트는 그의 첫 저작 『로마서강해』제1판(1919년)과 제2판(1922년)에서 하나님의 거룩성을 강조한다. 그는 1914년 제1차 세계대전이 일어났을 때, 하나님 없는 인간성을 통찰하게 되었다. 그는 『로마서강해』제1판에서 강조하기를 세상을 변혁시키는 것은 인간이 아니라, 하나님이시라는 것을 확실히 했다. 인간이 세상을 개혁하고 발전시키고자 하지만, 어떤 세상적인 것이나 어떤 인간적인 것도 근본적으로 세상을 새롭게 할 수 없다는 것이다. 그것이 민주주의를

---

[45] 최종호, 『칼 바르트, 하느님 말씀의 신학』, 331.
[46] J. Moltmann, *Der gekreuzigte Gott. Das Kreuz Christi als Grund unt Kritik christlicher Theolgie*, 김균진 역, 『십자가에 달리신 하나님』(서울: 한국신학연구소, 1979), 161.

위한 것이든, 사회민주주의를 위한 것이든 마찬가지라고 보았다. 하나님은 이 세상을 개선하는 것이 아니라 새롭게 창조하시는 분이라는 것이다. 바르트는 여기서 하나님의 혁명을 강조했다. 그의 하나님의 혁명은 하나님나라와 연결된 종말론적 사상과 연계되었다. 인간의 어떤 이데올로기도, 진보든 보수든 하나님나라라고 선전해서는 안 된다는 것이다. 진정한 근원은 오직 하나님으로부터 온다는 것이었다.

바르트의 인간중심의 신학에서 하나님중심으로의 전환은 『로마서강해』 제2판을 출간하면서 더욱 급진전되었다. 자유주의 신학은 인간의 죄성을 깊이 인식하지 못했다고 보았다. 그는 "하나님은 하늘에, 너 인간은 땅에(Gott ist Himmel, du auf der Erde)"[47]라고 함으로써, 하나님과 인간의 철저한 단절을 통해 자유주의 신학을 비판했다.

전적 타자(totaliter aliter)인 하나님과 인간 사이에는 무한한 질적인 차이가 있어서 어떤 접촉점도 가질 수 없다는 것이다.

2) 예수 그리스도

하나님과 인간은 그리스도를 통해 화해가 된다. 그리스도는 인간에게 복음(die gute Nachricht)으로 다가온 것이다. 그리스도는 하나님과 인간의 다리가 된다. 바르트는 자유주의 신학보다는 종교개혁자들을 통해서 보다 '성서로 가는 길', 즉 '하나님 말씀의 신학(Theologie vom Wort Gottes)'의 토대를 발견했다.

그의 평생의 저작인 『교회교의학』(Die Kirchliche Dogmatik, 1932~1965)은 그리스도 중심으로 쓴 복음주의 신학이다. 『로마서강해』 제2판에서 보여준 하나님과 인간의 무한한 거리 대신에 『교회교

---

47) K. Barth, Der Römerbrief, 조남홍 역, 『로마서 강해』 (서울: 한들출판사, 2004), 19.

의학』에서는 "오직 성서, 오직 믿음, 오직 은총, 오직 그리스도"를 말한 종교개혁자들의 전통에 따랐다.48) 그리스도를 통한 계시는 바르트 신학의 주제였다. 그리스도를 통한 계시는 앞에서 언급한 하나님이 누구신가를 보여주는 사건이다. 계시는 '우리 밖에서(extra nos)'온 것이기 때문에 이 세계의 모든 현실과 구별된다. 계시란 우리의 일상적 경험과 이성과 합리성으로 파악할 수 없는 '새로운 것'이라고 성서는 증언한다. 그런 점에서 그 계시는 우리에게 낯설다. 그렇지만 그것은 인류구원을 위한 하나님 자신의 뜻을 지시하고 있다. 그분은 "모든 세대 모든 사람에게 감추어져 있던 것"(골1:26)으로서 "하나님나라의 비밀"(막4:1)이요, "복음의 비밀"(엡6:19)이다. 바로 그분이 예수 그리스도시다(골1:27; 2:2, 엡3:4). 이제 인생의 슬픔, 고뇌, 죄 등의 한계성은 그리스도의 은총 속에서 기쁨, 감사, 찬양으로 바뀐다.

여기서 바르트의 화해론은 초기 로마서강해 때와는 달리 하나님과 인간의 만남이 그리스도를 통해서 새롭게 정초된다. 예수 그리스도 안에 나타난 하나님의 은총과 사랑이 강조된다. 그러나 삼위일체 하나님 중심의 축은 변함이 없다. 그가 자유주의 신학을 비판하는 것은 인간 속에 하나님이 용해되었기 때문이다. 자유주의 신학에서는 하나님이 인간의 감정 속에(쉴라이에르마허), 역사 속에(하르낙), 가치 속에(리츨), 종교 속에(트뢸취) 함몰되었다고 본 것이다. 그러나 바르트는 그들과는 달리 계시된 예수 그리스도이신 하나님 속에서 인간에게 다가가고 있었다.

바르트는 그리스도 중심으로 엮어진 『교회교의학』에서 가톨릭주의, 경건주의, 성서 문자주의, 근본주의 등을 비판하고 있다. 바르트가 이들을 비판하는 것은 이들이 복음을 인간학적으로 만들었기 때문이

---

48) 최종호, 『칼 바르트, 하느님 말씀의 신학』, 335.

다. 복음은 글자 그대로 복된 소리로 하나님의 말씀이다. 이제 하나님의 말씀인 복음은 선포된 말씀(←기록된 말씀←계시된 말씀)으로 우리에게 현실이 된다. 여기서 그리스도는 인간을 자유하게 하는 해방자이다. 그리스도가 있는 곳에 우리의 구원이 있고, 평화가 있고, 화해가 있다. 그리스도는 화해의 기초가 된다. 그리스도를 소개하는 성서 속에 새로운 세계(Die neue Welt in der Bibel)가 있다. 세리와 죄인과 창기가 하나님나라의 주인공이 된다는 뜻밖의 소식이다. 집을 나간 탕자가 돌아와 아버지의 무조건적인 사랑을 받았다는 것도 도덕주의자들과 율법주의자들에게는 이해가 가지 않는 뜻밖의 소식이다.

그리스도는 화해케 하시는 하나님이다. 예수 그리스도 안에 나타난 하나님의 무한한 긍정 속에서 인간에게 자유의 길이 열린 것이다. 인간의 자유의지는 인간 자체에 있지 않고 하나님의 은총의 사건, 십자가의 사건 속에서 얻어진 자유의지이다. 그 자유의지는 성령의 역사 속에서 하나님을 향한 결단으로 향하게 된다. 그것을 우리는 구원이라고 한다. 화해의 기초가 되는 그리스도는 성서 그 문자 자체에 매달리는 성서 문자주의가 아니라, 오직 예수, 즉 오직 복음에서 발견될 수 있다고 본 것이다. 그리스도는 하나님과 인간, 즉 하나님과 인간의 감정, 하나님과 역사, 하나님과 문화, 하나님과 현실성을 이을 수 있는 우리에게 주어진 최대의 선물이라는 것이다. 그런 점에서 그리스도는 분열과 차별로 얼룩진 세계 속에서 복음으로 화해의 근거가 된다고 본 것이다.[49]

3) 십자가 사건을 통한 객관적 화해

---

49) 최종호, "칼 바르트의 화해론 연구", 『신학사상』 134집(서울: 한국신학연구소, 2006), 199~200.

바르트의 화해론은 삼위일체 하나님과 예수 그리스도에서 이미 설계되었다. 특히 예수 그리스도를 선택하고 유기했다는 그의 예정론에서 그의 화해론적 입장이 특징적으로 나타났다. 하나님은 예수 그리스도를 버리시고 모든 인류를 선택했다는 것이다. 오직 예수 그리스도 그분 한 분만이 버림받으신 분이다.[50] 만민을 살리기 위해 그렇게 하신 것이다. 십자가 사건에서 만민은 하나님과 화해가 되었다.

십자가에 달리신 그리스도를 보면 나를 선택하신 하나님이 명백하게 계시되어 있다는 것이다. 십자가는 죄로 인해 갈라진 하나님과의 담을 헐은 화해의 징표이다. 너와 나 우리 모두를 대신해서 그리스도는 십자가에 달리신 것이다. 따라서 그 십자가는 그 누구도 예외 없이 화해의 근거가 된다. 십자가는 나누어지고 찢어진 인류에게 화해의 동기가 된다. 그는 인간의 모든 잘못, 모든 죄악을 스스로 짊어지는 결단을 하신 것이다. 인간은 죄로 인해 하나님을 모두 떠났다. 따라서 인간은 멸망할 수밖에 없다. 철저하게 타락했고 인간 자체로서는 희망이 없었다. 그러나 하나님은 죄악에 빠져 있는 인류를 보고 결단하신다. 예수 그리스도를 유기하시고 다시 그를 선택하신다. 이것은 십자가의 신비요, 비밀이다. 하나님은 예수 그리스도 안에서 인간을 선택하신 것이다.

> 하나님께서는 우리를 사랑하셔서, 하나님 앞에서 거룩하고 흠이 없게 하시려고, 창세전에 우리를 그리스도 안에서 택하여 주셨습니다. 그리고 하나님의 기뻐하시는 뜻대로, 예수 그리스도로 말미암아 우리를 하나님의 자녀로 예정하셔서, (…) 그분의 피로 구속, 곧 죄의 용서를 받게 되었습니다.[51]

---

50) CD II/2, 398, 562.
51) 에베소서 1장4~7절, 표준새번역.

인간이 화해의 사건 속에 들어온 것은 전적으로 십자가로 인함이다. 여기서 중요한 것은 하나님의 영원한 결단이다. 인간은 시간 안에서 결단하지만 하나님은 영원에서 결단하신다. 인간은 하나님의 결단을 측량할 수 없다. 초대교회 전승과 관련하여 그리스도가 십자가에 달려 죽은 후부터 부활하기까지 음부에 가서 복음을 전파하는 사건은 십자가의 의미가 죽은 사람에게까지 확대되고 있다. 죽은 자들에게도 복음이 전파되고 있는 것이다. 그리스도의 십자가는 지옥문을 파괴시킨 것이다. 초대교회는 지옥과 사망 권세를 완전히 파괴시킨 분이 예수 그리스도라고 믿었다.

바르트의 그리스도를 통한 객관적 화해는 시간을 넘어 죽은 자들에게까지 소급된다. 왜냐하면 그들도 그리스도의 은총의 빛 속에 있기 때문이다. 이러한 바르트의 객관적 화해론[52]의 근거는 정통주의 신학의 기계적 이중예정의 교리도, 그리고 개인의 신앙을 구원의 조건으로 삼는 주관적 화해론도 모두 거부된다. 오직 그리스도 십자가 아래서만 만민이 구원을 받게 되었다는 것이다. 그리스도로 말미암아 인간에게 화해의 길이 열린 것이다. 다시 말하면 그리스도 안에서 인간은 모두가 한결같이 용서받은 자라는 것이다. 이런 바르트의 은총의 선택론, 즉 그의 화해 사건은 결국 보편적 구원, 즉 만인구원론(Apokatastasis)[53]을 말하는 것이나 다름없지 않은가 하는 우려와 비판이 있다.

여기서 그리스도로 말미암은 화해 사건이 객관적 사실이라면, 그것은 시간과 공간을 뛰어넘는 사건으로 이해된다. 그 사건은 인간의 신앙과 상관없이 인류를 향한 하나님의 무조건적인 사랑의 결단으로 단

---

[52] 김명용, 『칼 바르트의 신학』 (서울: 이레서원, 2007), 230를 참조.
[53] 관련 성서본문으로 다음을 참조할 것. 빌립보서 2장10~11절, 로마서 5장18~19절, 고린도전서 15장22절.

> **객관적 화해론**
>
> 칼 바르트가 제기하는 객관적 화해론은 주관적 화해론과 대립되는 개념인데, 만인은 예수 그리스도에 대한 주관적 믿음과 관계없이 객관적으로 하나님과 화해되어 있다는 주장이다. 전통적 화해론에 의하면 인간이 하나님과 화해되는 순간은 예수 그리스도를 구주로 받아들이는 순간이다. 즉 인간과 하나님과의 화해가 인간이 예수 그리스도를 주관적으로 믿음으로 받아들이는 순간에 일어나기 때문에, 이 화해론은 '주관적 화해론'이다. 그러나 바르트에 의하면 이 주관적 화해론은 잘못되었다. 왜냐하면 인류가 하나님과 화해된 순간은 자신의 믿음의 순간이 아니고, 이천 년 전에 예수 그리스도께서 십자가에서 인류의 죄악을 짊어지고 죽으신 순간이기 때문이다. 예수 그리스도의 십자가로 모든 인류의 죄는 해결되었다. 이 사실을 믿든지 믿지 않든지 상관없이 인류의 죄는 해결되었고, 인류는 하나님과 화해되었다. 바르트의 화해론은 하나님과 인간 사이의 화해의 순간을 지금 여기에서 믿는 믿음의 순간에서 이천 년 전의 십자가에서 예수 그리스도께서 죽으신 순간으로 옮겨놓은 화해론이다.

번에(once for all) 이루어진 것으로 하나의 객관적 사실이다. 우리가 하나님과 화해되는 것은 자신의 신앙에 달려 있다고 믿었다. 그러나 바르트에 의하면 화해의 근거는 인간의 주관적 신앙고백에 있는 것이 아니라, 객관적으로 화해가 이루어진 것이다. 바울은 호세아서를 인용하여 하나님의 결단으로 인한 주권의 범위를 이렇게 표현한다.

> 나는, 내 백성이 아닌 사람을 내 백성이라고 하겠다. 내가 사랑하지 않던 백성을 사랑하는 백성이라고 하겠다.[54]

---

54) 로마서 9장25절, 호세아 2장23절, 표준새번역.

이것은 전통 예정론, 즉 이중 예정론과는 아무런 관계가 없다. 여기서 다시 이중 예정론에 대하여 생각해 보면, 정말 인간의 운명이 인간의 손에 달려 있는가? 시간적 공간적 조건 때문에 아직 그리스도를 알지 못하는 자들이 영원히 멸망하는 것인가? 정신장애자들은 어떻게 말할 수 있는가? 아직 종교가 무엇인지 모르는 아기들은 어떻게 되는 것일까? 다른 종교를 가진 사람들 모두는 다 멸망하는 것인가? 우리 주변에는 스스로 결단할 수 없는 사람들이 너무나도 많다.

몰트만은 바르트가 만약 구원론을 쓰고 종말론을 썼다면 '만인구원론'으로 갔을 것이라고 한다. 왜냐하면 하나님의 심판은 결국 그리스도의 십자가 아래서 은총의 승리가 되기 때문이다. 하나님은 예수 그리스도를 버리시고 우리를 선택했다는 것이다. 하나님은 우리를 살리기 위해 그리스도를 심판하신 것이다. 여기서 예수 그리스도만 보면 '만인구원론'의 인상을 준다. 왜냐하면 하나님은 우리를 심판하시지 않고 자신을 심판하시기 때문이다. 그러면 기계적인 '보편구원론'을 말하는 것인가?

그러나 바르트는 '하나님의 주권','하나님의 절대 은총'을 말하지만, 그것은 만인구원론[55]이지 보편구원론은 아니었다. 왜냐하면 그가 강조한 예수 그리스도 안에서 일어난 하나님의 주권은 이제 인간이 하나님의 은총을 받아들이느냐 아니면 거부하느냐 하는 결단의 순간에 인간의 자유의지(Wille der Freiheit)를 파괴하는 것이 아니기 때문이다. 이런 결단이 가능한 것은 우리를 향한 하나님의 뜨거운 은총의 부르심이 앞서서 결정되었기 때문이다.

이같이 하나님의 화해 행위는 선행하는 하나님의 사랑과 은총을 전하려는 교리이다. 하나님은 예수 그리스도를 선택하셔서 세상을 구원

---

55) 김명용, 『칼 바르트의 신학』, 233~234.

하시고자 하셨다(요3:16). 우리가 그리스도의 복음을 듣고 믿어 하나님의 자녀가 된 것은 어느 날 우리가 결정을 잘했기 때문이 아니다. 하나님이 먼저 우리를 찾아오셔서 부르셨기 때문이다. 그것에 대하여 우리는 하나님의 은총 속에 있는 우리의 자유의지로 받아들인 것뿐이다. 그러므로 예수 그리스도 안에서 선택은 예수 그리스도 안에 있는 하나님의 사랑이 불가항력적 은혜로 표현되고 있는 복음을 말한다.[56]

> **만인구원론과 만인화해론**
>
> 만인구원론(Allerlösungslehre)과 만인화해론(Allversöhnungslehre)을 구분하여, 바르트는 만인화해론을 주장했지만 만인구원론을 말한 것은 아니었다고 한다. 바르트에 의하면, 화해와 구원은 다른 사건이다. 화해는 객관적으로 일어났지만, 구원은 주관적으로 지금 일어나고 있고, 또한 앞으로도 일어날 사건이다. 바르트는 이 차이에 대해 설명하면서 예를 든 것이, 제2차 세계대전 때 나치를 피해 알프스의 깊은 산 속으로 숨어 지내다가 전쟁이 끝난 줄도 모르고 비참하게 살아가는 오스트리아의 어떤 사람 이야기이다. 바르트에 의하면 나치가 망한 사건이 '화해의 사건'이고, 나치가 패망한 기쁜 소식을 전해 듣고 그 소식을 믿고 자유와 기쁨이 넘치는 도시로 내려올 그때가 '구원을 받을 때'라고 말하면서, 바로 이 화해와 구원 사이의 시간이 '교회의 시간'이고 '선교의 시간'이고 '성령의 시간'이라는 것이다.

4. 칼 바르트의 해방적 실천

1) 화해를 위한 투쟁

---

56) 최종호, "칼 바르트의 화해론 연구", 211~212.

자유주의신학을 대표하는 하르낙은 1914년 8월 '독일 민족에게'라는 황제 포고문을 기초했으며, 보수주의 측의 민족주의자 라인홀드 제베르크는 「독일제국 신학교수의 선언」을 발기했고 작성하였다.57) 이처럼 제1차 세계대전 시기에 있어서 보수주의 신학이건 자유주의 신학이건 모두 예외 없이 독일신학은 독일황제의 전제정치에 대한 전폭적인 지지, 곧 전쟁 신학적 방향으로 치달았다. 이에 대해 바르트는 같은 해 9월4일자 서신에서 "복음의 무제약적인 진리들이 간단히 잠시 동안 중단되고 그러는 동안 독일 전쟁신학이 작동되기 시작하며, 그것의 기독교적 꾸밈은 희생들과 같은 말들로써 이루어지면서 그렇게 작동되기 시작했다."58)라고 전쟁신학에 대한 우려를 나타낸다.

1920년대에 이르러 '독일과 독일국민'이라는 개념은 바이마르 공화국을 혐오하던 독일인들에게 하나의 고백적 언어가 되어가고 있었다. 사람들은 이 개념을 그 당시 현실의 정치·경제적 및 정신적 어려움에 맞서서 이상화했다. 제1차 세계대전의 패배로 말미암아 겪게 된 민족적 모욕감, 정치적 혼란 및 경제공황으로 빚어진 6백만 명 이상의 실업자 발생 등으로 인해 야기된 감정은 독일을 하나의 비합리적 이상으로까지 끌어올렸으며, '국민교회(Volkskirche)'의 이념도 은근히 그리고 분명히 이 이상과 결합되어 있었다. 교회에 속한 자들 중에서는 국민과 신앙이 분리되는 위험을 방어하기 위해서 국가를 종교적으로 이해하기를 갈망하는 자들이 많이 생겼다. 국민들의 운동은 종교적 색채를 띠게 되면서 열광적으로 독일국민, 독일성서, 독일전통을 모든

---

57) 김애영, 『칼 바르트 신학의 정치·사회적 해석』, 79. "정당한 전쟁"(bellum justum)이라는 기독교 전통에 관해서는 박순경, "민족과 세계의 평화", 『하나님나라와 민족의 미래』 (서울: 대한기독교출판사, 1984), 430~456에서 참조.
58) 이병일, "칼 바르트의 '하나님의 절대타자성'과 '하나님의 인간성'의 현실비판 연구", 37.

비독일적인 것과 대립시키기를 원했고, 그리하여 결국에는 독일 게르만적 종교를 숭배하려는 데까지 이르고 있었다.59) 점점 더 분명하게 독일국민은 히틀러라고 하는 인물 속에서 자신들의 구원의 창조자를 필요로 했다. 바르트가 나치 정권에 항의하게 된 근본적인 이유는 단순히 정치적 의미가 아니라, 거기서 이미 신학적 물음을 보았기 때문이다. 따라서 나치 히틀러의 국가사회주의를 제국주의나 '인간의 자기 영광'의 범주에서가 아니라 이단과 우상의 범주로 간주했던 것이다. 당시 독일의 기독교인들은 승리의 축제에 들떠 있었다. 특히 히틀러가 1933년 3월23일에 정책교서를 발표하면서 교회는 현행 법률에 입각하여 최대의 존경을 받고 고유한 권리를 보존 받을 것이라고 선언한 이후 대규모 환영 군중집회가 물밀듯이 일어났다.60)

바로 그 1933년에 바르트는 오랜 친구이자 동지였던 투르나이젠과 함께 『오늘의 신학적 실존』(Theologische Existenz heute, 1933~1939)을 발간하여 히틀러의 국가사회주의의 위험을 경고하고 교회의 각성을 요구했다. 그는 '신학적 실존'이란 용어를 우리가 하나님의 말씀에 매달리며 또한 그 말씀에 봉사하는 특별한 소명을 부여받은 사실로 이해했다. 나아가 현 세대의 온갖 유혹에 맞서 강력하게 투쟁하지 않으면 이러한 소명이 상실되어 버린다고 강조했다. 당시 『신학적 실존』은 이미 선언적 성격을 띤 잡지가 되었고, 이와 더불어 바르트는 히틀러에 대한 교회의 항거운동의 지도자가 되었다.61) 특히 1933년 4월7일 이른바 독일 기독교인들이 히틀러 독재에 협력하여 유대인을 박해하는 「아리안 조항」을 수용하고 있을 때, 『신학적 실존』 속에서 바르트는

---

59) 이신건, 『칼 바르트의 교회론』, (서울: 한들출판사, 2000), 136.
60) 최종호, 『칼 바르트, 하느님 말씀의 신학』, 23.
61) 나치 히틀러에 대한 항거와 투쟁에 대해서는 윤성범, 『칼 바르트』 (서울: 기독교서회, 1980), 54~61에서 참조.

강력하게 항거했던 것이다.

이 항거운동은 1934년 5월27일부터 31일까지 바르멘에서 자신들의 신학적인 입장을 천명한 「바르멘 신학선언」(Barmer Theologische Erklärung)과 더불어 「고백교회」(Die bekennende Kirche)의 탄생으로 이어졌다. 그는 이 선언서를 기초한 사람으로서 이 운동의 주요 인물이었고, 그 내용은 다음과 같은 것이었다. "성서가 증언해 주는 예수 그리스도는 우리가 듣고, 살거나 죽거나 믿고 복종해야 할 하나님의 말씀이다. 우리는 교회가 이러한 하나님의 말씀을 도외시한 채, 다른 사건이나, 권세, 삶의 형태 또는 진리를, 하나님의 계시인 양 생각하여 선포의 원천으로 삼으려는 모든 거짓 가르침을 배격한다."(요14:16, 10:1,9 참조)62)

이것은 현대 교회사에서 잊을 수 없는 역사적인 신앙고백이 되었다. 교회가 무사하고 태평스러울 때 신학이 빈곤한 교회는 그 방향을 잃게 마련인데, 바로 당시 독일교회가 그러했다. 그러나 '바르멘 신학선언'은 독일 복음주의 교회 지성의 승리요, 신학의 과시였다. 바르트를 비롯한 니묄러, 아스뭇센, 니젤, 본회퍼 등은 당시 예리한 지성인들로서 혼돈 속에서 질서를 찾은 고백교회의 주춧돌이었다.

이제 바르트는 히틀러에게 정면으로 대항하기 위해 독일사민당(SPD)에 입당한다. 그는 정당에 입당하는 것을 당시 신학자로서 나름대로의 확신을 가장 잘 발표할 수 있는 기회로 여긴 것이다. 이때 히틀러 정권은 그에게 정치활동 금지조치를 내리면서 신학과 정치의 분리를 요구했다. 그러나 기만적이게도 '나치당'과 '독일기독교당'은 합작하여 '국교(Reichskirche)'를 맺는 사건이 벌어짐으로써, 정치와 종교가 분리된 것이 아니라 야합 혹은 밀착된 것이다.

---

62) 이신건, 『칼 바르트의 교회론』, 141~144에서 참조.

이러한 종교와 정치가 혼합된 상황에서 그는 신학연구와 신학논쟁이 시대와 동떨어지거나 곡해된 시대를 동조하는 격이 되어서는 안 된다고 지적한다. 특히 변증법적 신학자로서 함께 길을 걸었던 고가르텐이 독일기독교당에 협력하면서 『복음과 민족의 통일』(Einheit von Evangelium und Volkstum)을 발표했을 때, 바르트는 '나 - 너의 이론을 넘어 그것이 질서에 대한 대중의 도그마로 되어가는 과정이 종말에는 어디까지 갔단 말인가?'라고 하면서 신학 잡지 『중간시대』(Zwischen den Zeiten)와 고별한다.[63] 그는 고가르텐이 19세기의 자유주의적 인간학으로 돌아갔다고 본 것이다. 마찬가지로 이 시기에 창조, 질서, 자연신학 등을 주장한 브루너(E. Brunner)에 대한 그의 공격도 강렬했다. 바르트는 예수 그리스도 외에는 하나님과 인간의 접촉점이 있을 수 없다고 강조하면서 브루너가 자연을 계시의 접촉점으로 생각하는 것에 대해 분노하는 부정(Nein!)을 했다.[64] 그가 그렇게도 강하게 부정한 것은 당시 히틀러를 독일국민을 위한 영도자, 심지어 메시아로 여겼던 사회 분위기 때문이었다. 바르트의 '교회의 투쟁(Kirchenkampf)'은 계속되었고, 결국 1935년 그는 독일에서 추방되었다.

2) 냉전체제의 비판

제2차 세계대전이 끝나고 독일로 돌아온 바르트는 독일교회를 향해 여러 가지 충고와 경고를 하면서 갱생의 변화를 촉구한다. 그러나 사회는 물론 교회도 전혀 달라지지 않았다. 그는 동서 이데올로기의 대립으로 굳어져가는 냉전체제를 주시했다. 사람들은 그가 독일의 국가사회주의를 혹독하게 비난했듯이 공산주의에 대해서도 그렇게 비판해

---

63) K. Barth, *"Abschied von 'Zwischen den Zeiten'"*, Anfänge 1. II, 317.
64) 최종호, 『칼 바르트, 하느님 말씀의 신학』, 25.

주기를 기대했다. 그러나 그는 그렇게 하지 않았다. 왜냐하면 서방세계가 추구하는 냉전체제(der kalte Krieg)가 더 비극적이며 몰지각한 태도라고 본 까닭이다.65)

"나는 사실 지금까지 실상이 드러난 동방의 공산주의를 어느 면에서든지 찬성하고 싶은 생각이 없다. 나는 결단코 공산주의 영역에 몸담고 싶지 않으며, 다른 사람에게 강요할 생각도 없다. 그러나 나는 서방세계에 살면서 점증하는 혼란과 극단적인 대립 가운데서 몸부림치는 우리 기독교인들이 기독교적으로든, 정치적으로든 반드시 공산주의 이데올로기를 거부한다거나 멸시해 버려야 할 의무를 부여받았다고 생각하지는 않는다. 나는 공산주의 그 자체보다는 반공을 빙자한 우리의 현실이 더 악하다고 생각한다."66) 바르트가 본 것은 반공주의로 얼룩진 서구의 기독교가 동구의 무신론보다 훨씬 더 교활하고 독기가 서려 있다고 간파했던 것이다. 그러나 그는 거기에 대한 분명한 입장이 있었다. "공산주의는 (…) 그 자체로서는 하등의 거짓 예언자와 같은 요소가 없다. (…) 그러나 아주 냉철한 적그리스도이다. 복음이란 도무지 불필요한 것으로 여겨버린다. 아주 치명적이지만 그러나 그 나름대로는 아주 진지한 무신(無神)사상이다."67)

바르트는 서방의 반공 이데올로기에 자신을 결코 일치시킬 수 없었다. 그의 눈에는 냉전체제 자체가 악의 근원인데, 이 냉전체제를 강화시키는 것은 악을 증폭시키는 것이었다. 그는 서방세계 속에 있는 신학자로서 서방의 반공 이데올로기에 편승하는 것을 해서는 안 될 악으로 판단했다.68) 많은 서방의 교회가 반공 이데올로기로 무장하는 현실

---

65) 같은 책, 28.
66) K. Kupisch, *Karl Barth*, 박종화 역, 『칼 바르트』 (서울: 한국신학연구소, 1985), 181.
67) 같은 책, 182. 바르트는 동독에 있는 어느 목사에게 보내는 편지에서 동구의 무신론적 야수보다 서구의 잠재적 무신론자들이 더 위험함을 지적했다.

이 그의 눈에는 더 시급히 극복해야 할 악이었다.

  1948년 암스테르담에서 모였던 세계교회협의회(WCC)에서 「인간의 무질서와 하나님의 구원계획」(Man's Disorder and God's Design)이라는 주제로 강연을 부탁받았을 때, 그는 그 주제의 순서를 비판하면서 우리는 먼저 하나님의 구원계획을 말한 후에 비로소 인간의 혼란을 말해야 한다는 점을 지적했다. 그의 신학적 관점은 언제나 '하나님의 말씀'이었다.[69] 그래서 그는 우리에게 요구되는 것은 세계의 정치적, 사회적 혼란 속에서도 그의 증인이 되어야 하는 것이라고 했다.

  1956년 바르트는 아라우(Aarau)에서 기념비적인 강연을 하는데, 이 강연의 제목이 「하나님의 인간성(Die Menschlichkeit Gottes)」이었다. 이 강연이 기념비적인 이유는 하나님은 인간과 다르다는 헬라철학의 도그마를 뒤엎는 강연이었기 때문이었다.[70] 기독교 신학 역시 이 헬라철학의 도그마 위에서 하나님과 인간의 차이를 강조했고, 시간의 세계와 영원의 세계 사이의 질적 차이를 강조했다. 불변의 하나님과 변하는 인간, 전능하신 하나님과 무능한 인간 등의 하나님과 인간을 구별하는 헬라철학의 도그마를 신학이 그대로 수용해서 이천년 기독교의 정통신학의 도그마로 자리 잡고 있었다. 바르트 역시 『로마서강해』 제2판에서 이 헬라철학적인 정통 도그마로 19세기 자유주의 신학을 부수고 20세기 정통주의 신학, 곧 신정통주의 신학을 세웠다. 『로마서 강해』 제2판에 의하면 시간과 영원은 본질적으로 다른 것이고, 하나님과 인간 역시 본질적으로 다르다.

  그런데 그는 이'하나님의 인간성'이라는 강연에서 하나님이 인간적(menschlich)임을 강조한 것이다. 이것은 『로마서 강해』 제2판에서

---

68) 김명용, 『칼 바르트의 신학』, 25.
69) 최종호, 『칼 바르트, 하느님 말씀의 신학』, 29.
70) 윤성범, 『칼 바르트』 (서울: 기독교서회, 1980), 68.

강조한 하나님과 인간과의 질적 차이를 강조한 자신의 주장을 스스로 뒤엎는 것이었다. 그에 의하면 하나님은 예수 그리스도 안에서 파악해야 하는데, 예수 그리스도 안에서 파악되는 하나님은 인간이신 하나님이라는 것이다. 그는 예수 그리스도의 십자가에서 하나님의 무능을 발견하게 되는데, 이 발견은 이천년 기독교 신학의 도그마를 뒤엎은 충격적인 발견이었다.[71] 하나님의 인간성과 이 인간적인 하나님 이해와 무능과 죽음의 발견은, 고난당할 수 없고 전능하기만 한 헬라철학의 신관(神觀)을 철저히 부수는 새로운 기독교의 하나님 이해의 시작이었다.

바르트에게 있어서 '하나님이라는 말이 의미하는 바는 모든 것의 내용이니, 이는 단순히 의미하는 것이 아니라, 행위 하는 것이며, 의도하고 따라서 존재하는 것이다. 하나님은 관념이나 개념이 아니라 인간의 역사 속에서 하나님나라의 의도를 가지고 행동하는 존재이다. 하나님 자신의 목적을 가지고 예수 그리스도 안에서 그리고 인간을 통해서 하나님은 역사하신다. 그에게 있어서 하나님의 뜻, 하나님의 역사적 목적은 '하나님나라'혹은 '하나님의 혁명', '하나님의 화해'로 표현될 수 있을 것이다.[72]

3) 하나님 말씀에 근거한 반전 평화운동

칼 바르트는 그의 인터뷰에서 자신은 『교회교의학』의 저자가 되기 전에 자펜빌에서 사회주의 운동에 관여했고, 그의 교구에는 수많은 사회주의자들이 자신의 설교를 듣기 위해 왔다고 술회했다. 그는 노조활동과 사회주의자들과의 연대활동에서 세상의 자녀들이 빛의 자녀들보

---

71) 김명용, 『칼 바르트의 신학』, 26.
72) 김애영, 『칼 바르트 신학의 정치·사회적 해석』, 198~204에서 참조.

다 훨씬 현명하고 지혜롭다는 성서의 진술을 확인했다고 밝혔다. "사회주의자들은 나의 설교의 가장 생생한 경청자들이었다. 그러나 나는 그들에게 사회주의를 설교하지 않았다. 그들은 내가 그들의 일에 가장 협조적인 사람이라는 것을 알고 있었다."73) 특히 마코비치와의 대화에서 바르트는 마르크스주의에 대한 열린 자세와 기독교의 자기비판과 갱신에 주력하는 것을 볼 수 있다.74) 1960년대 그는 서독의 핵무기 무장과 평화문제, 그리고 공산주의 국가와의 화해, 베트남 전쟁에 대한 항의, 그리고 반유대주의 등 정치적 이슈에 대해 기독교가 올바른 신앙고백을 할 것을 촉구했다."'전쟁- 결코 다시는 안 된다'는 슬로건을 가진 실제적 평화주의는 오늘날 실제로 교회로 들어와야만 한다. 특히 핵무장의 발전과 모든 삶을 결단 내어 버릴 수 있는 위협들을 볼 때 그러하다."75)

그는 죽기 전날 투르나이젠과 나눈 마지막 전화통화에서 블룸하르트의 희망을 다시 한 번 피력했다. "예, 세상은 어둡습니다. 그러나 용기를 잃지 맙시다! 결코! (…) 모든 인간들과 세계의 모든 국가들을 위한 희망을 잃지 맙시다. 하나님은 우리가 붕괴되는 것을 원치 않을 겁니다. 우리들 가운데 단 한 사람도, 그리고 우리 모두가 다 함께 붕괴되는 것을 원치 않습니다. 세상은 지배될 것입니다!"76)

바르트 신학의 해방의 차원은 여러 가지 관점에서 언급할 수가 있을 것이다. 하나님은 가난한 자, 소외된 자들의 편에 서 계신다는 평생 동안의 신학적 확신을 바르트는 그의 신학에서 실천의 우위성과 가

---

73) K. Barth, *Gespräche 1964~1968*, 506. 정승훈, 『칼 바르트와 동시대성의 신학』 (서울: 대한기독교서회, 2006), 559에서 재인용.
74) K. Barth, *Gespräche*, 311~319. Cf. M. Machovec, *Marxismus und dialektische Theologie*(Zürich:TVZ, 1965). 같은 책, 559에서 재인용.
75) K. Barth, *Gespräche*, 219. 같은 책, 560에서 재인용.
76) K. Barth, *Gespräche*, 562. 같은 책, 560에서 재인용.

난한 자들을 위한 교회공동체의 선택에서 항상 강조했다. 그에게 교회는 "근본적으로 자본주의사회의 무질서의 희생자들 편에 서야 하며, 그리고 현상유지에 저항하는 사회 진보와 사회주의적 형식을 위해 지지할 것을 촉구했다."77)

바르트 신학을 주도하는 실천의 원리는 인간의 세계에 혁명과 변혁을 의미하는 하나님의 행동으로부터 나오며, 인류를 위해 서 있는 예수 그리스도의 화해의 은총의 현실과 연관되어 있었다. 그에 의하면 "하나님의 말씀을 행하는 자만이 그 말씀을 듣는 자이다."78) 자펜빌에서부터 『교회교의학』에 이르기까지 그는 다가오는 하나님나라의 빛에서, 그리고 가난한 자들의 편을 드는 예수 그리스도 안에서, 세계를 향한 하나님의 연대와 관계성을 기독론적으로, 삼위일체론적으로, 그리고 종말론적으로 확장하고 구체화시켰다. 바르트의 신학 자체 안에서 우리는 기존 질서에 대한 이데올로기적 비판의 성격을 쉽게 볼 수 있다. 그 때문에 바르트에게 교의학과 윤리의 일치는 매우 중요한 사안에 속한다. 그는 말한다. "핵심적인 사안은 하나님이 그분의 계명을 주신다는 것이다. 그분은 우리에게 계명을 주시는 분으로 자신을 주신다. 하나님의 계명을 통해 하나님 자신이 우리에게 알려진다. 그분은 그렇게 함으로써 인간에 의해 들려진다. 그리고 인간은 책임적으로 된다."79)

그가 윤리를 신론에 근거지은 것은, 하나님 자신이 자유 안에서 사랑하시는 분이며, 세계의 불의와 무질서를 실제로 변혁하시는 분이기 때문이다. 그러므로 그에게 은총은 실천적으로 살려져야 하며, 그렇지 못할 경우 그것은 은총이 아니다.80) 의심할 여지없이 그는 자본주의,

---

77) CD III/4, 544.
78) CD I/2, 792.
79) CD II/2, 548.

제국주의, 반유대주의, 반공주의에 저항한 서구의 해방 전통에 서 있는 신학자였다. 그는 1946년 「기독교공동체와 시민공동체」에서 시민공동체는 하나님나라를 간접적으로 반영하는 비유가 될 수 있어야 한다고 강조했다. 여기서 기독교의 정치사회적 책임은 시민공동체가 하나님나라와 그 정의에 일치해 서 있도록 관여하는 것이다. 정치적 참여에서 기독교공동체가 정치 이데올로기들(사회 자유주의, 협동주의, 생디칼주의, 자유 화폐경제, 온건적이거나 또는 급진적인 마르크스주의)을 고려할 때, 항상 선택의 원칙은 최대한 사회정의의 근거에 의해 행해져야 한다.[81]

바르트의 정치해방의 윤리를 고려할 때, 하나님나라에 상응하는 비유는 구성적인 원리에 속한다. 이것은 종말론적 유보를 넘어서서 지상에서 구체적으로 보다 많은 민주주의와 보다 많은 사회주의를 향해 기독교인들로 하여금 헌신하게 격려한다. 지상에 세워지는 하나님나라의 '상응과 비유로서' 시민사회는 "하나님과의 친교 가운데 구원으로 넘치는 형제애적 인간사회"[82]를 지적한다. 바르트의 정치윤리는, 몰트만이 비판하는 것처럼, 위계질서적인 방향으로 나가지 않는다. 그 반대로 바르트 정치신학의 실제 내용은 반위계질서적인 사회주의-민주주의적인 방향으로 나간다.

이미 1947년 「다름슈타트 성명(Darmstädter Wort)」[83] 초안에서 바르트는 가난한 자들의 삶을 위해 마르크스주의 경제 유물론에 교회가 주목할 것을 촉구한 바 있다. 그리고 무성(Das Nichtige)에 대한 하나님의 투쟁에서 그는 말하기를, 기독교인은 사회의 불의와 무질서에 저

---

80) *CD* II/2, 76.
81) 정승훈,『칼 바르트와 동시대성의 신학』, 561.
82) 같은 책, 561.
83) 같은 책, 343~344, 349에서 재인용.

항하면서 하나님의 공동 투쟁가로 불렀다고 했다. 무성이 지배하는 사회 정치 문화적 현실에 대한 투쟁에서 바르트의 정치윤리는 주인 없는 폭력의 실제를 드러내는 이데올로기 비판적 성격을 가지며, 그것은 바르트가 홀로코스트, 핵무장 반대와 평화운동, 그리고 베트남 전쟁을 보면서 반대운동을 시도한 데서 잘 드러난다. 바르트의 화해론의 윤리에서 이러한 정치적 방향은 '인간의 정의를 위한 투쟁', '무질서에 대한 반란'에서 잘 나타난다.[84]

5. 화해신학과 화해의 교역

부활을 통해 예수는 생명을 주는 영이 되신다(고전15:45). 영의 활동에서 그의 현재는 주님으로 경험된다. 따라서 바울은 이렇게 말하기도 했다. "주님은 영이시다."(고후3:17, 롬1:3) 그리스도 안에 존재하는 것과 영 안에 존재하는 것은 거의 동일시되며(롬8:9~11, 15:18이하, 고후13:2~5), 단지 영 안에서만 우리는 예수를 주님으로 인식하고 고백할 수 있다(고전12:3).

그러나 성령은 특히 바울에게서 교회의 삶의 원리로 인식된다. 교회는 모든 사람들이 아니라, 어떤 특별한 사람들이 특별한 방식으로 예수 그리스도에게 속해 있는 공동체이다. 물론 예수 그리스도는 모든 사람들을 위해 죽으시고, 모든 사람들을 위해 부활하셨기 때문에 모든 사람들과 그리스도 사이에는 보편적인 연결이 객관적으로 정당하게 존재한다. 그러나 이 객관적인 화해의 사실은 각각의 개인들이 성령의 능력에 의해서 주관적으로 수용할 때만, 그들에게 현실적인 화해의 사

---

84) 같은 책, 562.

> ### "다름슈타트 성명"
>
> 『다름슈타트 성명』에서 바르트가 포이에르바하에 대한 자신의 해석을 경제적 유물론과 연관하여 심화시켰다. 이미 그의 포이에르바하에 대한 논문에서(1926) 그는 포이에르바하와 마르크스주의 해방운동과의 연관성을 지적했고, 사회민주주의의 무신론은 교회를 향한 경고이며, 교회는 여기에 알레르기 반응을 바리새파적으로 보일 것이 아니라, 회개해야 한다고 밝힌 적이 있다. 전제국가의 통치에 저항하면서 바르트는 하나님나라의 통치, 즉 세계를 위한 하나님의 계명과 정의를 부각시킨다. 훗날 그는 『다름슈타트 성명』 초안에서 『바르멘 신학선언』의 다섯 번째 전제국가 비판이론을 마르크스주의 경제유물론에 대한 자신의 수용에 연관 지었다. "우리가 마르크스주의 교리의 경제유물론이 성서적 진리의 중요한 요소(육체의 부활)를 새롭게 해명해 준다는 사실을 간과할 때, 우리는 잘못된 방향으로 이끌린다. 이러한 사실은 우리가 비성서적으로 영적인 기독교를 경제유물론에 대립시킬 때 나타난다. 이 잘못된 전선에서 우리가 가난한 자들의 문제를 다가오는 하나님나라의 복음의 탁월한 빛에서 교회의 주제로 만들지 못했을 때, 이 사실은 대부분 교회를 통해 간과되어 버렸다."(테제 5).

건이 된다. 교회는 사람들이 성령에 의해 그리스도의 말씀과 사역에 참여하도록 부름을 받을 때 사건으로 일어난다. 성령은 교회라는 몸을 다양한 은사로 무장시켜서 살아있는 유기체가 되게 한다. 왜냐하면 성령의 은사들은 하나가 아니라 다양한 것이기 때문이다(고전12~14). 성령은 교회의 구성을 고려하여 개인들을 개체화로부터 해방시키고 개개인의 능력을 발전시키며 신자들 가운데서 생동적 관계를 만들어간다. 영은 이러한 관계(유대)이며, 공동체의 '우리'이다.[85]

---

85) 최영, "바르트의 화해신학과 목회현장의 과제", 255.

1) 화해된 인간 존재의 세 가지 형식 : 믿음, 사랑, 소망

바르트는 이 성령의 능력 가운데 존재하는 하나님과 화해된 인간의 존재를 믿음, 사랑, 소망의 세 가지 형식들로 해명한다. 세 가지 형식들은 모두 성령의 사역이고, 인간을 그리스도인이 되게 하는 것들이다.

믿음의 형식 아래서 새로운 인간의 존재는 하나님이 인간에 대해 선고한 판결에 대한 지식, 인정과 수령 및 그에 대한 복종으로 이루어진다. 이 판결은 우리가 칭의(稱義, 義認)라고 부르는 것이고, 예수 그리스도의 죽음과 그의 부활 안에서 시행되고 계시된 바로 그것이다.

사랑의 형식 아래 있는 인간의 존재는 그가 하나님의 지시에 복종한다는 사실, 곧 그의 계명, 그의 요구에 복종한다는 사실로 이루어진다. 하나님의 명령에 대한 이 복종은 칭의와 구별되고 동시에 그것의 필수적인 결과이다. 우리는 그것을 성화(聖化)라고 부른다. 이것은 기독교의 모든 윤리학의 기본 전제를 이룬다. 소망의 형식 아래 있는 인간의 존재는 그가 하나님의 약속에 참여하고 그 전망을 갖고 살아갈 수 있다는 사실로 이루어진다. 화해를 이루는 하나님의 행위는 단지 선고와 지시만이 아니라 또한 약속을 포함하기도 한다.[86]

기독교인의 삶은 객관적인 면에서 칭의와 성화와 소명을 일으키시는 하나님의 역사에 기반을 두며, 주관적인 면에서는 믿음과 사랑과 소망 안에서 하나님의 은혜를 개인적으로 자유롭게 전유하는 것으로 이루어진다. 그것은 칭의와 더불어 시작되며, 성화로 계속되고, 소명 안에서 목적을 향해 움직인다. 기독교인의 삶은 그리스도 안에서 새로운 인간

---

86) 최영, 『칼 바르트의 화해론 연구』 (서울: 한빛, 1996), 36~37.

의 완전함 속으로 점차적으로 들어가는 과정이며, 화해의 교역은 이 믿음과 사랑과 소망의 삶을 활성화시키는 것을 목표로 한다.

2) 화해의 교역

그리스도의 화해의 빛은 인간적인 회중의 삶을 비추며, 그 안에서 실제로 변혁하고 갱신하는 화해의 능력을 일으킨다. 예컨대 '그리스도의 찬가'(빌2:5~11)는 빌립보 교회공동체 내의 긴장에 적용되었고, 이와 유사한 것을 고린도 교회공동체에서도 찾아볼 수 있다. 교회는 그리스도의 몸이며 많은 지체로 이루어진 유기체이다. 그러므로 화해의 교역은 그리스도의 교회 안에 있는 어떤 종류의 담이라도 도전하고 무너뜨리는 일을 지향한다. 에베소서 2장은 이 주제를 장엄하게 숙고하면서 교회의 합법적인 질서의 대헌장을 구성한다.

나아가 바울은 이 화해가 세상을 위한 것임을 상기시켜준다. 화해의 교역은 교회 내에 국한되어서는 안 되며, 세계적이며 정치적인 영역까지 그 영향을 미쳐야 한다는 것이다.[87] 세상을 위한 화해의 교역은 그리스도의 화해의 빛에서 정치와 경제, 사회, 문화의 모든 영역을 반성하는 것을 의미한다(고후5:18~20). 그러므로 이 화해의 교역은 세상의 불의한 사고방식과 구조들을 분석하고 비판하고 해체함으로써 실제적인 화해와 평화 수립의 가능성을 지속적으로 추구해나가고, 이런 가능성들을 세상의 모든 영역에서 발전시키고 성취할 수 있는 것이라야 한다.[88] 그러므로 화해의 교역은 언제, 어떤 경우라도 이 화해의 우선권을 취하려는 노력을 교회의 최상의 정책으로 삼아야 한다. 그리스도

---

87) J. M. Lochmann, *Reconciliation and Liberation* (Fortress Press, 1980), 주재용 옮김,『화해와 해방』(서울: 대한기독교서회), 124~126에서 참조.
88) 최영, "바르트의 화해신학과 목회현장의 과제", 257.

의 화해사역에 비추어 볼 때, 교회의 화해의 교역은 다음의 세 차원에서 이루어진다.

믿음과 용서의 교역

기독교 구원론의 핵심을 담고 있는 '칭의(의인)론'은 우리가 그리스도를 믿기만 하면, 하나님으로부터 의롭다는 인정을 받고, 하나님의 사랑을 받을 수 있는 자들이 된다고 천명한다. 칭의는 우리의 죄와 또한 하나님과 다른 사람들과 우리 자신들로부터의 소외에도 불구하고, 하나님이 예수 그리스도 안에서 값없이 무조건적으로 그리고 과분하게 우리를 받아주신 복음의 사실을 해명한다. 바르트에 의하면 이 칭의의 사건은 그리스도의 의가 우리의 의, 곧 나의 의가 되기 때문이다.[89] 다시 말해서, 그리스도가 십자가에서 우리의 비극적인 운명과 저주를 자신의 것으로 만들어 처리하고, 그 대신에 그의 의와 생명을 우리에게 주셨기 때문이다.

이 칭의론은 16세기 종교개혁자 루터에 의해 재발견되었고, 기독교 전체를 새롭게 혁신적으로 형성하고 교회의 개혁을 이루는 초석이 되었다. 그런데, 이 칭의론은 현대의 많은 기독교인들에게 낡고 진부한 옛 교리로 여겨지는 경향이 있다. 왜냐하면 그들 대부분은 바울처럼 율법의 불가능성 앞에서 몸부림치지도 않고, 루터처럼 절박한 죄의식을 경험하지도 않기 때문이다.[90] 따라서 만일 우리가 의인(義認)의 기쁨이나 의인으로 말미암은 자유를 누리고자 한다면, 우리는 먼저 바울이나 루터가 경험했던 절박한 상황을 좀 더 오늘날의 느낌에 가까운 용어로 바꾸어 표현할 필요가 있다.

---

89) 같은 글, 258.
90) 같은 글, 259.

오늘날 우리는 무한경쟁의 시대를 살아간다. 이 경쟁사회 속에서 다른 사람들로부터 인정받고 성공하고자 하는 욕구는 우상숭배와 비슷하다고 할 수 있을 것이다. 인정받고자 하는 욕망은 여러 분야에서 각양각색으로 표출된다. 가정과 직장, 그리고 사회에서 인정받고자 사람들은 필사적으로 노력한다. 다른 사람들로부터 인정받지 못하면 성공하지 못한다. 부부사이에서도 인정받지 못하면 부부관계는 파탄에 이른다. 인정받지 못하면 직장에서는 해고된다. 소비자들로부터 인정받지 못하는 기업체나 공장은 문을 닫을 수밖에 없다. 인정받지 못하면 국가조차 파산을 당하고 만다. 이것이 우리의 현실이다.

이와 같은 현대사회 속에서 우리는 열심히 일을 해서 어떤 성공을 이루게 될 때, 자신을 능력 있고 가치 있는 사람이라 느끼고, 그로써 다른 사람들로부터 인정을 받고 그들이 선망하는 대상이 될 수 있다고 생각한다. 그래서 우리는 성공하기 위해 제대로 휴식을 취하지도 못한 채 필사적으로 노력한다. 우리의 삶에 의미를 주어야 할 그 일들이 오히려 우리를 잔인하게 몰아 부친다. 그러나 이것이 전부가 아니다. 우리는 실패, 좌절, 실직, 혹은 퇴직에 대한 두려움에 끊임없이 고통을 당한다. 우리가 성공하고, 남들로부터 인정을 받고 선망의 대상이 되기 위해 일에 몰두하면 할수록, 우리는 사랑하는 가족과 친구들과 멀어지게 된다. 우리는 우리의 일과 업적을 통해서 다른 사람들의 인정을 받고자 하지만, 오히려 그 일들을 통해서 우리가 힘들게 넘어서고 정복해야 하는 경쟁자들만 양산할 뿐이다. 우리 자신을 의롭게 해줄 것만 같은 일들이 우리 자신을 파괴하고, 결국 다른 사람들과의 관계마저 단절시키고 마는 것이다.

독일 루터교회 연맹의 문서는 이 같은 현대사회의 문제를 '업적지향사회'라는 용어로 표현한다. 우리는 이 '업적지향사회'에서 능력을 인정받고, 성공하고, 사랑을 받고자 하는 욕망에 사로잡혀 있다. 프란츠 카프카는 그의 소설 『심판』에서 우리 모두가 겪고 있는 이 참담한 현실을, 익명의 판사에 의해 판결을 받는 두려움에 시달리는 어떤 피고를 통해 적나라하게 묘사한다. 이와 같이 우리는 알거나 알지 못하는 수많은 사람들로부터 끊임없이 공개적으로 혹은 은밀하게 심판을 받고 있다. 이런 상황 속에서 어떻게 불안해하지 않고, 두려워하지 않을 사람이 어디 있겠는가?

미글리오리(D. L. Migliore)는 오늘의 이 상황을 적절하게 칭의론을 재해석하고 있다. 그는 1960년대와 70년대 북미와 남아프리카에서 불일 듯 일어난 정의와 자유를 위한 흑인들의 투쟁에서 칭의론의 현대적 의미와 가치를 찾아냈다. 그리고 그는 마틴 루터 킹, 제시 잭슨, 알란 뵈삭 등등 감동적인 설교가들의 메시지에 나타난 하나의 중요한 요소를 '우리는 가치 있는 사람들이다'라는 진술로 요약한다. 복음에 근거하여 해석해 볼 때, 이런 진술은 우리에 대한 사회의 부정적인 평가 혹은 우리 자신의 부정적인 자기 평가에도 불구하고, 우리가 가치 있다는 것을 의미한다.[91]

우리는 진실로 가치 있는 존재들이다. 왜냐하면 우리는 하나님의 형상대로 창조된 피조물이고, 하나님의 자녀이며, 우리를 위해서 예수 그리스도께서 고난을 당하고, 죽으시고, 다시 부활하셨으며, 우리 안에서 하나님의 영이 활동하는 사람들이기 때문이다. 이 모든 것들이 우리를 가치 있게 한다. 바로 이것이 우리의 존엄성과 가치와 권리와 책임성의 기초이다.

미국의 흑인 여류소설가 엘리스 워크의 소설 『컬러 퍼플』에 나오는

---

91) 같은 글, 260.

한 등장인물이 비슷한 발견을 한다. 셀리와 슉이라는 두 흑인 여자주인공의 성장소설이다. 이 소설은 유명한 영화감독 스티븐 스필버그에 의해서 영화화되기도 했는데, 소설 속에서 셀리가, 그녀의 친구 슉이 교회에 가지 않고, 찬양대에서 찬양도 하지 않고, 교회 봉사도 하지 않아도, 하나님께서 자신을 사랑한다고 말하는 것에 대해 놀랄 때에, 슉은 '셀리, 하나님이 나를 사랑하신다면, 내가 원하지 않는 것들을 모두 할 필요는 없어!'라고 말하는 대사가 나온다. 이것은 칭의의 복음에 대한 매우 탁월한 해석이라고 볼 수 있다. 교회는 오늘 이 칭의의 복음을 선포할 의무를 부여받았다. 그리고 이 칭의의 복음의 선포는 그리스도의 제사장의 직무를 구현하는 일이다.[92]

사랑과 섬김의 교역

칭의의 복음에 대한 이런 재발견들은 타당한 것으로 오늘날 업적지향사회를 살아가는 우리에게는 혁명적인 힘을 가지고 있다. 왜냐하면 우리가 칭의의 복음을 통해 하나님의 무한한 사랑을 제대로 맛보게 되면, 우리는 마치 『컬러 퍼플』의 주인공 슉처럼 하나님의 한없는 사랑을 받는 자로서 그 무엇으로도 억누르거나 강제할 수 없는 자유함을 누리는 자들이 되기 때문이다. 그러나 이것은 단지 진리의 한 측면일 뿐이다.

성서에 의하면 두 가지의 단계적인 자유가 나타나 있다. 자유의 첫 번째 단계는 ' ~로부터(out of)의 자유'이고, 두 번째 단계의 자유는 ' ~에로의(into) 자유'혹은 ' ~을 향한(for) 자유'다(Exodus out of Egypt. Exodus into Canaan). 예컨대, 하나님께서 모세를 통해 이스라엘 백성을 애굽에서 해방시키셨을 때, 그 해방 자체에 목적이 있는 것

---

92) 최영, 『칼 바르트의 신학이해』, 216~223에서 참조.

이 아니라 그들을 젖과 꿀이 흐르는 약속의 땅 가나안에로 인도하여 그곳에서 그들이 새로운 미래와 역사를 이루게 하시려는 데 목적이 있었던 것처럼, 출애굽 사건은 이 자유의 두 단계를 모두 예시해 주고 있다.[93] 하나님께서는 이스라엘 백성을 애굽으로부터 해방시켜 새로운 미래와 역사를 위해 가나안에로 이끄셨던 것이다.

또한 신약에서는 우리를 위한 예수 그리스도의 죽음과 부활의 사역으로 말미암아 우리가 자유의 은총을 누리게 되었다는 사실이 선포되고 있다. 그리스도를 믿음으로 자유롭게 된 우리는 우리가 누리는 자유가 죽음과 악의 세력에 대한 그리스도의 승리로 인한 것이기 때문에, 궁극적인 자유함을 누리게 된다. 그 어떤 것도 우리를 억압하거나 강제할 수 있는 것은 없다. 죄도 죽음도 그 어떤 것도 우리를 속박하지 못한다. 우리는 진정 자유한 자들이다. 이것은 구약의 출애굽에서 이미 예시된 바와 같은 것이다. 엘리스 워크의 소설 속의 주인공 '숙'이 누린 자유함은 이 첫 번째 단계의 자유함이다.

그러나 하나님께서 이스라엘 백성을 애굽의 노예상태에서 해방시켜 젖과 꿀이 흐르는 가나안 약속의 땅에로 인도하셨듯이, 애굽에서부터의 해방은 이스라엘 백성이 누리는 자유함의 첫 단계에 불과하다. 그러나 이 첫 단계의 자유함, 궁극적인 해방의 경험이 없다면, 두 번째 단계의 자유함, 곧 ' ~을 위한' ' ~을 향한' 혹은 '~에로의'자유는 결코 누리지 못한다. 세계와 이웃을 향한 책임과 의무를 동반하는 이 자유는 첫 단계의 자유함을 제대로 향유한 자, 경험한 자들만이 누리게 되는 자유함이다. 하나님나라의 복음을 전파하고 이웃사랑을 실천하는 일에서 이 첫 단계의 자유를 경험하지 못한 자는 단지 율법적, 당위적인 이유로 마지못해서 섬김의 삶을 살아갈 것이다.[94] 그러나 그 섬김은 마

---

93) 최영, "바르트의 화해신학과 목회현장의 과제", 261.

치 돌짝밭이나 가시밭에 뿌려진 씨앗과 같이 오래가지 못하고 쉽게 시들고 말 것이다. 그에 반해서 첫 번째 자유함을, 달리 말하여 칭의의 복음의 맛을 제재로 맛본 사람은 자연스럽게, 기꺼이 자발적으로 두 번째 단계의 자유함에로 넘어간다. 그는 하나님의 무한한 은총 속에서 하나님의 놀라운 사랑을 만끽하며 이 험난한 세상을 힘 있게 살아갈 수 있을 것이다.

이렇게 신앙의 주체적 자유는 공동체적 자유로 이어져야 한다. 루터는 『그리스도인의 자유』(1521)에서 "신앙이란 사람들로 하여금 모든 것의 자유로운 주인이 되게 하고, 그 누구에게도 종속하지 않게 하지만, 사랑은 모든 것의 섬기는 종이 되게 하고 모든 사람에게 종속하게 한다"고 말한다. 성령 안에서의 자유의 경험은 신앙의 주체적 자유에 더하여 자유롭게 하는 사랑, 곧 공동체성으로서의 자유를 포함하기 때문이다. 자유를 지배로 해석하는 사람은 자기 자신과 자신의 소유만을 생각하고, 다른 사람들을 전혀 인격으로 인정하지 않는다. 주인의 종에 대한 자유가 여기에 포함된다. 여기서는 모든 사람이 권력과 소유를 위해서 경쟁하고, 결국 힘 있고 가진 자들이 힘없고 가지지 못한 사람들을 지배하는 자유를 누린다.

그러나 진정한 자유는 공동체성으로서의 자유이다. 이것은 의사소통적 자유개념이다. 주체적 자유의 진리는 상호 사랑과 섬김에 있다. 나는 다른 사람들에 의해서 존경을 받고 받아들여질 때, 그리고 내가 다른 사람들을 존경하고 받아들일 때 자유하며 자유를 느낀다. 사람들은 서로 삶을 개방하고 나눌 때 자유롭다. 삶이란 교류와 교제 속에 있는 공동체성이다. 개인들은 삶의 상호 참여로써 자신들의 개인주의의 경계선을 넘어, 자유롭게 된다. 그것은 자유의 사회적 측면이다.

---

94) 같은 글, 262.

자유가 지배인 한, 모든 것은 분열되고 고립되며 외톨이가 되고 분화된다. 그러나 자유가 사회성이라면 우리는 분리되고 흩어졌던 모든 것이 한데 모이는 것을 발견한다. 그러므로 사회성으로서의 자유는 "갈라져 있는 것을 하나로 만드시는"(엡2:14) 그리스도의 화해의 영 안에서 경험되는 자유이며, 그리스도의 왕의 직무와 관련되는 사랑과 섬김의 교역의 기초를 이룬다.[95]

소망과 증언의 교역

하나님의 화해사역에서 죄인의 칭의와 성화는 그 자체로 완전한 사건이다. 그러나 칭의와 성화는 하나님께서 주권적으로 행하시는 화해사역의 마지막을 장식하는 것이 아니라 하나님과 화해된 사람은 새로운 미래를 여는 시작일 뿐이다. 따라서 하나님의 화해사역의 목적은 단순히 죄인이 예수 그리스도로 인하여 의롭다는 인정을 받고, 그의 거룩함에 참여함으로써 성화되는 것에 있지 않다. 그것은 죄인이 그리스도로 인하여 의롭고, 거룩하게 됨으로써 죄악의 세상 속에서 "하나님나라의 시민권"(빌3:20)을 갖고 있는 '고향 없는 인간'으로서 하나님나라에 대한 소망을 갖고, '나를 따르라'는 그리스도의 부르심에 응답하여 하나님께서 예수 그리스도 안에서 성취하신 화해와 구원의 사역의 증인으로서 살아가는 데 있다.

그러므로 기독교인은, 그의 직업이 무엇이든 간에, 우선적으로 세상에서 하나님나라를 위한 해방과 화해의 선교에 "하나님의 동역자"(고전3:9)가 되도록 부름을 받는다. 기독교인의 삶은 내적인 성장과 소생을 포함하지만, 은둔적인 것이 되어서는 안 된다. 그것은 이웃을 향

---

95) J. Moltmann, *Der Geist des Lebens : Eine ganzheitlich Pneumatologie* (München : Chr. Kaiser Verlag, 1991), 김균진 옮김, 『생명의 영』 (서울: 대한기독교서회, 1996), 161~164에서 참조.

해 나아가고, 하나님께서 행하시는 구원의 활동의 완성이라는 미래를 향한 운동에 참여해야 한다.

기독교인의 소명은 해방적인 화해의 사역이며, 정의가 실현되고 자유와 사랑이 넘쳐나는, 예수 그리스도에 기반을 두며, 성령에 의해 능력을 받고, 삼위일체 하나님과의 영원한 교제 속에 참여하도록 정해진 새로운 공동체 안으로 모든 이들을 초대하는 하나님의 부름이기 때문이다. 이 기독교인의 소명은 그리스도의 예언자의 직무와 관련하여 이해된다. 그것은 그리스도가 그의 영으로 기독교인을 불러내어 그리스도의 예언자의 교역에 봉사하도록 하시기 때문이다.[96]

6. 화해의 근원 - 예수 그리스도

1) 십자가의 사랑

바르트의 화해론은 삼위일체론적, 그리스도 중심적 사고에서 신학적 근거를 가진다. 따라서 그의 신학적 진술은 여기서도 정통, 체제, 이념, 종교의 틀을 벗어나 자유의 행진을 시작한다. 그것은 마치 탕자가 자유를 찾아 나섰지만 세속에서 실패하고, 그리스도 안에서 화해하고 그래서 참 자유의 삶을 사는 것과 같다. '탕자의 자유'는 오늘날 화해를 잃어버린 세계를 향해 주는 신학적 메시지이다.[97]

하나님이 인간과 화해하기 위해 스스로 죽으시고 죽을 운명에 있는 인간을 살려내신 것이다. 이런 십자가의 사랑 행위는 이웃사랑과 원수사랑의 원리가 된다. 십자가는 화해의 도구이다. 화해케 하는 십자가

---

96) 최영, 『칼 바르트의 화해론 연구』, 277~285에서 참조.
97) 최종호, "칼 바르트의 화해론 연구", 212.

없이 어떻게 인간이 화해의 주격이 될 수 있을까? 십자가는 서로 미워하고 갈등하는 이 세계 속에서, 전쟁과 테러가 자행되는 이 세계 속에서, 탐욕으로 인해 망가져가고 있는 이 세계 속에서, 그리고 흑백갈등, 남북대립, 제1세계와 제3세계의 분단된 현실 속에서 강한 화해의 메시지로 들리고 있다.

바르트에게서 예수 그리스도는 화해의 핵심이다. 화해자 예수 그리스도는 세상을 향한 화해의 근원이다. 하나님의 섭리와 예정 속에서 하나님의 위대한 계획이 수립되었고, 예수 그리스도의 강림과 그의 하나님나라 운동과 십자가의 고난과 죽음 그리고 부활 속에서 하나님의 화해가 시작된 것이다. 너와 나의 화해가 아니라, 화해하지 못하는 너와 나를 위해서 그리스도가 화해의 제물이 된 것이다.

화해하게 하는 그리스도의 십자가는 인간의 운명을 드러나게 했다. 인간 자체적으로는 아무 것도 할 수 없다는 것과 동시에 그리스도의 희생이 너와 내가 화해할 수 있게 되었다는 것이다. 우리는 인간이 하나님의 형상으로 지음 받았다는 성서적 진술과 다시금 십자가 아래서 더 깊은 차원으로 하나님과의 바른 관계를 가지게 되었다는 것이다.[98]

2) 예수 그리스도의 인격과 속죄

바르트는 전통적 그리스도의 삼중 직분론을 그리스도의 인격과 사역에 부가한다. 참된 하나님(vere Deus)과 제사장의 직분(munus sacerdotium)에 예수 그리스도의 겸허가 코드화되고, 참된 인간(vere Homo)과 왕의 직분(munus regium)에 그리스도의 고양이 코드화된다. 예수 그리스도의 신성(神性)에 낮아지는 신성이, 예수 그리스도의 인성(人性)에 고양된

---
[98] 같은 글, 213.

인성이 다루어지면서 예수 그리스도의 신성과 인성이 그 차이 속에서, 곧 그때마다 각기 다른 측면에서 해석되고 있다. 그러나 이는 결국 상호관계 속에서 다루어짐으로써 그리스도론의 제3측면, 곧 참된 하나님과 참된 인간이신 예수 그리스도의 통일성이 예언자의 직분(munus propheticum)에서 다루어진다. 참된 하나님과 참된 인간이신 예수 그리스도는 예수 그리스도의 자기 존재의 실현, 곧 그의 겸허와 고양 속에서 나타난 것을 통해 해석될 수 있을 뿐이다. 그리고 역으로, 예수 그리스도의 겸허와 고양 속에 나타난 것은 참된 하나님이며 참된 인간인 예수 그리스도로 해석할 수 있는 것이다. 예수 그리스도의 존재와 인격수행의 상호 내재적 관계로부터 바르트는 그리스도론을 양성론과 양위론과 사역론, 삼직분론의 통일로서 전개한다. 예수 그리스도는 자기 실행을 통해서 존재를 드러내는 분이시다.[99]

정리하여 말하자면, ①하나님의 겸허는 인간의 교만의 죄와 모순되지만 이신칭의(以信稱義)와 공동체의 모임(Sammlung)에 상응하며, ②인간의 고양은 인간의 태만의 죄와 모순되나 사랑 안에서의 성화(聖化)와 공동체의 세움(Auferbauung)과 부합한다. ③ ①과 ②를 연합하는 참된 증언자를 통하여 우리 밖에서(extra nos) 일어나는 존재와 사역의 선포는 인간의 거짓으로서의 죄와 모순되지만, 인간을 희망으로 부르는 일(소명, 召命)과 공동체를 세계를 향해 파송하는 일과 상응한다. 하나님이 주시는 부름의 관점 아래(시50:15) 기초된 윤리는 ①성령을 간구하는 기도에서 정점에 이르는 세례로써 기초되며, ②주기도문을 길잡이로 해석된 기도의 삶에서 실현되며, ③성만찬에서 일어나는 그리스도적 삶의 갱신으로 지속된다. 바르트의 화해론에서 예수 그리스도는 행위의 주체이며, 시작이고 중간이며 마지막이다.[100]

---

99) 김재진, 『칼 바르트의 신학해부』, 390.

3) 성령과 교회공동체

화해론의 기초와 핵심과 열쇠는 좁은 의미의 (1) 그리스도론이다. 좁은 의미의 그리스도론은 세 가지 관점에서 전개된다. ①예수 그리스도는 참 하나님, 낮아지면서 화해하는 하나님, 종으로서의 주(主), 대제사장(제사장의 직분)적 사역이다.[101] ②예수 그리스도는 참 인간, 하나님에 의해 고양되고 화해된 인간, 주로서의 종(從), 왕(왕의 직분)적 사역이다.[102] ③예수 그리스도는 신인(Gottmensch)의 통일이다. 다시 말해 그는 우리들의 화해의 보증인이며 증인이다. 예언자(예언자의 직분)적 사역이다.[103]

그 외의 모든 것도 역시 그리스도론인데, 그리스도론의 참되고 필연적인 전개라고 말할 수 있다. 이 전개는 세 가지 관문을 통해 펼쳐진다. 그리스도의 대척점에 해당하는 죄, 곧 (2) 죄론이다.[104] 그리스도론은 죄론에서 부정적으로 전개된다. ①종으로서의 주이신 예수 그리스도에 반대하여 인간은 교만 속에서 죄를 짓는다. ②주로서의 종이신 예수 그리스도에 반대하여 인간은 태만 속에서 죄를 짓는다. ③화해의 보증인이며 증인인 예수 그리스도에 반대하여 인간은 거짓말 속에서 죄를 짓는다.

화해의 객관적 성취가 (3) 구원론으로 전개된다.[105] 죄에 반대하여 예수 그리스도 안에서 화해가 성취된다. ①인간의 교만이 하나님의 심

---

100) 같은 책, 389~390.
101) *CD IV/1*, vol.17, 129.
102) *CD IV/1*, vol.17, 130.
103) *CD IV/1*, vol.17, 135.
104) 최영, 『칼 바르트의 신학이해』, 187.
105) 같은 책, 189.

판 속에서 칭의의 사건이 된다. ②인간의 태만이 하나님의 계명 속에서 성화의 사건이 된다. ③인간의 거짓이 하나님의 약속과 만나 소명으로 나타난다.

　마지막으로 화해의 주체적 전유가 (4) 성령의 사역을 통해 공동체 안에서(교회론), 그리고 공동체를 통해 개별적 그리스도인 안에서 일어난다.106) 화해의 사건은 먼저 공동체 안에서 일어나는 바, ①종이 되신 주의 말씀과 인간을 의롭게 하며 각성케 하는 하나님의 심판의 능력인 성령을 통해 교회의 '모임'이 일어난다. ②주님이 되신 종의 말씀과 인간을 성화하는 하나님의 교훈에 내재된 살리는 능력이신 성령을 통해 교회의 '세움'이 일어난다. ③신인으로서 화해의 증거자로 존재하는 말씀과 인간을 부르시는 하나님의 약속에 내재된 조명하는 능력으로서의 성령을 통해 교회의 파송이 일어난다. 그리고 개별적인 그리스도인 안에서, ①성령은 인간을 칭의 안에서 믿음으로 각성한다. ②성령은 인간을 성화 안에서 사랑 속에서 살게 한다. ③성령은 인간을 소명 안에서 희망으로 조명한다.107)

7. 교회공동체의 화해 교역

　그리스도는 화해의 사역을 화해의 교역으로 교회공동체에 위임하셨다. 이 생명의 영의 능력 안에서 교회공동체는 화해의 직분(고후5:18)을 감당하며, 개개인의 다양한 능력들이 존중되는 화합과 조화의 공동체를 이루고(고전12장), 세상을 향해서는 그리스도가 이루신 화해와 구

---

106) 이신건, 『칼 바르트의 교회론』, 199.
107) 김재진, 『칼 바르트의 신학해부』, 377~383에서 참조.

원의 사역의 증인으로 살아간다.

그리스도인들은 그리스도로 말미암아 "택하신 족속, 왕 같은 제사장, 거룩한 민족, 하나님의 소유"(벧전2:9)가 된 자들이다. 제사장이신 그리스도 안에서 그들은 서로 용서하며 서로 먼저 상대방의 약점을 감싸주고 감당하는 제사장적 백성이 된다. 왕이신 그리스도 안에서 그들은 서로 돌보아주고 함께 염려하며 서로 남의 짐을 져주는 왕적 백성이 된다. 예언자이신 그리스도 안에서 그들은 서로 의논하고 위로하며 권고하고 경청하며 토론하는 예언자적 백성이 된다(갈6:1~2,5).

교회공동체 안에서 이러한 일이 현실이 될 때, 긴장된 공존과 함께 숨겨진 대립이 드러나게 되지만, 공동체는 "그리스도의 화해의 영"(엡2:14) 안에서 이 대립을 극복할 수 있다. 이런 성도의 교제가 실현되는 곳에서 교회공동체는 공동체 자체와 그 주변세계에 하나님나라의 도래와 그 나라의 해방적 능력을 나타낼 수 있다.

그러나 이 화해의 교역은 교회의 특수한 과업을 통해서 실현된다. 첫째 복음의 순수한 선포를 통해서, 둘째 성례전의 올바른 집행을 통해서, 셋째 하나님의 말씀에 의한 신자들의 훈련(권징)을 통해서. 교회의 이 세 가지 특수한 과업은 전통적으로 개혁교회의 표지들로 알려진 것들이다.[108] 교회가 교회인 이유는 그리스도가 몸의 머리로 계시되고, 그의 임재가 복음의 선포와 성례라는 지상적 형태 안에서 인식되고, 하나님의 말씀으로 신자들이 훈련을 받기 때문이다. 그대로 시행하기에 너무 쉽고 너무 당연한 일로 여겨지지만, 안타깝게도 이 세 가지 표지들이 오늘의 개혁교회에서 뚜렷하게 드러나지 않는다. 따라서 이 세 가지 표지를 눈에 띄게 하는 일은 그리스도로부터 위임받은 화해의 교역을 목회현장에서 실천해가기 위해 반드시 필수적으로 요청되

---

108) 최영, "바르트의 화해신학과 목회현장의 과제", 265.

는 일이라 할 수 있다.

여기서 한 가지 추가해야 할 것은 교회의 '선교'이다. 전통적인 개혁교회의 세 가지 표지들은 최근의 에큐메니칼적인 관점에서 보면 '모이는' 공동체에 초점이 맞춰져 있다. 그러나 교회는 모일 뿐만 아니라 세상에 흩어진다. 따라서 앞에서 열거한 교회의 표지들에 선교의 표지를 추가할 필요가 있다는 것이다.[109] 이 점은 바르트가 화해론에서 강력하게 역설한다. 그는 화해론 전체를 통해서 교회의 세 가지 존재방식을 말한다. "모이는 교회, 몸을 세우는 교회, 보냄을 받는 교회"가 그것이다. 그는 개혁자들이 교회의 이 마지막 존재방식을 강조하지 못했다고 지적한다. 교회는 교회 자체가 아니라 세계를 위한 공동체로 존재한다. 그러므로 교회는 "모든 면에서, 곧 기도, 예전, 목회, 성서주석과 신학과 같은 순수한 내적인 활동에서도 그 활동들은 언제나 밖을 향해야 한다."[110] 이렇게 참된 교회의 표지를 확대하는 것은 교회공동체의 세상을 위한 화해의 교역을 위해 필수적인 일이 아닐 수 없다.

---

109) 같은 글, 266.
110) *CD* IV/3-2, 767이하, 780.

제3장
한반도의 이념적 갈등 정황

제3장 한반도의 이념적 갈등 정황

1. 한국기독교와 민족분단

여기서 한반도의 평화통일을 위한 민족화해를 논할 때, 남과 북의 정권이 구체적으로 통일방안을 제시하고 협상해서 합의하여 통일된 정부를 수립하는 것을 말하겠지만, 결국 따지고 보면 분열과 분단의 중층적인 원인을 찾아 서로 분단된 민족 자체의 진정한 화해가 없이는 통일은 불가능하든지 혹은 일방에 의한 통일이 성립된다 하더라도 진정한 통합에는 이르지 못하고 또 다른 갈등상황이 전개되고 말 것이다.[111] 때문에 '평화통일'만이 최선의 길이다. 때문에 '통일의지'도 중요하지만 '민족화해'가 더욱 중요하다는 것을 분명히 짚어야 할 것이다.

갈등의 근본적인 뿌리를 찾아 거기서부터 헝클어진 실타래를 하나하나 풀어내는 진정한 민족화해를 도모하려면 이념적·사상적 차원의 접근이 필요하다고 하겠다. 보다 직접적으로 한국기독교와 사회주의 정권과의 충돌과 대결, 오늘에 와서는 자유민주주의와 주체사상과의 대립과 갈등에서 한반도의 평화적 좌표를 읽어야 한다. 실로 66년의 분단 상황은 인류역사 이래 유례를 찾기 힘든 극단적인 대립이 아닐

---

[111] 이화선, "칼 바르트의 화해신학에서 본 민족통일", 『남북통일과 기독교』 (서울: 통일신학동지회, 1989), 223.

수 없다. 전쟁을 통해 쌓아올린 분단의 장벽은 60년이 넘는 긴 세월 동안 민족이질화(異質化)의 걸음을 서로'원수관계'로 지속해 왔다.

이와 같은 민족 내부에 켜켜이 쌓아온 근본문제를 해결하지 않고서는 민족화해나 평화통일은 어려울 것이다. 가장 대표적으로 드러나는 남과 북의 상반된 구호로서는 반공(反共)과 반미(反美)가 바로 그것이다.[112] '화해'의 관점에서 구체적으로 사회주의와 기독교, 주체사상과 한국기독교가 대화를 통해 공존하고 민족의 평화통일이 가능한 길을 찾는 것이 대단히 중요한 일이다. 이것이 곧 한반도의 평화통일과 세계평화를 위해서도 중요한 요소가 된다고 보기 때문에 '화해신학', 혹은 '평화통일신학'을 정립하는 것이 시급하다.

우선, 남측의 북측에 대한 적개심과 반공이데올로기로 갈등 정황의 주요한 한 축을 이루는 한국기독교(교회)의 민족분단 책임에 대한 객관적 사실을 드러낼 것이다. 그리고 북측의 무력적화통일의 폭력성과 전체주의로 인한 갈등 정황의 주요한 한 축을 이루는 주체사상에 대해 객관적 실체로서 이해를 도모할 것이다.

1) 한국기독교와 사회주의의 갈등

한국기독교는 기독교의 역사적 문제와 마르크스주의 및 주체사상을 철저하게 검토할 필요가 있다. 이러한 과제는 북측으로부터 기대하기 어려울 것 같으며, 남측의 한국기독교에 의해 전개되어야 할 과제이다. 한국기독교가 아무리 마르크스주의를 성서적인 근거에서 재해석한다 해도 북측의 응답이 없이는 민족분단을 치유하는 데에 도움이 못된다. 어떤 형식으로든 대화의 기회를 가져야 한다.[113] 사상적 대화는

---

112) 같은 글, 224.

물론이고, 6자회담 당사국 및 동아시아 기독인들의 구체적 실천적 대화가 필요하다. 이 상황에서 한국기독교는 그 역사적 과오를 반성하고 이데올로기적인, 또 정치적인 분단을 넘어서는 새로운 길을 열어놔야 한다. 이런 정황에서 한국기독교는 북측의 주체사상을 새롭게 규명해야 할 것이다.

기독교와 사회주의 정권과의 적대관계는 8·15해방 이후에 노골화되었다. 김홍수 교수는 2002년에 북측에서의 기독교 상황을 아래와 같은 시대구분으로 서술하고 있다.[114] ①소련군 주둔기(~1948년까지), ②인민공화국 초기(1949년~1950년6월25일까지), ③6·25전쟁기(~1953년 휴전까지), ④휴전 이후기(~1972년까지), ⑤사회주의적 기독교의 생성기(~1988년까지), ⑥봉수교회 이후기(문익환 목사 방북 이후)로 구분하고 있다. 이 시기 구분은 학자에 따라 다를 수도 있다. 어쨌든 편의상 그 시기 구분에 따라 기독교와 사회주의 정권과의 갈등관계를 추적할 수 있을 것이다. 우선, 해방 이후 분단 그리고 6·25전쟁 이전까지 극심한 좌우 이념대립 시기 우리 민족사회의 갈등 정황 속에서 기독교가 어떤 역할을 했는지 추적하면서 민족분단과 연관된 남측의 한국교회 상황을 간략히 살펴보고, 이어 북측 사회주의 정권에 협조적이었던 기독교 인사들을 중심으로 한 북측의 조선기독교도련맹의 시작과 6·25전쟁 이후 북측의 기독교 상황을 차례로 살펴볼 것이다.

소련군 주둔기

1945년 8월15일, 일제의 한국 지배가 끝나면서 곧 북측지역에는 사회주의국가 소련의 군대가 진주했다. 소련군은 어떤 형태로든 점령지

---

113) 박순경, 『하나님 나라와 민족의 미래』 (서울: 대한기독교출판사, 1984), 492.
114) 김홍수·류대영, 『북한 종교의 새로운 이해』 (서울: 다산글방, 2002), 57~225에서 참조.

역에 사회주의 정권을 세우려고 했다. 이 때문에 해방 후 1년 이내 지주제도가 사라지고 토지는 재분배되었으며 주요 산업들이 국유화되었다. 반면 기독교는 사상적으로 기독교의 역사적 문제와 사회주의를 이해할 수 있는 시간을 가지지 못했고, 반공적인 입장에서 민족국가 건설에 대한 열망을 가지고 있던 기독교는 사회주의자들과 정치적으로 충돌할 수밖에 없었다. 1946년의 토지개혁 때, 5정보 이상의 종교단체 소유지는 몰수되었으며, 5정보 미만이라도 직접 경작하지 않는 토지는 몰수되었다. 6세부터 모든 사람은 종교의 유무를 밝혀야 했고 신분증에 명기하도록 했다. 종교인은 직장과 관청에서 차별대우를 받았고, 또 반동분자로 몰려 공직에서부터 추방되기도 했다는 것이다.[115]

하지만, 해방 직후 소련 점령군의 기독교에 대한 태도는, 남측에서 일반적으로 알고 있다고 생각하는 것과는 달리 처음부터 적대적이지는 않았다. 제2차 세계대전 때 보여준 러시아정교회의 애국적인 태도를 보고 전후에 스탈린은 교회를 동지로 인식하기에 이른다. 종교의 효용성에 대한 소련의 이런 태도는 1945년 스탈린의 이름으로 명령된 소련군의 조선 점령정책 속에 잘 나타나 있다. 즉 점령정책 제6항은 북측에 있는 소련군에게 종교의식과 예배를 방해하지 말고, 종교시설에 손을 대지 말 것을 명령했던 것이다.[116]

해방 직후 김일성을 비롯한 사회주의자들은 다른 어떤 비사회주의 세력보다 견제대상이었던 천도교와 기독교 두 종교집단의 협조가 필요했다. 당시 소련 주둔군 및 사회주의자들과 기독교 사이의 관계는 적대적이기까지는 아니었던 것 같다. 북조선임시인민위원회가 조직되기 이전 각 지역을 다스렸던 각종 건국준비위원회와 자치조직 중 일부는

---

115) 박순경, 『하나님 나라와 민족의 미래』, 493.
116) 와다 하루키, "소련의 대북한정책", 브루스 커밍스 외, 『분단전후의 현대사』(서울: 일월서각, 1983), 262.

기독교 지도자들에 의해 주도되었다. 기독교와 사회주의 세력은 일종의 통일전선을 맺기도 했는데, 대표적인 것이 김일성의 권유로 조만식을 중심으로 1945년 11월에 결성된 조선민주당이었다. 조선민주당 하부조직은 기독교 세력이 압도적으로 많았지만 김일성의 항일유격대 동료들인 최용건이 부당수, 김책이 서기장으로 있었던 명백한 통일전선 조직체였다. 조선민주당은 기독교 세력을 중심으로 창당 3개월만에 당원이 50만 명에 이르렀다고 한다.[117]

그러나 이런 우호적 관계는 오래 지속되지 못했다. 여기에는 두 가지 큰 이유가 있었다. 첫째, 북측지역의 기독교 지도자들 가운데 많은 수가 북측보다는 남측의 이념과 체제를 더 선호하고 있었으며, 둘째, 기독교 단체나 기독교인들 가운데 계급적·역사적으로 반제반봉건 혁명의 대상이 되는 경우가 많았다. 해방 공간에서 기독교인들의 종교적, 사회경제적 이익을 지키기 위한 정치적 움직임은 교회 재건보다 오히려 빨리 진행되었다. 북측지역 장로교의 통합체로서 '이북5도연합노회'가 1945년 12월에 결성되었고, 감리교 서부연회는 1946년 10월에 재건되었다.[118]

이보다 앞서 미국에서 공부하고 온 신의주제1교회 목사 윤하영과 제2교회 목사 한경직을 중심으로 '기독교사회민주당'이 1945년 9월에 결성되었는데, 이것은 해방 후 만들어진 북측 최초의 정당이었다. 이어 장로교 평양 장대현교회 목사 김화식을 중심으로 기독교자유당, 감리교 서부연회 지도자들 중심으로 기독교민주당이 1945~1946년에 걸쳐 각각 추진되다가 두 세력이 합류하여 '기독교자유당'을 창당하기 위한 노력이 1947년에 있었다. 기독교 정치세력은 급속히 권력의

---

117) 김흥수, 『해방 후 북한교회사: 연구·증언·자료』 (서울: 다산글방, 1992), 383~385에서 참조.
118) 같은 책, 345~375에서 참조.

기반을 확대해가던 사회주의 세력에 대항하여 자신들을 지키는 일을 목표로 했던 반공적 세력이었다.[119]

한편, 김양선에 의하면 1946년의 '평양 장대현교회의 사건'을 이렇게 기록하고 있다. 북조선임시인민위원회는 교회 측이 3·1절 행사를 단독으로 하려는 계획을 금지시키고 인민위원회 측의 행사에 참여하기를 요구했다. 그러나 교회 측은 예배라는 이름 아래 단독으로 기념예배를 장대현교회에서 가졌다. 약 5천 명이 회집했으며, 황은균 목사의 설교가 끝나자, 적위대 20여 명이 교회에 들어와 소란이 일어났다. 예배가 끝난 후 약 3천여 명의 신도들은 십자가와 태극기를 들고 '신앙의 자유와 신탁통치 결사반대'를 외치며 소련군사령부를 향하여 항의시위를 하자, 소련군이 놀라서 선처를 교회 측에 약속했다. 이에 시위대는 교회로 되돌아와서 금식 철야기도를 했고, 몇 사람들은 연행되기도 했다는 것이다.[120] 이 집회는 단순한 기념행사가 아니라 북측 사회주의 정권에 대한 교회 측의 반대의사 표시였다고 지적될 정도로 정치적 성격이 강한 집회였다. 교회의 이런 모습은 그것이 민중을 섬기는 집단이라기보다는 사회주의자들과 싸우는 집단이라는 인식을 심어주기에 충분했고, 상호 충돌할 수밖에 없었다.[121]

1945년 9월에 결성되었던 기독교사회민주당은 11월의 '신의주학생 시위사건' 직후 한경직, 윤하영이 월남하면서 사실상 해체되었고, 평양을 중심으로 추진되던 기독교자유당은 1947년 11월 창당 하루 전에 김화식, 송정근 등의 지도자들이 투옥되면서 무산되었다. 그리고 조선민주당에서 축출된 우파 교회지도자들은 대거 월남한 후 1947년 4월

---

119) 같은 책, 388~393에서 참조.
120) 김양선, 『한국기독교 해방십년사』(서울: 예수교장로회 종교교육부, 1956), 65.
121) 김흥수, "해방 직후 북한교회의 실상", 『기독교사상』 404호, 1992년8월호(서울: 대한기독교서회), 61.

중앙당을 서울로 이전시킨다고 선언한다. 또한 이북5도연합노회 간부들도 월남하여 남측지역 교회가 한국장로교 전체를 계승하기로 결정해 버린다.122) 북측 사회주의 정권이 특히 적대시했던 기독교 세력은 사회주의 혁명에 비협조적이거나 반대하며 남측과 이념적으로 연결되어 있었던 것으로 보인다.

토지개혁, 노동법령, 국유화법령 등의 조치들은 소농민과 노동자 계층으로부터 큰 환영을 받았다.123) 사회주의 정권 수립에 적극 참여했던 강량욱 목사124)에 의하면, '목사들 중 일부는'토지개혁에 대해 '개인적으로(…) 좋지 않게 말했지만 아무도 감히 공개적으로 반대하지는 못했다고 한다. 신자들 중에는 농부들이 있었고 토지개혁 등 무산계급을 위한 조치를 목사들이 반대하면 '신앙의 가르침에 거역하고 있다'고 항의했던 것이다. 강량욱 목사는 기독교인들이 '대체로 더 반동'인데 그것은 그들이 '보통 사람들보다 부유했기 때문'일 것이라고 말했다. 그는 '이남으로 달아난 기독교도 지주들이 이북에서의 종교박해에 관한 거짓말'을 퍼뜨리고 있는데, '그들이 걱정하는 것은 신앙이 아니라 토지'라고 주장했다.125)

---

122) 같은 책, 65.
123) 이런 조치로 일본인 소유 대기업의 90%가 국유화되었으며, 토지의 절반 이상이 새로운 소유주에게 넘겨졌다. 김일성, "당 조직사업과 사상사업을 개선강화할테 대하여", 『김일성저작집』 제16권(평양: 조선로동당출판사, 1982), 162. 김흥수 류대영, 『북한 종교의 새로운 이해』, 72에서 재인용.
124) 강량욱은 장로교 목사로서 해방 직후 김일성이 위원장으로 있던 북조선임시인민위원회의 서기장으로 일하면서 조선기독교도련맹(지금의 조선그리스도교련맹)을 결성하는 데 중추적인 인물이었다. 연맹의 태동 시기는 명확하지 않지만, 1946년 11월 인민위원 선거 이전인 것만은 확실하다. 선거 직후 1946년11월28일 공식적으로 창립된 이 단체는 "기독교의 박애적 원칙에 기하여 인민의 애국열을 환기하며 조선의 완전독립을 위하여 건국사업에 일치 협력할 것" 이외에 3개 항의 강령을 채택했다. 조선기독교도련맹에는 1947년 여름까지 북측 기독교의 1/3 정도가 가입돼 있었고, 다수의 목사들이 포함되어 있었다. 「조선중앙연감」에 의하면, 1948년9월1일 현재 맹원수는 8만5천 명이었다.
125) A. L. 스트롱, "기행: 북한, 1947년 여름", 김남식 외, 『해방전후사의 인식 5』 (서울: 한길사, 1989), 516~517.

토지개혁 기간에 특히 많은 사람들이 남쪽으로 간 이유도 이런 사실과 관계있을 것이다. 해방 공간에서 남북 간에 많은 인구이동이 있었는데, 월남한 사람들은 주로 일제하에서 관리를 지낸 사람, 지주, 일본회사 주주, 도시주민 등이었다. 신자들 중에서 비교적 부유한 지주계층이 많았던 기독교는 토지개혁의 가장 큰 피해자였다고 볼 수 있다.126) 사회주의 사회로의 개혁과정에서 자신들의 기득권을 과감하게 버리면서까지 교회를 지키기 위해 애쓴 교인과 교회지도자는 매우 드물었다. '토지개혁을 전후하여 주일마다 한 가정 두 가정 자취를 감추기 시작했고, 이남으로의 기독교인 대탈출이 시작된 것이었다.127)

인민공화국 초기

이렇듯 기독교와 사회주의 정권과의 충돌은 신앙적, 교리적, 신학적인 데에서 발생한 것이라기보다 종교외적인 요인에서 발생한 점이 컸다고 볼 수 있을 것이다. 물론 신앙적인 이유를 포함하여 여러 요인들이 복합적으로 작용되었을 것이다. 또한 친일적, 친미·부르주아적 성격 이외에 다수의 기독교인들이 사회주의 정권과 충돌하게 된 이유 가운데는 신앙인의 정치참여를 금지하고 사회주의를 적대시하는 보수적인 신앙과 일제하에서 지속적으로 받은 반공교육도 크게 작용되었을 것이다.128)

한편, 종교에 대한 북측 사회주의 정권의 공식적인 입장은 1948년 9

---

126) 김흥수·류대영, 『북한 종교의 새로운 이해』, 73.
127) 한철하, "한국교회의 영광과 수치", 『기독교사상』 1968년8월호(서울: 대한기독교서회, 1968), 24~26에서 참조. 평안북도 피현 출신의 홍동근 목사도 "내가 기억하기에 북한정권이 교회에 도전한 것은 무신론과 반종교의 이념적 공격보다는 사회정치적 요구와 강압이었다"고 회상했다. 아울러 그는 "최대의 비극은 당시 기독자들에게, 대다수 인민인 농민과 노동자들의 자유와 인권과 민주주의는 전혀 그들 안중에 없었던 것이다"라고 보았다. 홍동근, 『미완의 귀향일기: '주체의 나라' 북한을 가다』하권 (서울: 한울, 1988), 86~87.
128) 김양선, 『한국기독교 해방십년사』, 63.

월에 제정된 헌법에서 천명되었다. 헌법 제14조는 공민은 신앙 및 종교의식 거행의 자유를 가진다고 규정했다. 이 헌법에 대한 해설인 『조선민주주의인민공화국 국민의 기본 권리와 의미』는 이 조항의 의미를 다음과 같이 해석했다.

> 신앙의 자유란 개개의 인민이 어떤 종교라도 믿을 수 있고, 또 한 종교에서 다른 종교로 마음대로 옮길 수도 있고, 공개적으로 종교의식을 진행할 수 있고, 또 어떤 종교도 믿지 않을 자유를 국가로부터 인정받을 수 있다.129)

헌법으로 보장된 자유는 시민민주주의 사회에서 '종교의 자유'라고 말하는 총체적인 신행의 자유를 의미하지 않았음이 분명하다. '신앙 및 종교의식 거행의 자유'는 개인적 차원에서 종교를 믿고 예배를 행할 자유로 제한된 것이었다. 일반적으로 종교의 자유라는 개념 속에 포함되어야 할 선교와 종교교육 등의 자유는 배제됨으로써, 포괄적인 의미에서의 신앙의 자유는 허용되지 않았다고 볼 수 있다.

그런 가운데 북측의 사회주의 정권을 세우는 일에 적극 참여하며 도운 기독교 인사들도 많이 있었다. 안창호의 여동생 안신호는 '밤낮 성경책만 끼고 다니는'독실한 기독교 신자였는데, 김일성의 요청을 받고 조선민주여성동맹 중앙위원회 부위원장으로 일했다. 안신호는 '성경책 속에 당증을 넣고 다니면서 사회주의 건설에 적극적으로 동참했다'고 한다.130) 북조선임시인민위원회 서기장으로 있던 평양신학

---

129) 이어서 "미제국주의파와 이승만 도당은 종교는 신앙을 위한 종교가 아니라, 우리나라를 미제국주의자에게 예속화시키기 위한 식민지 정책을 무조건 복종시키는 무기로써 악용하고 있다. 그러므로 진정한 신앙의 자유는 단지 인민이 정권을 장악한 진정한 민주주의 사회에만 있을 수 있다"고 주장한다. 김홍수·류대영,『북한 종교의 새로운 이해』, 62에서 재인용.
130) 김일성,『김일성 회록 세기와 더불어』제1권(평양: 조선로동당출판사, 1992), 299~300.

교 출신의 장로교 목사 강량욱은 진보적인 기독교인들을 조직하여 조선기독교도련맹을 만들었다. 연맹은 교회가 '선거에 솔선 참가한다'는 성명을 내고, 연맹에 가담한 목회자들은 주일예배를 마친 후 사람들을 이끌고 투표장으로 갔다고 한다.131)

그럼에도 대다수의 기독교인들은 사회주의 정권의 수립 과정에서 충돌하여 일어난 일련의 사건들, 특히 인민위원회 선거를 통해 드러난 기독교 우파의 태도는 김일성에게 매우 부정적인 인상을 깊이 남긴 듯하다. 선거 직후 발표된 「민주선거의 총화와 인민위원회의 당면과업」이라는 연설에서 그는 "반동분자들은 가장 믿음성이 있다고 생각한 타락한 일부 목사들을 간첩으로 들여보내어 선량한 교인들을 끌어내보려고 모든 책동을 다하였다"132)고 평가한다. 또 천주교에 대한 가장 대표적인 박해인 1947년 5월 함흥 '덕원수도원 몰수사건'도 인민위원회 선거 때 선거반대 삐라를 수도원 인쇄소에서 찍었다는 것을 빌미로 일어났다.133) 토지개혁에 이어 인민위원회에서의 여러 충돌은 김일성으로 하여금 사회주의 정권에 비협조적인 종교조직과 종교지도자들의 영향력을 제거하기로 결심하게 만들었을 것이다.

북측사회에서 기존 기독교의 입지가 점점 좁아져가고 있었지만 그렇다고 해서 김일성 정권이 기독교 자체에 대한 공개적인 비난이나 탄압을 감행할 수 있는 상황이 아니었다. 무엇보다 통일을 위한 노력이 여전히 진행되던 때인데, 남쪽에 많은 기독교인들이 있다는 것을 알면서 기독교 전체에 대하여 적대적인 태도를 취할 수는 없었다. 1948년 4월의 '남북연석회의'에서 김일성은 통일정부에서 사유재산권을 인정한다는 원칙에 동의할 정도로 통일전선적 태도를 취하는 상황이었다.134)

---

131) 김양선, 『한국기독교 해방십년사』, 69.
132) 김일성, "민주선거의 총화와 인민위원회의 당면과업", 『김일성저작집』 제2권, 544.
133) 박순경, 『하나님 나라와 민족의 미래』, 494.

남북연석회의에 기독교민주동맹 대표자로 참석했던 민족대표 33인 가운데 한 사람이었던 목사 김창준은 '남조선 단선 단정을 결사반대하며'남쪽으로 돌아가지 않고 북에 남았다.135) 뿐만 아니라 인민위원회에는 감리교 목사 홍기주가 부위원장, 장로교 목사 강량욱이 서기장으로 참여하고 있었다. 이들은 "일요일이면 여전히 많은 회중에게 설교를 하며 주중에는 행정업무를 보았다"136)고 한다.

북측 사회주의 정권 초기의 통일전선적 상황에서 김일성이 기독교인들에게 기대했던 것은 '건국사업'에 동참하는 일이었다. 1949년 10월 묘향산박물관 및 휴양소 일꾼들과 대화하면서 행한 다음의 발언은 이를 잘 나타내주고 있다.

> 지금 우리나라에서는 법적으로 신앙의 자유를 보장하고 있습니다. 그러나 교인들이 종교를 리용하여 건국사업에 지장을 주는 행동을 한다면 그것은 허용할 수 없습니다. 교인들은 '하느님'을 믿어도 다른 나라의 '하느님'을 믿을 것이 아니라 조선의 '하느님'을 믿어야 합니다. 교인들은 조국의 번영과 우리 인민의 행복을 위하여 '하느님'을 믿어야 합니다. 력사가 보여주는 바와 같이 외래침략자들에게 나라를 빼앗긴 인민은 망국노의 비참한 비참한 처지를 면할 수 없으며 종교도 마음대로 믿을 수 없습니다. 그러므로 교인들도 나라를 사랑하며 건국사업에 적극 기여하여야 합니다.137)

'하느님을 믿어도 조선의 하느님을 믿어야 한다'는 김일성의 말은 그가 어렸을 때 부친 김형직으로부터 들었다는 '하늘을 믿어도 조선

---

134) A. L. 스트롱, "기행: 북한, 1947년 여름", 501.
135) 김흥수·류대영,『북한 종교의 새로운 이해』, 82.
136) 같은 책, 83.
137) 김일성, "민족문화유산을 잘 보존하여야 한다",『김일성저작집』제5권(평양: 조선로동당출판사, 1980), 285.

의 하늘을 믿어야 한다'는 말에서 나온 것으로 보인다.138) 이 말은 이후에도 기독교에 대한 김일성의 기본적인 입장을 대표하게 된다.

6·25 전쟁기

반공적 기독교에 대한 김일성 정권의 적대적 감정은 6·25전쟁을 전후하여 극도로 악화되었다.

전쟁 전에는 전쟁준비를 위한 후방 공고화가 진행되는 가운데 1949년 말부터 종교의식이 제한되고 반체제적인 목사와 신자들이 연행되기 시작했다고 한다. '불순분자'색출을 위한 대대적 예비검거령이 벌어졌을 때 평소 반공, 반정부적 경향을 가진 교회지도자들이 체포 투옥되었다.139) '반동적'경향의 기독교 신자들(특히 월남 가족이 많았던 황해도 주민)은 평안북도와 함경도의 산악지대로 강제 이주된 것으로 알려졌다.140) 한편 1950년 3월에는 형법이 제정되어 종교단체에서 행정적 행위를 한 자는 1년 이하의 교화노동에(제21장 258조), 그리고 종교단체에 기부를 강요하는 자는 2년 이하의 징역에(동 258조) 처하도록 규정했다.141) 그러나 이런 일련의 조치에도 불구하고 전쟁 직전까지는 예배를 드릴 수 있었고, 사회주의 정권에 충성을 서약한 사람만 가르치고 배울 수 있기는 했지만 신학교도 여전히 운영되었다.142)

전쟁이 발발한 후에는 선교사들의 집이나 학교, 병원, 기숙사 등 서양식 건물과 산정현교회를 비롯한 일부 대형교회는 징발되어 군사적인 목적으로 사용되었다. 그러나 일반적으로 알려진 바와는 달리 전쟁 중

---

138) 김일성, 『김일성 회고록 세기와 더불어』 제1권, 19.
139) 이영빈·김순환, 『통일과 기독교』 (서울: 고난함께, 1994), 106~107.
140) 김흥수·류대영, 『북한 종교의 새로운 이해』, 84.
141) 김흥수, 『해방 후 북한교회사: 연구·증언·자료』, 408.
142) Harold Voelkel의 1950년10월29일자 평양방문보고서. 김흥수·류대영, 『북한 종교의 새로운 이해』, 84에서 재인용.

에도 예배는 허용되었다. 비록 목회자들이 거의 사라진 데다 불안상태여서 참석률은 저조했다. 노회도 피상적이기는 했지만 모였다. 그때까지 북측에 남아있던 반체제적 교회지도자들이 1950년 6월부터 10월 사이, 특히 인천상륙작전 후 연합군의 북진으로 인민군이 퇴각하던 시점에 대부분 체포되어 사살되었다.143)

적대적인 기독교인들이 제거되는 것과 동시에 조선기독교도련맹을 중심으로 '미제의 조선 무력침공'에 대항하는 궐기대회가 열렸다. 1950년 8월5일에는 평양 서문밖교회에서 기독교 각 교단 대표들이 모여「평양시 기독교교역자궐기대회」를 열고 '미제국주의자들의 범죄적 죄악을 규탄'했다. 장로교의 강량욱, 김익두, 감리교의 리진구, 성공회의 리원창 등은 '전조선 애국적 기독교도들과 전체 종교인들에게 보내는 호소문'을 통해 "미제국주의자들을 우리 강토에서 몰아내기 위한 정의의 성전에서 영용한 우리 인민군대가 하루속히 완전 승리하도록 예배하고 기도하자"144)고 호소했다. 이런 궐기 모임은 다른 도시에도 있었던 것으로 보이는데, 7월30일에는 원산제일교회에서「원산시 기독교인 궐기대회」가 열리기도 했다.145)

이후 연합군이 일시적으로 북진했을 때 기독교인과 천도교인을 위주로 많은 반공적 기독교인들이 연합군을 환영하거나 치안대, 유격대 등을 만들어 약탈과 학살을 감행했다.146) 연합군 퇴각 후인 1951년 초 북측 당국은「반공단체 가담 처벌에 관한 결정」과「군중심판에 관한 규정」등의 조치를 통해 전쟁 시기에 반공단체 가담자나 연합군에 협조한

---

143) Howard P. Moffett의 1950년10월25일자 평양방문보고서. 같은 책, 85에서 재인용.
144)『로동신문』1950년8월7일자 기사. 같은 책, 85에서 재인용.
145)『로동신문』1950년8월15일자 기사. 같은 책, 86에서 재인용.
146) 홍동근,『미완의 귀향일기』상권(서울: 한울, 1988), 230. 참조 : 이에 관해서는 황해도 선천에서 있었던 양민 학살사건을 다룬 황석영의 소설『손님』(서울: 창작과비평사, 2001)이 극적으로 형상화시켰다.

사람을 색출했다. 이때 반동분자로 분류된 사람들 가운데 많은 부분이 기독교인이었다.147) 이들 가운데 소수는 인민재판에 의해 공개처형, 투옥, 수용소에 수용되었다. 그러나 전쟁승리라는 명분, 그리고 "오늘 우리 혁명 사업을 반대하여 활동하는 현행범만이 반(反)혁명분자"148)라는 김일성의 정의 때문에 대부분 관대하게 처리되었다. 주동적인 반공 기독교인들은 연합군과 더불어 대부분 이미 월남한 이후였다.

2) 민족교회 재건의 실패

반민족적 친일 기독교세력

1930년대에 시작된 일제의 황민화운동은 결정적으로 신사참배를 강압했고, 교회는 굴복하고 말았다.149) 감리교의 대부분은 신사참배가 정치적인 국민의례에 지나지 않는다는 일제의 말을 문자 그대로 받아들임으로써, 그 계통의 학교들은 폐쇄되지 않고 해방 전까지 존속할 수 있었다.150) 하지만 교회는 총독부의 강경책에 유린되었다. "조선감리교회 제3차 총회(1936년10월5~10일)"151) 총리사 양주삼 목사의 인솔로 서울시내 기독교 학생들과 신도 7천여 명이 동원돼 조선신궁

---

147) 신평길, "노동당의 반종교정책 전개과정",『북한』(서울:극동문제연구소, 1995년7월호), 56.
148) 김일성, "당사업 방법에 대하여",『김일성선집』제6권(평양: 조선로동당출판사, 1960), 305.
149) 참조 : 로마교황청에서는 1936년5월26일 일본의 가톨릭교도들에게, 참배는 애국심과 충성의 표현 이외에 아무 것도 아니라 하면서, "신사(神社)에 있어서 국가적 의식이 행하여질 때에는 충성과 애국심의 표명을 목적으로 하는 것이기 때문에 (…) 참열(參列)하도록 하라"는 통첩을 발송했다. 조선총독부는 神社문제에 대한 이 통첩을 각 교단에 발송하여 "신사의 봉사(奉祀)는 종교가 아니다", "각 개인의 종교는 자유다"라는 점을 선전했다.『일본가톨릭신문』1936년7월26일자.
150) 민경배,『한국기독교회사』(서울: 연세대학교출판부, 2002), 482.
151) "總督告辭",『조선감리회보』, 1936년11월1일자, 3. 참조 : 미나미 총독이 직접 총회 장소에 와서 "황국신민이라는 근본정신에 배치되는 종교는 일본 국내에서는 절대로 그 존립을 허(許)할 수 없다"고 발언했다. 같은 책, 482에서 재인용.

(朝鮮神宮)에 참배했다.152) 이어 이 총회는 1939년을 기해 '일본감리교회'와 합동 협의하기로 결의하고 말았다.153)

장로교 역시 총회가 열리기 전, 신사참배 결사반대파였던 주기철, 채정민, 이기선을 예비검속하고, 1938년 9월9일 평양 서문밖교회에서 개최된 조선예수교장로회 제27회 총회에서 신사참배를 결의하고 말았다.154) 총회장 홍택기 목사는 신사참배가 기독교 신앙에 배치하지 않는다고 주장했다. 다음은 총회의 결의문이다.

> 아등(我等)은 신사(神社)는 종교가 아니고 기독교 교리에 위반하지 않는 본의를 이해하고 신사참배(神社參拜)가 애국적 국가의식(儀式)임을 자각하며, 써(以) 신사참배를 솔선 여행(勵行)하고 추이(追而) 국민정신 총동원에 참가하여 비상시국 하에서 총후(銃後) 황국신민으로서 적성(赤誠)을 다하기로 기함.155)

이어 총회 폐회 후 부회장 김길창 목사가 임원을 대표하고 각 노회장이 총회를 대표해서 평양신사(平壤神社)에 참배했다.156) 한편, 구세군은 1940년 11월9일 '구세단(救世團)'으로 개편되면서 일본인 사카모도가 단장으로 들어앉고, 국제적 기구와의 법적·경제적 관계 단절, 군대형식의 편제·칭호·복장의 폐지를 선언했다.157) 그리고 동아기독교(침례교)는 재림사상 때문에 1942년 6월과 10월 사이에 전치규, 김용해 목사를 비롯해 32명의 교역자가 구속됨으로써 지도자 전부를

---

152) "감리교도 7천명 출동(…)神宮參拜", 『매일신보』, 1936년10월8일자.
153) 제3회 총회결의안, 『조선감리회보』, 1936년11월1일자, 6. 같은 책, 483에서 재인용.
154) 민경배, 『한국기독교회사』, 485.
155) 『조선예수교장로회 총회 제27회 회의록』, 1938년9월, 9. 같은 책, 485에서 재인용.
156) "平壤神社에 참배하는 장로교 총회 수뇌들", 『매일신보』, 1938년9월13일자.
157) "조선구세단", 『기독교신문』, 1942년2월13일자. 민경배, 『한국기독교회사』, 487에서 재인용.

일시에 잃게 되면서, 마침내 1943년 5월10일에 강제 해산을 당하고 말았다.158) 성결교 역시 재림사상과 그날의 영광이 천황의 존엄에 비례(非禮)가 된다 하여 1943년 5월, 2백여 남녀 교역자들이 구속되고, 같은 해 12월29일에는 교단의 해체령을 받게 된다.159) 또한 성공회는 1941년 1월, 주교 쿠퍼(C. Cooper)가 조선성공회를 지켜나가는 길은 선교부의 퇴진뿐이라 하여 본국으로 귀국하면서 일본인 구토 총감사가 교회 관할을 맡아 '암흑의 역사기'에 들어섰다.160) 그런데 성공회에서는 이보다 앞서 1940년 3월 신학원이 폐교되고, 병원 및 사회사업 기관이 모두 문을 닫아야 했고, 따라서 해방이 되기까지 '완전히 침묵당하는 교회'로 있어야 했다.161) 이때는 이미 기독교연합공의회가 해산되고(1937년), YWCA(1938.6.8.)나 YMCA도 해산되어(1938.10.14.) '일본기독교청년회'에 종속되었다.162)

1920년대 기독교 지도자들 중 지식인들은 유약했다. 3·1운동을 전후해서 항일민족운동에 참여했던 그들은 1930년대에 와서는 일제의 억압과 회유에 하나 둘씩 전향하고 있었다. 그들은 도리어 항일 신사참배 거부 민족주의신앙 세력을 답답하게 여겼다. 바위를 계란으로 대결하려는 어리석음으로 규정했다. 이들은 해방 후까지도 출옥한 민족 신앙 지도자들을 '석두(石頭)'들이라고 비난했다. 순교자들을 어리석은 죽음을 택한 무지한 사람들이라고 멸시하기까지 했다.163) 그런데 이런

---

158) 김용해, 『대한기독교침례교사』, 69. 참조 : 전치규 목사는 1944년2월13일 순교했다. 민경배, 『한국기독교회사』, 487에서 재인용.
159) 김성호, 『한국성결교회사』, 803. 민경배, 『한국기독교회사』, 487에서 재인용.
160) 이재정, 『대한성공회 백년사』 (서울: 성공회출판사, 1990), 213. 민경배, 『한국기독교회사』, 487에서 재인용.
161) 같은 책, 216. 민경배, 『한국기독교회사』, 488에서 재인용.
162) "일본기독교청년회 조선연합회 성립", 『청년』, 1938년11월호, 14. 민경배, 『한국기독교회사』, 488에서 재인용.
163) 조동진, "조국통일과 민족교회 형성", 『남북통일과 기독교』 (서울:통일신학동지회,1989), 69.

민족적 교회와 지도자들을 오도한 세력들이 해방 이후부터 오늘날까지 남측 한국교회의 소위 '주류'라고 자칭하고 있는 사실이 민족화해와 평화통일을 가로막고 있는 장애요소가 되고 있는 것이다.

해방 후 친일청산에 실패한 한국기독교

일제 황민화운동의 주동세력들은 이미 역사의 앞날을 예견할 수 있는 리더십을 상실했다. 분단 조국의 남과 북의 교회들을 이끌어가야 할 위치에 있었던 교회지도자들이 '민족적 교회재건'이라는 역사적 사명보다는 자신의 자리보전에 급급함으로써 민중의 소리, 민족의 신음을 들을 귀가 막혀 있었던 것이다.164) 이에 일제 치하에서 신사참배를 거부하다 투옥되어 고생하던 70여 명 중 주기철 목사를 비롯한 50여 명은 감옥에서 순교했고, 남은 20여 명은 출옥하게 된다. 이들 '출옥성도(出獄聖徒)'들은 해방 직후 평양 산정현교회에 모여 '교회재건'에 관해 합심기도하고 숙의(熟議)한 뒤, 1945년 9월20일 다음과 같은 교회재건의 원칙을 발표했다.

① 교회의 지도자들은 모두 신사참배를 하였으니 권징(勸懲)의 길을 취하여 통회 정화한 후 교역에 나갈 것.
② 권징은 자책이나 자숙의 방법으로 하되, 목사는 최소2개월 간 통회 자복할 것.
③ 목사와 장로의 휴직 중에는 집사나 평신도가 예배를 인도할 것.
④ 교회재건의 기본원칙을 전국에 전달하여 일제히 실행케 할 것.
⑤ 교역자 양성을 위한 신학교를 복구 재건할 것.165)

---

164) 같은 글, 70.
165) 김양선, 『한국기독교 해방10년사』, 43. 민경배, 『한국기독교회사』, 513에서 재인용.

이 재건운동은 1945년 11월14일에 소집된 평북노회 "교역자퇴수회(敎役者退修會, 선천 월곡동교회)"166)에서 이기선 목사에 의해 발표된 '민족교회재건 기본원칙'이, 일제에 매수되어 민족교회를 매도했던 반민족 친일파의 대표자였던 홍택기 목사 등의 교권파에 의한 강력한 반발에 부딪치고 말았다. 홍택기 등 반민족 친일 교역자들은 투옥된 지도자나 해외에 도피하여 은둔생활을 하던 지도자는 교회를 계승할 자격이 없다고 비난하면서, 도리어 "일제 강압 하에서 굴종하면서도 교회를 지켜왔던 자신들의 노력이 높이 평가되고 인정받아야 한다"167)고 하면서 '민족교회재건'운동을 일축했다. 참으로 이런 원칙들은 황폐해져버린 교회를 되살리고자 열망했던 전국의 교회에 호소력을 지닌 것이었으나, 신사참배에 가담했던 교회지도자들 때문에 실패하게 되었다. 이 사건은 8·15 이후 한국기독교 역사에 있어서 자주적· 민족적 정통성을 세우지 못하는 부끄러운 역사의 첫 장이 되고 만 것이다.

이어 1945년 12월, 평양 장대현교회에 소집된 평안도와 함경도 및 황해도 지방의 16개 노회 대표들이 미국과 소련이 국토를 남북으로 양분하여 각각 주둔한 분단의 과도적 현실을 타개하기 위하여 '이북5도연합노회(以北五道聯合老會)'를 구성했다. 김진수, 이유택 등 이북 기독교 지도자들은 연합노회의 교회재건의 과도정책을 다음과 같이 발표했다.

① 이북5도 연합노회는 남북통일이 완성될 때까지 총회를 대행할 수 있는 잠정적 협의기관으로 한다.
② 총회의 헌법은 (일제에 의한) 개정 이전의 헌법을 사용하되,

---

166) 민경배, 『한국기독교회사』, 514.
167) 조동진, "조국통일과 민족교회 형성", 71.

남북통일 총회가 연결될 때까지 그대로 둔다.
③ 모든 교회는 신사참배의 죄과를 통회하고 교직자는 2개월간 근신한다.
④ 신학교는 연합노회 직영으로 한다.
⑤ 조국의 기독화를 목표로 독립기념전도회를 조직하여 전도, 교화의 대운동을 전개한다.
⑥ 이북교회를 대표한 사절단을 파견하여 연합국 사령관에게 감사의 뜻을 표한다.168)

그러나 이북5도 연합노회는 앞에서도 살펴보았듯이 북측 당국과 소련군의 물리력 앞에서 그 기능을 제대로 하지 못한 채, '종교정책 시정과 주일선거 거부 결의문'을 북조선인민위원장 앞으로 보낸 것을 끝으로 소멸되고 말았다. 이북에서의 이와 같은 교회재건운동은 이로써 끝나지만, 북조선인민위원회의 정책을 지지하는 민족주의와 사회주의의 타협세력인 '조선기독교도련맹'이 이어서 출현한다. 중국 산동성에 파송되었던 박상순 목사를 위원장으로 원로 김익두 목사를 부위원장으로 출발한 조선기독교도련맹169)은 강량욱 목사를 비롯하여 이웅, 곽정희, 신영철, 나시산, 심익현, 배영덕, 김치근, 김응순 등 황해도와 함경도를 중심한 '한독당' 관련 교회지도자들로 구성되었는데, 그 첫 결의문은 다음과 같다. ①우리는 북조선인민위원회(김일성 정권)를 절대 지지한다. ②우리는 남조선 정권을 인정하지 않는다. ③교회는 민중의 지도자가 될 것을 공약한다. ④그러므로 교회는 선거에 솔선 참가한다.170)

---

168) 김양선, 『한국기독교 해방10년사』, 63. 조동진, "조국통일과 민족교회 형성", 71에서 재인용.
169) 이후 연맹은 1948년에 평신도 가입이 이루어지고, 1949년에는 연맹 총회를 소집하여 총회장에 김익두, 부회장에 김응순, 서기에 조택수 등을 선출하여 정식 출범한다.
170) 조동진, "조국통일과 민족교회 형성", 72.

친일 반민족 세력에 장악된 남측의 교회

한편 남측에서는 '민족적 교회재건'운동이 거의 일어나지 않았다. 심지어 일제 패망 직전 총독부에 의하여 강압적으로 통합된 '일본기독교 조선교단'통리에 임명된 김관식 목사를 중심으로 그 이름에서 일본만을 빼버린 '조선기독교단'의 존속을 시도했다. 감리교의 변홍규, 이규갑, 박연서, 그리고 장로교의 김관식, 송창근, 김영주 등 여러 목사들이 1945년 9월8일 새문안교회에서 '남부대회(南部大會)'를 소집하고 그 존속을 의논했다.171) 그러나 이 대회는 민족운동세력의 반대로 무산되고 만다. 이어 1946년 4월30일의 남부대회에서 각 교파에로의 환원이 결정되고, 각 교단 대표들이 퇴장했기 때문이다.172) 이렇게 해서 교단 계승을 전후까지 이어간 일본기독교와는 달리, 한국기독교는 난립이 불가피한 상황으로 전개되고 말았다. 남측 기독교의 혼란은 장차 겪을 분열의 비극을 당연시하게 하는 가장 비복음적인 이른바 '깨어진 교회'(하나의 교회가 아니라)가 되는 상황으로 전개되고 만다. 다만 이 남부대회가 이런 파탄을 겪으면서도 1946년 10월10일에 한국기독교연합회(Korean National Christian Council)173)를 교회의 연합기구로 남겼다는 사실은 특기할 만하다.

일본기독교 조선교단의 중심세력이었던 친일세력은 승동교회에서 「장로교 남부총회」174)를 소집하여 남측에서의 교회들은 친일 반민족

---

171) 김양선,『한국기독교 해방10년사』, 50. 민경배,『한국기독교회사』, 517에서 재인용.
172) "재건파의 선언서를 읽고",『조선감리회보』, 1948년3월20일자. 민경배,『한국기독교회사』, 517에서 재인용.
173) 장로교, 감리교, 성결교, 그리스도의교회, 구세군, YMCA, YWCA, 한국기독청년연합회, 기독교신인회, 성서공회 등이 가입된 연합기구였다. 이후「한국기독교교회협의회(KNCC)」로 개편된다.
174) 민경배,『한국기독교회사』, 522.

적 기독교 지도세력의 교체 없이 도리어 이들이 미군정의 비호를 받으며 득세해갔다. 하지만 교회의 저변세력은 이를 거부했다. 부산과 대구, 여수와 순천 등에서 일어난 반일 민족주의 교회의 저변 지도세력들은 서울을 중심으로 한 친일 반민족세력의 교회 주도에 거부 입장을 고수했다.[175] 그러나 미군의 진주와 함께 다시 돌아온 미국선교사들의 비호를 받을 수 있었던 친일 기독교 잔재세력은'반민족특별위원회'가 전필순 등 기독교의 친일세력을 재판에 회부했으나, 남측의 이승만 정권의 강압에 의해 무산됨으로써 남측 기독교의 대표적 위치를 굳혀갔다.[176]

정치적으로는 「반민족행위자 처벌에 관한 특별법」[177]이 1948년 9월7일에 국회에서 통과되어 9월22일 선포되었으며, 이는 한국사회 전반이 그러했던 것처럼 한국기독교계에도 큰 소용돌이를 몰고 왔다. 신사참배에 대한 저항이냐, 굴복이냐의 문제는 교회와 교회가 갖게 된 죄의식을, 그리고 최소한이라도 국가를 절대시하는 뜻을 내포하고 있는 어떠한 의식(儀式)에 대해서 우물쭈물하게 된 신도들의 정서를 어떻게 정화하느냐 하는 문제에 대하여 교회 안에 깊은 분열을 남겨놓았다.[178] 특히 굴복이라는 유산은 끊임없이 한국교회의 예언자적인 정신을 흐려놓게 되었다.

신사참배를 수락했던 제27차 장로교 총회의 총회장을 지낸 홍택기 목사는 "감옥 밖에서 교회를 지키기 위해 투쟁했던 사람들도 감옥 안에 있었던 사람들만큼이나 고통을 받았다. 교회를 위해 막중한 책임을

---

175) 조동진, "조국통일과 민족교회 형성", 73.
176) 오익환, "반민특위의 활동과 와해", 『해방전후사의 인식 1』 (서울: 한길사, 1989), 112~151에서 참조.
177) 같은 글, 117.
178) 한국기독교장로회 역사편찬위원회, 『한국기독교 100년사』 (서울: 한국기독교장로회출판사, 1992), 382.

수행하면서 일제의 억압에 굴복하지 않으면 안 되었던 사람들이 교회를 버리고 해외로 도피하거나 은둔했던 사람들보다 더 존경받아야 한다"[179]고 선언할 정도로 반역사적·반민족적 세력이 온존하게 된 것이다. 이승만 정권의 정략적인 견제와 친일세력의 방해로 반민특위는 실효를 거두지 못하고 오히려 분쇄되는 운명을 맞았다. 이런 상황으로 기독교와 이승만 정권은 정교(政敎)유착하게 되고 기독교는 자유당 정권과 공생하며 분단세력으로 자리 잡게 된 것이다.

일제 잔재와의 단절을 통한 민족교회 재건을 원하고 탈외세(脫外勢), 탈서구(脫西歐) 민족자주적 교회재건이 좌절됨으로써, 교단의 분립, 기독교 세계조직들과의 국제관계의 단절 등의 상황이 겹치면서 남측의 교회는 뼈아픈 분열의 슬픈 역사를 이어오게 된 것이다. 게다가 대거 월남한 북측의 반공적 기독교세력이 가세하면서 한국기독교는 반통일적 분단세력으로 결집하게 된다. 해방 후 한국기독교의 목표는 성직자들의 참회와 교회 재건을 통해서 신사참배, 친일 등으로 말미암아 박탈돼버린 종교적인 양심을 회복하는 일이었으나, 한국교회의 지도력은 신사참배에 굴복하고 협력했던 사람들이 계속적으로 지배하게 되었다. 결국 한국기독교회의 참회와 정화는 수포로 돌아가고 말았다.

어쨌든 분단조국의 이북에서는 민족주의 기독교세력과 사회주의 기독교세력과의 화해의 실패의 책임이 있음을 고백해야 한다. 이남에서는 반민족적 친일 기독교세력의 일제잔재 청산의 거부로 인한 분단의 고착화와 교회분열의 죄책을 고백하지 않으면 안 된다.

이승만 정권과 한국교회의 밀착

이승만 정권은 반민특위 활동에 앞장선 국회의원들을 간첩죄로 체포

---

[179] 같은 책, 382.

하는 국회프락치사건을 일으키고 경찰을 동원하여 반민특위를 강제로 해산시켰다.180) 이승만은 무조건 대동단결을 외치며 친일세력을 보호하고 두둔했다. 이런 상황에서 일제잔재를 청산하지 못한 기독교세력들에게 이승만은 보호막이 되었고, 그들은 반공을 내세우면서 남측 자유당 정권의 충실한 지지자가 되었다. 6·25전쟁을 겪으면서 남측의 보수적 정치권력의 헤게모니가 확립되었고, 그 비호 아래 독점적 재벌이 형성되어갔다.

한국교회의 반공적 태도는 6·25전쟁을 거치면서 더욱 강화되었다. 전쟁 과정에서 공산 정권에 의한 피해의 체험은 경직된 이분법적 흑백논리에 사로잡히게 되었다. 그리하여 공산주의자는 타도의 대상이었지 민족공동체의 운명을 함께 결정하고 평화를 이루기 위한 파트너라는 생각을 하지 못했다. 남측교회의 반공적 태도는 전쟁기간 중 구체적인 행동으로 나타났다. 1950년 7월3일 대전에서 「대한기독교구국회」를 결성하여 선무, 구호, 방송 의용대를 모집했다. 개전 초기 3,000여 명의 의용대를 모집해 전투에 참가했으며, 북측 점령지역에 약 1,000여 명의 선무원을 보내 활동했고, 1·4후퇴 이후에는 「기독교연합전시비상대책위원회」를 구성하여 국제적인 원조를 요청하기도 했다. 또한 '휴전반대'와 '북진통일'의 표어를 내걸고 대규모 구국기독신도대회를 개최하기도 했다.181)

남측 이승만 정권이 친일세력과 극렬 반공주의자들과 가까웠다는 사실, 그리고 이승만 자신이 기독교인이었다는 사실은 기독교지도자들과 남측의 이승만 정권 간에 친근한 관계를 만들어준 근본적인 요인이 되었다.182) 결과적으로 자유당과의 밀착은 한국교회에도 심각한 위기를

---
180) 오익환, "반민특위의 활동과 와해", 142.
181) 김양선, 『한국기독교 해방10년사』, 79~81에서 참조.
182) 송건호, "8·15의 민족사적 인식", 『해방전후사의 인식 1』 (서울: 한길사, 1989), 26~31에서

가져왔다. 그리고 이는 국가와 교회 간의 건강한 관계라고 하는 토대를 세우는 것을 방해했다. 부정부패의 혼란 속에서 아무런 도움도 없이 한국교회는 자신의 예언자적 사명을 망각해 버리고 말았다. 어떤 면에서 이는 "교회가 민중을 버린 것이 아니라 민중과 역사가 교회로부터 아무런 기대도 걸지 않았다"[183]는 것으로 볼 수 있다. 한국교회는 민족사가 부여한 사명에 대하여 대답해야 했고, 잠재력을 가동하여 민중의 가슴에 맺힌 한을 풀어줌으로써 빚을 갚아야 했다. 민족이 분단되는 상황 속에서 교리논쟁으로 교단이 분열되는 아픔을 체험했다. 6·25전쟁은 민족적 참극이었고 한국교회가 민족문제를 올바로 접근할 수 없는 계기를 만든 블랙홀과 같은 함정이 되고 말았다.

반공 이데올로기에 사로잡힌 한국교회

한국교회가 국가권력과 결탁하여 사회나 교회에 폐해를 끼친 것은 앞서 언급한 바와 같이 이승만 정권 시절, 특히 6·25전쟁이 끝난 직후였다고 할 수 있다. 이승만 정권이 세워지면서 좌파가 아닌 우파에 속하고 김구 등 이승만의 정치적 경쟁자 세력에 속하지 않으면서도 국가경영에 참여할 만한 능력을 가진 사람들 가운데 많은 사람이 기독교인이었다. 하여 정부, 국회, 군대 등의 고위직에 전체 인구 대비 훨씬 많은 수의 기독교인이 참여하게 되었다.[184] 전쟁을 거치면서 반공 이데올로기가 강화되는 가운데 기독교인들은 '장로 대통령, 반공의 기수'이승만을 더욱 강력히 지지했다. 이승만 자신이 기독교인이었다는 사실, 반공의 이념, 인맥 등이 작용하면서 한국교회는 이승만 정권과

참조.
183) 한국기독교장로회 역사편찬위원회, 『한국기독교 100년사』, 392.
184) 노치준, "한국전쟁이 한국교회의 성격 결정에 미친 영향", 월간 『기독교사상』 1995년6월호 (서울: 대한기독교서회, 1995), 16.

결탁했다. 물론 시간이 지나면서 기독교와 이승만 정권 사이의 밀착관계가 약화된 것은 사실이지만 갈등관계가 나타난 적은 한 번도 없었다. 이승만 정권과의 밀착관계에 의해 한국교회는 여러 가지 혜택을 받았다. 이승만은 '국기에 대한 경례'에서 허리를 굽히는 대신에 손을 가슴에 얹고 주목하도록 함으로써, 신사참배를 통해 겪었던 기독교인들의 신앙적 갈등의 문제가 일어나지 않게 했다. 1951년 종군목사 제도가 만들어져서 군대 내에서 기독교의 영향력이 커지게 되었고, 선교의 양적 성장에 도움을 받게 되었다.[185] 이외에도 「기독교방송」의 허용, 일요일의 공휴일화, 형무소 목사 임명, 크리스마스의 공휴일화 등 여러 가지 특혜적 조치를 받았다.

이승만 정권과의 밀착과 그에 따른 기독교의 혜택은 외형적으로 교회에 도움을 주었던 것은 사실이지만, 기독교의 본질적인 측면에서는 오히려 심각한 문제에 빠지게 되었다. 곧 교회가 정치권력과 결탁하여 외형적인 이익을 얻고자 하는 태도는 교회의 예언자적 사명과 도덕적 위상을 크게 손상시키는 것이었다. 이에 대해 김재준 목사는 "4·19혁명이 터질 때, 한국교회는 마치 눈부신 섬광 앞에 자신의 모습이 환히 드러남을 보았고, 정권과 밀착했던 과거의 잘못을 반성하게 되었다"[186]고 말했다. 이승만 정권이 무너진 이후 당시의 기독교에 대한 역사적 반성에 힘입어 '한국기독교장로회'를 비롯한 한국기독교교회협의회(KNCC) 가맹 교단 가운데 일부 교회들이 예언자적 사명을 감당하기 위해 민주화, 유신 반대, 인권옹호 등을 외치다가 많은 고난을 겪기도 했다. 그러나 대다수의 반공적인 보수교단의 교회들은 역사의 어둠 속에서도 침묵했고, 그 중 일부는 오히려 예언자적 교회의 사명

---

185) 김양선, 『한국기독교 해방10년사』, 108~109.
186) 김재준, "4·19 이후의 한국교회", 월간 『기독교사상』 1961년4월호(서울: 대한기독교서회), 64.

을 감당하며 고난당하는 형제 그리스도인들을 매도하며, 삼선개헌 지지와 유신체제 지지를 표명하고, 군부독재정권을 정당화하는'조찬기도회' 등을 개최하여 국가권력으로부터 여러 가지 혜택을 받기도 했다.187) 사회에 대한 영적, 도덕적 지도자로서의 역할을 해야 하는 교회는 국가권력과 일정한 거리를 유지해야만 그 건강성을 유지할 수 있다. 세속의 국가권력과 밀착되어 있으면, 권력의 잘못된 사용을 비판하고 그 개혁을 요구하는 예언자적 사명을 다할 수 없게 된다. 분단 이후 나타났던 한국교회의 정권과의 밀착 경험은 깨어난 소수 교회들로 하여금 각성의 계기를 만들어 주었지만, 대다수의 보수적인 교회들에게는 몰역사적, 반지성적, 권력 지향적 태도를 심어주어 그 흐름이 지금까지 이어지고 있는 것이다.

한국교회의 분열, 진보와 보수의 갈등

전쟁을 통해 더욱 강화된 흑백논리와 사고의 경직성은 한국교회의 내부적 갈등과 분열을 초래했다. 각 교단으로 분열하게 된 데에는 여러 복합적인 이유들이 있었지만, 전쟁의 후유증이라 할 수 있는 경직된 사회·심리적 요인이 크게 작용되었을 것이다. 사실 1950년대에는 종교분열의 시대라고 불릴 만큼 기독교뿐 아니라 타종교의 분열도 심하게 일어났다.188)

---

187) 노치준, "한국전쟁이 한국교회의 성격 결정에 미친 영향", 17.
188) 참조 : 유교의 경우, 김창숙 옹을 추종하는 세력과 반대하는 세력 사이의 내분이 일어나 1956년 유도회 총회가 분리된 후 1964년 전국향교대표자대회가 열려 문제가 수습될 때까지 세 차례에 걸친 심한 분규가 있었다(금장태, "한국유교의 변동과 현황에 대한 조사연구", 한국정신문화연구원 편, 『사회변동과 한국의 종교』, 15). 불교의 경우, 1953년 시작된 불교정화운동과 대통령 유시가 서로 맞물리면서 심한 분쟁이 일어나 1962년 대한불교조계종이 설립되었고 그 후에도 크고 작은 분규가 일어나다가, 1970년 한국불교태고종이 설립되면서 일단락되었다(정병조, "한국사회의 변동과 불교", 한국정신문화연구원 편, 『사회변동과 한국의 종교』, 79~82).

이런 분위기 속에서 한국교회는 심각한 분열이 일어났는데, 절대 다수를 차지하던 장로교에서 더욱 그 정도가 심했다. 1949년 장로교 경남노회의 분규에서 시작되어, 1951년 9월 독자적인 경남법통노회의 구성으로 진행된 고신파의 분열은 1956년 독자적인 총회를 구성하면서 강을 건너고 말았다.189) 한편, 1947년 51명의 조선신학교 학생들이 연서명한 진정서가 총회에 제출되면서 기독교장로회의 분열이 시작되었다. 그 후 여러 진통을 겪으면서 1951년 조선신학교의 총회직영 취소, 1952년 김재준 교수의 제명처분으로 이어진 총회의 결정에 반발하여, 1953년 한국기독교장로회가 독립된 총회를 개최하면서 완전히 분립되었다.190) 그리고 대한예수교장로회 주류는 1959년 세계교회협의회(WCC, World Council of Churches) 가입문제를 핵심 사안으로 논쟁 끝에 대한예수교장로회 합동측과 통합측으로 분열되었다.191) 그 당시 한국교회 신앙의 주류를 이루고 있었던 정통주의 신학이란 사실상 근본주의192)에 닿아 있었다. 전쟁의 경험과 그에 따른 경직된 태도는 근본주의와 결합되면서 교회 내부의 문제를 좀 더 유연하게 해결할 수 있는 여유를 가지지 못하게 했다. 그 결과 한국교회의 정통신앙에서 벗어났다고 여겨지는 조선신학교 측에 대해 다수의 힘으로 총회에서 축출하는 최악의 선택을 하게 된 것이다. 1959년의 합동측과 통합측의 분열에서 핵심적인 쟁점이 되었던 WCC 가입문제 역시 좀 더 여유 있

---

189) 민경배, 『한국기독교회사』, 528.
190) 같은 책, 529.
191) 같은 책, 545~546.
192) 참조: 근본주의(fundamentalism) 신학이란 자유주의 신학에 대한 반발이며, 그 속에는 세계관의 변화에 대한 불안과 공포 의식이 있고, 또한 안정된 세계관에 대한 갈망이 포함되어 있다. 근본주의는 상황과 메시지를 분리하고서 메시지의 초월적 진리성만을 옹호하는 나머지 상황을 방기하게 된다. 이러한 오류에 빠지게 되면, 단순히 한국교회가 진리를 가지고 있기 때문에 북측지역에 가서 그것을 전하기만 하면 된다는 지극히 단순한 발상에 사로잡히게 된다. 노치준, "한국전쟁이 한국교회의 성격 결정에 미친 영향", 19에서 재인용.

게 접근했다면 합의할 수 있었을 것이다. 그러나 보다 보수적인 세력(합동측)은 용공과 반공, 신신학과 정통신학, 친가톨릭과 반가톨릭 등과 같은 이분법적 구조의 논쟁으로 이어져 끝내 한국교회라는 '하나의 교회'는 깨어지고 만 것이었다. 물론 이 과정에서 북에서 월남한 교회 지도자들의 반공의식이 중요하게 작용되었다고 볼 수 있을 것이다.

이런 분열과정을 통해 한국교회는 진보와 보수가 상호보완적인 작용을 하면서 경쟁과 협조를 하는 이상적인 관계구조를 형성하지 못하고, 상대방을 전면적으로 부정하고 자신만 옳다고 생각하는 갈등적 관계구조를 형성하고 말았다. 더욱이 1960년대 이후 진보-보수의 신학적인 분열이 사회적 참여나 관심에서 더욱 심한 갈등구조가 나타나게 되었고, 이것은 극복하기 어려운 한국교회의 고질적인 질병이 되고 말았다. 우리 사회는 남북의 분단, 동서의 갈등, 세대 간의 분열, 계급 및 계층에 따른 갈등 등으로 인해 많은 고통을 당하고 있으며, 한국교회는 이런 분열과 갈등의 아픔을 치유하고 더 높은 차원에서 화해와 평화를 이루어야 할 사명을 가지고 있다. 그러나 분단 이후 더욱 견고해진 한국교회의 분열과 대결의식은 사회의 아픔을 치유하기는커녕 교회 안의 문제조차도 극복하지 못한 채, 아직까지도 강력하게 작용하고 있다.[193] 이는 교회의 윤리적 패배를 의미한다.

3) 사회주의 사회에서의 북측의 기독교

휴전 이후 사회주의 속에서의 생존 모색기(1953~1972년)

한편 6·25전쟁으로 민족분단은 돌이킬 수 없는 극단적인 단절 상황 속에서 북측에서는 기독교 자체가 말살되었다고 해도 과언이 아니었

---

193) 노치준, "한국전쟁이 한국교회의 성격 결정에 미친 영향", 19~20.

다. 이 시기는 이른바 암흑기라고 말할 수 있다. 이 말은 전통주의자들이 흔히 말해온 것처럼 이 시기에 북측의 교회가 말살되어 존재하지 않았다기보다는 종교 현상에 대해 말할 수 있는 1차 자료가 거의 존재하지 않았다는 뜻이다. 일단 외형적으로 북측의 주장에 따르면, 전쟁으로 크고 작은 1천여 개 이상의 교회들이 미군의 폭격으로 재로 변했다는 것이다.[194]

전쟁은 시설만 파괴한 것이 아니라 많은 교인들과 지도자들을 앗아갔다. 폭격으로 희생된 교인들도 셀 수 없이 많았지만, 연합군이 북진했을 때는 북측 정권에 협조했던 많은 지도자들이 반공주의자들에 의해 살해되었고, 이와 반대로 반공적인 기독교 지도자들은 전쟁 중에 거의 월남했거나 인민군에 체포되어 살해되었다.[195] 남아있던 일부 반체제 교역자들은 은신하여 지하로 잠적했던 것 같다.

북측사회에서 미국은 민족의 '철천지 원쑤'로 규정되면서 전쟁이 남긴 파괴에 대한 책임 역시 모두 미국의 탓으로 돌려졌다. 미국과 관련된 모든 것은 철저하게 부정되고 규탄되었다. 특히 미국과 미국 선교사에 대한 적개심 고취는 매우 광범위하고 조직적으로 이루어졌다. 김일성의 발언, 반종교 문서, 교과서, 각종 사상교육용 공연예술, 황해도 신천의 「미제 학살기념 박물관」을 비롯하여 곳곳에 건립된 전쟁박물관 등은 전쟁 중 미군의 학살만행과 선교사들을 연결시켰다. 미국 선교사를 제국주의의 정탐꾼으로 만들어 전쟁의 책임과 연결시키려는 노력은 정치적인 계산에서 나온 것이었기 때문에 역사적 사실을 과장

---

[194] 박일석, 『종교와 사회』 (평양: 삼학사, 1980), 75, 81. 조선기독교도련맹 서기장 고기준 목사가 1981년에 밝힌 바에 의하면 전쟁 전 북측에는 1,473개의 교회에서 11만7천여 명의 교인이 있었다고 한다. 고기준, "사회주의와 기독교", 『비엔나에서 프랑크푸르트까지: 북과 해외동포-기독자 간의 통일대화』 (서울: 형상사, 1994), 138.
[195] 박일석, 『종교와 사회』, 76, 81.

하거나 왜곡시키면서까지 이루어졌다.[196] 신천 박물관은 입구에서 가장 가까운 전시실인 1층 1호실에 성경과 선교사들 관계 자료를 전시하여 양민 대학살이 미국 선교사들과 직접 연결되어 있음을 보여주고자 했다.[197] 이런 정치적 노력은 심지어 남로당의 박헌영, 이승엽을 전쟁에서 간첩행위를 했다는 이유로 숙청하는 데도 사용되었다. 북측 최고재판소는 박헌영이 해방 전부터 "선교사로 가장한 미국 정탐기관의 로련한 탐정인 언더우드와 련계를 맺고 미국의 고용 간첩으로 활동했다"[198]는 혐의로 사형을 언도했던 것이다.

전쟁 후 기독교에 대한 적개심이 만연하는 가운데 기독교인들이 사회적으로 어떤 입장에 있었으며 어떻게 신앙생활을 할 수 있었는지는 정확하게 알 수는 없다. 분명한 것은 파괴적인 전쟁을 겪으면서 '종교허무주의'가 광범하게 확산되어 갔다는 사실이다. 그 중에서도 북측 기독교인들이 특히 가장 큰 충격을 받은 것으로 보인다. "미국이 절대 교회를 폭격하지 않을 것이라는 믿음으로 공습경보가 나면 방공호가 아니라 교회로 모였다가 희생된 경험은 쓰라렸다"[199]는 것이다. 결국, 증오하는 미국의 종교로 인식된 기독교는 신자들 스스로 기독교인임을 내놓고 다니지 못할 지경이 되었다고 한다.[200] 이탈하는 신자들이 많았다는 것이다. 이는 북측 정권이 종교를 직접 탄압한 결과라기보다는 "전쟁이라는 특수한 상황이 (…) 북측의 종교계 특히 기독

---

196) 김흥수·류대영,『북한 종교의 새로운 이해』, 93.
197) 박일석,『종교와 사회』, 79.
198)『미제국주의 고용간첩 박헌영 리승엽 도당의 조선민주주의인민공화국 정권전복 음모와 간첩사건 공판문헌』(평양: 국립출판사, 1955), 4~124에서 참조. 김흥수·류대영,『북한 종교의 새로운 이해』, 94에서 재인용.
199) 박일석,『종교와 사회』, 77.
200) 같은 책, 80에 의하면 반미감정이 아이들에게까지 파급되어 루마니아와 폴란드 등으로 입양된 이북의 전쟁고아들이 기독교는 미국의 종교이고 목회자는 미국인이라고 생각하여 근처의 교회당을 파손하고 교역자들을 모욕하는 일까지 있었다고 한다.

교계에 준 충격이었다"201)는 것이 더 큰 원인이었던 것으로 보인다. 그러나 전쟁이 우리 민족에게 끼친 참혹한 피해의 책임을 오로지 미국과 남측 정권에게 지우려는 북측 정권의 정치적 목적이 기독교에 대한 이북 사람들의 적대감을 강화시켰음도 부인할 수 없다.

이런 참혹한 전쟁 이후 척박한 상황에도 약 20여 명의 목회자가 남아 있었던 것으로 보인다. 그러나 물질적 기반이 거의 파괴된 상태에서 전쟁복구를 위해 전인민이 총동원되고 사회주의적 사상투쟁이 밤낮으로 진행되는 상황에서 전쟁 전과 같은 신앙행위가 이루어질 수 없었다. 또한 정권 당국이 직접 신앙행위를 탄압하지 않더라도 일반 사람들 사이에 적대적 종교허무주의가 팽배한 데다 협동농장 등 생활의 집단화까지 이루어지고 있어서 공공연하게 종교의식을 할 수는 없었을 것이다. 이북 인민들의 생활이 농민조합, 노동조합 등 집단으로 재편되면서 기독교 단체의 하부조직은 모두 없어졌다.202) 이때 기독교인들에게 요구되는 것은 사회주의 혁명에 적극 참여하는 일이었다. 예를 들어 '양떼를 남겨두고 목자가 떠날 수 없다'며 월남을 거부했던 감리교 이풍운 목사는 가난한 사람을 위해 일하는 것이 기독교와 사회주의가 공통적으로 추구하는 일이라고 보고 전쟁 후 협동농장을 만들고 지도하는 데 힘을 쏟아 칭송을 받았다.203)

1950년대 중반을 지나면서 북측에 종교가 사라졌다는 것이 전통적인 관점이다. 그러나 여기에는 몇 가지 문제점이 있다고 김흥수 교수는 지적한다.204)

첫째, 협조적인 종교인에 대한 통일전선적 포용책은 해방 후부터 북

---

201) 김흥수, 『해방 후 북한교회사: 연구·증언·자료』, 409~411에서 참조.
202) 신평길, "노동당의 반종교정책 전개과정", 57.
203) 이영빈·김순환, 『통일과 기독교』, 103~109에서 참조.
204) 김흥수·류대영, 『북한 종교의 새로운 이해』, 101.

측 당국이 종교에 대해 취했던 일관적인 태도였다. 1958년 10월 협동화에 의한 사회주의적 개조가 성공적으로 완수된 시점에서 김일성이 '우리와 같이 가려는 사람에 대해서는 지난날 그가 자본가였던지, 지주였던지, 목사였던지 누구를 막론하고 과거를 묻지 않을 것'이라고 밝힌 바 있다고 한다.205) 목사가 지주나 자본가와 같이 언급되었다는 것은 그만큼 목사라는 말이 부정적 의미를 지녔다는 점을 시사한다. 그럼에도 불구하고 '우리와 같이 가려는' 목사는 배제하지 않겠다는 것도 분명했다. 이것은 기독교가 이전과 마찬가지로 여전히 통일전선의 대상임을 말해주는 것이다.

둘째, 1960년대 후반부터는 공식적으로 '가정예배'가 등장하는 등 신앙행위가 다시 나타나기 시작한다. 조선로동당 간부였던 신평길은 1968년 4월 조선로동당 정치국에서 '풀어주는 사업'을 광범위하게 실시하면서 공식적으로 가정예배를 허용했다고 증언한다.206) 이때 60대 이상의 노인층 가운데 비공식적 신앙행위를 계속하던 사람들이 그 대상이었다고 한다. 예배 이외의 종교행위는 일체 금지되었지만 성경을 소지할 수 있었다. 이때 평북 선천, 평남 정주, 황해도 신천 등 전쟁 전 기독교가 융성했던 지역에 200여 개의 가정예배소가 허용되었다고 한다. 대표적인 것이 평남 남포의 안신호, 만경대 칠골의 강선녀(김일성의 외척), 강원도 원산의 도당 위원장 김원봉의 모친 김씨, 함남 영흥의 장관급 간부 문만옥의 모친 황씨 중심의 모임 등이었다.207)

---

205) 박일석, 『종교와 사회』, 55. 북측 문서들이 김일성이 하지 않은 말이나 그의 입장을 반영하지 않는 말을 지어내는 법이 결코 없음을 감안할 때 믿을 수 있는 인용이라고 볼 수 있다.
206) 신평길, "노동당의 반종교정책 전개과정", 58. '풀어주는 사업'이란 과거 억울하게 반동분자, 불순분자로 낙인 찍혔거나, 월남자나 반공단체 가담자의 가족·연고자로 분류되어 제재와 탄압을 받던 사람들 중 기본계급 출신으로 현재 일 잘하고 있는 사람들을 대상으로 심사를 거쳐 과거 허물을 말소시켜 주는 일이었다고 한다. 김홍수 류대영, 『북한 종교의 새로운 이해』, 104에서 재인용.
207) 신평길, "노동당의 반종교정책 전개과정", 59.

셋째, 저명인사와 간부급 인사의 부모들이 중심인 가정예배 집단이 많았는데, 이것은 기독교인 가운데 많은 사람들이 사회주의와 조화를 이루며 생존하고 있었다는 것을 입증한다. 기독교의 강량욱, 김창준, 안신호 등이 최고인민위원회 대의원을 역임했다. 또 감리교 목사 한동규, 장로교 목사 이영태, 장로교 전국여전도연합회 회장을 역임한 여전도사 이순남 등이 북측 공화국 창건 20주년 훈장, 국기훈장, 공로메달 등을 수상하기도 했다.[208] 사회주의 정권에 협력했다는 이유로 이들의 '신앙'을 의심한다는 것은 사회주의와 종교는 공존할 수 없다는 자본주의 사회의 이데올로기적 선입관을 드러낼 뿐이다.

그러나 기독교에 대한 북측사회의 적대적 인식은 개선되지 않고 있어서 이런 지도급 인사들 이외의 일반 신자들은 자신들의 신앙을 드러내지 못한 채 개인적인 신앙을 지켜가는 수밖에 없었던 것으로 보인다. 당시 북측 기독교인들이 당하는 불이익은 국가 정책적 차원에서 온 것이라기보다는 기독교에 대한 북측 인민들의 적대감과 따돌림에서 왔던 것이 더 많았던 것으로 보인다. 이점은 김일성이 "심지어 어떤 학교에서는 공부를 잘하는 학생을 목사의 아들이라고 하여 락제시키는 현상까지 있습니다"[209]라고 개탄한 데서도 찾을 수 있다.

결국 지하예배이건 공개적인 처소예배이건 종교행위를 한 사람은 이전부터 기독교인이었던 사람들이다. 말하자면 교인이 곧 교회가 아니던가. 외형적으로는 교회가 사라진 것처럼 보였지만, 교인은 있었고 신앙행위도 있었다. 즉 교회가 존재했던 것이다. 다만 사회주의라는 낯선 환경과 갈등하면서 새로운 존재방식을 모색하고 있었을 뿐이다. 1960년대 후반에 공식적인 가정예배처소가 생긴 것이 북측 정부의 정

---

[208] 박일석, 『종교와 사회』, 129~130.
[209] 김일성, 『청소년사업』 제1권(평양: 조선로동당출판사), 201. 김일성은 "이러한 경향들을 없애야 하겠습니다"라고 말했다. 김흥수 류대영, 『북한 종교의 새로운 이해』, 106에서 재인용.

책적 목표 때문이었다고 설명하는 것은 부족하다. 많은 기독교인들이 북측사회에서 인정받는 역할을 담당하면서도 신앙을 유지했기 때문에 가정예배의 공식화가 이루어질 수 있었다.210) 진정한 신앙은 정치에 의해서 만들어지지도, 사라지지도 않는 법이며 북측에서도 예외는 아니었을 것이다. 사회주의화가 진행되는 가운데 기독교인들은 변화되는 상황에 따라 북측사회에서 존재하는 양태를 변화시켜 나간 것으로 보인다.

사회주의적 기독교의 생성기(1972~1988년)

북측은 1972년 12월에 새로운 헌법 '조선민주주의인민공화국사회주의헌법'을 제정했다. 1948년부터 사용하던 헌법의 이름이 '조선민주주의인민공화국헌법'이었던 점을 비교해보면 새로운 헌법이 북측의 '사회주의'적 성격을 강조하고 있음을 알 수 있다. 인민민주주의헌법이 사회주의로의 이행을 규정하고 있다면, 사회주의헌법은 사회주의 국가가 형성된 상태에서 그것을 발전시켜나가기 위해 만들어진다.211) 북측이 사회주의헌법을 제정했다는 것은 1958년 경제의 협동화가 이루어진 후 사회 전 영역에서 사회주의화가 완성되었음을 천명하는 의미가 있었다. 이제부터는 '사회주의의 완전한 승리'를 위해서 나아간다는 것이었다.212) 주요한 변화는 최고인민회의 권한을 약화시키고 내각을 폐지한 후, 국가의 수반이며 국가주권의 대표자인 '주석제'를 신설한 것이었다.

주석제 신설은 갑작스런 변화라기보다는 1960년대 말부터 전개해온 '주체사상'의 유일사상화 작업, 그리고 주체사상의 유일한 해석자인

---
210) 김흥수·류대영,『북한 종교의 새로운 이해』, 106~107.
211) 김흥수·류대영,『북한 종교의 새로운 이해』, 114~115.
212) 이종석,『새로 쓴 현대북한의 이해』(서울: 역사비평사, 2000), 286.

'수령'김일성이 지닌 절대권위의 법적인 표현이었다. 1974년 2월 김정일은 주체사상을 '김일성주의'로 공식 선포하며 조선로동당의 지도사상으로 삼았다.213) 주체사상이 심화·발전되어가면서 수령은 인민대중의 '최고 뇌수'로 인민의 이익의 '최고 체현자'로 사회주의 혁명의 중심으로 자리 잡아갔다. 이 '혁명적 수령관'은 다시 발전하여 1980년대에는 북측사회 전체가 수령을 중심으로 혈연적 관계를 맺은 혁명적 대가정을 이루고 있는 것으로 해석되었다.214) 수령, 당, 인민이 사회정치적 생명체를 이루어 개개인의 육체적 생명을 초월하여 영생한다는 것이다.215) 북측 당국은 이런 독특한 체제를 '우리식 사회주의'라고 부르면서 세계 사회주의권 내에서 독자성을 주장한다. 주체사상과 수령유일주의 체계화는 김정일에 의해서 주도되었다. 김정일은 김일성의 '후계자'로서 1970년대 중반부터 조선로동당 내에서 북측 권력의 제2인자로 활동하기 시작한다.

1972년 7월4일 7·4공동성명 직후 남측에서는 10월 유신헌법으로 박정희 종신집권의 틀이 마련된 데 이어, 북측에서도 12월에 사회주의헌법을 제정하여 김일성유일체제가 완성되었다.

이 시기부터 북측의 기독교는 새로운 전기를 맞게 된다. 이전과 비교해 볼 때 이 시기는 여러 가지 근본적인 변화를 보이며, 이 이후의 시대는 이 시기의 연속선 위에 놓여있는 것이다. 무엇보다 주목되는

---

213) 김정일, "온 사회를 김일성주의화하기 위한 당 사상사업의 당면한 몇가지 과업에 대하여", 『주체혁명 위업의 완성을 위하여 3. 1974~1977』 (평양: 조선로동당출판사, 1987), 9. 김흥수 류대영, 『북한 종교의 새로운 이해』, 116에서 재인용.
214) 주체사상에 대하여는 다음 장에서 보다 상세히 살펴볼 것이다. 김일성은 이전에도 북측사회를 서로 돕고 고락을 같이하는 "하나의 대가정"이라고 즐겨 비유했었다. 주체사상이 김일성유일사상으로 변하면서 그 중심에 김일성이 놓이게 된 것으로 보인다. 예를 들어, 김일성, "청소년교양에서 교육일꾼들의 임무에 대하여",『김일성저작선집』 제3권(평양: 조선로동당출판사, 1975), 45.
215) 김정일, "주체사상 교양에서 제기되는 몇가지 문제에 대하여",『김일성선집』 제8권(평양: 조선로동당출판사, 1998), 447~448.

점은 이 시기에 북측의 기독교가 이전의 잠잠한 듯한 상태에서 벗어나 외형적으로 활기를 찾기 시작했다는 사실이다. 이것은 사회주의와 갈등을 겪어 온 기독교인들이 점차 사회주의에 적응하여 자신감을 회복해가는 모습으로 이해된다. 북측에 '사회주의적'기독교가 생성되어 가는 이 시기부터를 북측 기독교의'현재 상황'이라고 불러도 좋을 것이다.216)

한편, 사회주의헌법은 전쟁 후 북측이 이룩한 사회주의적 성취에 대한 자신감과 자부심의 표현으로서, 전통적 마르크스-레닌주의를 극복한 주체사상이 유일사상으로 확립되었다는 의미였다. 여기서 주목되는 것은 사회주의헌법에 '반종교 선전의 자유'가 새로 추가되었다는 점이다. 예전에 없던 반종교 선전의 자유가 추가된 것인데, 이것은 이 시기 북측의 기독교 상황을 이해하는 데 혼란스러움이 있을 수 있다. 역사의 주인으로서의 인간 자주성과 창조성이 주체사상의 핵심인데, 주체사상의 정립으로 종교는 '인민의 아편'이라는 마르크스-레닌의 고전적 정의와 아울러 세계의 주인인 사람을 의타적이고 비창조적으로 만드는 요소로서의 종교를 비판할 수 있게 된 것이다.217) 또한 헌법에 보장된 반종교 선전의 자유는 이전부터 진행돼 왔던 반종교 선전에 헌법적 권위를 부여한 것이다.

이 같은 반종교 선전은 1970년대 이후 점차 활기를 찾아가는 북측 기독교 상황과 비교할 때 전혀 다른 분위기이다. 1972년 남북대화가 시작된 이후 북측 기독교는 대내외적으로 활발한 활동을 벌이기 시작했던 것이다. 이에 남측을 비롯하여 서방측의 눈에는 없어졌던 기독교가 '가짜로 급조'된 듯한 인상을 주기까지 할 정도였다. 그러나 이

---

216) 김흥수·류대영,『북한 종교의 새로운 이해』, 118.
217) 김일성,『김일성저작선집』제6권 (평양: 조선로동당출판사, 1974), 268.

미 북측 내에서 대표적인 종교인들은 정부의 요직을 담당하면서 활동하고 있었다. 목사 김창준은 최고인민회의 부의장까지 지내다가 사망하여 극히 소수의 애국자들만 묻힐 수 있는 '애국렬사릉'에 안장되었고, 목사 강량욱은 새헌법으로 주석제도가 생기자 부주석이 되어 1982년 사망할 때까지 국가부주석 직을 유지한 바 있다. 강량욱은 김성률과 함께 7·4공동성명 이후의 남북적십자회담에 북측 대표로 참석하기도 했다. 그리고 1974년을 기점으로 중요한 정치적인 문제가 생길 때마다 성명서를 발표하는 등 대외적 활동을 하기 시작했다. 1980년대에 들어서면서 조선기독교도련맹은 해외의 한국계 기독교인들과 조직적으로, 혹은 개별적으로 관계하는 일에도 활발히 참여하기 시작했다. 특히 북측 당국이 해외단체 또는 해외 한국인과 접촉하는 데 조선기독교도련맹이 큰 역할을 하게 되면서 그 위상이 점차 강화되어 갔다.

북측의 기독교가 대외활동이나 정치적 성격을 띤 활동만 하고 있었던 것은 아니었다. 1967년 김일성유일체제 확립을 위한 북측 방식의 문화혁명이 전개되면서 암울한 시기를 보내던 조선기독교도련맹은 중앙조직뿐 아니라 지방조직들도 재건·재정비하여 활기를 찾기 시작했다. 1981년에 35개였던 지방조직이 1985년에는 50개로 늘어났으며, 이에 따라 연맹에 가입한 신자들도 증가하게 되었다.[218] 북측교회의 상황을 생각해 볼 때 신자의 증가는 개종자에 의한 것이라기보다는 연맹이 그동안 파악하지 못했던 기존 신자들이 발견되거나 연맹에 새로 가입한 데서 발생한 현상이라고 볼 수 있다. 연맹이 조직을 재정비하고 대내외적 활동을 재개하면서 개별적으로 혹은 예배처소에서 신앙생활을 하고 있던 신자들을 찾아 나섰던 것으로 보인다.

조선기독교도련맹이 이 시기에 한 일 가운데 특히 주목할 것은 신

---

[218] 김흥수, 『해방 후 북한교회사: 연구·증언·자료』, 444~445.

학교를 재건하고 성경과 찬송가를 편찬한 일이다. 연맹이 운영하던 장로교·감리교 통합신학교인 평양기독교신학교가 전쟁 발발 직후 문을 닫은 후 북측에는 기독교 목회자 양성기관이 없었다. 1972년 연맹 내에 「평양신학원」을 다시 개원하여 목회자 양성에 나섰다. 해방 전에 안수 받은 연로한 목사 10명밖에 없어 목회자 양성이 시급한 상황이었다. 강량욱, 김득룡 등 해방 전 평양신학교 출신들이 이 일을 주도했다. 교수진도 그때까지 생존해 있던 목사들로 구성되었다.219) 신학교 재건이 가능했던 것은 국가부주석 강량욱 등 목사들이 그동안 사회주의 건설을 위해 헌신하며 북측사회 내에서 영향력을 쌓아왔기 때문으로 여겨진다. 전쟁 전 세대 목사들이 점점 사라져가고 있었던 상황(당시에 약 10여 명이 생존해 있었던 것으로 보인다)에서 평양신학원 개원은 북측 기독교의 새로운 시대를 여는 역사적인 사건이었다.

또 북측 기독교의 활력과 자신감을 보여주는 사건은 성경과 찬송가의 발간이다. 조선기독교도련맹이 1983년에 신약전서와 찬송가를 발간하고 그 이듬해에 구약전서를 발간한 일은 이런 점에서 획기적인 사건이었다. 연맹은 남측의 성경, 특히 공동번역과 해외동포들이 사용하고 있던 성경을 참고하여 '조선문화어 표기법'에 맞추어 성경을 개역했다. 찬송가의 경우는 1939년 조선예수교장로회가 발행한 『신편찬송가』를 악보는 없이 가사만 문화어 표기법에 기초하여 다시 편집한 것이었다.220) 성경과 찬송가 합하여 총 1만 권이 발행되었다. 이 시기 한편으로는 주체사상이 주장하는 인간관과 세계관에 배치되는 기독교의 여러 가지 면에 대한 비판이 신랄하게 진행되고 있었다. 이런 비판에 의하면 종교란 그 종파를 불문하고 북측사회에 존재해서는 안 되는

---

219) "미국교회협의회 제2차 남북한 방문기" 형상사 편집부 편, 『교회도 하나, 나라도 하나』 (서울: 형상사, 1989), 109.
220) 같은 글, 109.

극복대상이었다. 기독교는 "삶의 목적을 왜곡하고 그릇된 삶의 태도를 불어대는 세계관으로서 인민대중의 건전한 리상과 혁명의식을 좀먹는 가장 악독한 사상 독소"221)라고 비판받고 있었다. 격렬한 종교비판이 진행되고 있는 와중에도 북측교회는 이 시기에 들어서 점점 활기를 띠고 있었다.

1980년대 초부터는 예배처소에서의 예배를 공개하여 해외에서 온 사람들이 참여할 수 있도록 허락하기 시작했다. 이즈음 연맹에서 밝힌 신자 수는 1만여 명, 가정예배처소 5백여 곳이었다.222) 이 시기까지 북측의 종교비판이론은 거의 전통적 마르크스-레닌주의에 입각하고 있었다. 사회주의적 인본주의로서 출발한 주체사상이 이내 김일성유일사상이라는 정치적 목적과 결합되었기 때문에 종교에 관해 소련의 '과학적 무신론'과 같은 발달된 이론을 전개시키기 힘들었을 것으로 보인다.223) 그럼에도 불구하고 주체사상이 기본적으로 강조하는 사람의 존엄성과 창조성, 사회성 등에 대한 생각은 종교가 추구하는 바와 크게 어긋나지도 않아 종교와 주체사상과의 관계는 앞으로 열려있는 상태였다.

북측은 1972년 헌법이 개정되기 이전까지 반종교 선전의 자유가 헌법에 의해 보장되지 않은 거의 유일한 사회주의국가였다. 헌법과 법률이 사회주의 사회에서 가지는 상대적인 의미를 고려한다 하더라도, 이런 사실은 북측이 반종교 선전의 자유를 헌법에 규정할 필요가 없었을 것이라는 상황을 짐작케 한다. 북측은 다른 사회주의국가들보다 철저하게 반종교 선전을 벌이지 않았다. 종교와 관련하여 북측이 특별한

---

221) 김명호, 『미제가 남조선에 퍼뜨리고 있는 부르죠아 인생관의 반동적 본질』 (평양: 과학백과사전출판사, 1978), 157.
222) 홍동근, 『비엔나에서 프랑크푸르트까지: 북과 해외동포·기독자 간의 통일대화 10년의 회고』 (서울: 형상사, 1994), 196. 김흥수·류대영, 『북한 종교의 새로운 이해』, 496.
223) 황장엽, 『황장엽 회고록: 나는 역사의 진리를 보았다』 (서울: 한울, 1999), 133~139, 355~359에서 참조.

> **과학적 무신론**
>
> 과학적 무신론(nauchnyy ateizm, scientific atheism)은 소련 사회가 발달된 사회주의를 이룸으로써 종교가 존재할 수 있는 물질적, 사회적 기반을 없앴음에도 불구하고 여전히 종교가 지속되는 현상에 대한 대안으로 나온 반종교 이론이다. 전통적 마르크스-레닌주의에 의한 종교비판은 종교의 철학적, 사회경제적 근거에 대한 비판이었다. 그러나 과학적 무신론은 지극히 복잡한 현상인 종교의 총체적인 면을 모두 고려하면서 접근하는 현대적이고 매우 정교한 이론이다. 이를 위해서 서구 학계가 종교를 이해하기 위해 마련한 여러 가지 이론들, 특히 심리학적, 사회학적 종교이해를 많이 참고하였다. 이렇게 해서 마련된 과학적 무신론은 철학적, 역사적, 사회학적 차원에서 종교의 본질을 비판하고 그것을 기독교 등 세계종교에 구체적으로 적용한다.

점은 반종교 선전을 철저히 진행하여 종교를 탄압하지 않고도 다른 사회주의국가들이 반종교 운동을 통해 얻고자 했던 바를 성취했다는 점일 것이다. 따라서 이 시기 북측의 반종교 선전은 북측사회 내부보다는 남북이 통일된 상황을 겨냥한 것이었다. 김일성도 북측에서는 기본적으로 종교문제가 해결되었지만, 남측의 종교인들 때문에 반종교 선전이 필요하다고 여러 차례 강조했다.224) 결국 북측이 사회주의헌법에 반종교 선전의 자유를 새롭게 넣은 것은 북측의 종교상황이 이전보다 호전될 것임을 알리는 역설적인 신호였다고 여겨진다.

북측 당국의 종교에 대한 태도는 통일전선적 연대와 함께 궁극적으로는 사상개조의 대상이기는 해도 함께 공존할 수 있다는 입장이었음이 분명하다. 그들은 "종교인들과의 련합도 하나의 정치적인 련

---

224) 김일성, "학생들을 사회주의, 공산주의 건설의 참된 후비대로 교육교양하자.", 『김일성저작집』 제22권 (평양: 조선로동당출판사, 1983), 52.

합"225)이라는 자세를 취하고 있는 것이다. 이 같은 기독교에 대한 통일전선적 접근은 북측 당국자들이 건국 초기에 보여주었던 입장이었고, 그 이후에도 이 정책의 기조는 지속된 것으로 보인다.

봉수교회 이후기 (1988년~　)

이 시기 북측의 기독교 상황은 역사의 전환점이 될 만한 사건들이 있었다. 먼저 평양에 두 개의 교회가 설립되는 역사적 사건을 맞게 된다. 조선기독교도련맹은 1980년대 중반부터 교회 건립을 추진했던 것으로 보인다. 그러나 이는 신앙공동체의 필요에 의해서라기보다는 종교외적인 요인 때문이었다. 외부와 계속 접촉하고 있었던 연맹 측에서는 끈질기게 교회 건립을 요청해온 해외 한인들 때문에 교회 건립의 필요함을 느끼고 있었던 것 같다.

1988년 평양에 건립된 봉수교회는 해외로부터의 요청과 방문자의 편의 때문에 정책적 차원에서 세워진 것으로 보인다. 이는 1987년 미국교회협의회 제2차 방문보고서에서도 언급된 바 있다. 보고서에 의하면 "정부가 평양에 교회를 건축하도록 조선기독교도련맹에 요청해 오고 있었다."226) 결국 정부에서 토지와 재료를 무상 공급하고 북측과 남측 및 해외 기독인들이 건축비를 모아 교회를 건축할 수 있었다.227) 북측 기독교인들은 서구 사회의 요구와 북측 당국의 정치적 필요 때문에 자신들에게 당장 필요도 없고 독자적으로 수행할 능력도 없는 일을 했던

---

225) 허종호, 『주체사상에 기초한 남조선혁명과 조국통일리론』 (평양: 사회과학출판사, 1975), 114.
226) "미국교회협의회 제2차 남북한 방문기", 111.
227) 김일성, 『김일성 회고록 세기와 더불어』 제5권 (평양: 조선로동당출판사, 1994), 368에서 김일성은 "국가가 그들(종교인)에게 무상으로 교회당도 지어주고 생활조건도 보장해주고 있다"고 말한다. 이 말은 교회를 짓고 중앙조직을 운영하는 데 정부에서 많은 도움을 주었다는 의미로 받아들이면 될 것이다.

것이다.228) 그러나 북측 부주석 강량욱 목사는 1978년 미국의 이승만 목사, 1981년 김성락 목사를 만나서 때가 되면 교회를 짓겠다는 의사를 분명히 표시했다고 한다.229) 이런 점에서 본다면 봉수교회가 건립된 배경에는 그 동안 북측에서 기독교인들, 특히 지도자들이 사회를 위해 기여해온 긍정적인 역할이 작용하고 있었을 것이다. 아무튼 북측사회 전체가 외부의 영향을 받으며 변해가야 하는 속에서 외부와의 접촉이 가장 많았던 북측교회는 가장 먼저 변화를 요구받았던 것이다.

평양시 보통강구역 봉수동에 위치한 봉수교회는 6·25전쟁으로 교회가 완전히 파괴되고 사회주의 집단화가 진행되면서 예배처소(가정) 중심으로 북측 기독교의 모습이 바뀐 후 처음으로 다시 모습을 보인 전통적 기독교의 모습이었다. 1988년 10월에 완공되어 11월 첫째 주일날에 준공예배를 드렸는데, 최대 300명이 동시에 예배드릴 수 있는 예배당(이후 남측의 대한예수교장로회 통합측 남선교회전국연합회에서 헌금하여, 2008년 3월28일 부활주일에 1천500명을 수용할 수 있는 예배당으로 새로 짓고 준공감사예배를 드렸다) 외에 목사 사택과 기독교도련맹 건물이 같이 세워졌다.

이어 1992년 11월에는 김일성의 어머니를 생각하며 건립을 허락했다는 칠골교회가 만경대구역에 추가로 세워졌다.

---

228) 1987년 미국교회협의회 보고서는 외부의 교회가 북측에 어떤 선교적 사명을 가지고 있더라도 그것은 북측의 신앙공동체가 "요청하는 방식대로 그 공동체를 지원하고 키워가야 하는 것이지 외부에서 비롯된 모델이나 구조, 기대를 부과하려고 하는 것이어서는 안 된다"고 지적했다. "미국교회협의회 제2차 남북한 방문기", 112.

229) 이승만 목사와 류대영의 대담. 홍동근, 『미완의 귀향일기』 하권, 230. 숭실대학교 총장을 지낸 김성락 목사는 김일성의 아버지 김형직의 숭실중학교 후배였고 강량욱의 친구였다. 그가 북측을 방문하여 김일성 주석을 만나 점심을 같이 할 때, 김주석이 그에게 식사기도를 하도록 권고했다는 이야기는 유명하다. 이에 대해서 김일성은 "그 무슨 생색을 내자는것도 아니였고 우리가 종교와 종교신자들에 대하여 부정적으로 대하지 않는다는것을 선전하자는것도 아니였다. 나는 다만 손님을 손님답게 대하고 싶은 주인으로서의 례절과 일생을 독실한 기독교신자로 살아온 그가 조국에 와서도 구속을 받지 않고 교도를 지킬수 있게 하자는 순수한 인도주의적감정을 가지고 그런 권고를 했을뿐"이었다고 회고한 바 있다. 김일성, 『세기와 더불어』 제5권, 267에서 참조.

특히 이 시기 북측사회에 가장 큰 영향을 끼친 일은 문익환 목사의 방북과 임수경의 방북이었다. 한국기독교장로회 소속의 목사 문익환은 전국민족민주운동연합의 상임고문 자격으로 북측의 조국평화통일위원회의 초청을 받고 1989년 3월25일 평양에 도착했다. 정부 당국 간의 대화가 아무런 진전을 보이지 않는 데다 남측에서는 통일을 위한 민간 차원의 노력을 일절 불허하고 있어서 '통일의 길을 열기 위해' 남측의 현행법을 어기면서 방북을 결심했던 것이다.230) 문익환은 북측 주석 김일성과 두 차례 회담했으며 조국평화통일위원회 허담 위원장과의 공동명의로 7·4공동성명의 통일 3대원칙을 재확인하였다. 문익환 목사의 방북이 불러온 엄청난 파장이 한창 일고 있던 6월30일, 이번에는 가톨릭신자인 대학생 임수경이 전국대학생대표자협의회 대표자 자격으로 세계청년학생축전에 참가하기 위해 방북했다. 남측 실정법 위반을 감수한 행동이었다. 이에 가톨릭신자인 임수경을 보호하려고 판문점을 통해 남측으로 귀환하려는 계획을 도와주기 위해서 '천주교정의구현사제단'은 신부 문규현을 북측으로 파견했다. 임수경 일행은 축전에 참가한 후 민간인 최초로 판문점을 걸어서 광복절인 8월15일 남측으로 돌아왔다.

문익환 목사와 임수경 등의 방북이 북측사회에 끼친 영향은 실로 대단한 것이었다. 이들의 일거수일투족은 텔레비전을 포함한 북측의 언론매체를 통해 자세히 보도되었다. 그들이 봉수교회와 장춘성당 등에 가서 예배드리거나 발언하는 장면도 그대로 텔레비전을 통해 방영되었다. 문익환 목사는 방문 기간 동안 봉수교회와 장춘성당에서 예배를 드렸으며, 묘향산의 보현사를 방문하여 종단의 승려들과 만나기도 했다.231) 북측 언론의 관심은 문익환, 임수경 등이 남측으로 돌아간

---

230) 문익환, 『가슴으로 만난 평양: 북한방문기』 (서울: 삼민사, 1990), 22~50, 162에서 참조.

이후에도 계속돼 그들의 구속과 재판, 그에 대한 전 세계기독인과 기독교단체의 반응을 일일이 보도했다.[232]

　문익환의 방북은 특히 기독교 목사라는 점에서 북측 인민들에게 상당한 충격을 준 것으로 보인다. 목사가 방문하여 국빈 대접을 받으며 김일성 주석과 만나고 통일에 대해 전향적인 입장을 표명하는 일을 직접 목격한다는 것은 분명 기독교와 목사에 대한 새로운 인식을 요구하는 획기적인 일이었다. 1991년 방북했던 어느 기자는 평양의 식당 의례원(접대원)으로부터, "목사나 신부는 미국사람들 앞잡이 노릇만 하는 줄 알았는데 나라와 통일을 위해 저렇게 감옥까지 가면서 애쓰는 분들도 있구나 하는 것을 알았지요"[233]라는 말을 듣게 될 정도로 인식전환은 일반화되었던 것으로 여겨진다.

　이들의 방북 이후 그 파장은 남측에서도 엄청났지만, 북측사회에 준 충격은 실로 어마어마한 것이었다. 북측 당국은 그 동안 기독교에 대해 공식적으로 취하고 있던 비판적인 태도를 획기적으로 바꾼다. '문익환 목사나 림수경 학생이 보여준 기독교'는 『철학사전』 등에서 정의하고 있는 제국주의적 기독교와 다르지 않느냐는 사람들의 반론이 공공연하게 제기되었다고 한다. 따라서 당국에서는 기존의 『철학사전』을 회수하는 조치까지 취해야 할 정도였다고 한다.[234]

　1992년 발간된 『조선말대사전』은 완전히 변화된 북측 당국의 종교관을 반영했다.[235] 과거와 같은 부정적이고 비판적인 평가가 완전히

---

231) 문익환, 『걸어서라도 갈테야』 (서울: 실천문학사, 1990), 40~41, 52~53에서 참조.
232) 『로동신문』 1989년4월11일자, 4/15, 4/17, 4/23, 5/6, 5/8, 5/9, 5/14, 5/17, 5/23, 8/17, 8/18, 8/21, 8/23 등을 참조할 것.
233) 조광동, 『더디 가도 사람생각하지요』 (서울: 지리산, 1992), 69, 189에서 참조.
234) 홍동근 목사와 류대영의 전화 대화. 김흥수·류대영, 『북한 종교의 새로운 이해』, 171에서 재인용.
235) 『조선말대사전』 제1,2권 (평양: 사회과학출판사, 1992).

사라지고 객관적이며 사실적으로 기술하고 있음을 발견할 수 있다. 특히 기독교에 대한 항목들은 "훨씬 정확한 자료를 근거로, 국내 국어사전들보다 더 풍부한 내용과 함께 사실적으로 설명"236)되어 있다. 『조선말대사전』의 종교관련 용어 집필진에 조선기독교도련맹의 김운봉 목사가 참여한 것으로 보아 북측 기독교인들의 생각이 사전에 반영된 것으로 보인다.

  종교에 대한 북측 당국의 공식적인 입장이 보다 긍정적으로 되면서 생긴 변화 가운데 하나는 김일성과 종교인들과의 호의적인 관계를 조명하는 글들이 많이 발표되기 시작했다는 점이다. 김일성과 종교인들과의 우호적 관계와 애국적 종교에 대한 긍정적 평가는 1992년부터 출간된 『김일성 회고록, 세기와 더불어』에서 더욱 부각되었다. 그는 특히 기독교와 어렸을 때부터 맺어온 관계에 대해 이야기하고 있다. 숭실학교를 중퇴한 아버지 김형직은 "무신론자였지만 기독교 학교를 다녀서 주위에 교인들이 많았고 따라서 나도 교인들과의 접촉을 많이 했다"237)고 회상한다. 칠골에 살 때는 어머니 강반석이 자신을 데리고 교회를 다녔다고 말한다. 김일성은 칠골교회 장로였던 "외할아버지를 비롯한 외가 어른들, 아버지의 친지들, 소학교 시절의 동창생들, 그리고 이웃사람들 가운데 많은 사람이 기독교신자였고, 어린 시절에 나는 예수를 숭상하는 신도들에게 포위되어 있었다고도 말할 수 있다"238)면서, 기독교신자들에게서 인간적으로 도움은 많이 받았다"고 기독교와의 깊은 관계를 회상했다.239) 그가 인간적인 도움을 많이 받아 특히 각별하게 생각한 기독교인은 부친의 친구인 손정도 목사였다.

---

236) 류성민, 『북한종교연구』 II, (서울: 현대사회연구소, 1992), 51.
237) 김일성, 『김일성 회고록 세기와 더불어』 제1권, 103~104.
238) 같은 책, 제5권, 377~378.
239) 같은 책, 제1권, 104.

신앙심이 깊은 독실한 기독교 목사였던 손정도가 부친을 여읜 그를 친자식처럼 사랑하고 보살펴준 일을 고맙게 회고하고 있다.

> 우리나라 기독교신자들속에는 손정도처럼 일생을 독립운동에 헌신한 훌륭한 애국자들이 많았다. 그들은 기도를 드려도 조선을 위한 기도를 드리였고, '하느님'에게 하소연을 하여도 망국의 불행을 덜어달라는 하소연을 하였다. 그들의 순결한 신앙심은 항상 애국심과 련결되어 있었으며 평화롭고 화목하고 자유로운 락원을 건설하려는 그들의 념원은 시종일관 나라의 광복을 위한 애국투쟁에서 자기의 보금자리를 찾았다.[240]

김일성은 회고록을 통해 손정도 외에 부친의 친구인 오동진, 장철호, 민족지도자 김구, 안창호와 그 여동생 안신호, 자신의 외종조부이며 창덕학교 스승인 강량욱 등 애국적 기독교인들을 긍정적으로 묘사했다. 그의 회고에서 주목되는 점은 그가 높이 평가한 기독교인들이 대부분 정치적으로는 공산주의를 반대하거나 온건한 입장을 가지고 있었다는 사실이다. 김일성은 안창호의 정치적 입장을 '사대주의적이고 민족허무주의이며 개량주의적'이라고 비판했다. 그러면서도 그가 '애국자의 이름을 더럽히지 않고 최후의 순간까지 모든 시련을 감당했다'고 평가한다.[241]

1990년대 들어 북측 당국은 종교와의 화해·협력을 위한 노력을 더욱 심화시키게 되는데, 특히 기독교와 주체사상 사이의 이론적 공존가능성을 모색하는 단계로까지 발전하게 된다. 김일성은 "온 세상 사람들이 평화롭고 화목하게 살기를 바라는 기독교정신과 인간의 자주적

---

240) 같은 책, 355.
241) 같은 책, 298~299.

인 삶을 주장하는 나의 사상은 모순되지 않는다고 나는 생각한다"242) 는 견해를 밝힌다. 김정일도 "종교에는 나쁜 점만 있는 것이 아니라 좋은 점도 있는데, 종교에서 사람들이 서로 사랑하면서 평화롭게 살라고 주장하는 것은 좋은 점이라고 볼 수 있다"243)고 말한 바 있다. 결국 주체사상과 기독교가 공통분모가 있다는 것이다. 주체사상과 기독교의 가르침이 상호 모순되지 않는다는 점은 1980년대 북측이 국제적인 기독교 기구와 교류하기 시작하면서부터 북측 종교인들과 학자들에 의해 강조되기 시작했다.

1981년 11월 오스트리아 비엔나에서 개최된 제1회 「조국통일을 위한 북과 해외동포, 기독자 간의 대화」에서 조선기독교도련맹 서기장 고기준이 행한 연설이 이 문제 관한 최초의 언급이다. 고기준은 인간 사랑, 고통당하는 사람에 대한 관심, 민족문제에 대한 최우선적 관심 등에서 북측 공산주의자들과 기독교인 사이에 공통점이 있다고 밝혔다.244) 기독교와 주체사상의 관계에 대한 북측의 입장은 한국계 해외 기독교 학자들과 정기적으로 만나면서 정립되어 간 것으로 보인다. 기독교 학자들은 북측 대표자들이 스스로를 마르크스주의자가 아니라고 하는 점에, 북측 사람들은 해외 기독교인들이 진보적인 점에 각각 충격을 받으며 대화를 이어갔던 것이다. 북측에서 가장 중요한 역할을 한 사람은 사회과학원 주체사상연구소의 박승덕이다. 그는 1988년 스톡홀름 대학에서 열린 주체사상에 대한 학술대회에서 주체사상이 마르크스주의와는 다른 사상이기 때문에 종교에 대해서도 그와는 다른 방

---

242) 같은 책, 104.
243) 박승덕, "기독교에 대하는 주체사상의 새로운 관점", 『기독교와 주체사상』 (서울: 신앙과 지성사, 1993), 81.
244) 고기준, "사회주의와 기독교", 『비엔나에서 프랑크푸르트까지: 북과 해외동포·기독자간의 통일대화 10년의 회고』 (서울: 형상사, 1994), 141.

식으로 이해한다고 주장했다.

박승덕에 의하면 주체사상은 기독교의 역사적 단계를 인간구원과 해방이라는 측면에서 바라본다. 구약의 기본사상은 창조신앙이 아니라 애굽의 통치로부터의 이스라엘 민족의 탈출사건이며, 초기 기독교는 로마통치를 반대하던 노예들과 빈민들의 요구를 반영한 민중을 위한 종교였다고 해석한다. 콘스탄틴 황제 이후의 국교화된 기독교가 착취계급의 이익에 복무하고 피착취계급의 자주성을 마비시키는 역할을 했지만, 제2차 세계대전 이후의 현대 기독교는 '기독교 본연의 자세와 사명에 맞게 점차 민중의 편으로 돌아서고 있다'고 보는 것이다. 따라서 민족문제, 민중문제를 해결하는 투쟁, 세속화 운동, 토착화 운동, 해방신학, 혁명신학 등의 변화와 현세천당, 현실참여, 집단구원에 대한 관심은 현대 기독교 신학의 '전진적 방향'이라고 본다.245) 그는 기독교가 '세계에서 차지하는 사람의 지위와 역할을 높이는 데' 기여하고 있기 때문에 주체사상은 기독교사상과의 공통점을 모색하고 사람의 운명을 개척하기 위한 공동의 방도를 탐구하는 것을 추구하고 있다고 말한다. 이런 점에서 남측의 민중신학, 해외의 통일신학과는 특히 대화를 활성화할 필요가 있다는 것이다.246)

기독교와 주체사상 사이의 대화에 관한 박승덕의 생각은 이후 좀 더 논리적인 형태로 나타났다.247) 보다 구체화된 그의 생각에서 특히 주목되는 두 가지 점은 전통적 유물론의 한계를 지적하고 기독교와 주체사상이 가지는 공통점으로 영생관(永生觀)을 꼽고 있다는 사실이다. 그는 유물사관이 큰 공적에도 불구하고 심중한 제한성을 가진다고 본

---

245) 같은 글, 84.
246) 같은 글, 85.
247) 1991년 미국(Stony Point, New York)에서 개최된 제25회 북미 기독학자회 연례대회에서 발표한 글. 김홍수 류대영, 『북한 종교의 새로운 이해』, 187에서 재인용.

다. 그 이유는 유물사관이 사람을 사회생활의 객관적 조건 속에 매몰, 용해시키며, 사회적 운동을 자연운동처럼 객관적 면에서만 파악하여 '그 주체적인 면'을 보지 못했고, 또 경제를 지나치게 강조하여 정치와 문화를 경시했기 때문이라는 것이다.[248] 이에 비해서 주체사상은 사람의 창조성을 존중하며 인간의 모임인 사회집단의 총체적 생명력을 중시한다고 강조한다. 그는 '개인의 생명은 유한하지만 사회적 집단의 생명은 무한하다'는 주체사상의 집단주의적 생명관 속에 '영생의 념원이 실현되는 참된 길이 있다'고 주장한다.[249] 결국 기독교가 추구하는 사랑과 평화, 정의와 평등뿐 아니라 영생도 모두 주체사상 속에 들어있다는 것이다.[250]

여러 정황을 놓고 볼 때, 북측은 다른 사회주의 국가들에 비해 종교에 대해 포용적인 사회주의 정권에 속한다. 특히 1970년대 남북대화가 시작된 이후 종교에 대한 공식적인 태도가 긍정적인 방향으로 급선회한 것은 북측 내의 종교인들보다는 남측과 해외에 있는 한국인들에 대한 배려였을 것으로 보인다. 민족을 강조하는 마당에 남측과 해외의 한국의 종교인들을 좀 더 적극적으로 포용하지 않을 수 없었을 것이다. 이런 점에서 기독교와 주체사상의 대화에 관한 북측의 자세는 매우 실제적이다. 박승덕은 과거 유럽에서 있었던 "마르크스주의와 기독교와의 대화가 오래되었음에도 불구하고 결실이 미미했던 것은 논의가 실질적이지 않고 추상적이었기 때문이라고 보았다. 그는 모든 사람의 가장 절실한 관심사인 운명문제를 해결하는 데 집중시켜 대화를 해야 구체적인 성과를 거둘 수 있다"[251]고 말한다. 기독교와 주체사상

---

248) 박승덕, "주체사상의 몇 가지 문제에 대하여", 174~176에서 참조.
249) 같은 글, 170. 주체사상은 '자연적 존재'로서의 인간과 개인을 부각시킨 과거 서구의 철학과 사상을 비판하며 '사회적 존재'로서의 인간과 인민대중을 강조한다.
250) 박승덕, "주체사상의 종교관", 188~190에서 참조.

과의 대화에서 북측이 가장 강조하는 것이 민족의 운명문제, 즉 통일을 위한 공동의 노력인 이유가 여기에 있는 것이다. 그러나 주체사상가들이 기독교와의 대화에서 실천적인 면을 강조하는 것은 주체사상이 기독교에 대한 깊이 있는 철학적 성찰을 하지 못하고 있기 때문이기도 하다. 기독교에 대한 북측의 공식적 입장은 박승덕이 정립해 놓은 기본 관점에서 좀처럼 진전되지 않고 있다. 황장엽의 망명으로 박승덕이 숙청되었기 때문에 아직도 이런 상태가 지속되고 있는 것으로 보인다.252)

어쨌든 북측의 교회들은 민족분단의 갈등의 소용돌이 속에서 외형상 사회주의 체제에 순응하는 교회가 되었지만, 북측사회가 요구하는 탈제국주의적 신앙형태와 이른바 주체사상과 '화해된' 신학을 창출해내지는 못하고 있다.

교회는 사회주의 혁명 속에서 스스로 가난하고 곤궁한 무산층계급으로 자신을 낮추는 모습을 보여주어야 했다. 친일파 숙청은커녕 교회 내 친일파 지도자들이 오히려 '친미'를 외치며 교권을 장악하고 반민중적 정치활동에 동조함으로써, 사회주의자들이 선점한 시대적 아젠더에 대한 신학적 성찰이 없었다는 점과, 비록 원하지는 않았겠으나 오히려 민족분단에 적극적인 역할을 하고 말았다는 점을 한국교회는 뼈아프지만 인정해야 한다. 또 교회의 반성은 역사편찬의 영역을 포함한다. 해방 후 지금까지 한국교회들(한국기독교총연합회를 중심으로 한 보수적 입장의 교회들)은 북측 교회의 안부에는 관심이 없이 혈육과 싸우고 불신하는 식의 역사적 평가에만 몰두해 왔다고 해도 과언이 아닐 것이다. 그래서 지난 66년간 한국교회 대다수는 북측사회와 교회

---

251) 박승덕, "기독교에 대하는 주체사상의 새로운 관점", 86.
252) 김흥수·류대영, 『북한 종교의 새로운 이해』, 193.

에 애정보다는 증오와 불신의 감정을 더 많이 보여 주었다.

2. 이념적 갈등과 화해되지 못한 사회

1) 민족분단과 갈등의 역사적 뿌리

　민족분단과 갈등의 요인들이 역사적으로 규명되어야 분단을 넘어 화해의 길이 열리게 될 것이다. 결론적으로 그 요인들을 논하자면, 민족분단은 우선 일본제국주의 침략에 의해서 도발된 결과이다. 한반도의 분단선(38선)은 미국과 소련에 의해서 우연하게 설정된 것은 아니다. 그것은 바로 지배세력들의 교체의 표지였으며, 일본제국주의 침략세력은 이 새 지배세력들의 밑거름이었다. 즉 민족분단의 요인들은 첫째로 일본을 비롯한 서양 제국주의·자본주의 지배세력에 의해 비롯되었으며, 둘째로 미국과 소련의 분단 상황의 일환이며, 셋째로 보수적 근본주의 기독교의 편당과 공산주의자들의 반종교 성향에 의한 좌우 이념대립의 격화가 이념적으로 밑받침되어 왔다.[253] 이 세 가지 분단요인들이 그대로 1920년대 이래의 민족사 자체 내에서 작용하기 시작했으며, 8·15 이후 민족사의 온갖 비극적 상황을 빚어냈다.

　제2차 세계대전 후 미·소를 주축으로 하는 세계분단은 서양 기독교·문화·사회의 역사적 과정에 있어서 이미 오랫동안 예비되어 온 것이며, 이것이 마르크스-엥겔스에 의해서 결정적으로 표면화되고 규명된 것이다. 이들의 비판에 의하면, "기독교는 특권층의 이데올로기,

---

253) 박순경,『민족통일과 기독교』(서울: 한길사, 1986), 45.

예컨대 중세기에는 봉건영주들과 통치자들을 위한, 18세기 이래에는 자본주의의 발달에 힘입어 새로 부각된 시민부르주아계급을 위한 이데올로기로서의 정신적 지주가 되어왔다"는 것이다. 이러한 "기독교는 일반 대중, 인민, 혹은 무산자(無産者), 민중으로 하여금 이들이 처해 있는 현실의 모순을 올바르게, 사실 그대로 인식하지 못하게 하고, 이들이 당하고 있는 굶주림과 고통을 '신'으로부터 주어진 섭리·운명인 것처럼 견디도록 하며, 그 대신 피안(彼岸)의 어떤 영적인 천국에 들어가는 입장권을 담보해주는, 그래서 이들의 고통을 달래주는 이른바 '인민의 아편'이라는 것"254)이다. "그런 기독교의 신은 결국 현실적으로 존재하는 신이 아니라 관념이나 환상, 현실 문제를 은폐하고 유지시키는 관념적 이데올로기의 산물"255)이라는 것이다. 마르크스-레닌주의·공산주의의 무신론과 유물론은 바로 그런 역사적 기독교에 대한 반립(反立)으로서 출현한 것이다. 기독교의 신은 무산자·민중이 현실의 사회경제적 모순을 극복하고 역사를 변혁시킬 수 있는 주체적 잠재력을 마비시켜버린다고 해서, 무신론과 유물론은 역사변혁의 주체로서의 인간의 자유를 제창하는 휴머니즘으로 해석되기도 했다.256) 역사의 구원자 하나님, 현실적으로 존재하는 하나님에 대한 증언은 단순히 무신론과 유물론에 대한 반립·정죄, 즉 반공으로써 되지 않고, 역사의 현실적 죄악과의 투쟁과 극복과 새로운 미래 창출이 아니고는 올바르게 하나님의 주권이 선포될 수 없다.

서양 문화·기독교의 선교는 서양 자체 내에서의 문화·기독교의 문제를 제대로 자각하지 못했으므로 서양의, 또 일본의 지배세력들과 결탁할 수 있었고, 따라서 하나님의 복음의 의미를 몰인식(沒認識)했던

---

254) 박순경, "기독교와 공산주의의 이론과 현실",『하나님 나라와 민족의 미래』, 461.
255) 박순경,『민족통일과 기독교』, 46.
256) 박순경, "기독교와 공산주의의 이론과 현실", 469.

것이다. 따라서 피선교지의 교회들은 서양에로 예속되어버리게 된 것이다. 러시아혁명에 있어서 귀족 기독교와 부르주아 기독교 계층은 반혁명 저항에 가담할 수밖에 없었는데, 이러한 상황은 역사적 기독교·문화에 있어서 오랫동안 예비 되어온 것이다. 그러한 내적 분단 갈등 상황이 중국과 한반도에서도 어쩔 수 없이 재현되고 말았던 것이다.257) 한반도에서는 1920년대 초부터 분단 상황이 사실상 시작되었다고 볼 수 있다. 1920년대 초반 기독교계의 민족운동가들이나 청년계층이 사회주의운동의 등장과 민중의식의 영향을 받기 시작한 것은 민족독립이 국제적 억압으로부터의 해방과 동시에 봉건사회체제 극복과 사회계급 타파를 필요로 했다는 것을 말해준다. 즉 민족해방을 위해서는 새로운 민족사회의 건설을 필요로 한다는 것이 의식되었다. 기독교계의 이 새로운 의식은, 바로 기독교라는 것 때문에 약(弱)하기는 했으나, 주어진 서양 기독교의 역사적 문제와 갈등을 넘어설 수 있는 잠재력이었다. 그러나 이런 민족적 기독교의 잠재력은 기독교와 사회주의 사이의 갈등의 세계적 상황과 압력 아래서 상실되고 말았던 것이다. 1920년대 후반부터 시도되었던 민족주의진영과 사회주의진영의 연합전선 시도들은 그런 민족적 잠재력을 역력히 반증해준다.258) 이 잠재력은 미국과 소련이라는 세계의 분단 상황(냉전체제)과 미국의 경제적 지배세력 아래에서 우왕좌왕 분열될 수밖에 없는 현실에 내동댕이쳐지고 말았던 것이다. 그러나 민중들의 민족의식과 저항의식이 살아있는 한 그 잠재력은 계속 일어날 것이며, 민족분단과 세계갈등을 넘어설 수 있는 동력이 될 것이다. 바로 이 민족적 민중적 잠재력은 오늘의 분단 상황에 있어서, 이것을 넘어설 수 있는 '화해의 길'의 가능성

---

257) 박순경, 『민족통일과 기독교』, 47.
258) 송건호, 『한국현대사론』, 118~130에서 참조.

을 암시해준다고 본다.

한반도의 식민화에 있어서의 일본의 무기는 서양의 산업기계문명이었으며, 영·미의 세력에 의해서만 가능했다. 그러므로 항일민족운동은 동시에 반서양(反西洋)투쟁이어야 했으며, 보수적 위정척사파와 민중의 기반을 가졌던 동학파, 갑오농민전쟁의 "척왜양(斥倭洋)사상"[259]은 이러한 상황을 인식했다. 그러나 위정척사파도 동학파도 농민군도 결코 제국주의세력들을 막아낼 수는 없는 상황에 처해 있었다. 일본제국주의를 막아내기 위해서는 서양의 산업기술이 필요했으나, 이 기술이 서양 침략세력의 도구였다는 사실은 한민족의 자주적 서양문물 수용의 길을 차단해버렸던 것이다. 동도서기(東道西器)파는 민족의 자주적 정신, 즉 동도(東道)라는 것을 의식했고 이에 입각해서 서기(西器)를 수용할 수 있다고 생각했으나, 그 동도라는 것은 너무도 깊이 종래의 봉건체제와 관련되어 있었으며, 자본주의적 서기를 수용하기 위해서는 재해석과 변혁을 필요로 했다.[260] 그러나 동도라는 것의 이런 재해석의 잠재력도 침략세력들과의 급격한 접촉과 이것들의 위협 아래서 좌절될 수밖에 없었다. 동도서기파든 개화파든 일제의 침략과 서양에의 의존과 예속을 막아낼 도리가 없었다.

기독교선교가 서양 침략세력의 문제를 제대로 인식하지 못하고 추상적으로 영적 구원이니 인류 사랑이니 하면서 서양문화를 대변했으니, 침략세력의 죄악이 은폐되고 미화되기에 아주 효과적이었다. 19세기의 '서양문화기독교(Kulturchristentum)'는 바로 서양문화의 이상화(化)였고, 기독교선교는 그것을 전제하고 있었으며, 한민족의 정신을 거기에 예속시켜오는 과정에 있어서 이념적 계기가 된 것이다.[261] 그래도 잔

---

[259] 박순경, "민족의 문제와 신학의 과제 I", 『하나님 나라와 민족의 미래』, 398.
[260] 같은 글, 401~402.
[261] 박순경, 『민족통일과 기독교』, 48.

존해 있었던 반(反)서양 저항의식이 역설적으로 '일본적 기독교'의 출현에 함축되어 있었고 이것을 정당화시킨 지주 역할을 했다. 그럼에도 일본적 기독교는 친(親)서양 기독교에 입각해서 그 선교모국들인 영·미 타도를 선전하는 기막힌 자가당착에 빠져버렸다. 이러한 혼란이 침략세력들의 책략과 지배관계의 변화에 의해서 약소민족에게서 일어났다는 사실이 간과되어서는 안 된다. 세계기독교의 맥락 안에서의 한국 기독교의 결정적 과오는 친일 기독교이든, 이에 대립한 민족적 기독교이든 서양의 문화기독교의 전제 때문에 어떠한 신학적·성서적 고민이 없이 '반공'에로 응집되어 민족분단의 민족 내적 계기가 되었을 뿐만 아니라 분단 상황을 더욱 굳혀왔고, 결국 세계의 갈등(분단)세력들 사이에서부터 해방되기 어려운 민족상황을 초래해왔다는 사실이다.262)

항일민족운동의 민족주의진영은 일제의 식민화세력과 결부된 미국을 비롯한 서양에 민족독립과 해방을 호소하는 국제적 상황에로 나아갔으며, 따라서 서양의 자본주의적 부르주아 민족주의진영에 설 수밖에 없었다. 그러므로 항일 민족주의진영의 첫 번째 한계는 그로 인해 서양의 자본주의·제국주의 세력을 극복할 수 없었고, 이 한계성이 항일민족운동 사회주의진영과 대면하면서 표면화되었던 것이다.263) 항일민족주의진영의 두 번째 한계는 자주적 민족국가와 사회질서, 즉 민족·사회의 새로운 방향을 제시해줄 수 없었다는 점이다. 민족주의가 전제한 민족·사회는 서양의 부르주아 시민사회였는데, 일제 아래서 그것을 실현할 수도 없었거니와 이미 그것 자체가 문제화된 갈등상황, 즉 그것에 내재된 사회적 모순을 통찰할 수 없었던 것이다. 따라서 민족주의진영은 민족분단과 세계분단의 질곡에서 넘어설 수 있는 기반을 형성

---

262) 박순경, "기독교와 공산주의의 이론과 현실", 458.
263) 송건호, 『한국현대사론』, 82.

하지 못한 것이다. 이 실패는 세계사적 상황에서 불가피했다고 볼 수 있다. 그럼에도 불구하고 민족주의의 새로운 방향이 간취(看取)된다. 즉 민족주의진영과 사회주의진영의 연합전선의 시도들과 8·15 직후의 여운형, 김규식, 김구, 그 외의 철저한 민족주의자들의 통일노선이 바로 그러한 새로운 방향을 암시해준다.264) 그것은 민족주의진영의 두 가지 한계점들을 넘어서는, 그래서 민족분단과 세계갈등 상황을 넘어서는 '화해의 길'을 열어놓을 수 있는 가능성을 잉태하고 있기 때문이다. '연합전선의 시도'들은, 국제적으로 또 민족운동 자체 내에 있어서도 당시로서는 성공할 수 없었다고 하더라도, 민족·사회의 새로운 방향, 즉 민족혁명과 사회의 자유와 평등이라는 새로운 방향을 제시할 수 있었다.265) 8·15 직후의 활발했던 통일노선은 미군정, 이승만 정권 상황 속에서 결국 실패할 수밖에 없었는데, 그 중에서도 우리가 반드시 기억해야 할 것은 기독교의 반공세력이 주도적인 역할을 했다는 사실이다. 이는 뒤집어서 지금 한반도의 분단 상황에서 '화해의 길'을 앞장서서 추구해야 할 책임 또한 한국기독교에 있다는 점을 잊어서는 안 될 것이다.

  8·15 민족해방은 미국을 비롯한 연합군 승리의 결과이기는 하지만, 그 해방이 연합군이 우리에게 가져다준 선물이라고 보는 견해는 미국에의 민족적 예속을 의미하는 '사대주의'적 태도이다. 8·15 해방은 일단 일제로부터의 해방임에는 틀림없고, 이 점에서 연합군 승리의 결과인 것은 맞다. 그러나 그 해방의 배후에는 항일투쟁의 고난과 희생, 항거와 죽음, 세계평등을 위한 사회주의운동의 역사가 있었으며, 피지배민족들의 이런 역사가 해방의 결정적인 요인이었다. 하지만 그것이

---

264) 임헌영, "해방직후 지식인의 민족현실 인식", 『해방전후사의 인식 2』 (서울: 한길사, 1985), 441~446에서 참조.
265) 오늘날에는 6·15공동선언(2000년)과 10·4선언(2007년)에서 그 가능성을 확인한 바 있다.

연합군의 승리에 의해 확정되었다는 사실 때문에 우리 민족은 다시 세계열강들의 지배구조 속으로 굴러들어갔던 것이다. 이런 민족적 상황은 바로 분단의 직접적인 요인이었다. 8·15 직후부터 벌어지기 시작한 남북의 모든 갈등, 암투, 암살, 분열책동, 기독교의 반공투쟁과 기독교 박해, 6·25 민족상쟁과 희생, 이 모든 비극적 사건들의 진상은 대부분 은폐돼 밝혀지기 어려우나, 어쨌든 세계분단의 지배세력들 아래 있었던 우리 민족의 비참한 갈등상황을 말해주는 것이다. 우리 민족과 한국기독교의 우매함과 역사인식의 부재, 신학적 무지함은 당시의 상황을 해석하고 대응할 능력이 거의 없었다. 남측 이승만 정권은 미국의 지원 아래 친일파와 부르주아 지식인들과 기독교세력에 토대를 두고 성립되었으며, 북측 김일성 정권은 소련의 지원 아래 사회주의운동세력과 공산주의자들에 의해 성립되었는데, 이것은 민족분단을 넘어설 수 있는 '민족적 잠재력'을 완전히 봉쇄해버리고 말았다.266)

2) 이데올로기의 허상

이데올로기의 본질에 대한 신학적 이해

'이데올로기'라는 말은 1789년에 프랑스 혁명이 발발하기 직전 계몽주의 시대에 지어진 것이다. 그 당시 혁명이론가들은 자기들의 사상이 가지고 있는 혁명적 세계상을 묘사하는 용어로서 '이데올로기'라는 말을 사용하였다. 따라서 이데올로기는 단순히 어떤 철학적인 '사상의 틀(a framework of thought)'이라는 의미 이상의 뜻을 갖게 되었으며, 어떤 사회적 목표를 달성하기 위하여 도구로 사용되는 가치, 개념, 신념 및 규범의 전체 체계를 의미하는 것이 되었다.267) 이데올로기는, 철

---

266) 박순경, 『민족통일과 기독교』, 49.

학이 '비판(critic)'보다는 '헌신(Commitment)'을 요구하는 자리로 올라섰을 때 나오는 것으로서 일종의 '철학의 종교화 현상'이다.

그래서 네덜란드의 기독교 철학자 하웃즈바르트(Bob Goudzwaard)[268]는 "이데올로기는 종교의 대체물이며, 그 시작부터 마귀적인 것이다"[269]라고 비판했다. 그렇다면 이 이데올로기는 언제 그 우상적 성격이 가장 뚜렷하게 드러나는가? 하웃즈바르트는 이데올로기가 추구하는 목적이 모든 수단을 정당화하며 합법적인 권력을 부여할 때 곧 우상이 된다고 했다. 하웃즈바르트는 "현대 이데올로기들 - 혁명 이데올로기, 민족주의 이데올로기, 물질적 번영의 이데올로기, 안보 이데올로기 - 이 다음과 같은 5가지 특징을 갖고 있는 완성된 이데올로기"[270]라고 규정한다. ①세워 놓은 목표가 비상한 중요성을 갖는다. ②수단은 전혀 제약 없이 활동한다. ③목적이 참된 가치 기준과 규범을 왜곡시킨다. ④목적은 새로운 수단들이 제시하는 법률에 순종할 것을 요구한다. ⑤목적이 자체의 거짓 원수(속죄양)들을 창조해낸다. 그리고 그것에 대한 전투적 증오를 불러일으킨다.

따라서 그리스도인들은 모든 이데올로기에 대하여 절대적인 가치와

---

267) Bob Goudzwaard, 김재영 역, 『현대·우상·이데올로기』 (서울: 한국기독학생회(IVP)출판부, 1993), 19.
268) Bob Goudzwaard. 하웃즈바르트 교수는 로테르담 경제학학교(Rotterdam School of Economics)에서 수학했고 현재 네덜란드 자유대학교의 경제학 교수이며 한 때 네덜란드의 집권당이었던 '반혁명당(Anti-Revolutionary Party)'이란 기독교 정당의 국회의원 정책위원장으로 활약했고 수상물망에도 올랐다. 그는 철저한 복음적 신앙의 소유자이면서도 정치적으로는 비교적 진보적이라서 남아연맹의 인종차별정책, 미국의 베트남 전쟁개입과 한국의 인권탄압 등을 비판했다. 인권문제와 개발원조관계로 우리나라를 두 번 방문한 적이 있으며, 지금도 환경문제 등 세계의 중요한 현안문제에 대해서 권위 있는 목소리를 내고 있다. 진실한 그리스도인답게 그는 자신의 말에 일관성 있게 행동하고 검소한 생활을 하여 일반적으로 검소한 네덜란드인들의 존경을 받고 있다. 대표적 저서로는 『현대·우상·이데올로기』 와 『자본주의와 진보사상』 등이 있다. Bob Goudzwaard, 김재영 역, 『현대·우상·이데올로기』 (서울: 한국기독교학생회출판부, 2001)에서 참조.
269) 같은 책, 20.
270) 같은 책, 26~27.

힘을 부여하기를 거부해야 하며, 하나님의 말씀으로 그 가치를 상대화 시키는 작업－즉 '이데올로기 비신화화 작업'－을 철저히 행해야 한다. 하나님말씀에 의해 인간의 모든 사상과 이념을 상대화시키고, 비신화화 시키며, 노예적 예속 상태에서 인간을 해방시키는 것이 바로 복음의 역동적인 초월인 것이다. 이 초월 속에서 하나님나라는 '뜨인 돌이 느부갓네살의 금 신상을 무너뜨리는'(단2:25~45) 방식으로 인간 역사 속에서 임하는 것이다.

한국교회의 반공 이데올로기

한국기독교가 사회주의 이데올로기와 만나기 시작한 것은 3·1운동 이후였다. 1917년 러시아 혁명 이후 여러 경로를 통해 초대 교회의 청년층도 사회주의 이데올로기의 영향을 받았다. 그 대표적인 예로는 초기 조선 사회주의의 두 거두였던 이동휘나 여운형을 들 수 있는데, 이들은 한때 평양신학교까지 다녔으며 전도사 직분까지 받았던 이들이다. 그러나 초기 사회주의자들은 1925년 조선공산당을 결성하면서부터 본격적으로 기독교에 대한 비판을 시작하였다. 이들은 '반(反)기독교 대강연회'를 개최하거나 12월25일을 '반(反)기독교의 날'로 정하는 등 노골적으로 반(反)기독교 운동을 전개하였다. 이런 양 진영의 갈등의 과정에서 1927년 창설된 신간회 운동(회장 이상재)은 기독교와 사회주의 사이에 민족독립을 위한 연대의 가능성을 보여준 최초의 운동이었으나, 일제의 방해공작과 사회주의 진영의 태도 변화로 인해 창립 4년 만에 해체되고 말았다.

그 후 기독교와 사회주의 사이에는 더욱 첨예한 갈등이 시작되었다. 그 결과 1930년대의 기독교 지도자였던 길선주 목사는 공산주의자들을 '말세의 징조', 혹은 '사탄'으로 규정하는 설교를 행하였다. 그리고 1932년 장로교와 감리교의 연합기구인 조선예수교연합공의회가 채택한 사회신조는 '일체의 유물교육, 유물사상, 계급적 투쟁, 혁명수단에 의한 사회 개조와 변증적 탄압에 반대한다'고 하는 조항을 명기함으로써, 본격적으로 사회주의 이데올로기에 반대하는 노선을 채택하였다.271)

그러나 본격적인 반공주의의 단초는, 앞서 살펴본 바대로 북측에 김일성 정권이 출현하여 친일세력의 청산과 농지개혁을 통한 사회주의 국가 건설에 박차를 가하면서 생겨났다. 주로 토지개혁으로 자신들의 물적 기반을 빼앗기고 신앙 행동의 자유마저도 잃게 된 이북 기독교인들이 윤하영 목사와 한경직 목사를 중심으로 '기독교 사회민주당'을 결성하여 저항하다가 결국 와해되고, 대거 월남한 이후에 형성되었다고 볼 수 있다. 특히, 남측 단독정부인 이승만 정권이 자신의 취약한 정권의 기반을 강화하고, 민족주의진영을 견제하기 위하여 먼저 과거 친일세력을 본격적으로 정부 내에 수용하였고, 또 당시의 전후 냉전체제의 편성과정에서 자유민주주의 진영에 편입키로 국가정책을 수립하였다.272) 그러자 이미 월남한 이북 기독교인들은 대부분 이승만 정권을 전폭 지지하며 반공의식을 깊이 내면화시키기 시작하였다.273)

특히 한국전쟁의 발발은 공산주의에 대한 남측 기독교의 적대적 태도와 증오심을 더욱 부채질하였다. 그 대표적인 예가 휴전협정이 체결되기 직전 부산에서 열린 '구국신도대회'에서 한국교회가 세계 교회에 보내기로 채택한 다음의 성명서이다.

"얄타협정으로부터 미소공동위원회까지의 역사와 6·25전쟁으로부터

---

271) 「조선예수교연합공의회회록」, 52. 전택부, 『한국에큐메니칼운동사』 (서울: 기독교서회, 1982), 140~141에서 재인용.
272) 오익환, "반민특위의 활동과 와해", 121.
273) 한국기독교장로회 역사편찬위원회, 『한국기독교 100년사』, 392.

판문점 휴전회담까지의 경험으로 얻어지는 근본적이며 종합적인 우리의 결론은 '우리는 공산주의와 유화할 수 없다'는 사실이다. 우리가 하나님을 찾을 때에 그들은 폭력을 내놓고, 우리가 사랑을 구할 때에 그들은 증오를 가르치고, 우리가 자비를 말하면 그들은 무자비를 토한다. 그들과의 타협을 권고하는 것은 광야 사십일 간의 시련에서 그리스도로 하여금 마귀와의 타협을 강요하는 것과 다를 것이 없다. 이러한 명명백백한 역사의 진로를 후퇴시키기 위하여 왜 자유세계는 공산주의와 유화하여야 하며 그 제물로 한국이 희생되라고 요구하는지, 우리는 그 이유를 발견하기 곤란해 하는 바이다. 이러한 유화의 결과로 올 것은 한국교회에 대한 박해이며, 민족 운명의 파멸이며, 세계 질서의 파괴이며, 인간 양심의 종언일 따름이다."[274)]

이처럼 북측 공산주의와의 타협을 반대하는 한국교회의 신학적 입장은 '사탄론'으로 요약된다. 그들은 공산주의를 '설복될 수 없는 마귀', '영구히 회개할 수 없는 마귀'로 단죄했으며, 요한계시록의 '붉은 말'을 탄자나 '적그리스도(Anti-Christ)'와 동일시하기도 했다. 이처럼 한국기독교의 반공의식은 공산주의 이론에 대한 철학적 학습에서 나온 것이 아니라, '피부에 찔린 총검'에서, 그리고 '눈앞에서 목도한 살상과 동족 간의 불신'에서 체험적으로 형성된 것이다. 그리고 전쟁이라는 극단적인 형태로 나타난 상처와 체험은 공산주의에 대한 증오를 '정치적·시대적 증오'가 아니라 일종의 '종말론적 증오'로 영화(Spritualization)시켰다.

해방 후 민주화운동의 선봉에 섰던 김재준 목사의 경우가 이런 분위기를 잘 보여주고 있다. 그는 해방 직후 새 정부의 수립을 구상하면서 공산주의에 대해 우려하면서도 만일 사상과 종교 등의 자유만 보장

---

274) 김양선, 『한국기독교 해방십년사』, 141~142.

한다면 공산주의자들과의 합작이 가능하다는 입장을 제시한 바 있다.[275] 그러나 한국전쟁을 겪은 후에는 다음과 같이 철저한 반공주의자로 변신한 모습을 보여주고 있다. "일본, 인도, 영국 등에서 아직도 공산주의에 대해 어느 정도 동정적으로 평가하는 사람들이 많다. 그러나 그들은 아직도 경험해 보지 못했기 때문에 감상적인 것이다. 공포와 숙청과 전혀 자유가 거부된 그들 밑에서 자유인으로 어찌 어찌 살기를 바라는 것은 망상이다. 우리가 만일 인간이라는 의식이 있다면 무엇을 운위하기 전에 벌써 질식해버리지 않을 수 없는 고장이 그들의 산하인 까닭이다."[276]

한국기독교의 반공주의는 월남한 기독교인들에 의해 더욱 강화되고 고착되었다. 그리고 이들이 한국교회에서 공고한 기반을 구축함으로써 한국기독교의 반공주의는 더욱 강화되었다. 전쟁 이후 미국은 막대한 원조 물자를 한국에 제공했는데, 민간부분의 원조는 거의 대부분 교회를 통해 이루어졌다. 미국장로교 해외선교부는 1950년부터 1954년까지 약 180만 달러, 미국연합감리교회는 약 160만 달러를 각각 모금하여 한국교회에 제공하였다. 예루살렘에서 여리고로 내려가다가 '강도 만난 사람'이 한국교회라면, 그를 도와준 '선한 사마리아 사람'은 바로 미국교회였던 것이다.

이처럼 한국기독교는 한국전쟁을 전후하여 반공·친미의식을 깊이 내재화시키고, 그 정서를 지난 65년 간 유지해 온 독특한 역사적 경험을 가지고 있다. 그렇기 때문에 최근 '반미', '주한미군 철수'같은 진보진영의 구호에 한국기독교의 대다수를 차지하고 있는 보수적인 교회들이 심한 알레르기 반응을 보이는 것은 지극히 자연스러운 반응

---

[275] 한국기독교장로회 역사편찬위원회, 『한국기독교 100년사』, 384.
[276] 이진구, "한국개신교와 친미 반공 이데올로기", 『아웃사이더』 제12호(서울: 2003년4월), 29.

이며, 이제 한국사회 속에서 매해 3·1절 구국대회 같은 반공집회를 주도할 수 있는 세력으로 다시 등장하고 있는 것이다. 지난 65년 동안 독특한 냉전적 상황에서 남측의 보수적인 교회들은 반공주의를 거의 신앙의 수준으로까지 내면화시켜 왔기 때문에 평화통일보다는 멸공통일에 더 익숙하고, 평화공존보다는 흡수통일을 더 선호하며, 화해 협력'보다는 고립 붕괴를 무의식적으로 희망하는 경향을 갖는 '전투적 유신론에 입각한 기독교 승리주의', '힘에 의한 통일론', 혹은 '증오의 영성'에 더 깊이 고착되어 있는 것이다.

이처럼 반공 이데올로기는 오랜 기간 우리 사회에서 범할 수 없는 금기가 되어왔다. 1980년대 들어 일부 지식인들과 학생, 노동자들이 자본주의 체제를 비판하고 사회주의를 그 대안으로 제시하면서 이런 반공 이데올로기의 두터운 벽에 균열이 가면서 차츰 옅어져간 것은 사실이지만, 아직까지도 기성세대와 보수적인 기독교 세력의 확고한 이데올로기로 존재하고 있다. 일부 진보적인 교회를 제외한 대부분의 한국교회는 여전히 반공 이데올로기의 우상에 사로잡혀 있다. 반공 이데올로기의 형성에는 스스로 택한 것이기도 하지만, 북측 당국자의 책임도 크다.[277] 그러나 우리가 근본적으로 관심을 가져야 할 문제는 반공 이데올로기가 남과 북을 분열시키고 평화가 아닌 갈등과 불화를 가져온다는 사실이다. 따라서 그것은 더 높은 차원의 사상을 통해 극복되어야 한다. 1980년대 이후 반공 이데올로기를 극복하고자 하는 노력에 일부 기독교 인사가 중요한 역할을 한 것은 사실이다.[278] 특히 1989년 문익환 목사의 방북은 결정적인 영향을 미쳤다고 할 수 있을 것이다. 1990년대 중반에 접어들면서 몇몇 보수적인 교회에서도 민족공동체에

---

[277] 노치준, "한국전쟁이 한국교회의 성격 결정에 미친 영향", 14.
[278] 김명혁, "통일운동과 개신교 입장에 대한 역사적 고찰", 『한국종교의 성찰과 전망』(서울: 한국종교사회연구소 편, 1993). 노치준의 같은 글, 15에서 재인용.

대한 관심을 높이고 있는 것은 늦은 감이 있지만 다행스러운 일이라 하겠다. 그러나 그 민족공동체에 대한 관심이 북측에 대한 진정한 이해 없이 자본주의적 흡수통일을 전제로 한다면, 그것은 대결적 반공 이데올로기와 별반 다름이 없을 것이다. 지난 65여 년 동안 우리 민족사에는 불행과 과오도 많았지만, 남측은 자본주의적 경제성장과 시민사회적 민주주의를 이룩한 경험을 축적해왔고, 북측은 사회주의와 평등 그리고 대외적 자주성이라는 경험을 축적해왔다. 남과 북의 역사적 경험을 차원 높게 승화시켜, 냉전과 분열의 격렬한 전선을 형성·대립해온 한반도가 화해와 평화와 번영의 상징으로 떠오르게 하는 것이 민족적 과제이다.

'북한선교'의 이데올로기적 경향

흔히 '북한선교'라는 말을 한국교회에서 무신경하게 사용하고 있지만, 사실은 보편성이 결여된, 반공 이데올로기적 스펙트럼이 내포된 용어이다. 분단 이후 6·25전쟁 기간에 처음으로 남측 교회지도자들(주로 월남한 목사들)이 수복된 북측지역에서의 선교활동을 펼치면서 시작되었다.[279] 북측 출신의 월남한 목사들이 주축이 되어 유엔군과 더불어 북측지역에 들어가 선무활동, 신앙전도와 선교활동에 나섰다. 특히 군종으로 활동한 미국 선교사들과 남측 목사들이 북측지역에 들어가 반공주의적 선교를 전개했다.[280] 기독교인들은 공산당을 쳐부수는 '십자군'으로서 북진통일을 꾀하였다. 심지어 월남한 기독교인들이 참전하여 북측지역에 들어가 수많은 사람들을 학살하기도 했다.[281] 특

---

[279] 임희모, 『한반도 평화와 통일선교』, 26.
[280] 강인철, "해방 후 북한에서의 혁명과 교회", 채수일 편, 『희년신학과 통일희년운동』 (서울: 한국신학연구소, 1995), 380. 참조 : 김흥수, 『한국전쟁과 기복신앙 확산 연구』 (서울: 한국기독교역사연구소, 1999), 61~62.

히 월남한 기독교인들은 휴전반대에 앞장섰고 이승만 정권 때는 북진 무력통일을 강하게 주장했다. 휴전 이후 남측 기독교인들은 멸공을 주장하는 십자군적 선교를 마음에 두고, 끊임없이 북측 공산정권의 멸망을 열망했다. 1970년대 이후 이런 십자군적 선교론자들은 방송선교 등을 통해 '북한선교'를 말하면서, 소위 "핍박받는 지하교회만이 참된 교회"[282]임을 주장한다.

그리고 1993년부터 보수진영의 한국교회들에서 이른바 '북한교회 재건론'이 본격적으로 논의되면서 대북선교론이 대두되었다. 이는 동구 사회주의권의 몰락 이후 북측 정권의 급격한 붕괴를 예견하며 기획되었다. 이는 북측에 교회를 세우고 북측 동포들에게 복음을 전한다는 것이다. 이런 교회재건의 발상은 남측이 북측을 흡수통일할 것을 전제한 것이었다. 교회재건론자들은 북측에 진입하여 교회를 재건하기 위해 땅(지역)을 구획정리하고 자금을 마련하는 등 구체적인 계획을 준비했다.[283] 이후 현실적인 실행이 불가능하게 되자 중국의 동북3성을 떠도는 탈북자들과 이른바 지하교회에 대한 물질적 지원에 집중하고 있다는 것이다. 이들은 기본적으로 반공주의를 지지하며 북측의 주체체제를 거부하고 북측의 조선그리스도교련맹[284]과 북측교회를 인정하지 않는다. 결국 '북한선교'라는 용어를 사용할 때, 의식하든 의식하지 않든, 과거 참혹한 전쟁의 경험과 증오의 역사에 대한 성찰 없이

---

281) 북한교회사집필위원회 편,『북한교회사』(서울: 한국기독교역사연구소, 1996), 421~422. 참조 : 정성한, "한국교회의 남북 분단의식과 통일의식 변화에 관한 역사적 연구"(서울: 장로회신학대학교 대학원 박사학위논문, 2002), 78~79.
282) 기독교북한선교회, 북한선교통일훈련원, 모퉁이돌선교회, 한국기독교총연합회, 예랑미션 등은 이러한 선교를 강조한다(김홍수·류대영,『북한종교의 새로운 이해』, 314~315).
283) 임희모,『한반도 평화와 통일선교』, 29.
284) [조선기독교도련맹]이란 명칭이 개칭돼 1999년부터는 [조선그리스도교련맹]으로 불린다. 외래어 표기법에 따라 '그리스도교'의 한자식 표기인 '기독교(基督敎)'를 본래의 발음에 맞는 그리스도교로 불리게 된 것이다.

냉전적 반공 이데올로기의 우상에서 벗어나지 못하고, 여전히 상대방을 원수로 여기는 대결적 의식이 담겨지게 된다.

'북한선교'라는 말은 분단을 넘어서려는 과제를 암시하면서도 지금까지의 기독교선교의 오류에 대한 비판적 분석과 반성을 말해주지 않는다. 이 말은 마치 북측만이 선교를 필요로 라는 피선교지인 것처럼 들리게 하므로, 평화통일을 위한 '화해선교'라는 용어가 더 좋다고 여겨진다. 이 선교의 주체는 하나님이시고, 그 하나님께서 사랑하셔서 들어 쓰시는 한민족 전체이다. 반(反)기독교적인 북측이 어떻게 선교의 주체로 부름 받을 수 있는가? 반기독교적인 북측은 물론 많은 과오를 자행했음에도 불구하고 제국주의적 서구의 식민지배 이데올로기적 도구로서의 기독교선교 문제를 각성시킨'현실'로서, 한민족의 화해와 평화의 새로운 선교의 계기가 되었으며, 그러한 부정적인 의미에서 새로운 선교의 지평을 열어주는 데 적극적으로 기여했다고 볼 수 있다.[285] 분단은 남북 쌍방에 의해서 민족의 엄청난 참극, 세계분단(냉전체제)의 속죄양의 유혈을 사무치게 겪었음에도 불구하고, 분단의 의의는 여기서 덮어버리거나 멈춰버려서는 안 된다. 그것은 세계의 분단을 넘어서는 주체로서의 한민족과 화해와 평화'선교'의 새로운 계기로서, 즉 "역사 종말론적 하나님나라"[286]를 전망하는 적극적인 방향에로 재해석되어야만, 한민족과 기독교는 지배세력들의 이념적 우상을 무장 해제시키고 정의와 평화를 지향하도록 역전시키는 의의를 획득하게 된다. 이 '선교'는 하나님의 선교이니, 한민족 전체가 그의 복음을 새롭게 들어야 하며, 북측이 피선교지라면, 남측도 피선교지요, 하나님의 선교에 상응하는 한민족 전체의 화해와 평화를 지향하는 선

---

285) 박순경,『민족통일과 기독교』, 182.
286) 은준관,『실천적 교회론』(서울: 대한기독교서회, 2001), 470~473에서 참조.

교이다. 북측의 우상화된 주체사상은 극복되어야 하지만, 남측의 자본주의의 맘몬이라는 우상 또한 극복되어야 한다.

하나님나라의 복음은 분단된 양편을 다 초월하며, 이 때문에 분단을 넘어서는 새로운 미래의 가능성을 내포하고 있다. 이것은 궁극적인 화해의 가능성이며, 교회로 하여금 남과 북 사이에 설 수 있게 하는 가능성이다.[287] 궁극적인 화해는 인류공동체의 성취를 의미하며, 양편에 주어져 있는 문제들을 끝까지 변혁해나가게 하는 역사의 원동력인 것이다.

북측의 '주체'이데올로기

수령의 유일적 영도체계라는 독특한 북측의 주체사상과 정치체제는 사상이 먼저 있고 혁명이 뒤따른 것이 아니라, 사실은 그 반대이다. 대내적으로, 그리고 남측과의 대결과 경쟁의 투쟁과정 속에서 김일성 유일체제의 확립에 따른 지배 이데올로기로서의 주체사상이라고 볼 수 있다. 북측의 지배 이데올로기로서의 주체사상의 발전 변천과정은 정치권력의 체계화 또는 안정화와 맞물려 있다. 즉 수령의 유일적 영도체계의 형성과정은 김일성체제의 확립을 의미하는 것으로서 초기에는 (해방 후 1950년 초까지) 그 목적이 반제반봉건 민주혁명론과 그 실천적 적용을 통한 사회주의 실현이었다. 이 과정에서는 혁명 자체가 마르크스-레닌주의의 전통과 모택동의 대중노선적 혁명사상이 영향을 끼쳤다고 할 수 있다.[288] 그 후 6·25전쟁을 겪으면서 전쟁패배에 따른

---

[287] K. Barth, *"Die Kirche zwischen Ost und West"*, Karl Kupisch, ed., *Der Götze Wackelt* (Käthe Vogt Verlag), 124~149을 참조. 이 글은 1949년에 쓰여진 것인데, 여기서 바르트는 교회가 동과 서, 즉 러시아와 아메리카 사이에 입각해야만 양편 세계에 대하여 궁극적인 하나님나라를 증언할 수 있다고 역설한다. 당시 서구교회는 거의 전반적으로 이른바 자유서방 진영에 서 있었다. 그런 위치에서 교회는 양편 권력들의 갈등과 전쟁에 휘말려들고 크리스천의 신앙의 자유를 상실한다는 것이다. 동과 서(남과 북) 사이에 서서 교회는 전 인류와 함께 서고 고난받고 하나님의 구원을 희망한다는 것이다. 인류의 화해는 바로 그 구원을 의미한다는 것이다. 박순경의 같은 책, 183에서 재인용.

책임론을 이유로 박헌영을 비롯한 남로당 일파의 숙청과 정치적 반대파의 거세를 통한 권위주의적 사회주의 체제를 확고히 하게 되었다.288)

1950년대 말에서 1960년대 말에 이르는 동안에는 '당의 사상적 체계 확립'이라는 취지 아래 민족주의적 성격을 강화하게 되었고, 이 시기에 소련공산당에서 '개인숭배의 비판문건'이 나온 것을 북측의 권력핵심부에서 회람되어 권력투쟁이 일어나자 주체사상을 구체화하면서 연안파290)와 소련파291)까지 숙청하고, 소위 당내 민주주의를 원천봉쇄하는 수령의 혁명사상에 의한 사상체계의 확립을 전개하기에 이르렀다. 이것이 바로 사상에서의 주체와 외교에서의 자주노선으로 표현되었고, 당 중심에서 수령 중심으로 획일화되었으며, 사회주의적 민주주의는 그 빛을 잃게 되었다.

1970년대에 이르러 1972년에 제정된 사회주의헌법292)에서는 대외적으로는 프롤레타리아 독재체제의 완성을 천명하면서도 주체사상을 지도이념으로 한 수령의 혁명사상을 신조화하여 수령의 유일적 영도 아

---

288) 박승화, "목회적 측면에서 본 주체사상과 북한사회의 인식", 『기독교에서 본 주체사상』 (서울: 민중사, 1993), 234.
289) 이종석, 『새로 쓴 현대 북한의 이해』, 74. 참조 : 박헌영은 1953년 초에 간첩죄, 국가전복죄 등의 혐의를 받고 체포되었고, 같은 해 8월에 재판에 회부되었으며, 1955년 12월에 사형을 선고받아 이듬해에 처형되었다.
290) 같은 책, 73. 참조 : 일제하 연안독립동맹에서 조선의용군 총사령을 지낸 무정은 1950년 12월에 개최된 조선로동당 중앙위원회 제3차 전원회의에서 전투과정에서 범한 오류로 인해 권력의 핵심에서 밀려났다. 그리고 최창익 등 연안파들은 '집체영도의 강조와 개인숭배 반대'라는 명분으로 1956년8월30일 당 중앙위원회 전원회의에서 김일성에 대한 공격을 시도했으나, 실패한 후 권력핵심에서 축출된다. 『조선로동당력사』 (평양: 조선로동당출판사, 1991), 347.
291) 소련파였던 허가이는 후퇴시기 당증을 없애버린 당원들을 책벌하고, 농민들의 입당을 받지 않았다는 이유로 1951년11월 권력핵심에서 배제되었으며, 1953년7월에 자살했다. 그리고 박창옥 등의 소련파들 역시 연안파 최창익 등과 같이 연합하여 김일성과 대립하다가 숙청되었다. 같은 책, 292, 347을 참조.
292) 1972년12월에 제정된 [조선민주주의인민공화국사회주의헌법]으로서 주석제를 신설하고 주체사상을 지도이념으로 채택했다.

래 절대적 충성을 강조하게 된다. 김일성의 직제도 수상에서 주석으로 변경되고 민족주의 천명을 통한 권위주의 체제를 견고히 했다. 절대적인 충성의 요구는 곧 지도자에 대한 개인숭배와 우상화로 이어질 수밖에 없었다. 결국 '주체화'는 모든 인민들로 하여금 '비주체적'체제순응을 의미했다. 1980년대에 이르러서는 수령론과 후계자론의 접목을 통한 혁명의 계승을 꾀했다. 즉 '온 사회의 주체사상화'와 '전 사회적 확산', '주체사상의 전 인민화'를 위한 이론정립이 시행돼 1985년 『주체사상 총서』293)가 발간되었는데, 수령의 초월적, 무오적 절대권력에 절대복종하는 것이 주체로서의 인민의 사회화를 이룩한다는 것이다. 지배 이데올로기로서의 주체사상은 결국 수령의 유일적 혁명사상을 실천하고 수령의 교시와 당의 정책이 인민대중으로 하여금 자유로운 토론-반대와 비판-없이 복종하게 함으로서 사실은 "국가종교 혹은 정치종교"294)화 과정에까지 이르렀다.

북측의 주체 이데올로기는 결국 수령(혁명의 腦髓)295)의 유일적 영도력에 귀착하고 있으나, 대화(화해를 전제로 한)를 위한 인식을 위한 것이라면 비판-또는 거부-이전에 북측의 주장을 있는 그대로 이해해 볼 필요가 있다. 이는 그 주장을 받아들인다는 문제와는 별개의 것이다.296) 왜냐하면 있는 그대로를 들어줌으로써 이해의 자리를 마련할 수

---

293) 사회과학출판사 편, 『위대한 주체사상 총서, 1~10』 (평양: 사회과학출판사, 1985).
294) 국가종교 혹은 정치종교에 대한 것은 다음 장에서 다시 다룰 것이다. 이에 대한 것은 정대일의 「국가종교로서의 북한 주체사상 연구」 (서울: 한국학대학원 박사학위논문, 2010)를 참조.
295) 김일성 사후, 이른바 '백두혈통'을 이어받은 김정일은 후계구도를 안정화시키고 국가적 위기상황을 극복하기 위해서 "김일성 수령 동지는 우리와 영원히 함께 계신다!"는 구호를 새긴 영생탑을 세워서 소위 '유훈통치'를 해왔다. 수령은 김일성만이 유일하고, 그 수령의 뜻을 이어가는 최고지도자를 지칭하는 말로 '혁명의·수뇌' 혹은 '혁명의 뇌수' 등으로 표현하고 있다. 대표적인 구호로는 "위대한 김정일 장군을 수반으로 하는 혁명의 수뇌부를 목숨으로 사수하자!" 등이다.
296) 박승화, "목회적 측면에서 본 주체사상과 북한사회의 인식", 235.

있기 때문이다. 그럼에도 불구하고 진정한 화해의 길로 나가기 위해서는 우상화된 절대체제에 대한 문제제기가 없어서는 안 될 것이다.297)

3) 칼 바르트가 말하는 '화해되지 못한 사회'

'화해되지 못한 사회'개념

화해되지 못한 사회는 바르트에 의하면 고립되고 자율적인 사적 존재들의 사회인데, 이 사회는 자기규정과 자유를 이러한 사적 존재, 즉 강탈자적 존재 안에서 관철하고 보장하려고 애쓴다. 자기실현이란 사적 존재에게는 자신의 이기주의의 실현을 의미한다. 다시 말하자면, 사적 존재의 자율은 움켜쥐고 취하고 획득하는 행위 안에서 실현된다.298) 사적 존재의 사회 안에는 소유의 범주, 즉 재산의 획득과 증식이 지배한다. 바르트는 이 움켜쥐고 취하고 획득하는 것을 다른 사람들을 굴복시키고 방해하고 강탈하는 것으로 정의했다. "나는 나를 위해 살기 때문에, 나는 불가피하게 다른 사람들과 대립하면서 산다."299) 사적 존재들의 이기주의는 그들 간의 생존투쟁을 내포한다. 화해되지 못한 사회는 인간들 간의 이러한 전쟁, 경쟁의 흔적을 지닌다. 이런 의미에서 바르트는 화해되지 못한 사회를 평화가 없는 사회, 갈등사회, 적대관계의 사회라고 불렀다. 화해되지 못한 사회에서 인간은 사회적 기구 배후로 상당히 물러난다. 그는 사회적 실체의 희생물이 되고, 그의 행위, 그의 능동적 주체성은 그가 생활 속에 끌어들인 사회적 가치체계와 구조에 대해 무력해진다. 이런 사회적 힘들은 그를 지배하기 때문에, 그는 고

---
297) 박종화, "주체사상과 기독교사상",『기독교에서 본 주체사상』(서울: 민중사, 1993), 70.
298) CD III/2, 274~276에서 참조.
299) Ulrich Dannemann, *Theolgie und Politik im Denken Karl Barths*,(München, 1977), 이신건 옮김,『칼 바르트의 정치신학』(서울: 한국신학연구소, 1994), 194.

정불변한 것으로 체험되는 '현실'에 복종하고 적응하는 일 외에는 다른 도리가 없는 것처럼 여긴다.

화해되지 못한 사회는 관료주의화된 사회이다. 사회의 관료주의화는 바르트에 따르면 그것이 인간들 간에 지배-복종의 관계를 수립한다는 사실에서도 드러난다. 그러므로 이 사회는 부자유한 사회로 나타난다. 획득의 원리의 지배(소유의 범주의 지배)는 불가피하게 분배투쟁을 불러일으킨다. 모든 사적 존재는 가능한 한 많은 재산을 소유하려고 한다. 만약 사적 존재들이 다른 사적 존재들에 맞서서 연합하게 되면, 결국 개인적 이기주의는 집단적 이기주의, '계급이기주의'로 변한다. 이로써 경쟁은 계급투쟁으로 변하고, 계급투쟁은 다시금 가진 자, 덜 가진 자 및 못가진 자로 나누고 이용하는 자와 착취당하는 자로 나누는 결과를 초래한다.300) 바르트에 의하면 갈등사회는 항상 어떤 형태로든지 계급사회로 변하기 마련이다.

화해에 저항하는 인간들에 대한 바르트의 분석에서 끌어낼 수 있는 화해되지 못한 사회의 개념에 관한 일반적 규정을 요약하자면, '화해되지 못한 사회'는 『교회교의학 IV권』의 의미상 실로 자유와 평화가 없는 사회로 정의될 수 있다. 화해되지 못한 사회는 소외되고 물화(物化)된 사회로서 형제가 없는, 비사회적인, 원자론적인, 그리고 적대주의적인 사회이다. 이 사회는 화해의 은총에 저항함으로써, 철저하게 은총을 상실한 사회가 되고 만다.

화해되지 못한 사회의 출현 형태로서의 자본주의

바르트에게서 자본주의란 화해되지 못한 사회의 출현 형태를 의미한다. 자본주의는 화해되지 못한 사회가 다소간 분명히 반영되어 나타나

---

300) 같은 책, 195.

는 다양한 흔적들 중의 하나이다. 그가 이해하는 자본주의는 하나의 사회적 정치적 현상인데, 이것의 특별한 가치체계와 구조는 화해되지 못한 사회의 일반적 특징들과 유사하다는 사실을 드러낸다. 다시 말하자면 자본주의의 특징들 중에서 가장 압도적인 것은 바로 화해되지 못한 사회의 특징이기도 한 것이다.[301] 그에게서 자본의 지배는 고립된 사적 존재들의 사회를 전제한다는 사실이다. 자본은 오직 인간들이 더불어 일하지 않고 배타적으로 자신들만을 위해, 즉 서로 대립하면서 일하는 경우에만 지배한다. 자본을 위한 투쟁은 '생존을 위한 투쟁'의 한 형식이다.[302] 그에게서 자본이란 항상 사적 소유의 획득과 증식을 의미한다. 자본은 어느 누구에게도 책임을 지지 않는 '자율적인' 개인에게 속한 소유이고, 오직 개인만 섬기고 개인이 처분할 권리를 갖는 소유이다. 자본은 절대화된, 즉 하나님과 이웃과는 분리된 소유이다.[303] 그래서 자본주의적 경제는 항상 "사적 경제"[304]로, 생산수단의 사적 소유가 개인의 자유의 권리와 결합되어 금강석처럼 단단한 원리가 되는 경제로 조직화된다.[305] 그러나 자본은 오로지 자본 소유자만을 섬겨야 하는 힘이 됨으로써, 실제로는 자본소유자 오직 그의 '자본'만을 섬기는 꼴이 된다. 그에게 속한 것은 동시에 그를 종속시키는 것이기도 하다.

자본의 지배에 대한 바르트의 이해를 요약하자면 다음과 같다. ①인간의 노동과 경제활동은 인간들의 생활 욕구를 충족시키는 것에 더 이

---

301) 같은 책, 196.
302) 같은 책, 197.
303) *CD* IV/2, 615.
304) 동독의 한 목사에게 보낸 편지(14)에는 "언론, 사적 경제, 졸부근성, 대중여론"이 서구사회를 지배하는 정치적 우상들로 열거되어 있다. Ulrich Dannemann, 『칼 바르트의 정치신학』, 198에서 재인용.
305) *CD* III/4, 622.

상 봉사하지 않는다. 노동과 노동과정은 그것의 실행과 결과에서 볼 때, 노동과정에 참여하는 모든 자들의 진정한 요구를 모든 노동의 최상의 표준적 척도로 삼는 사회적 행위로서 더 이상 일어나지 않는다. ②노동과 경제활동은 오히려 자본의 획득에 집중된다. 자본획득은 노동과정의 본래적 의미와 목적으로 변한다. ③노동과정이 자본의 획득을 지향하는 것은 자본주의에서 인간과 사회적 기구의 관계를 결정한다. 자본주의는 부자유한 사회이다. 왜냐하면 거기서는 기구가 자본의 형태로 인간을 지배하기 때문이다. ④인간의 가치절하는 자본주의에서 폭넓게 이루어지기 때문에, 인간의 가치와 또 그가 다른 사람들에 대해 갖는 입장은 자본소유에 대한 그의 입장, 즉 그의 자본소유에 따라 측정된다. 이로써 인간 자신은 사회적 기구의 그물 안의 하나의 '사물'로 변한다. 다른 사람들에 대한 그의 관계는 이제 사물들의 관계로 나타난다. 인간들이 서로 만나는 것은 그들이 소유한 돈이 만나는 것이다.[306] 이렇게 하여 바르트에 의하면 자본은 사회 안에서 인간의 사고와 행동이 소외되고 물화되는 결과를 낳는다.

바르트에 의하면 이런 사회내적 갈등과 적대주의는 또한 국가들 간의 국제정치적 차원도 갖는다는 사실을 지적하고 있다. 사회 내의 표준적 가치인 자본은 국가의 국제정치적 목표설정으로 옮겨진다. 국내의 계급갈등(투쟁)은 국제적인 전쟁정치로 뒤바뀐다.[307] 사회의 가치체계의 국내정치적 지향성과 국제정치적 지향성 간의 연속성은 바르트에 의하면 국가들의 여러 종류의 전쟁목표에서 특히 분명하게 나타난다.

전쟁, 실로 바로 큰 민족과 민족 집단에 의해 저질러진 전쟁들은

---

306) Ulrich Dannemann, 『칼 바르트의 정치신학』, 199.
307) 같은 책, 206~207.

원래 그리고 근본적으로는 석탄과 칼리, 광석, 석유와 고무를 얻기 위한 것, 판로와 상업로를 얻기 위한 것, 더 큰 '경제적' 권력을 획득하기 위한 더 큰 권력행사의 기반으로서 더 안정된 경계선과 영향권을 얻기 위한 것임을 사람들은 항상 거듭 망각하지만 오늘날 분명히 알 수 있다.308)

자본의 보존과 증식을 위한 투쟁은 국가적 국제적 특징을 갖는다. 경제적 이해와 국가정치 간의 노출된 고리로서 바르트가 증거로 든 것은 무기 산업이다.

전 세계에는 현대의 기술공학에 의해 힘차게 가동되고 촉진되며 (…) 이것은 '전쟁 산업'으로서, 모든 종류의 산업, 기술 및 상업과 결탁한 채, 수시로 가능한 한 많은 부존자원을 소모하고 또한 그리하여 더 많은 수요를 자극하기 위해 새로이 전쟁을 일으켜 왔으며 또한 일으킬 수밖에 없음은, 오늘날 관심 있는 자에게 너무나 분명한 사실이다.309)

즉 바르트에 의하면 자본주의에는 경제, 무기경제, 국가정치 및 전쟁정치 간의 이해관계가 존재한다. 그리고 이 상관관계 때문에 생기는 위험은 국가가 ①국제적으로는 경제적 이해의 도구가 되며(자본주의적 제국주의), ②국내적으로는 더 이상 '만인 대 만인의 투쟁, 강자의 약자억압의 억제'를 위한 도구로서의 역할을 감당하지 못하고, 거꾸로 강자의 약자억압을 위한 도구로서의 역할을 수행한다는 사실이다.310) 따라서 바르트의 분석에 근거해 보면, 남측사회가 이러한 자본주의 경제

---

308) *CD* III/4, 517.
309) *CD* III/4, 517, 525.
310) Ulrich Dannemann, 『칼 바르트의 정치신학』, 208.

체제를 구축하여 '화해되지 못한 사회'를 이루고 있음을 알 수 있을 것이다.

화해되지 못한 사회로서의 사회주의국가의 전체주의

전체주의적 사회주의국가에서는 ①명백한 자본주의적 계급투쟁 대신에 사회주의적으로 위장된 계급투쟁이 등장한다.311)

> 전체주의적 사회주의국가에서 아무런 착취자와 피착취자가 존재하지 않는다는 사실은 물론 거기서 실행되는 마르크스주의적 강령의 어투에 따른다면 당연한 것 같다. 그렇지만 거기서는 생산수단의 사유화와 자유로운 사업은 더 이상 존재하지 않고, 노동과정의 지도가 오히려 국가의 손에 넘어갔다는 점은 아직도 해결되지 않은 문제이다. 인간이 노동하는 인간을 그 자신의 목적의 수단, 단순한 도구로 삼는 불의는 지금까지 그 자신의 토대를 가지고 있었고, 그리고 지금껏 서구에서 그러하다. 그러나 우리가 빠뜨리지 않고 언급해야 할 것으로 생각되는 점은 이러한 불의가 또 다른 토대 위에서도 ―즉 실제로 지배하고 먹고 노는 집단들의 통솔을 받는 사회주의국가의 토대 위에서도― 계속될 수 있다는 사실이다.312)

전체주의적 사회주의국가에서는 실로 바르트에 의하면, ②인간에 의한 인간의 억압의 새로운 형태, 새로운 권력엘리트가 생겨난다. 더 이상 고용체계는 존재하지 않고, 강력한 정당과 그에 고분고분 복종하는 경찰과 '선동문구'가 생겨난다.313) 따라서 사회주의국가에서는 ③지배하고 먹고 노는 소수의 이익에 따른 새로운 국가형성, '사회적 민주

---

311) 같은 책, 220.
312) CD III/4, 624.
313) 동독의 한 목사에게 보낸 편지(14)에서 바르트는 이 세력들을 "국가사회주의의 주인 없는 권력들"로 거론했다. Ulrich Dannemann, 『칼 바르트의 정치신학』, 221에서 재인용.

주의'가 없는 전체주의적 국가질서와 사회질서의 수립을 뜻한다. 이러한 바르트의 비판은 의심할 나위 없이 매우 원칙적인 것이다.[314]

바르트가 보기에 현실 사회주의의 문제점은 어디에서 비롯된 것인가? 기본적인 결함은 노동운동(제2,3차 인터내셔널)이 부르주아적 '계급이기주의'에 대항하여 그 프롤레타리아적 '계급이기주의'를 제시할 줄밖에 몰랐다는 사실에 있다.[315] 그러나 바르트에 따르면 모든 이기주의와 마찬가지로 계급이기주의는 인간의 소외의 표현이다. 노동운동 안으로 잘못된 이기주의적, 실리주의적 노선이 침투해 들어갔다. 이로서 노동운동의 사고와 행동은 현저히 분파주의적 경향성을 갖게 되었다.[316] 전체의 화해가 아니라 기존하는 지배관계와 종살이 관계의 교환이라는 목적만이 노동운동의 정치 안으로 숨어 들어왔다. 그 정치의 철저히 비화해적인 동기는 화해 없는 전망으로 뒤바뀌었다. 그리고 분파주의로부터 새로운 분열이 생겨났다. 노동운동의 뛰어난 지도자들 즉 '정당'이 운동 대신에 옛 부르주아적 사회의 지배집단이 소유했던 역할과 권력을 넘겨받았다.[317] 새로운 계급체계가 확립된 것이다.

마르크스-레닌주의의 계급의 적에 맞선 비화해적 투쟁은 그 자체로서 목표가 되었고, 적대적인 분파성은 그 생명의 묘약이 되었다. 그러나 이렇게 하여 프롤레타리아의 계급이기주의는 독립적인 제도로 영속화되었다. 그것은 분파주의와 분열을 다시금 정당화하는 사회적 토대의 역할로 탈바꿈했다. 전체의 화해라는 사고와 더불어 결국엔 화해되지 못한 온갖 사회에서 모든 인간이 겪어야 하는 철저한 비참에 대한 의

---

314) *CD* III/4, 624~625에서 참조. 이 맥락에서 바르트는 '실천적 독재'와 '원칙적 독재' 간을 구분하고 있다.
315) Ulrich Dannemann, 『칼 바르트의 정치신학』, 221.
316) *CD* III/2, 464.
317) *CD* III/2, 463~468: *CD* III/4, 624~626에서 참조.

식도 사라져버렸다. 사회주의국가의 전체주의가 요구한 화해, 이익의 동일성은 박탈당했다. 현실 사회주의도 역시 －더 나은 가르침을 거절했기 때문에－ 자본주의처럼 적대적이고 화해되지 못한 사회의 한 출현 형태로 전락하고 말았다.318)

제2차 세계대전 이후 동서(東西) 간의 갈등에 대해 바르트가 취한 입장은 오늘날 한반도의 갈등상황에 있어서 화해와 평화를 지향하려 할 때 매우 적절한 관점이 아닐까 여겨진다. ①이 갈등에서 한 쪽의 편을 들기를 거부한 바르트의 명백한 태도는 서로 충돌하는 사회정치적 두 집단에 대한 비정치적 무관심에서 나온 것이 아니라, 두 사회체제에 대한 신학적·정치적 비판에서 나온 것이다. 바르트의 '사회적 민주주의'의 구상은 자본주의와 전체주의적 사회주의를 넘어서는 제3의 길의 제안이었다. ②이 제3의 길이 무엇을 의미하는지를 바르트는 제2차 세계대전 직후의 독일 재건에 관한 논쟁의 맥락에서 암시적으로 설명해 보려고 했다. 그의 머리에 분명하게 떠오른 새 독일은 민주주의적이면서도 사회주의적인 독일, 서구의 사회체제와 동구의 사회체제의 긍정적인 요소들을 하나의 새로운 사회질서로 재편할 준비를 갖는 독일이어야 했다.319) 물론 바르트의 이 희망은 독일의 분단과 군사블록에의 가입과 더불어 공허해져 버렸다.

오늘날 동구의 전체주의적 사회주의국가는 붕괴되었지만, 북측은 여전히 주체사상으로 국가종교화 함으로써 더욱 견고한 전체주의 국가로 3대 세습을 이어가는 봉건성까지 노출된 '화해되지 못한 사회'의 갈등을 압축하고 있는 것이다.

---

318) Ulrich Dannemann, 『칼 바르트의 정치신학』, 222.
319) 같은 책, 223.

제4장

북측사회의 객관적 이해와 비판

제4장 북측사회의 객관적 이해와 비판

1. 북측사회의 객관적 이해의 필요성

　한반도의 평화통일을 위한 민족화해를 논할 때, 분열과 분단의 중층적인 원인을 찾아 서로 분단된 민족 자체의 진정한 화해가 없이는 통일은 불가능하다는 점은 앞서 지적한 바 있거니와, 갈등의 근본적인 뿌리를 찾아 진정한 민족화해를 도모하기 위해서는 이념적·사상적 차원의 접근이 근본적으로 필요하다.[320] 보다 직접적으로 한국기독교와 사회주의 정권과의 충돌과 대결, 오늘에 와서는 자유민주주의와 주체사상과의 대립과 갈등에서 한반도의 평화적 좌표를 읽어야 한다면, 무엇보다도 북측의 주체사상에 대한 이해가 전제되지 않으면 안 될 것이다. 불신과 증오의 원수관계를 극복하고 이해와 화해와 공존을 통한 '따로 또 같이' 민족 내부에 켜켜이 쌓아온 근본문제를 하나하나 드러내 해결하지 않고서는 민족화해나 평화통일은 어려울 것이다. 때문에 한반도의 갈등 정황의 한 축을 형성하고 있는 북측의 주체사상에 대한 객관적 이해가 필요하다 하겠다.
　북측의 주체사상을 이해해야 하는 이유는 북측 사회주의 사회의 지도사상이기 때문에 그것을 제대로 이해해야 북측사회를 바로 이해할 수 있을 것이기 때문이다. 분단 이후 북측의 현대사와 주체사상이란

---

[320] 박순경, 『통일신학의 고통과 승리』 (서울: 한울, 1992), 290.

관점에서 바라볼 때 비교적 명확하게 이해할 수 있을 것이다.[321] 그리고 북측사회를 이해하는 데 가로막는 요인이 있다면, 그것은 남측인 우리가 가지고 있는 편견과 적대감일 것이다. 해방과 분단의 동시적 진행은 남측에서 미군의 점령과 친일세력의 역사적 온존의 결과 반공체제의 수립으로 귀결되었고, 이어 6·25전쟁으로 인해 반공체제는 물질적, 사상적 토대를 확고히 하면서 완결되었다. 이 과정은 반공에 기초한 분단구조의 사회화와 그 완결과정인데, 이후 1960년대와 1970년대를 거치면서 자기재생산의 토대를 구축하며 남측사회를 압도적으로 규정했고, 남측사회에서 최소한의 변혁적 요구에도 예방과 탄압의 도구로 정당화되었다. 따라서 남측의 해방 이후사(史)는 반공에 기초한 분단구조와 민중의 변혁적 요구 간의 지속적 긴장의 관계였다.[322] 때문에 반공 구호 속에 60년 이상을 살아온 남측으로서는 공산주의의 본질을 이해하기도 전에 무조건적인 적대감정을 앞세워왔다. 남북화해와 평화통일을 지향하려면 무조건적인 적대감이 아니라 객관적 근거에 의한 비판과 수용이 전제되지 않으면 안 될 것이다.

　우리는 서로 원수로 삼아 용납할 수 없는 대결구도 속에 있어왔던 북측에 대해 형제로 받아들여 화해하기 위해 우선 북측사회를 이해하고자, 북측사회를 지배하며 주도하고 있는 주체사상에 대해 그들의 주장을 소개하려 한다. 북측의 입장과 남측의 상황을 객관화시켜 보려고 노력하면서, 갈등구도와 정황을 이념적 지평에서 대비시켜 보고자 한 것이다. 결국 한반도의 갈등정황은 양측 모두 '화해되지 못한 사회'로서 남과 북 상호간에도 극단적인 대립상황 속에서 갈등의 폭을 더해

---

[321] 나핵집, "왜 주체사상의 이해가 필요한가?", 『기독교에서 본 주체사상』 (서울: 민중사, 1993), 19.
[322] 정대화, "북한에서 말하는 주체사상", 『기독교에서 본 주체사상』 (서울: 민중사, 1993), 283~284.

가고 있음을 확인할 수 있을 것이다.

이에 본 장에서는 북측사회를 화해 당사자로 받아들이고 우호적으로 이해하려는 전향적 자세에도 불구하고 반드시 짚고 넘어가야 하는 북측사회의 결정적 특징이자, 뚜렷한 현상인 주체사상의 국가종교적 성격을 살펴봄으로써, 진정한 화해를 위한'진실의 토대'를 한 계단 놓아보고자 한다.

2. 북측 주체사상의 종교적 성격

북측의 주체사상이 조선로동당의 당 규약에서 당의 지도이념으로 공식화된 것은 1970년 제5차 당 대회 때의 일이었다. 그리고 1972년 12월에 새로 개정, 채택된 조선민주주의인민공화국사회주의헌법에서 주체사상이 북측사회 전반의 기조를 결정하는 일종의 통치구조요, 지배이념으로 확정된 것이다. 이것은 물론 김일성이 '주체'의 문제를 처음 언급했다는 1955년 이후 상당한 기간이 지난 후의 일이었다. 같은 해 12월 28일, 소위 '당 선전선동 일꾼들'을 앞에 놓고「사상사업에서 교조주의와 형식주의를 퇴치하고 주체를 확립할데 대하여」323)라는 제목의 연설을 통해 처음으로 '주체'가 하나의 주체적 주제로 등장했다. 오랜 기간을 거쳐서 앞서 말한 대로 1970년과 1972년의 공식규범화의 과정을 지나, 1980년대에 이르러서는 구체적으로 북측사회의 핵심이라고 할 수 있는 조선로동당의 "모든 당원들이 주체사상의 요구대로 사고하고 행동하도록 규정"324)하고 실천되고 있는 것이다.

---

323) 김일성, "사상사업에서 교조주의와 형식주의를 퇴치하고 주체를 확립할데 대하여",『김일성저작집』제9권(평양: 조선로동당출판사, 1980), 467, 474.

이런 점을 감안할 때 주체사상을 평가하는 데 있어서 명심해야 할 점은 무엇보다도 일종의 실천이론으로서의 주체사상과 그것의 태동과 성장발전을 가능케 한, 또는 필연화한 정치사회적 현실, 곧 사회 전반의 '삶의 자리'와의 상관관계를 객관적으로 분석·규명해야 한다는 사실이다. 말하자면 이론규명과 현실규명의 상관성을 잃지 말아야 한다는 점이다.325)

1) 종교화된 주체사상

주체사상이 사람의 운명문제를 철학의 근본문제로 제시하였고, 이에 대한 대답을 수령을 통한 사회정치적 생명의 '영생'으로 구했으며, 이런 '세계내적 구원'에 대한 갈망이 북측사회를 지배하고 있다고 볼 수 있다.326)

미국종교학회327)가 편찬한 『종교사전』(The Harpercollins Dictionary of Religion)은 국가종교에 대하여 "한 국가에서 법률에 의하여 유일한 (single) 종교로 확고히 서 있는(established) 종교"328)로 정의하고 있다. 2002년 1월30일자 국민일보 기사에 의하면, 세계종교의 신자 현황을 보여주는 미국의 인터넷사이트329)에서 2001년 8월을 기준으로 한

---

324) 1980년10월 조선로동당 제6차 당 대회에서 김일성의 당 중앙위원회 사업총화 보고를 통해 1980년대 사회주의 건설노선으로 "온 사회의 주체사상화"가 채택되었다. 이찬행, 『김정일』(서울: 백산서당, 2001), 487에서 참조.
325) 박종화, "주체사상과 기독교사상", 61.
326) 정대일, 「국가종교로서의 북한 주체사상 연구」(서울: 한국학대학원 박사학위논문, 2010), v.
327) 미국종교학회, The American Academy of Religion.
328) Jonathan Z. Smith(ed.), *The Harpercollins Dictionary of Religion*, (NY: HarpeCollins Publishers, 1995), 1025. 정대일, 「국가종교로서의 북한 주체사상 연구」, 1에서 재인용.
329) http://www.adherents.com 이 웹사이트는 세계 10대 종교를 구분하는 기준으로 '크기', 적어도 50만 명 이상의 신도를 보유할 것, '넓이', 적어도 한 개 이상의 국가 혹은 제한된 지

'최신 세계 주요종교 순위'라는 항목을 통해 북측의 주체사상이 1,900만 명의 신자를 보유한 세계 10위 종교라고 밝혔다고 한다. 이 사이트는 1997년 『주체(JUCHE)』 330)라는 책에서 주체사상이 유대교, 시크교, 자이나교, 조로아스터교보다 훨씬 많은 신자를 보유하고 있는 가장 새로운 세계종교라고 한다. 또한 '주체사상은 단순한 철학이지 종교가 아니라는 반론이 있긴 하지만 사회학적 관점에서 보면 주체사상은 분명히 종교'라고 단정하면서, "주체사상은 옛 소련 시대의 공산주의나 중국의 마오이즘보다 훨씬 뚜렷한 종교적 성향이 있으며 북측에서 유일하게 정부에 의해 공인된 종교"331)라고 강조하고 있다.

전체주의 국가의 정치종교332)는 다른 이데올로기나 정치운동, 전통적인 종교와의 공존을 허용하지 않으며, 폭력을 그 반대자를 무찌르는 정당한 도구이자 재생의 수단으로 삼는다고 한다. 또한 정치종교는 개인의 자립성을 부정하며, 공동체를 최고의 가치로 격상시키고, 특정한 정치의식과 계율에 대한 복종을 사회기구를 통해 강제한다고 한다. 전체주의에서 민족은 개인의 삶을 초월한 보다 높은 실재로 격상되며, 개인의 삶 역시 민족의 활력과 안위에 직접적으로 기여할 때에만 그

역을 넘어선 범위의 구성원들을 보유할 것, '독립성', 독립적이고 독특한 성격을 가질 것을 들고 있다. 이런 기준으로 "주체사상은 분명히 종교이다"고 밝히고 있다. 김동진, "미국과 북한, 미국과 이란의 갈등에서 나타난 기독교, 주체, 이슬람 비교", 『신학사상』 2010년 겨울호(서울: 한국신학연구소, 2010)에서 재인용.
330) Tomas J. Belke, *JUCHE : A Christian Study of North Korea's State Religion*, (OK; Living Sacrifice Books, 1999), 정대일, 「국가종교로서의 북한 주체사상 연구」에서 재인용.
331) http://www.adherents.com, 같은 글, 1에서 재인용.
332) 정대일은 에밀 뒤르케임의 『종교생활의 원초적 형태』, 장자크 루소의 『사회계약론』, 로버트 벨라의 「시민종교론」, 에릭 푀겔린의 「정치종교론」, 에밀리오 젠틸레의 「정치의 신성화」 등을 분석하면서, 근대화 현상으로서 '정치의 신성화'는 시민종교(civil religion)와 정치종교(political religion)라는 두 가지의 구체적인 형태를 띠고 나타났다는 것이다. 시민종교는 미국의 청교도주의와 계몽주의, 그리고 프랑스의 루소가 말한 '일반의지'를 신성화하여 표현한 '조국(patrie)'이었고 프랑스혁명 그 자체였다. 한편 정치종교는 이탈리아의 파시즘, 독일의 나치즘, 동구권의 볼셰비즘, 소련의 스탈린이즘 등을 그 사례로 들었다.

의미와 가치가 인정될 수 있다. 이 점에서 전체주의의 신화는 명백히 자유주의, 개인주의, 다원주의 등과는 양립할 수 없는 극단적 민족주의로 표현된다.333)

북측의 주체사상을 정치종교로 규정하기 위해서는 먼저 북측체제를 전체주의로 파악할 수 있는가 하는 질문이 선행돼야 하는데, 여기에 대해 많은 연구자들이 긍정적인 답변을 내놓고 있다. 장성장은 북측체제가 기본적으로 스탈린체제를 이상적인 모델로 삼아 수립되었기에 양자 간에는 유사한 점이 많다고 주장한다.334) 장달중은 북측 정치체제의 특징은 전체주의 체제의 성격이라고 파악한다.335) 맥코맥(G. McCdrmack)은 북측 국가체제의 성격을 분석하는 데 가장 유용한 모델은 전체주의 모델, 특히 고전적 전체주의론을 수정한 기든스(A. Giddens)의 신(新)전체주의 모델이라고 주장한다. 그는 스탈린 사후, 북측처럼 전체주의적 지배모델이 정확히 들어맞는 나라는 없다고 강조한다. 그에 의하면 북측사회만큼 철저하게 공식 교의의 주입으로 자발적인 성장공간을 빼앗아버린 곳은 없다는 것이다. 요컨대 북측은 철저한 감시와 테러, 그리고 국가의식을 통한 대중동원이라는 세 가지 요소가 혼합된 전형적인 전체주의 국가라는 것이다.336) 기든스는 전체주의 지배의 특징으로, 첫째 국민에 대한 정보를 수집하는 등 감시활동의 중시, 둘째 정치공동체로서 운명을 공유한다는 역사의식을 강조하는 도덕적 전체주의, 셋째 경찰력의 극대화를 통한 테러, 넷째 지도자

---

333) 김용우, 『호모 파시스투스』(서울: 책세상, 2005), 50. 같은 글, 5에서 재인용.
334) 장성장, "북한체제와 스탈린체제의 비교", 오일환 편, 『현대북한체제론』(서울: 을유문화사, 2000), 83~142에서 참조. 같은 글, 6에서 재인용.
335) 장달중, "김일성 체제와 주체비전: 이데올로기, 당, 그리고 군중노선을 중심으로", 『아세아연구』(1999), 236에서 참조. 같은 글, 6에서 재인용.
336) Gavan McCormack, *"Kim Country : Hard Times in North Korea"*, New Left Review, No.198, 1993, 46.

에 대한 개인숭배 등을 제시하며, 이 중에서도 지도자에 대한 개인숭배를 전체주의의 핵심으로 파악하고 있다.337) 이런 기든스의 전체주의 이해는 정치종교를 전체주의의 특성으로 간주하는 학자들의 그것과 정확히 일치하는 것이다. 신은희 역시 사회정치적 생명체론에 대한 분석을 통해 주체사상이 정치적 이데올로기 단계를 거쳐 현재는 북측의 공식 종교가 되었다고 주장하고 있다.338) 이들의 연구를 바탕으로 정대일은 북측의 주체사상이 역사적 담론의 변용을 거치면서 교리와 경험, 신화와 의례, 공동체와 윤리 등을 갖추고 정치종교로서의 기능을 담당하며, 그리고 궁극적으로 북측의 국가종교로서의 기능을 담당하고 있다고 말한다.339)

한국교회가 북측지역에서의 교회 회복을 바라보며 신학에게 요구하는 것은 영원한 복음을 북측의 세대를 위해 해석해주는 일이다. 모든 해석이 새로운 상황과의 만남을 전제로 하는 것이라면, 한국교회의 신학은 북측의 현실이라는 전혀 낯선 상황과 반드시 조우(遭遇)해야만 한다. 그렇지 않고서는 새로운 해석이 기대될 수 없기 때문이다.340) 뿐만 아니라 서로 증오하며 원수로 삼아 전쟁상태로 60년을 넘기기까지 극단의 대립상태를 종식하고, 서로를 인정하고 만나고 진정으로 화해하는 평화로운 통일의 길을 모색하자면, 북측의 현실을 '있는 그대로'의 객관적 이해가 전제되어야 할 것이다.

주체사상에 기초한 북측 사회주의를 종교화되었다고 말할 수 있다면, 한국교회의 신학이 기독교 메시지의 진리를 해석하여 전해야 할

---

337) A. Giddens, 진덕규 역, 『민족국가와 폭력』 (서울: 삼지원, 1991), 348~349.
338) Eun Hee Shin, "TheKim Country : Hard Times in North Korea", Robert E. Buswell(ed.), (Princeton University Press, 2007).
339) 정대일, 「국가종교로서의 북한 주체사상 연구」, 7.
340) 같은 글, 8.

상황인 북측사회를 분석할 때, 그것이 어떠한 구조와 성격을 지니고 있는지 철저히 분석되어야 할 것이다. 북측체제가 '종교화'되었다는 사실을 선언적으로 표명하는 것이 문제가 아니라, 한국교회가 메시지를 통해 예수 그리스도의 화해를 이루어야 할 '상황'에 대한 명석하고도 예리한 이해가 긴요(緊要)한 것이다.341) 한국교회가 새롭게 열리는 북측 사회주의라는 지평에 대해 깊이 천착(穿鑿)해 들어갈 때에만 한국교회의 메시지는 새롭게 해석되어 들려질 수 있을 것이며, 한국교회의 신학은 북측사회의 기반을 이루는 주체사상과 치열하게 대면해야만 할 것이다. 만일 한국교회의 신학이 북측사회의 이러한 지평과 조우하고 융합되지 못한다면 어떠한 실질적인 만남도 화해도 기대할 수 없을 것이며, 기독교 메시지의 진리도 나눌 수 없을 것이다.342)

2) 주체사상과 수령

주체사상의 근본문제

북측 사회주의 사회의 공식적이고 유일한 세계관은 주체사상이다. 주체사상은 두 가지 의미를 지닌다. 첫째로는 좁은 의미로, '위대한 수령 김일성 동지의 혁명사상의 주요 구성부분이며 그 진수를 이루는 사상'으로서 '주체의 철학적 원리와 사회력사원리, 혁명과 건설의 지도적 원칙을 구성부분으로 하고' 있으며, 둘째로는 넓은 의미로, '위대한 수령님의 혁명사상, 주체의 사상, 리론, 방법의 전반을 포괄한다'라고 말한다.343) 즉 좁은 의미의 주체사상은 주로 철학적 원리와 원칙

---

341) 같은 글, 9.
342) 민족 단위에서의 기독교 토착화에 대한 논의는 이상훈, "기독교의 역사적 전개와 민족", 『종교와 민족』 (서울: 한국정신문화연구원, 2001)을 참조. 정대일, 「국가종교로서의 북한 주체사상 연구」, 10에서 재인용.

2. 북측 주체사상의 종교적 성격

을 말한다면, 넓은 의미의 주체사상은 철학적인 사상과 함께, 그 사상에서 도출돼 나오는 여러 가지 사회이론들과 그러한 이론들을 현실화할 수 있는 구체적인 방법들까지도 포괄하는 개념이라고 할 수 있다.344) 북측이 주체사상을 그들의 유일한 세계관이라고 말할 때는 이런 넓은 의미의 주체사상을 말하는 것이다.

주체사상은 철학의 근본사명을 사람의 '운명'문제에 해답을 주는 것이라고 말하며, 주체사상 또한 이 문제에 답하는 것을 자신의 사명으로 하고 있다고 천명한다.

> 철학의 본래 사명은 사람의 운명문제에 해답을 주는 것이다. (…) 모든 철학이 다 사람의 운명문제를 철학의 중심문제로 전면에 제기한다거나 그에 정확한 해답을 준다는 것을 결코 의미하지 않는다. (…) 반동적 착취계급의 철학은 사람의 운명이 초자연적인 힘에 의하여 규제되며 사람은 주어진 운명에 순종할 수밖에 없다고 함으로써 근로인민대중으로 하여금 자기의 운명을 개척하기 위한 투쟁을 벌이지 못하게 하였다. 이와는 달리 진보적 계급의 철학은 사람의 운명개척에 이러저러하게 이바지하는 세계관을 내놓았다. 그러나 지난 시기의 철학은 진보적 철학의 경우에도 사람의 운명이 초자연적인 힘에 의하여 규정된다는 관념론적인 견해를 반대하고 객관적 세계의 운동변화법칙을 밝히는 한에서만 사람의 운명문제의 해명에 이바지할 수 있었다.
> 이와는 달리 세계에서 사람이 차지하는 지위와 역할문제를 근본문제로 삼고 그에 대한 올바른 해명으로부터 출발하는 철학은 세계가 사람에 의하여 지배되고 개조발전되는 합법칙성과 사람이 세계를 지배하고 개조하는 데서 의거하여야 할 관점과 입장을 해명함으로써 사람의 운명개척의 정확한 방도를 밝혀주는 세계관을 주게 된다. 그

---

343) 『조선대백과사전 19』 (평양: 백과사전출판사, 2000), 342.
344) 정대일, 「국가종교로서의 북한 주체사상 연구」, 40.

러므로 세계에서 사람이 차지하는 지위와 역할문제는 사람의 운명문제에 해답을 주어야 할 철학의 사명에 맞는 근본문제로 된다.345)

여기서 주체사상이 관념론과 유물론을 뛰어넘어 운명문제를 제기했을 뿐만 아니라, 그에 대한 해답을 제시하고 있음을 밝히고 있다. 운명이란 '사람의 처지나 전도와 같은 사람의 존재와 발전과 관련되는 근본문제들을 집약화하여 표현하는 개념'인데, 이런 운명문제야말로 사람에게서 가장 중요한 문제라는 것이며, 이 문제에 대해 기존의 철학과 종교에서 여러 가지 대답을 내놓았지만, 오직 주체사상만이 참다운 해답을 제시했다는 것이다.346) 주체사상은 사회적 존재인 사람의 속성을 자주성, 창조성, 의식성이라고 규정한 뒤에 이 중에서도 세계와 자기운명의 주인으로서 자주적으로 살며 발전하려는 사회적 사람의 속성인 자주성이 바로 사람의 사회정치적 '생명'을 이룬다고 말한다. 즉 운명과 생명의 관계에 있어 운명의 주인으로 살려고 하는 것이 바로 사람의 생명이라는 것이다. 또한 주체사상은 사회정치적 생명이 단순히 가장 귀중한 생명이라는 데서 논의를 그치지 않고, 사회정치적 생명이 육체적 생명과는 달리 유한하지 않고 무한하며 '영생'한다고까지 주장하고 있다.347) 이 사회정치적 생명은 선천적으로 개인에게 주어지는 것이 아니라, 개인이 수령—당—대중의 통일체인 사회정치적 생명체의 한 성원이 돼 당의 영도를 받으며 당을 통해 수령과 혈연적 연계를 가질 때 비로소 지니게 되는 생명이라 설명한다.348)

이처럼 주체사상은 사람의 운명문제를 해결하기 위해서 출발했으며,

---

345) 리성준, 『위대한 주체사상 총서 1』 (평양: 사회과학출판사, 1985), 103.
346) 정대일, 「국가종교로서의 북한 주체사상 연구」, 41.
347) 리성준, 『위대한 주체사상 총서 1』, 193~194.
348) 조성발, 『주체의 인간론』 (평양: 과학백과사전종합출판사, 1988), 53.

그 해답을 수령을 통한 영생에서 얻었다는 것이다. 이제까지 기존의 종교가 해명하고자 한 '운명' '생명' 등의 문제를 직접적으로, 그리고 전면적으로 제시하고 신격화된 존재인 수령349)을 통한 영생이라는 새로운 대답을 시도했다는 점이 바로 세속적 세계관으로서의 주체사상의 가장 큰 특징이라고 할 수 있다. 그런데 북측의 주체사상은 이런 문제를 해명함에 있어, 현대의 대표적인 세속적 세계관인 마르크스주의와 인본주의, 그리고 민족주의의 요소들을 복합적으로 받아들이고 있으며, 이런 요소들을 특유의 수령관을 통해 독특하게 융합시키고 있다.350)

주체사상의 민족주의와 수령의 관계

주체사상은 사람의 가치를 최상으로 여길 뿐만 아니라, 사람을 가치 자체의 근원과 기준으로 간주한다. 세계의 모든 사물은 오직 사람을 위해 복무하는 한에서만 가치를 가지게 된다는 것이다. 가치를 평가하는 주체는 바로 사람이며, 가치평가의 기준도 다름 아닌 사람의 이익이라는 것이며, 무엇보다도 세계의 모든 물질적·문화적 가치의 창조자가 바로 사람이라는 것이다. 따라서 사람은 가장 높은 가치의 체현자(體現者)가 되며 가장 귀중한 존재로 되고, 가치평가의 최고 기준으로 된다는 것이다.351) 이처럼 사람을 전면에 내세우고, 세계와 자기운명

---

349) 윤기덕, 『수령형상문학』 (평양: 문예출판사, 1991) 168. 참조 : "혁명적 수령관을 세우는데 서 중요한 것은 수령의 위대성에 대한 인식과 체득이다. 친애하는 지도자 김정일 동지께서 는 인식은 세계관형성의 기초이며 위대성을 알아야 절대성이 나오고 신격화가 나온다고 가르쳐 주시였다." 정대일, 「국가종교로서의 북한 주체사상 연구」, 42에서 재인용.

350) 황장엽은 자신이 주체사상을 구상하던 1969년 당시, "마르크스의 계급투쟁 및 프롤레타리아독재 이론과 결별하고 인간과 인류에 충실한 인본주의자로 전환"하였으며, "개인의 생명은 유한하지만 인류의 생명은 무한하다는데 착안하여, 개인의 생명과 사회적 집단의 생명의 상호관계에 관한 견해를 정립해서, 인본주의의 자주적 지위와 창조적 역할을 기초로 종래의 유물론과 변증법을 전면적으로 개작"했다고 한다. 황장엽, 『황장엽 회고록: 나는 역사의 진리를 보았다』 (서울: 한울, 1999), 156~157. 정대일, 「국가종교로서의 북한 주체사상 연구」, 43에서 재인용.

의 주인으로, 모든 것을 결정하는 힘 있는 존재로, 모든 가치의 창조자이자 체현자로 설명한다는 점에서 주체사상은 인본주의적 성격을 다분히 띠고 있다고 볼 수 있다.

그런데 주체사상이 인본주의와 다른 점은 '사람'을 인간 일반으로 보지 않고, '근로인민대중'으로 본다는 것이다. 주체사상은 이제까지의 인본주의가 인간을 개별적 존재로만 강조하고, 또한 인간 일반을 강조하는 듯하나 사실상 부르주아계급에 복무해왔다고 평가하면서, 사람의 집단적 성격과 계급적 입장을 명확히 하고 있다. 주체사상이 말하는 사람은 항상 사회적 존재로서의 집단적 의미를 내포하고 있다. 따라서 사람이 세계와 자기운명의 주인이라고 할 때의 이 '사람'은 개별적인 인간을 말하는 것이 아니라 사회적 존재로서의 인간, 집단의 일원으로서의 인간을 말하는 것이다. 주체사상은 사회적 존재로서의 사람이 자기의 운명을 개척해 나가기 위해 결합한 사회적 집단을 '사회정치적 생명체'라고 말한다. 그리고 이 사회정치적 생명체는 단순히 개인들의 연합이 아니라,'수령과 당과 대중의 통일체'라고 설명한다.352) 결국 인민대중은 당을 통하여 수령의 영도를 받을 때에만 비로소 자기운명의 주인이 될 수 있으며, 영생하는 사회정치적 생명을 부여받을 수 있다는 것이다. 이러한 사회정치적 생명체는 역사 속에서 구체적으로 '나라와 민족'의 모습으로 나타난다고 주체사상은 말한다. 나라와 민족이 사람의 존재와 발전을 위한 터전으로, 생활단위로 되기에 사람의 운명과 나라와 민족의 운명은 서로 뗄 수 없이 연관되

---

351) 리성준,『위대한 주체사상 총서 1』, 289. "가치의 담당자는 어디까지나 객관적으로 존재하는 사물현상이지만 가치를 평가하는 것은 사람이다. 사물현상의 가치는 사람이 그와 관계를 맺을 때 비로소 문제시되고 평가된다. 세계의 사물현상이 그 자체로 존재하는 한에 있어서는 아무런 가치를 가지지 않으며 사람과의 관계가 맺어져야 가치평가의 대상으로 된다." 정대일,「국가종교로서의 북한 주체사상 연구」, 45에서 재인용.
352) 조성발,『주체의 인간론』, 289.

어 있다는 것이다.

　주체사상은 나라를 일정한 민족적 집단이 국경을 가지고 살아가는 지역적 단위로 설명하면서 그 민족에게는 조국이 된다고 한다. 조국은 어머니와 같아서 누구나 조국이라는 모반(母班)에서 핏줄을 이어받으며 언어, 풍습, 생활감정 등 민족적인 모든 것을 받아 안게 되며, 조국은 사람들이 영생하는 사회정치적 생명을 유지하기 위한 근본조건이 된다고 말한다.353) 같은 맥락에서 민족 역시 핏줄과 언어와 지역의 공통성을 말하면서, 이런 민족은 자주성을 그 생명으로 하는 바, 그것은 민족을 이루는 사람들이 자주성을 요구하기 때문이며, 사람의 생명은 민족의 생명과 함께 유지되고 운명도 함께 개척된다는 것이다.354) 주체사상이 말하는 조국과 민족은 계급적 성격을 전제로 하고 있는 것이다. 즉 진정한 조국이란 노동계급의 정치적 주권이 보장된 사회주의 조국이며, 참다운 민족주의는 부르주아계급에 복무하는 부르주아 민족주의가 아니라 사회주의 제도를 전제로 한 사회주의적 애국주의라는 것이다.355) 또한 주체사상의 설명에 의하면, 노동계급이 주권을 전취하고 사회주의 조국을 만들 수 있었던 것은 바로 수령의 탁월한 영도로 인한 것이었기에 조국은 곧 수령이고, 수령은 곧 조국이라는 것이다.356)

---

353) 정대일, 「국가종교로서의 북한 주체사상 연구」, 46.
354) 박일범, 『위대한 주체사상 총서 2』(평양: 사회과학출판사, 1985), 74. 참조 : "자주성이 민족의 생명으로, 본질적 속성으로 되는 것은 무엇보다 먼저 그것이 민족의 존재와 발전의 근본요구이기 때문이다. 자주성이 없으면 민족은 독자적인 사회적 집단으로서의 권리와 존엄을 가지고 존재하고 발전할 수 없다. (…) 민족이 자주성을 잃으면 그 민족에 속한 사람은 노예의 운명에 처하게 되며 자주성을 잃게 된다. 이로부터 사람들은 자기의 자주성을 위하여 민족의 자주성을 가장 귀중한 생명으로 여기고 그것을 옹호하게 되며 그 결과 민족은 처음부터 자주성을 본성적으로 요구하게 된다." 정대일, 「국가종교로서의 북한 주체사상 연구」, 47에서 재인용.
355) 정대일, 「국가종교로서의 북한 주체사상 연구」, 48.
356) 김창하, 『참된 삶의 길』(평양: 사회과학출판사, 1989), 282.

주체사상은 사상적 기초인 마르크스주의를 전제로서 계승하고 있음에도 불구하고, 인간의 운명문제 해명이라는 독자적인 철학의 사명과 사람과 세계의 관계문제라는 새로운 철학의 근본문제를 제시했다. 주체사상은 마르크스주의의 한계에 대해 사람을 철학의 근본문제로 전면에 제시하지 못했다는 점과 민족에 대한 해명을 올바로 할 수 없었다는 점을 들고 있다.357) 즉 인본주의적 요소와 민족주의적 요소로 마르크스주의를 비판하며 자신을 이 시대 가장 탁월한 마르크스주의라고 주장하고 있는 것이다.

한편, 주체사상은 사람의 문제를 전면에 제기하고 사람을 세계와 자기운명의 주인으로, 모든 것을 결정하는 힘 있는 존재로, 모든 가치의 창조자이자 체현자로 설명한다는 점에서 인본주의의 계보를 잇고 있다. 그러나 주체사상은 마르크스주의라는 무기를 이용하여 기존의 모든 인본주의는 부르주아계급에 복무하는 관념론에 불과하다고 비판하며, 오직 자신만이 사람의 존엄과 가치를 최상에서 보장해 줄 수 있다고 주장한다.358) 이렇게 민족의 가치를 절대화하면서 민족의 자긍심을 고취시키며 주체사상적 민족주의만이 참다운 민족주의임을 천명한다.359) 결국 주체사상에는 사회주의와 인본주의 그리고 민족주의의 제 요소들이 서로 비판, 절충, 보완하면서 융합되어 있는 것이다. 그리고 이런 융합을 가능하게 한 매개체가 바로 수령이다. 주체사상의 수령론에 의하면, 기존의 마르크스주의를 혁신적으로 계승하여 사람의 운명문제를 해명하는 사람중심의 새로운 사상을 창시한 존재도 수령이요, 사람의 존엄과 가치를 최상에서 보장해주고 사람에게 영생하는 사회정치적 생명을 부여해주는 인간 사랑의 최고 화신도 수령이며, 민족운명

---

357) 정대일, 「국가종교로서의 북한 주체사상 연구」, 49.
358) 김순우, "주체의 민족이론 비판", 『주체사상비판 2』 (서울: 벼리, 1989), 57~89에서 참조.
359) 정대일, 「국가종교로서의 북한 주체사상 연구」, 50.

의 구원자이자 민족통합의 구심이며 민족의 시조가 된 이도 바로 수령이라는 것이다.360) 따라서 주체사상은 수령을 매개로 하고 민족을 단위로 하는 집단주의적 영생을 추구하는 것을 그 본질적 내용으로 하고 있는 세계관이라고 할 수 있을 것이다.

유일사상체계의 확립

북측은 주체사상을 '김일성주의'로 호칭함으로써 주체사상을 마르크스-레닌주의에서 파생된 실천 이데올로기가 아니라, 그것과 대등한 순수 이데올로기임을 과시하고 그 결과 김일성을 마르크스나 레닌과 동일한 반열로 격상시켜 숭배의 대상으로 삼고자 했다.361) 수령숭배의 전제조건은 수령을 절대화·유일화·신격화하는 것이며, 이런 작업들은 '유일사상체계 확립'이라는 기치 아래 이루어졌다. 수령을 우상화하는 일에 앞장 선 것은 김정일이며, 김정일은 수령을 우상화하기 위해 1968년에 조직한 '4·15문학창작단'과의 대화에서 수령의 위대성을 잘 형상할 것을 당부하며 "위대성을 알아야 절대성이 나오고 신격화가 나온다"362)고 가르쳐주었다고 한다. '김일성주의'라는 말이 처음으로 등장한 것은 1974년 김정일의 이른바 '2월19일 선언'에 의한 것이다.

---

360) 김정일, "위대한 수령님을 모시고 수령님의 위업을 끝까지 완성하자"(1994.10.16.), 『김정일선집』 13권(평양: 조선로동당출판사, 1998), 427~428. "우리 민족의 건국시조는 단군이지만 사회주의조선의 시조는 위대한 수령 김일성동지이십니다. (…) 지금 해외동포들은 조선민족을 김일성민족이라고 하고 있습니다."
361) 여기서 '순수 이데올로기'와 '실천 이데올로기'의 개념은 셔만(Franz Schurman)이 중국공산당의 이데올로기 구조를 설명하기 위해 사용한 것으로서, '순수 이데올로기(pure ideology)'는 조직 혹은 개인에게 일관되고 의식적인 세계관을 제공하는 사고체계로 정의되며, '실천 이데올로기(practical ideology)'는 조직 혹은 개인에게 행동의 합리적 도구를 제공하는 사고체계로 규정된다: 장성장, "주체사상 연구의 쟁점", 현대북한연구회 편, 『현대북한연구의 쟁점 I』(서울: 한울아카데미, 2005), 40. 정대일, 「국가종교로서의 북한 주체사상 연구」, 58에서 재인용.
362) 윤기덕, 『수령형상문학』, 168.

이 선언에서 김정일은 주체사상을 김일성주의로 정식화한다.363) 이는 김일성이 수령으로서 당을 완전히 장악했음을 의미하는 것이다. 김정일은 주체사상이라는 일련의 신념체계를 수령의 이름과 결부시킨 김일성주의로 절대화시켜 그것으로 온 사회를 일색화, 유일화하려는 구상에 착수했던 것이다.364)

황장엽은 북측사회에서 수령숭배가 형성된 결정적 계기를 '5·25교시'에서 찾고 있다. 5·25교시는 1967년 김일성대학 창립 20주년을 기념해 당시 김일성대학 총장이었던 황장엽이 「사회발전의 동력」이라는 논문을 발표하면서 파생된 논쟁에서 출발했다. 황장엽은 이 논문에서 과도기와 프롤레타리아독재 문제, 인텔리 역할론을 언급했는데, 권력실세였던 김일성의 동생 김영주는 당시 계급투쟁과 프롤레타리아독재는 계속되어야 한다는 중국의 입장을 지지하고 있었고, 이에 황장엽은 인텔리 역할론에서 김영주의 입장이 김일성의 독재기반을 약화시킬 수 있다고 보았다. 당시 김영주를 견제해야 하는 입장에 있었던 김정일이 황장엽을 지지하고 나서면서 이론투쟁으로 격화되었고, 1967년 5월25일 김일성이 직접 나서서 당 사상사업부문 일꾼들 앞에서 한 「자본주의로부터 사회주의에로의 과도기와 프롤레타리아독재 문제에 대하여」라는 연설에서 양쪽을 우경 기회주의와 좌경 기회주의로 모두 비판하고 주체노선의 관점에서 문제를 올바르게 풀어가야 한다는 결론을 내리는데 이것이 바로 5·25교시였다.365) 5·25교시에서 우선 김일성은

---

363) 김정일, "온 사회를 김일성주의화하기 위한 당 사상사업의 당면한 몇 가지 과업에 대하여"(1974.2.19.), 『김정일선집』 4권(평양: 조선로동당출판사, 1993), 15에서 참조. "김일성주의는 한마디로 말하여 주체의 사상, 리론 및 방법의 체계입니다. 다시말하여 주체사상과 그의 의하여 밝혀진 혁명과 건설에 관한 리론과 방법의 전일적인 체계입니다."
364) 탁진·김강일·박홍제, 『김정일 지도자』 2권 (평양: 평양출판사, 1994), 23. 정대일, 「국가종교로서의 북한 주체사상 연구」, 59에서 재인용.
365) 황장엽, 『황장엽 회고록: 나는 역사의 진리를 보았다』, 148~149.

"최근 당대표자회문헌을 연구하는 과정에서 일부 학자들과 사상사업을 담당한 일꾼들 속에서 과도기와 프롤레타리아독재 문제에 대하여 구구한 의견들이 나왔습니다. 특히 이러한 문제들을 취급한 론문이 나오자 더욱 의견들이 분분하여졌습니다. 그래서 나는 이 문제와 관련한 자료들도 연구하고 또 학자들과 의견도 교환하여보고 간단한 결론을 주었는데, 들은 동무들이 제각기 자기류로 해석해서 전달하다보니 많은 점들이 외곡되게 되었습니다. 론의되고 있는 문제가 당대표자회문헌과 관련된 매우 중요한 문제인 것만큼 결코 이것을 소홀히 할 수 없기 때문에"366) 이 교시를 내리게 되었다고 밝히고 있다. 여기서 말하는 문제의 '론문'이 바로 황장엽의 「사회발전의 동력」인 것이다. 5·25교시의 속뜻은 인텔리들을 당의 조직생활 속으로 묶어세워서 사상을 검열하고 당과 다른 소리를 하지 못하도록 단속을 하겠다는 것이 '인텔리 혁명화'의 내용이며, 이는 바로 북측사회 전체를 주체사상으로의 유일화·일원화를 도모하기 위한 사전 정지작업이었다는 사실을 알 수 있다.367) 이런 의미에서 김일성의 5·25교시는 북측의 정치종교로서 주체사상이 대두하게 되는 토양이자 밑거름이 되었다고 말할 수 있다.

김일성주의

그 이후 북측의 인텔리들은 엄청난 고초를 겪어야 했다. 계급투쟁과 프롤레타리아독재의 강화, 수령우상화의 심화, 인텔리 혁명화의 파도가 휘몰아치면서 북측사회 전반은 극좌적인 분위기로 기울었으며, 김정일

---

366) 김일성, "자본주의로부터 사회주의에로의 과도기와 프롤레타리아독재 문제에 대하여", 『김일성선집』 38권 (평양: 조선로동당출판사, 2001), 445. 정대일, 「국가종교로서의 북한 주체사상 연구」, 60에서 재인용.
367) 정대일, 「국가종교로서의 북한 주체사상 연구」, 63.

의 유일사상체계 확립에 따라 북측 주민들은 개인이 소장하고 있던 서적들을 불태우거나 도서관에 기증하도록 강요받게 된다. 이런 '도서정리사업'은 비단 철학·역사서적 뿐만 아니라 문학·음악·미술에 이르기까지 광범위하게 진행돼 각종 서적이 파괴되었으며, 북측의 교과서에 이순신 을지문덕 세종대왕 등이 사라지게 된 것도 이 무렵이었다. 역사도 수령의 신화를 중심으로 재편된 것이다. '북한판 문화혁명'으로 불리는 5·25교시의 여파로 외국음악은 물론 소련음악까지 금지되었고 고전악보는 모두 불태워졌다. 미술관의 각종 석고상도 파괴되었고 서양화도 모두 찢겨지고 서양화를 그리던 화가들은 지방으로 추방되어 농사꾼이 되어야 했다. 마르크스 관련 서적도 이 무렵부터 개인소장은 금지되고 도서관에서만 열람이 가능하게 되었는데 열람을 원하는 학자들은 왜 마르크스를 공부하려 하는지에 대한 사유서를 쓰고서야 책을 빌려볼 수 있었다.368) 마르크스의 변증법적 유물론과 역사적 유물론이 이 무렵에 북측사회에서 사라졌고 김일성의 유일사상체계만 남게 되었다.

북측 당국은 수령의 사상을 유일사상으로 내세우면서, 당을 창건한 사람이 수령이고 수령의 사상으로 사고하고 수령의 유일한 영도를 보장해야 당이 승리할 수 있다는 것이다. 또 당과 노동계급과 인민대중의 운명이 전적으로 수령의 영도에 달려 있으며, 그렇기 때문에 수령은 최고의 영도적 지위에 있다고 설명하고 있다.369) 그리고 사회정치적 생명은 성장해야 하고, 그 양식이 수령의 사상이기에 생명의 양식인 수령의 사상에 대한 체계를 바로 세워야만 사람들이 사회정치적 생명을 부여받을 수 있다는 것이다.

---

368) 이성로, 『북한의 사회불평등 구조』 (서울: 도서출판 해냄, 2008), 109~110.
369) 정대일, 「국가종교로서의 북한 주체사상 연구」, 64.

당의 유일사상체계 확립은 당 정책교양과 혁명전통교양이 기본이라고 하면서 수령의 정책을 무조건 받아들일 것을 요구하고 있다. 혁명전통교양은 수령의 신화를 말해주고, 당 정책교양은 수령이 하고자 하는 바를 말하는 것이다. 즉 수령의 신화를 받아들이고, 수령의 요구를 절대적으로 관철하는 것이 유일사상체계 확립의 본질이라는 것이다.[370] 수령이 절대적인 존재로 제도화되는 길을 걷게 되면서 주체사상은 수령의 사상, 즉 '김일성주의'명되는데 이런 과정에서 생성된 수령관을 단적으로 드러내 보여주는 것이 바로「당의 유일사상체계 확립의 10대원칙」의 확립이다.[371] 여기서 정치적 생명이 육체적 생명보다 귀중하며, 정치적 생명은 수령이 부여한 것이고 거기에 대해 충성으로 보답해야 한다는 등의 원칙이 언급되어 있는 바, 사회정치적 생명체론의 초보적인 규정들이 나타나 있다. 북측의 문헌에 의하면, 이런 원칙들이 단순히 한 번 반포되는 것으로 끝난 것이 아니라, 1974년 말부터 1976년 사이에 전반적인 당 조직들에서 새 원칙을 재접수, 재토의하는 사업이 높은 정치사상적 수준에서 이루어졌다고 한다.[372]

3) 도그마화 된 주체사상

영생하는 정치적 생명

영생(永生)이야말로 수령을 거룩한 존재로 숭배하는 주체사상에서 가장 종교적인 경험을 극적으로 드러내주는 종교적 개념이라고 볼 수

---

370) 같은 글, 65.
371) 김정일, "전당과 온 사회에 유일사상체계를 더욱 튼튼히 세우자"(1974.4.14.),『주체혁명위업의 완성을 위하여』3권 (평양: 조선로동당출판사, 1987), 91~124에서 참조.
372)『조선로동당력사』(평양: 조선로동당출판사, 1991), 478. 정대일,「국가종교로서의 북한 주체사상 연구」, 67에서 재인용.

있다. 물론 주체사상은 내세를 부정하기 때문에 주체사상의 영생이 세계-초월적(ultramundane) 영생은 아니지만, 세계-내재적(intramundane) 영생을 주장한다는 점에서 세속종교에서는 가장 깊은 차원의 종교적 경험을 보여줄 수 있는 개념인 것이다.373) 김일성주의가 제창되고 온 사회의 김일성주의화와 당의 유일사상체계 확립이 한창이던 1975년에 수령이 부여하는 정치적 생명의 영생을 주장하는 문건이 출간되었다. 이 문건은 "위대한 수령 김일성 동지께서 안겨주신 정치적 생명은 사람들에게 가장 값있고 보람 있는 삶을 주는 생명이다. 정치적 생명은 자주성을 생명으로 하는 사회적 존재인 사람들이 사회정치적 활동, 혁명투쟁에서 가지게 되는 생명이다"374)라고 말한다. 정치적 생명의 부여자는 수령이라는 것이다. 그리고 정치적 생명에 대해서 다음과 같이 설명하고 있다.

> (…) 수령님의 참된 혁명전사로서의 정치적 생명을 지닌다는 것은 구체적으로 말하여 무엇을 의미하는가. 그것은 첫째로, 위대한 수령님의 혁명사상, 영생불멸의 주체사상의 신봉자로 된다는 것을 말한다. (…) 둘째로, 수령님께서 창건하시고 이끄시는 혁명조직의 성원으로서의 영예를 지닌다는 것을 의미한다. (…) 셋째로, 위대한 수령 김일성동지께서 이끄시는 성스러운 혁명위업수행에 참가하는 영예를

---

373) 에릭 푀겔린(Eric Voegelin)은 종교를 말할 때 제도로서의 교회를, 정치를 말할 때 국가를 생각하게 되는데, 정치종교를 적절히 이해하기 위해서는 종교성의 개념을 넓혀야 한다면서, 그는 종교를 '세계-초월적 종교'와 '세계-내재적 종교'로 구분하고 후자는 심지어 종교에 적대적이고 무신론적일지라도 기존의 종교와 구별되는 그 무엇을 거룩한 것으로 숭배하는 그들의 행위 밑바닥에 종교적인 경험이 놓여있다면, 그것이 어떤 운동이든지 간에 그 모든 것을 포괄할 수 있어야 한다고 말한다. Eric Voegelin, *Die Politischen Religionen* (Stockholm: Bermann-Fischer, 1939), 31. 정대일,「국가종교로서의 북한 주체사상 연구」, 81에서 재인용.
374) 『위대한 수령 김일성동지께서 안겨주신 정치적 생명을 귀중히 간직하고 빛내여가는 것은 우리 인민의 최대의 영예이며 의무이다』(평양: 조선로동당출판사, 1975), 5. 정대일,「국가종교로서의 북한 주체사상 연구」, 82에서 재인용.

지닌다는 것을 의미한다. (…) 넷째로, 온갖 착취와 압박에서 해방되고 나라의 주인, 혁명정권의 주인으로서의 참다운 정치적 권리와 자유를 마음껏 누린다는 것을 의미한다. 이상에서 본 바와 같이 수령님의 혁명전사로서의 정치적 생명을 간직한다는 것은 수령님의 혁명사상, 영생불멸의 주체사상의 신봉자로 되며 수령님께서 창건하시고 이끄시는 혁명조직의 성원으로서의 영예를 지니며 수령님께서 이끄시는 혁명투쟁에 몸바쳐 나서며 나라의 주인으로서의 참다운 정치적 권리와 자유를 누릴수 있는 영예를 지닌다는 것을 말한다.375)

수령으로부터 정치적 생명을 부여받는다는 것은 수령의 사상을 믿고 수령이 이끄는 조직의 구성원이 되어 맡은 바 임무에 충실한 것을 의미하는 것이다. 그러면서 정치적 생명과 육체적 생명을 구분하고 어느 것을 택해야 하는지 제시하고 있다. 육체적 생명을 더 귀하게 여기는 것은 '부르주아 인생관'에 빠진 증거가 된 것이고, 이는 북측사회에서 가장 모욕적이면서도 극심한 형벌을 감수해야 하는 중범죄인 것이다. 그리고 육체적 생명은 유한하지만, 정치적 생명은 대를 이어 계승할 수 있는 '영원한 생명'이라고 한다. 말하자면 사회 속에서 후대로 계승되는 것이고, 그 사회가 영원히 존속하는 것이기에 정치적 생명도 영원히 영생할 수 있다는 것이다.376) 이는 전형적인 내재적 초월의 논리라고 하겠다.

정치적 생명의 영생논리의 등장은 '혁명투쟁에서의 세대교체'가 바로 그 배경이었다. 이 문건이 출간된 1975년은 후계수령에로의 권력 승계가 막 선포된 시점이었다. 수령의 권력이 대를 이어야 하는 이유가 밝혀져야 하는 시점에서, 혁명의 대를 계속 이어가야만 수령으로부터 부여받은 정치적 생명이 계속 대를 이어 영생할 수 있다는 대답을

---

375) 같은 책, 5~8.
376) 정대일, 「국가종교로서의 북한 주체사상 연구」, 83.

제시한 것이다. 결국 주체사상이 말하는 정치적 생명은 다른 말로 바꾸어 북측사회의 생명이 되는 것이다. 사회구성원들이 지속적으로 사회 결속의 전제가 되는 일정한 종교를 유지하며, 사회의 하부단위를 이루는 공동체의 일원이 되어 열심히 노력하고 자신의 임무를 담당함으로써만 사회는 존속될 수 있는 것이기 때문이다. 주체사상이 말하는 정치적 생명의 영생은 북측사회의 영생에 대한 기대와 열망이 투사된 결과물이라고 볼 수 있을 것이다.377)

태양상(太陽相)과 영생탑

김일성은 1993년 10월 20일 단군릉 개건 관계부문 일꾼협의회에서 연설한 「단군릉 개건 방향에 대하여」378)에서 민족의 실체를 확증하고 영생의 기본단위인 민족을 반석 위에 올려놓음으로써 수령으로부터 부여되는 영생을 확고히 보장하려고 했다. 그의 사후에도 김정일의 이른바 '유훈관철사업'의 일환으로 계속되었다. 이에 북측의 학자들은 집단적으로 단군에 대해 연구하고 그 결과물들을 발표하기 시작했다. 북측 학자들의 단군 이해를 분류해 보면, ①단군은 신화상의 인물이 아니라 역사상의 실재한 인물이라는 것,379) ②단군은 고조선이라는 한 국가의 건국시조일 뿐 아니라 민족의 원시조(元始祖)라는 것,380) ③단

---

377) 같은 글, 85.
378) 김일성, "단군릉개건방향에 대하여", 『김일성저작집』 44권 (평양: 조선로동당출판사, 1996), 262~264에서 참조.
379) 전영률, "위대한 수령 김일성동지께서 단군 및 고조선과 관련하여 하신 교시는 력사연구에서 새로운 전환의 계기를 열어놓은 강령적 지침", 『단군과 고조선에 관한 연구론문집』 (평양: 사회과학출판사, 1994), 15.
380) 손영종, "조선민족은 단군을 원시조로 하는 단일민족", 『단군과 고조선에 관한 연구론문집』 (평양: 사회과학출판사, 1994), 118. "(…) 력사적으로 보아도 수많은 민족들이 흥망성쇠를 거듭하였다. 그러나 우리 조선민족처럼 그렇게도 이른 시기부터 하나의 단일민족을 이루고 자기의 혈연적 단일성을 고수하면서 줄기차게 발전해온 민족은 없다." 정대일, 「국가종교로서의 북한 주체사상 연구」, 91에서 재인용.

군이 일으킨 나라인 고조선의 발상지·중심지·수도는 모두 요녕지방이 아니라 평양이고 따라서 단군이 민족문화를 진작시켰던 민족의 성지는 평양이라는 것 등이다.

특히 허종호는 단군이 민족의 원시조이기에 평양은 민족의 성지가 된다고 말한다. 그는 민족사적 정통과 정권의 정통을 구분하면서 "우리 공화국 정권이 계승하고 있는 것은 우리 당의 빛나는 혁명전통이며, 고조선—고구려—고려로 이어지는 것은 민족사적 정통"381)이라고 한다. 즉 평양의 성지화(聖地化)는 정권의 정통성을 내세우기 위한 것이 아니라, 민족사적 정통의 복원이라는 것이다. 민족의 통합에 있어 평양은 단지 한쪽 정부의 수도이자 그 정권의 상징적 공간에 불과한 것이 아니라, 전 민족의 통합의 구심점이 될 수 있는 역사적·민족적 정통성을 가지고 있음을 내세우고 있는 것이라 볼 수 있다.

특히 단군을 시조로 하는 우리 민족의 신앙은 밝음을 숭배하는 '밝음 신앙'이라는 것이다. 그 신앙의 특징적 측면은, ①주되는 상징이 태양과 빛발이었다는 것, ②주되는 신격 대상들이 밝음신(神)들(해신, 달신 등)이었다는 것, ③밝음신앙의식이 성대히 진행되었다는 것 등이다.382) 어쨌든 단군조선의 신앙에 대한 탐구에서 나온 결론은 김일성 주석의 이미지인 태양, 한별 등과 정확히 맞닿아 있음을 알 수 있다. 이런 '이미지 겹치기'는 이미 의도했던 결과라고 보는 것이 맞을 것이다. 고조선의 신앙 상징이라고 말해지는 '태양'과 '빛발'은 사실은 수령으로서의 김일성의 고유한 상징인 바, 그의 사후에 영생의 표징(表徵)으로 채택된 그의 초상화 이름이 바로 「태양상」383)

---

381) 정대일, 「국가종교로서의 북한 주체사상 연구」, 92.
382) 리철, "미술유물들을 통하여 본 고조선사람들의 '밝음'에 대한 숭배", 이형구 편, 『단군과 고조선』(서울: 살림터, 1999), 489~500에서 참조. 정대일, 「국가종교로서의 북한 주체사상 연구」, 92에서 재인용.

이며, 그는 살아생전 '민족의 태양'으로 불렸고「금수산기념궁전」384)의 또 다른 이름이 '태양의 집'인 것이다. 이리하여 북측에서는 영생의 부여자인 수령이 민족 원시조의 정통을 이으면서 사회주의조선을 건국한 건국시조로 선포되었고, 이제껏 조선민족의 원시조의 이름을 따서 '단군민족'으로 불려왔듯이, 이제는 수령의 이름을 따서 '김일성민족'이라 불리게 되었다는 것이다. 385)

주체사상이 제기한 사람의 운명문제에 대한 해답으로서의 수령관은 1994년 7월8일 김일성의 사망으로 인해 큰 문제에 봉착하게 되었다. 수령의 영생을 어떻게 모범적으로 선포하고, 그를 통해 주체사상의 수령관을 어떻게 확증할 수 있을 것인가 하는 문제는 난제가 아닐 수 없었다. 영생의 부여자인 수령의 사망에 직면하여 수령의 영생을 확증하지 못한다면, 주체사상이 제기한 사람의 운명문제에 대한 해답으로서의 수령관 자체가 파탄에 직면할 수도 있기에, 수령의 영생을 어떤 식으로 보장할 것인가 하는 것은 북측 주체사회주의에 대두된 심중(深重)한 문제였다. 이 문제를 '수령영생위업'이라 명명하고 이를 해결하기 위해 나선 이는 바로 '후계수령'인 김정일이었다. 386)

---

383) 태양상의 밑그림이 된 사진은 김일성이 1986년6월24일 서해갑문에서 촬영한 사진이라고 한다. 탁진·김강일·박홍제, 『김정일 지도자』 4권(평양: 평양출판사, 1998), 218. "주석님께서 1986년6월24일 제낀깃 양복에 넥타이를 매시고 개통된 세계최대의 서해갑문을 부감하시며 더없이 만족해하시는 사진이었다." 정대일,「국가종교로서의 북한 주체사상 연구」, 94에서 재인용.
384) 수령의 죽음으로 수령의 관저에서 묘지로 바뀐 금수산기념궁전은 '영생의 집'으로 불리며 '주체의 최고성지(聖地)'로서 순례와 참배의 최고 대상지이다. 수령의 생전 모습 그대로, 생전에 있던 그 장소에서 영생하고 있다는 것이다.
385) 김정일, "위대한 수령님을 영원히 높이 모시고 수령님의 위업을 끝까지 완수하자"(1994.10.16.), 『김정일선집』 13권(평양: 조선로동당출판사, 1998), 427~428. "민족의 건국시조는 단군이지만 사회주의조선의 시조는 위대한 수령 김일성동지이십니다. (…) 지금 해외 동포들은 조선민족을 김일성민족이라고 하고 있습니다." 정대일,「국가종교로서의 북한 주체사상 연구」, 93에서 재인용.
386) 탁진·김강일·박홍제, 『김정일 지도자』 4권(평양: 평양출판사, 1998), 205.

김일성의 사망과 더불어 김정일이 가장 먼저 내놓은 구호는 바로 "위대한 수령 김일성 동지는 영원히 우리와 함께 계신다"[387]였다. 수령의 영생을 구호의 형태로 단적으로 제시하고 선언한 것이다. 김정일은 영결식에 쓸 김일성의 대형 초상화를 만드는 작업을 직접 지도하는데, 일반 관례처럼 근엄한 표정이 아니라 환히 웃는 모습으로 형상하도록 했다. 앞서 말한 대로 이를 지금 북측에서는 태양상이라 부르고 있는 그것이다. 김정일의 의도는 김일성의 초상화를 지금도 생전에 활동하고 있는 그 모습으로 제작함으로써, 수령이 여전히 곁에서 지도하며 영생하고 있음을 대내외에 공표하려 한 것으로 보인다. 때문에 태양상은 수령영생에 대한 신념의 미술적 상징물이라 할 수 있다. 이어 7월19일에 거행된 영결식에서 운구차로 포차나 장갑차를 이용하던 기성의 관례에서 벗어나 김일성이 생전에 사용하던 승용차를 사용한 것도 같은 맥락에서 이해할 수 있다.[388] 김정일은 태양상을 대량으로 제작하여 전국에 보급하는 한편, 종래의 만수무강축원탑을 '위대한 수령 김일성 동지는 영원히 우리와 함께 계신다'라는 구호가 새겨진 82미터 크기의 '영생탑'으로 바꿔서 조성했다.[389]

4) 수령과 기독교

수령의 기독교 인식

김일성은 기독교와의 관계를 회고하면서 자신의 아버지 대에서 맺었

---

[387] 북측의 거리 곳곳에 나붙은 구호들은 모두 붉은 색 글자로 되었는데 반해, 이 구호는 황금색으로 되었다. 평양시내 중심도로에 위치한 이 영생탑의 높이 82미터는 김일성의 나이를 상징하는 것이라고 한다. 한기양, 북측 민족화해협의회 소속 모 참사와의 대담(2002.5.19.).
[388] 정대일, 「국가종교로서의 북한 주체사상 연구」, 94.
[389] 탁진·김강일·박홍제, 『김정일 지도자』 4권, 240.

던 관계부터 회상한다. 그의 아버지 김형직은 평양 숭실학교 출신이었고, 원래 평안남도 대동군 남리교회를 출석하다가 교회 목사의 주례로 가까운 하리교회의 장로 강돈욱의 딸 강반석과 결혼한 기독교인이었다.390) 김형직이 숭실학교에 입학한 것은 1911년 봄이었고, 당시는 개화의 초기여서 양반들도 학교공부를 하는 사람이 얼마 없었다고 한다. 빈한한 가정에서 김형직이 중학교에 진학했다는 것은 그가 대단한 의지가 있었다는 것을 보여준다. 당시의 상황을 회상한 김일성은 숭실학교를 '배일사상의 책원지(策源地)'로서 많은 '이름있는 애국인사'들을 배출한 학교라고 긍정적인 평가를 내린바 있다.391) 수령의 아버지 김형직이 선교사가 설립하고 운영하는 미션스쿨 출신이라는 사실을 공식적으로 확인하고 여기에 긍정적인 평가를 하고 있다는 것은 김일성이 한국기독교에 대해 일정한 측면에서 긍정적인 평가를 내리는 것으로 이해할 수 있다. 이어 김형직이 결성하고 활동한 것으로 알려져 있는 '조선국민회'에 대한 회상을 살펴보자.

> '조선국민회'는 전체 조선민족이 일치단결하여 조선사람자체의 힘으로 나라의 독립을 이룩하며 참다운 문명국가를 세울것을 목적으로 하는 비밀결사로서 3·1인민봉기를 전후한 시기 조선의 애국자들이 무은 국내외의 조직들가운데서도 가장 규모가 큰 반일지하혁명조직의 하나였다. (…) 아버지가 체포된 다음날부터 봉화리의 기독교인들은 아버지의 석방을 위해 명신학교에 모여 새벽기도를 드리였다. 평양과 강동 일대의 인민들은 평양경찰서에 몰려가 아버지를 석방하라고 진정서를 들이댔다.392)

---

390) 와다 하루끼, 이종석 역, 『김일성과 만주항일전쟁』 (서울: 창작과비평사, 1992), 27.
391) 김일성, 『세기와 더불어 1』 (평양: 조선로동당출판사, 1992), 18~19.
392) 같은 책, 26~29.

여기서 [조선국민회]가 숭실학교 출신들이 결성한 반일단체였음을 알 수 있고, 김형직이 체포된 이후에 제일 먼저 구명활동에 나선 이들은 '봉화리 기독교인'이었으며, 이들은 미션스쿨인 명신학교에 모여 새벽기도를 드렸다는 것을 알 수 있다. 김일성은 김형직의 조선국민회가 기독교인들의 지지와 성원 속에서 활동했음을 인정하고 있는 것이다.393) 감옥에서 나온 김형직은 팔도구로 거처를 옮기게 된다. 거기서도 여전히 김형직은 기독교 영향권 내에서 반일활동을 벌인 것으로 김일성은 회상하고 있다.

> 그 당시 아버지가 많이 다닌 곳의 하나가 포평례배당이었다. (…) 아버지가 팔도구에 온 다음부터 그 례배당은 군중을 교양하는 장소, 국내혁명가들의 집합장소로 리용되였다. 아버지는 례배가 있는 날마다 포평에 건너가 사람들을 모아놓고 반일교양을 하였다. 때로는 풍금을 타면서 노래도 배워주었다. (…) 나도 철주를 데리고 그 례배당에 찾아가 아버지한테서 풍금타는 법을 배웠다.394)

이후 김형직은 만주로 가고, 자신의 아들을 처가 쪽으로 보내 학업을 계속하게 했다는 것이다. 김형직의 장인이자 김일성의 외할아버지인 강돈욱은 기독교 장로이면서, 창덕학교를 세운 교육자였다. 창덕학교 시절에 대한 김일성의 회고를 살펴보자.

> 창덕학교는 우리 외할아버지를 비롯한 칠골일대의 선각자들이 애국문화계몽운동의 조류를 타고 국권회복에 이바지할 목적으로 세운 경향성이 좋은 사립학교였다. (…) 선각자들과 애국자들은 교육이야말로 자강의 기초이고 근본이며 교육을 발달시키지 않고서는 나라의

---

393) 정대일, 「국가종교로서의 북한 주체사상 연구」, 107.
394) 김일성, 『세기와 더불어 1』, 65.

독립도 사회의 근대화도 실현할수 없다는것을 절실히 깨닫고 사립학교운동을 벌리였다. (…) 창덕학교는 서선지방의 사립학교들가운데서도 비교적 규모가 크고 현대화된 학교로서 학생수가 200명이상 되였다. 당시로서는 작은 학교가 아니였다. (…) 그러므로 평양지방의 인민들과 유지들은 창덕학교를 매우 중시하였고 여러모로 이 학교에 대한 후원을 아끼지 않았다.[395]

여기서 민족주의자들이 주도한 애국계몽운동에 대한 김일성의 긍정적 평가를 알 수 있고, 당시 애국계몽운동에 앞장선 민족주의자들의 상당수가 기독교 인사들이었음을 감안할 때, 민족주의적 애국계몽운동에 대한 평가는 곧 당시 기독교에 대한 평가로 받아들일 수 있을 것이다.[396] 그러면서도 기독교에 대한 김일성의 평가의 다른 한 측면도 엿볼 수 있다.

> 일이 정 고달플 때면 어머니는 례배당으로 가군하였다. (…) 어른들이 례배당에 갈 때면 아이들도 따라가서 례배를 보군하였다. 신자의 대렬을 늘이려고 례배당측에서는 이따금씩 아이들에게 사탕도 주고 공책도 주었다. 아이들은 그것을 받아보는맛에 일요일만 되면 패를 지어 송산으로 밀려가군하였다. 나도 처음에는 호기심이 나서 동무들과 함께 가끔 송산으로 다니였다. 그러나 동심에 맞지 않는 엄숙한 종교의식과 목사의 단조로운 설교에 싫증을 느낀 다음부터는 례배당에 잘 다니지 않았다. (…) 사상으로 보면 아버지도 무신론자였다. 그러나 신학을 가르치던 숭실중학교 출신이였기때문에 아버지의 주위에는 교인들이 많았고 따라서 나도 교인들과의 접촉을 많이 하였다. 어떤 사람들은 내가 성장과정에 기독교적인 영향을 많이 받지 않았는가고 묻는데, 나는 종교적 영향은 받지 않았지만 기독교신자들에게서

---

[395] 같은 책, 81~83.
[396] 정대일, 「국가종교로서의 북한 주체사상 연구」, 108.

인간적으로 도움은 많이 받았다. 그리고 그들에게 사상적영향도 주었다. 온 세상 사람들이 평화롭고 화목하게 살기를 바라는 기독교적정신과 인간의 자주적인 삶을 주장하는 나의 사상은 모순되지 않는다고 나는 생각한다. 나는 어머니가 례배당에 갈 때에만 송산으로 다니였다. 어머니는 례배당을 다니였지만 예수를 믿지 않았다.397)

김일성은 자신이 기독교적 배경에서 자랐지만, 평생을 신앙생활을 한 어머니마저 예수를 믿지 않은 사람으로 회상하는 이유는, 김일성이 기독교의 영향을 받지 않은 독창적인 사상가가 되어야 하며, 위대한 인물들로 추존(推尊)된 김일성의 부모들 또한 기독교의 종교적 영향을 받지 않은 인물들이 되어야 하기 때문일 것이다. 요컨대, 기독교인들이 혹은 교회가 벌이는 이러저러한 활동에 대해서는 긍정적으로 평가할 수 있는 요소들이 있지만, 기독교라는 종교의 핵심사상에 대해서는 인정할 수 없다는 것이다.398) 수령의 사상은 모든 종교적 관념론을 반대하는 데에 그 기초를 두고 있기 때문이다. 이에 대한 극명한 사례를 보여주는 대목을 살펴보자.

소년회에 망라된 학생들 가운데는 기독교신자들의 자녀들이 적지 않았다. 그들은 부모들의 종교적영향을 어떻게나 많이 받았는지 세상에 정말 '하느님'이 있다고까지 생각하였다. 이런 학생들에게는 아무리 '하느님'이 없고 종교를 믿는것이 어리석은짓이라고 말해주어도 소용이 없었다. 어느날 나는 우리의 영향을 받고있던 조선인소학교의 한 녀선생에게 부탁하여 종교를 믿는 학생들을 데리고 례배를 보러가게 하였다. 그 녀선생은 나의 말대로 학생들을 데리고 례배당에 가서 온종일 '전지전능하신 하느님 아버지시여, 배가 고픈데 우

---

397) 김일성, 『세기와 더불어 1』, 102~104.
398) 정대일, 「국가종교로서의 북한 주체사상 연구」, 109.

리에게 떡을 주시고 빵을 주십시오' 하고 기도를 드리게하였다. 그러나 그들에게 떡이나 빵이 차례질리는 만무하고 배만 여전히 쪼록쪼록 고팠다.

이번에는 녀선생이 학생들을 데리고 추수를 하고난 밀밭에 가서 이삭을 줏도록 하였다. 선생은 밭에 학생들을 데리고 가서 굉장히 많은 이삭을 주어왔다. 그 이삭을 털어서 빵을 만들어 학생들에게 나누어주었다. 학생들은 그 빵을 먹으면서 '하느님'에게 기도를 드리는것보다는 실지 로동을 통해서 먹을것을 얻는것이 낫다는 생각을 가지게 되었다. (…) 우리가 청소년들이 례배보러 다니는것을 경계하고 그들이 미신의 포로가 되지 않도록 부단히 교양한것은 결코 종교 그자체를 타도하자는데 있지 않았다. 청소년들이 미신에 빠지고 예수의 교리를 절대화하게 되면 혁명에 아무 쓸모도 없는 나약하고 무기력한 존재로 될수 있기때문에 그것을 미연에 방지하자는데 목적이 있었다. 신자라고 하여 혁명을 못한다는 법은 없지만 세계에 대한 과학적인 리해가 부족한 청소년들의 경우에는 종교가 내포하고있는 무저항주의적인 요소들로부터 부정적인 영향을 받을수 있었다.[399]

여기서 김일성은 '종교'와 '미신'을 구분한다. 종교 그 자체를 타도할 생각은 없지만 종교의 미신적인 요소는 경계해야 한다는 것이다. 청소년들에게 필요한 것은 기도를 통해 빵을 달라는 미신적인 행위가 아니라, 세계에 대한 과학적인 이해이며 노동의 가치를 깨닫는 것이라는 김일성의 언급에서, 김일성이 기독교에 대해 근본적인 측면에서 동의하지 못하는 부분이 있음을 확인할 수 있다. 자신의 사상이 가장 과학적인 진리라고 주장하는 김일성의 입장에서 가장 바람직한 기독교는 바로 민족적이고 애국적인 기독교이다. 김일성은 이런 기독교인의 전형을 손정도 목사에게서 찾고 있다.[400]

---

399) 김일성,『세기와 더불어 1』, 240~242.
400) 정대일,「국가종교로서의 북한 주체사상 연구」, 110.

2. 북측 주체사상의 종교적 성격 _191

　　나는 감옥생활을 할 때 송정도목사한테서 많은 방조(傍助)를 받았
다. 손정도목사는 내가 길림에서 혁명활동을 한 전기간 나를 친혈육
에 못지 않게 적극적으로 후원해준 사람이였다. 그는 국내에 있을
때부터 우리 아버지와 두터운 친분관계를 맺고있었다. 같은 학교 출
신이라는 관념도 작용하였지만 그보다는 사상과 리념의 공통성이 아
버지와 손정도를 뜨거운 우정으로 결합시키였다고 생각한다. (…) 우
리나라의 기독교신자들속에는 손정도처럼 일생을 독립운동에 헌신한
훌륭한 애국자들이 많았다. 그들은 기도를 드려도 조선을 위한 기도
를 드리였고 '하느님'에게 하소연을 하여도 망국의 불행을 덜어달라
는 하소연을 하였다. 그들의 순결한 신앙심은 항상 애국심과 련결되
여있었으며 평화롭고 화목하고 자유로운 락원을 건설하려는 그들의
념원은 시종일관 나라의 광복을 위한 애국투쟁에서 자기의 보금자리
를 찾았다.401)

　　김일성이 생각하는 이상적인 기독교는 조선을 위한 기도를 하고, 애
국심과 연결된 신앙심으로 시종일관 애국투쟁에서 보금자리를 찾는 기
독교인 것이다. 즉 국가와 민족의 가치를 우선순위에 두는 기독교이
며, 나아가 국가와 민족의 결합을 제고하는 기능을 담당하는 민족주의
의 신성화인 정치종교로서의 주체사상을 인정하고 용인하는 기독교인
것이다.

주체사상의 기독교 전용
　　주체사상의 가장 큰 특성은 수령을 영생의 부여자로 숭배하는 것이
다. 북측의 수령은 단지 정치지도자일 뿐만 아니라, 북측사회의 모든
구성원에게 영생을 부여하는 거룩한 존재로 여겨지는 것이다. 북측은

---
401) 김일성, 『세기와 더불어 1』, 354~355.

김일성의 사후에 출간된『조선대백과사전』에서 '숭배'라는 항목에 대해 다음과 같이 설명하고 있다.

> 믿고 따르는 마음으로부터 높이 우러러 존경하고 떠받드는 행동방식, 자기 운명을 생사기로에서 구원해준 은인을 절대적으로 믿고 몸과 마음을 다 바쳐 받들고 따르는 것을 말한다. 숭배는 은인에게 진정으로 완전히 매혹되였을 때 생긴다. 그 어떤 도덕적 의무감이나 론리적인 사고의 귀결로서는 결코 숭배가 나올수 없다. 원시사회에서부터 생겨난 숭배는 신숭배, 자연숭배, 개인숭배의 형태를 띠였다. 신숭배는 있지도 않은 허황한 것에 대한 숭배이며, 자연숭배는 인간의 의하여 개조되고 지배되는 대상에 대한 숭배이므로 비과학적인 것이다. 개인은 인민대중 앞에서는 무력한 것만큼 그에 대한 숭배도 비과학적인 것이다. 신도 자연도 개인도 인민대중의 운명을 구원하지 못한다.
> 공산주의자들은 모든 비과학적이고 그릇된 숭배를 반대하여 견결(堅決)히 투쟁한다. 가장 과학적이며 숭고한 숭배는 위대한 수령에 대한 혁명전사들, 인민대중의 숭배이다. 그것은 수령이 전사들에게 고귀한 사회정치적 생명을 안겨주고 자주적이며 창조적인 생활을 마련해주며 인민대중의 운명을 구원해주고 영원히 보살펴주는 위대한 은인이기 때문이다. 수령이 대한 인민대중의 숭배는 수령의 사상의 위대성과 령도의 현명성, 고매한 덕성의 뜨거움에 대한 완전한 매혹으로부터 흘러나오는 가장 진실하고 깨끗하며 확고한 숭배이다. 수령에 대한 인민대중의 절대적인 신뢰와 다함없는 존경, 끝없는 충실성은 수령에 대한 진실하고 확고한 숭배에 기초하여 형성되고 높이 발양(發揚)된다.402)

가장 '과학적이며 숭고한 숭배'는 고귀한 사회정치적 생명을 안겨

---

402)『조선대백과사전 15』, 「숭배」 항목, (평양: 백과사전출판사, 2000).

주고, 운명을 구원해주고, 영원히 보살펴주는 위대한 수령에 대한 숭배라는 것이다. 주체사상의 이런 수령숭배는 그 연원(淵源)이 스탈린이즘에 있다. 스탈린 치하의 소련에서 행해지던 지도자 숭배가 당시 소련을 추종하던 공산 진영의 많은 국가들에서 받아들여졌고, 그런 국가들 중 하나가 북측이었다. 그런데 스탈린이 도입한 지도자 숭배는 그 연원이 러시아정교에 있었다.

러시아에서는 전통적으로 정치적 일인자인 황제를 종교적 일인자로 여기고 숭배하는 황제교황주의403)가 형성되어 있었다. 스탈린이 러시아정교회의 황제교황주의를 변용하여 공산주의체제에 정착시킬 수 있었던 것은, 스탈린이 젊은 시절 러시아정교회의 신학수업을 체계적으로 받은 신학생이었다는 사실과 무관하지 않을 것이다.404) 기독교의 한 분파인 러시아정교는 스탈린이즘이라는 변용의 과정을 거쳐서, 주체사상의 가장 큰 특성인 수령숭배에 러시아정교회의 독특한 요소를 전용한 것이다.

주체사상은 수령의 사랑과 믿음을 강조하고 있는데, 이는 명백히 기독교의 전통적인 가치이다. 또한 사회정치적 생명체론에서 수령과 당과 대중의 삼위일체를 말하고 있는데, 이 또한 기독교의 핵심적인 상징이다. 주체사상이 이처럼 기독교의 핵심가치와 상징들을 전유하고 있는 것은 주체사상이 기독교에 상당한 관심을 가지고 연구해 왔음을 보여준다.

북측에서 기독교는 제3장에서 살펴본 바와 같이 1970년대 이후 상

---

403) 임석진 외 편저, 『철학사전』(서울: 중원문화, 2009)에서 참조.
404) 스탈린은 15세이던 1894년9월부터 1899년5월까지 러시아정교회 소속의 티플리스신학교에 재학했으며, 성경, 찬송, 종교사, 예배식, 설교학, 교리, 비교신학, 도덕신학, 목회학 등을 이수했다. 로버트 서비스, 윤길순 역, 『스탈린, 강철권력』(서울: 교양인, 2005), 76. 정대일, 「국가종교로서의 북한 주체사상 연구」, 129에서 재인용.

> **황제교황주의**(Caesaropapism, 皇帝教皇主義).
> 세속권위가 교회권위를 겸하는 경우가 황제교황주의이며, 교회권위가 세속권위를 종속시키는 경우가 교황황제주의(Papocaesarism)이다. 콘스탄티누스 황제가 313년에 기독교를 공인한 이래, 세속권위가 교회권위에 개입, 규제했는데, 그것은 신학논쟁으로까지 이어졌다. 이후 게르만민족의 이동에 따라 동로마제국에서는 교회권위가 세속권위에 승복하였다. 거기서는 황제는 제국과 교회(그리스정교회)의 수장이 되었으며, 이 전통은 1453년 콘스탄티노플 멸망 후 제정러시아로 옮겨져 1917년까지 계속된다. 이에 대하여 서방에서는 교회가 로마제국의 조직을 본받아 중앙집권화되고 제국 멸망 후 오랫동안 교회권위가 세속권위의 우위에 섰으며, 11~12세기에는 최고 절정에 달했다. 1492년 모스크바 수좌대주교(mitropolit) 조시마(Zosima)는 모스크바를 '새로운 콘스탄티노플'이라고 선포했고, 1510년경 프스코프의 수도사인 필로페이(Filofei; Philotheus)는 바실리3세에게 '제3의 로마론'을 말했다. 이런 과정을 거쳐 1547년 대관식을 한 이반4세는 그 권위가 신적인 기원을 가지는 것으로 격상되었고, 모스크바교회의 고대 계보를 강조하기 위해 사도 안드레가 처음으로 러시아 땅에 기독교 신앙을 가져왔다는 전설이 만들어지기도 했다.

당한 정도로 활성화되었다. 무엇보다 1972년 12월에 신헌법에 따라 주석제가 신설되었을 때, 부주석으로 조선기독교도련맹의 위원장인 강량욱 목사가 피선되었다. 강량욱 목사는 국가부주석 취임 이후, 북측의 기독교는 유례없이 급속한 발전을 보이며 활발한 국제교류를 추진하게 된다.

북측에서는 조선기독교도련맹도 조선로동당의 지도를 받아야 할 외곽단체에 불과하다. 이는 거꾸로 조선로동당은 연맹과 그 활동방향에 대한 지도를 하고 지침을 내리기 위해서라도 내부에 기독교 전문가를 양성해야 할 필요에 직면하게 되었다는 것을 뜻하며, 주로 이런 부분을 담당하는 당 사상사업 부문 일꾼들 중에서 선발된 이들이 기독교를 연구했을 것인데, 이러한 과정을 통해서 학습된 기독교의 전통적 가치와 상징들이 주체사상의 담론화 과정에서 전용되고 전유되었을 것임을 짐작할 수 있다.405)

3. 수령숭배와 교조적 유일영도체계

넓은 의미의 주체사상406)이 종교화된 북측 주체사회주의의 교리에 해당된다고 할 수 있다. 즉 주체사상은 사람이 어떤 존재이며 세계에서 사람이 차지하는 지위와 역할은 무엇인지, 그리고 세계는 어떠한 존재이며 어떻게 발전하는지, 그러한 과정에서 수령은 어떠한 지위와 역할을 가지는지, 인생의 의미는 무엇이며 사람의 참된 행복과 보람은 어디에 있는지, 무엇보다도 사람의 생명의 본성은 무엇이며 사람은 어떻게 영원히 죽지 않는 생명, 즉 영생을 얻을 수 있는지에 대하여 전일적인 해답을 제시하는 바, 이런 일련의 사상이론적 체계가 바로 주체사회주의의 교리를 구성하고 있다. 이러한 교리를 창안하고 제시한 존재는 바로 수령이며, 따라서 주체사상의 이런 교리들은 수령의 사상으로 명명되는 것이다.

---

405) 정대일,「국가종교로서의 북한 주체사상 연구」, 130.
406) 『조선대백과사전』에 의하면 주체사상은 두 가지 의미를 가진다. 첫째로는 좁은 의미로, "위대한 수령 김일성동지의 혁명사상의 주요구성부분이며 그 진수를 이루는 사상"으로서 "주체의 철학적 원리와 사회력사원리, 혁명과 건설의 지도적 원칙을 구성부분으로 하고" 있으며, 둘째로는 넓은 의미로, "위대한 수령님의 혁명사상, 주체의 사상, 리론, 방법의 전반을 포괄한다"라고 말한다. 이 글에서 말하는 주체사상은 두 번째 의미, 즉 '김일성주의'라고도 말할 수 있는 폭넓은 의미의 주체사상을 일컫는다. 『조선대백과사전 19』(평양: 백과사전출판사, 2000), 342. 정대일,「국가종교로서의 북한 주체사상 연구」, 136에서 재인용.

1) '최고뇌수'인 수령과 '10대원칙'

북측사회에서는 수령을 노동계급의 혁명위업을 승리에로 이끌어가는 당과 혁명의 최고영도자라고 정의한다. 수령은 인민대중에게 사회정치적 생명을 안겨주고 그들의 운명개척의 길을 밝혀주는 인민대중의 아버지이며 스승이라고 말한다. 인민대중은 수령을 중심으로 충효일심(忠孝一心)으로 굳게 단결하여 수령과 혼연일체(渾然一體)를 이루며, 하나의 자주적인 사회정치적 생명체인 혁명의 주체를 이루게 되어 수령과 인민대중의 관계는 혁명적 의리와 동지애의 관계로 맺어지게 되며, 여기서 '사회정치적 생명체의 최고뇌수(最高腦髓)'가 되는 수령은 그 어떤 개인이나 개별적 집단이 할 수 없는 절대적 지위를 차지하고 결정적인 역할을 수행한다고 한다.[407] 또한 수령은 혁명사상의 창시를 통해, 그리고 인민대중을 의식화·조직화하여 하나의 정치적 역량으로 튼튼히 묶어세우는 역할을 통해 혁명에 있어서 결정적인 역할을 감당하게 된다고 한다. 특히 수령은 인민대중으로 하여금 수령의 후계자를 옳게 추대하고 높이 받들어나가게 함으로써 수령의 혁명위업 계승문제를 빛나게 해결하며 혁명의 종국적 승리를 위한 결정적 담보를 확고히 마련한다고 한다.[408] 이런 북측의 수령관은 수령을 절대화하고 신성화하는 논리를 잘 보여주고 있다.

이 같은 북측 주체사상의 수령관이 가장 잘 드러나 있는 문헌은 「당의 유일사상체계확립의 10대원칙」(이하 '10대원칙')이다. 이 원칙은 북측사회에서 헌법이나 당 규약보다도 더 우위에 있는 지상법

---

407) 정대일, 「국가종교로서의 북한 주체사상 연구」, 137.
408) 『조선대백과사전 14』 (평양: 백과사전출판사, 2000), 496.

(至上法)으로 알려져 있다. 이 10대원칙을 살펴보면 다음과 같다.

제1원칙 : 주체사상의 절대화

제1원칙은 "위대한 수령 김일성 동지의 혁명사상으로 전체 사회를 일색화하기 위하여 목숨 바쳐 투쟁하여야 한다. 수령의 혁명사상으로 전체 사회를 일면화하는 것은 우리 당의 최고 강령이며 당의 유일사상체계를 확립하는 사업의 새로운 단계이다"[409]이며, 여기에 따르는 시행세칙은 다음과 같다. '①당의 유일사상체계를 세우는 사업을 끊임없이 심화시키고 또 대를 이어서 계속하여야 한다. ②위대한 김일성 동지께서 창건하신 우리 당을 영원히 영광스러운 김일성 동지의 당으로 강화 발전시켜야 한다. ③위대한 김일성 동지께서 세우신 프롤레타리아독재정권과 사회주의제도를 튼튼히 보위하고 공고히 발전시키기 위하여 헌신적으로 투쟁하여야 한다. ④주체사상의 위대한 혁명적 깃발을 높이 들고 조국통일과 혁명의 전국적 승리를 위하여, 우리나라에서의 사회주의·공산주의 위업의 완성을 위하여 모든 것을 다 바쳐 투쟁하여야 한다. ⑤전 세계에서 주체사상의 승리를 위하여 끝까지 싸워나가야 한다' 등이 있다.[410]

이 원칙은 주체사상으로 전체 북측사회를 일색화·일면화하고, 이 사업을 대를 이어 계속해야 하며 조국을 통일하고 나아가 전 세계에서 주체사상이 승리할 때까지 끝까지 싸울 것을 독려하고 있다. 주체사상의 절대화를 가장 잘 드러내주고 있는 원칙이다.

제2원칙 : 수령에의 충실성

---

409) 극동문제연구소, 「당의 유일사상체계 확립의 10대원칙」 (이하 「10대원칙」), 『원전 공산주의 대계』 하권(서울: 극동문제연구소, 1985), 2073.
410) 정대일, 「국가종교로서의 북한 주체사상 연구」, 138.

제2원칙은 "위대한 수령 김일성 동지를 충성으로 높이 우러러 받들어야 한다. 위대한 수령 김일성 동지를 우러러 높이 받든다는 것은 수령에게 한없이 충성하는 혁명전사의 가장 숭고한 의무이며, 수령을 우러러 받드는 여기에 우리 조국의 끝없는 영예와 우리 인민의 영원한 행복이 있다"411)이며, 여기에 따르는 시행세칙은 다음과 같다. '① 혁명의 영재이며 민족의 태양이요 전설적인 영웅인 위대한 김일성 동지를 수령으로 모시는 것을 최고의 영예로 알고 수령을 무한히 존경하고 흠모하며 또 영원히 우러러 받들어야 한다. ②한순간을 살더라도 오로지 수령을 위하여 살고, 수령을 위해서는 청춘도 생명도 기꺼이 바치며, 어떠한 역경에서도 변함없이 수령에 대한 충성이라는 유일한 심정을 가져야 한다는 것을 명심하여야 한다. ③위대한 수령 김일성 동지의 가리킴의 길이야말로 바로 승리와 영광의 길임을 굳게 믿고 수령에게 전적으로 모든 운명을 위탁하고 수령의 영도에 따라 나아가는 길에는 불가능이란 없다는 신념을 철석같이 가지고 오로지 수령이 인도하는 혁명위업에 몸과 마음을 다 바쳐야 한다' 등이 있다.412)

이 원칙은 수령숭배의 기본이 되는 수령에의 충실성을 강조하고 있다. 오로지 수령에게 충성을 다하여야 한다는 것이며, 수령에게 전적으로 모든 운명을 위탁해야 한다는 것이다. 이 원칙은 수령을 운명의 구세주로 받아들여야 하는 가르침으로 이어지게 되는 바, 수령숭배 교리의 주요한 축을 형성하고 있다. 이는 기독교의 그리스도론에서 예수를 '우리의 죄에서 우리를 구원할 자'로 고백하고 있는 것과 비교해 볼 수 있을 것이다.

---

411) 「10대원칙」, 『원전 공산주의 대계』 하권, 2074.
412) 정대일, 「국가종교로서의 북한 주체사상 연구」, 139.

제3원칙 : 수령의 절대화

제3원칙은 "위대한 수령 김일성 동지의 권위를 절대화시켜야 한다. 위대한 김일성 동지의 권위를 절대화한다는 것은 우리 혁명의 지상의 요구이며 우리 당과 인민의 혁명적 의지이다"413)이며, 여기에 따르는 시행세칙은 다음과 같다. '①위대한 수령 김일성 동지 이외에는 어디의 누구도 모른다는 확고한 입장과 관점을 견지하여야 한다. ②위대한 수령 김일성 동지를 정치·사상적으로 옹호하고 또 사수하여야 한다. ③ 경애하는 수령 김일성 동지의 위대성을 내외에 널리 선전하여야 한다. ④위대한 수령 김일성 동지의 절대적 권위와 위신을 백방으로 옹호하고, 현대 수정주의와 여러 적대자들의 공격과 비난으로부터 수령을 튼튼히 보위하여야 한다. ⑤위대한 김일성 동지의 권위와 위신을 파괴하는 것이라면 비록 그것이 제 아무리 사소한 요소라 해도 비상사건화하여 비타협적으로 투쟁을 전개해나가야 한다. ⑥경애하는 김일성 동지의 초상화, 석고상, 동상, 초상휘장(徽章)414), 수령의 초상화를 게재한 출판물, 수령을 형상한 미술작품, 수령의 현지 교시판, 당의 기본구호 등을 정중히 취급하고 또 철저히 보호하여야 한다. ⑦경애하는 김일성 동지의 위대한 혁명역사와 투쟁업적이 적힌 혁명전적지와 혁명사적지, 당의 유일사상 교양사업의 거점인 김일성동지혁명사적관415)과 김일성동지혁명사상연구실416)을 엄숙하게 꾸리고 관리를 잘하며 또 철저하게

---

413) 「10대원칙」, 『원전 공산주의 대계』 하권, 2074~2075.
414) 북측사회에서는 '뱃지'라는 말을 쓰지 않고 '휘장'이란 말을 사용하는데, 흔히 언론에 비치는 북측 대표단의 가슴에 달고 있는 김일성 초상이 새겨진 휘장을 말한다. 이때 초상휘장을 '가슴에 단다'고 하면 불경한 표현이 되므로 절대로 그런 표현을 할 수 없고, 초상휘장을 '가슴에 모신다'라고 해야 한다. 한기양, 북측 민족화해협의회 소속 모 참사와의 대담 (2002.5.19.).
415) 이 사적관은 각 도청소재지와 직할시에 건립되어 있는 당의 유일사상교양의 거점이자 성역화된 곳으로 여기에는 김일성 동상이 서 있다. 동상은 통상 20미터 이상의 규모이며, 이곳들을 포함하여 전국적으로 약 3만여 개가 세워져 있다고 한다. 김병로, 『북한사회의 종교성: 주체사상과 기독교의 종교양식 비교』 (서울: 통일연구원, 2000), 103에서 참조.

보호하여야 한다' 등이 있다.417)

이 원칙은 수령숭배에 있어서 반드시 필요한 수령의 절대화에 대한 주장을 드러내고 있다. 수령의 절대적인 권위와 위신에 사소한 흠집이라도 내려하는 모든 세력은 '현대 수정주의'로 대표되는 사악한 적대자가 되는 것이다. 이 원칙은 실제 수령숭배에 있어서 지켜야 할 행동지침을 시행세칙에서 설명하고 있는데, 수령의 모습을 형상한 모든 작품들을 정중히 모시고, 주체사상을 학습하기 위한 모든 거점들을 엄숙하게 꾸미고 관리하며 철저하게 보호해야 한다는 것이다. 이는 여러 종교에서 성상(聖像)이나 성화(聖畵)를 거룩하게 여기는 것과 기독교에서 예배장소인 예배당을 잘 관리하는 것에 비교할 바가 아닐 정도이다.

제4원칙 : 주체 근본주의

제4원칙은 "위대한 수령 김일성 동지의 혁명사상을 신념으로 삼고 수령님의 교시를 신조화하여야 한다. 위대한 수령 김일성 동지의 혁명사상을 확고한 신념으로 받아들이며 수령의 교시를 신조화한다는 것은 수령에게 무한히 충성하는 주체형의 공산주의 혁명가가 되기 위한 가장 중요한 요구이며 혁명투쟁과 건설사업의 승리를 위한 선결조건이다"418)이며, 여기에 따르는 시행세칙은 다음과 같다. '①위대한 수

---

416) 당 사상교양사업의 거점이 되는 곳으로서, 북측사회 전 지역의 당 및 국가기관, 공장, 기업소, 협동농장, 학교, 과학기관, 군부대 등 인민생활의 모든 부문에 갖춰져 있다. 전국적으로 약 45만여 곳에 이를 것으로 추정되며, 일반적으로 3층 규모의 양옥으로 건축된 규격화된 표준으로 건축돼 있고, 리(남측의 면소재지) 단위에서는 단층으로, 군소재지인 읍에는 2~3층, 도 단위는 3~4층 규모의 건물로 건축되어 있다. 항상 정장차림을 하고 신발을 벗고 실내화를 신고 들어가야 하며, 김일성·김정일 초상휘장(뱃지)을 달지 않으면 들어가지 못한다. 기독교의 예배당이나 유대교의 회당, 이슬람의 모스크 등 각 종교의 사찰 못지않게 엄숙하게 관리되고 있다. 김병로, 『북한사회의 종교성: 주체사상과 기독교의 종교양식 비교』, 94~99에서 참조.
417) 정대일, 「국가종교로서의 북한 주체사상 연구」, 139.

령 김일성 동지의 혁명사상과 주체사상을 자기 뼈와 살로 하고 또 유일한 신념으로 하여야 한다. ②위대한 수령 김일성 동지의 교시를 모든 활동과 생활의 확고한 지침으로 철석같은 신조로 받아들여야 한다. ③위대한 김일성 수령 동지의 교시를 무조건적으로 접수하고 이것을 척도로 하여 모든 것을 점검하며, 수령의 사상의지 그대로 생각하고 또 행동하여야 한다. ④위대한 수령 김일성 동지의 노작·교시 등 수령의 빛나는 혁명역사를 체계적이며 전면적으로 깊이 연구 및 체득하여야 한다. ⑤위대한 수령 김일성 동지의 혁명사상을 배우는 학습회·강연회·강습을 비롯한 집단학습에 빠짐없이 성실히 참가하고, 매일 2시간 이상 학습하는 규율을 철저히 확립하여 학습을 생활화하고 습성화하고, 학습을 태만하거나 방해하는 현상을 반대하여 적극적으로 투쟁하여야 한다. ⑥위대한 수령 김일성 동지의 교시 침투체계를 철저히 확립하여 수령의 교시와 당의 의도를 제때에 정확하게 전달·침투시켜야 하며, 결코 이것을 왜곡하여 전달하거나 제멋대로의 표현으로 전달하는 일이 있어서는 안 된다. ⑦보고·토론·강연을 하거나 출판물에 게재하는 문장을 쓸 때에는 항상 수령의 교시를 정중히 인용하고, 그에 입각하여 내용을 전개하되 결코 왜곡하여 말하거나 쓰는 일이 있어서는 안 된다.[419] ⑧위대한 수령 김일성 동지의 교시와 개별적 간부의 지시를 엄격히 구분하되 개별적 간부의 지시에 대해서는 수령의 교시에 입각한 것인지의 여부를 확인하고, 만일 조금이라도 여기서 어긋나

---

418) 「10대원칙」, 『원전 공산주의 대계』 하권, 2075.
419) 북측사회의 대표 언론기관으로서 당 기관지『로동신문』을 보면, 모든 논설이나 심지어 어떤 경우에는 보도기사까지도 "위대한 수령 김일성동지의 '~~ 교시'에 따르면" 하는 식으로 기사를 게재하고 있음을 발견할 수 있다. 그리고 그 인용문은 활자체도 '그래픽 체'로 돼 있어서 눈에 띠게 되어 있으며, 주장이나 결론의 근거로 제시하고 있다. 교시를 인용할 때에는 정확히 한 자도 틀리지 않도록 인용해야 한다. 또 김일성과 김정일의 이름을 쓸 때에는 다른 글자보다 크게 써야 한다. 김병로, 『북한사회의 종교성: 주체사상과 기독교의 종교양식 비교』, 112에서 참조.

는 경우에는 즉시 문제를 제기하여 투쟁하여야 하며, 개별적 간부의 발언내용을 결론이라든가 지시라 하여 조직적으로 전달하거나 집단적으로 토의하는 일이 있어서는 안 된다. ⑨위대한 수령 김일성 동지의 당 정책을 비방 중상하거나 반대하는 그런 반당적 행동에 대해서는 추호도 융화 묵과해서는 안 되며 이와 엄격히 투쟁하여야 한다. ⑩위대한 수령 김일성 동지의 혁명사상과 어긋나는 자본주의 사상, 봉건유교주의 사상, 수정주의, 교조주의, 사대주의를 비롯하여 온갖 반당적·반혁명적 사상조류를 반대하여 날카롭게 투쟁함으로써 수령의 혁명사상, 주체사상의 순결성을 철저히 고수하여야 한다' 등이 있다.[420]

이 원칙은 주체사상을 신조화하여 오로지 수령의 교시에 따라서만 사고하고 행동하여야 한다는 요구를 담고 있다. 이 원칙의 시행세칙은 주체사상 이외의 모든 사상에 대해서는 무조건 반대하고 날카롭게 투쟁해야 하며, 당 내부에서도 수령의 권위를 도용하여 잘못된 지시나 결론을 내리려는 시도에 대해서는 철저히 싸워서 분쇄해야 한다는 지침을 담고 있다. 이는 모든 근본주의적인 종교의 공통적인 폐쇄성과 급진성을 드러내는 조항이며, 주체사상의 근본주의적 성격을 잘 보여주고 있다.

제5원칙 : 실정법보다 우선하는 '수령의 교시'

제5원칙은 "위대한 수령 김일성 동지의 교시집행에서 무조건성의 원칙을 철저히 지켜야 한다. 위대한 수령 김일성 동지의 교시를 무조건적으로 집행하는 것은 수령에 대한 충성심의 기본요구이며 혁명투쟁과 건설사업의 승리를 위한 결정적인 조건이다"[421]이며, 여기에 따르

---

420) 정대일, 「국가종교로서의 북한 주체사상 연구」, 140.
421) 「10대원칙」, 『원전 공산주의 대계』 하권, 2075~2076.

는 시행세칙은 다음과 같다. '①위대한 수령 김일성 동지의 교시를 곧 법으로 생각하고 지상명령으로 받아들일 것이며, 어떠한 사소한 이유나 구실도 붙임이 없이 무한한 헌신성과 희생성을 발휘하여 무조건적으로 철저히 관철시켜야 한다. ②경애하는 수령 김일성 동지의 심려를 서로 나누는 것을 최고의 영예이며 신성한 의무로 알고 모든 것을 바쳐서 싸워야 한다. ③위대한 수령 김일성 동지의 교시를 관철하기 위한 창조적인 의견 등을 충분히 제시하되, 일단 수령이 결론을 내린 문제에 대해서는 중앙집권제 원칙에 입각하여 한시각의 지체도 없이 정확히 집행하여야 한다. ④위대한 수령 김일성 동지의 교시와 당 정책을 받았을 때에는 즉시 집단적으로 토의하고 그의 정확한 집행대책과 구체적인 계획을 세워서 조직정치사업을 편성하고 건설전을 전개하여 제때에 철저하게 집행하여야 한다. ⑤위대한 수령 김일성 동지의 교시집행대장을 비치하여 교시집행상황을 정확히 총괄하고 또 재배치하는 사업을 끊임없이 심화시켜나갈 것인 바, 결코 교시를 중동무이[422)]로 하지 말고 끝까지 관철시켜야 한다. ⑥경애하는 수령 김일성 동지의 교시를 말로만 받아들이고 집행을 게을리 하는 현상, 무책임하고 주인답지 않은 태도, 요령주의, 형식주의, 보신주의를 비롯한 온갖 불건전한 현상을 반대하여 적극적으로 싸워야 한다' 등이 있다.[423)]

이 원칙은 교시의 집행에서 무조건성을 담보하여야 한다는 요구를 담고 있다. 교시는 곧 법이며, 지상명령으로 받아들여야 한다는 것이다. 이런 원칙은 주체사상에 기초해 있는 북측사회에서 법치주의가 제대로 작동하지 않고 있음을 반증해주고 있다. 사실상 북측사회에서 법의 지위는 교시의 지위에 비교할 수 없을 정도로 열등한 것이다. 수령

---

422) '중동무의'란 "끝마치지 못하고 중간에서 흐지부지 그만둠"을 뜻한다. 이희승 편, 『국어사전』(서울: 민중서림, 1974), 1749.
423) 정대일, 「국가종교로서의 북한 주체사상 연구」, 141.

의 교시를 실정법에 앞세우면서까지 무조건적으로 관철시켜야 한다는 이 조항은 급진적인 공동체 운동에서 드러나는 카리스마적 공동체 지도자에 대한 종교적 열정과 비교해 볼 수 있을 것이다.

제6원칙 : 수령우상화와 개인우상화 금지

제6원칙은 "위대한 수령 김일성 동지를 중심으로 하는 전당의 사상의지적 통일과 혁명적 단결을 강화하여야 한다. 전당의 강철 같은 통일단결은 당의 불패의 힘의 원천이며 혁명승리의 확고한 뒷받침이다"[424]이며, 여기에 따르는 시행세칙은 다음과 같다. '①위대한 수령 김일성 동지를 중심으로 한 전당의 사상의지적 통일을 눈동자와 같이 보호하고 또 보다 튼튼하게 굳혀야 한다. ②모든 단위와 부서는 수령에 대한 충성심에 입각하여 혁명적 동지애를 높이 발양하면서 대열의 사상의지적 단결을 강화하여야 한다. ③위대한 수령 김일성 동지에 대한 충성심을 척도로 하여 모든 사람을 평가하고 또 원칙적으로 대응하되 수령에게 불충실하며 유일사상체계와 어긋나는 행동을 취하는 사람들에 대해서는 지위나 공로에 관계없이 엄격한 투쟁을 전개하여야 한다. ④개별적 간부에 대하여 환상을 가지거나 아첨아부하거나, 개별적 간부를 우상화하여 무원칙하게 표면에 내세우는 현상에 대하여는 철저히 반대하여야 하며 간부에게 선물을 주는 현상을 없애야 한다. ⑤당의 통일단결을 파괴하거나 좀먹는 종파주의, 지방주의, 가족주의를 비롯한 온갖 반당적 사상요소를 반대하여 견결(堅決)히 투쟁할 것이며, 어떠한 사소한 표현이라 해도 그것을 절대로 묵과하지 말고 철저하게 극복하여야 한다' 등이 있다.[425]

---

424) 「10대원칙」, 『원전 공산주의 대계』 하권, 2076.
425) 정대일, 「국가종교로서의 북한 주체사상 연구」, 142.

이 원칙은 개인우상화426)를 금지하는 요구를 담고 있다. 오직 수령만을 믿고 따라야 하며 수령 이외의 존재, 즉 '개별 간부'들에 대하여 우상화하거나 환상을 가져서는 안 된다는 것이다. 여타 유일신 종교와 마찬가지로 주체사상의 수령 또한 일단 최고 존재의 지위로 격상되자 자신 이외의 존재가 자신의 지위에 도전하는 것을 가장 꺼려하고 있으며, 이에 대한 원천적인 차단을 위하여 우상금지 조항을 제정하고 있음을 알 수 있다.

제7원칙 : 진정한 수령의 전사가 되기 위한 실천윤리

제7원칙은 "위대한 수령 김일성 동지에게 배워서 공산주의적 풍모와 혁명적 사업방법, 인민적 사업작풍을 가져야 한다. 위대한 수령 김일성 동지가 몸에 지닌 고매한 공산주의적 풍모와 혁명적 사업방법 및 인민적 사업작풍을 배운다는 것은 모든 당원과 근로자의 신성한 의무이며 수령의 혁명전사로서의 영예로운 사명을 다하기 위한 필수적인 요구이다"427)이며, 여기에 따르는 시행세칙은 다음과 같다. '①당과 노동계급 및 인민의 이익을 제일로 하고 이를 위해 모든 것을 다 바쳐 싸우는 높은 당성· 노동계급성· 인민성을 가져야 한다. ②계급적 적에 대한 비타협적 투쟁정신과 확고한 혁명적 원칙성, 불요불굴(不撓不屈)의 혁명정신과 필승의 신념을 가지고 오로지 혁명의 한 길만을 늠름하게 싸워나가야 한다. ③혁명의 주인다운 태도로 자력갱생의 혁명정신을 높이 발휘하여 모든 일에 책임지며 또 직면한 난관을 단단한

---

426) 개인숭배(우상화)란 "사회주의국가에서 일정한 개인에게 사회주의 성과를 귀착시키고, 또한 정치를 비롯하여 경제 및 정신적 생산의 제 영역에서 이 개인이 일체의 지도권을 장악하고 모든 사람들이 이에 복종하는 사태"를 일컫는다. 『철학사전』 (서울: 중원문화, 1987), 21에서 참조.
427) 「10대원칙」, 『원전 공산주의 대계』 하권, 2076.

인내성을 가지고 자력으로 돌파해 나가야 한다. ④노쇠와 침체, 안일과 해이에 반대하며, 왕성한 투지와 패기 및 정열에 넘치면서도 언제나 마음을 가다듬고 전투적으로 일하며, 소극과 보수성을 배격하고 모든 일을 대담하고도 용감하게 전개해 나가야 한다. ⑤혁명적인 군중관점을 튼튼히 확립하고 청산리정신·청산리방법428)을 철저히 관철하며 대중 속에 깊이 들어가 대중을 가르치고 대중에게서 배우며 대중과 생사고락을 같이 해야 한다. ⑥혁명적 기풍을 높이 발휘하여 곤란하고 귀찮은 일에는 언제나 앞장서야 한다. ⑦사업과 생활에서 언제나 근면하고 겸손하며 소탈한 품성을 가져야 한다. ⑧관료주의, 형식주의, 본위주의 비롯한 낡은 사업방법과 작풍은 철저히 배격돼야 한다' 등이 있다.429)

이 원칙은 대중과 함께하는 군중적인 사업작풍을 가지고 열심히 일해야 한다는 요구를 담고 있다. 수령에의 믿음과 현실 직업에서의 근면성을 연결하고 있는 조항인 것이며, 직장에서의 사업을 잘하는 것이 수령의 영광을 위한 것이며, 수령을 잘 따르고 진정한 수령의 전사가 되기 위해서는 직장에서의 사업을 잘해야 한다는 것이다. 이처럼 믿음의 영역과 직업의 영역을 결부시켜 놓은 것은 기독교 직업윤리와 비교할 수 있을 것이다.

제8원칙 : 정치적 생명과 조직생활

---

428) 청산리방법: 사회주의헌법 [제13조] "국가는 군중로선을 구현하며 모든 사업에서 우가 아래를 도와주고 대중속에 들어가 문제해결의 방도를 찾으며 정치사업, 사람과의 사업을 앞세워 대중의 자각적열성을 불러일으키는 청산리정신, 청산리방법을 관철한다."에서와 같이, 북측은 집단·국가경영에 적합한 경제관리제도를 형성했다. 이와 같은 중앙집권적 계획경제체제를 바탕으로 경영관리에 있어서 농업은 '청산리방법', 기타 부분은 '대안의 사업체계'라는 주체식 경영방식을 확립하고 중공업우선정책, 국방·경제 병진정책, 외국과의 경제협력을 제한하는 자력갱생노선을 고수해 왔다. 한기양, 북측 민족화해협의회 소속 모 참사와의 대담.
429) 정대일,「국가종교로서의 북한 주체사상 연구」, 143.

제8원칙은 "위대한 수령 김일성 동지로부터 부여된 정치적 생명을 소중히 지키고 수령의 크나큰 정치적 신임과 배려에 대하여 높은 정치적 자각과 기술에 입각한 충성으로써 보답하여야 한다. 위대한 수령 김일성 동지로부터 부여된 정치적 생명을 몸에 지닌다는 것은 우리의 가장 높은 영예이다. 이와 같은 수령의 정치적 신임에 대하여 충성으로 보답하기 위하여 정치적 생명을 제일의 생명으로 인식하고 목숨을 다하는 마지막 순간까지 자기의 정치적 신념과 혁명적 지도를 굽히지 않아야 한다"430)이며, 여기에 따르는 시행세칙은 다음과 같다. '① 정치적 생명을 지키기 위해서는 육체적 생명을 초개처럼 버려야 한다는 것을 알아야 한다. ②혁명조직을 귀중하게 생각하고, 개인의 이익을 조직의 이익에 복종시키며 집단주의 정신을 높이 발휘하여야 한다. ③조직생활에 자각적으로 참가하여 사업과 생활을 정규화·규범화하여야 한다. ④조직의 결정과 위임된 공작은 제때에 성실하게 수행하여야 한다. ⑤조직생활의 격일 및 주간 총화사업431)에 적극적으로 참가하여 수령의 교시와 당 정책을 척도로 자기사업과 생활을 높은 정신사상 수준에서 검토 총화(總和)하면서 비판의 방법으로 사상투쟁을 전개하며, 또 사상투쟁을 통하여 사상의식과 정신무장을 혁명적으로 단련시켜 끊임없이 자기를 개조해 나가야 한다. ⑥노동에 성실하게 참가하며, 혁명과업수행에 몸 바치되 혁명적 실천과정을 통하여 혁명화를 촉진시켜야 한다. ⑦가장 고귀한 정치적 생명을 내려준 수령의 크나큰 정치적

---

430) 「10대원칙」, 『원전 공산주의 대계』 하권, 2077.
431) 생활총화는 토요일에 직장의 각 조직단위로 실시되며, 토요일 오전에 시행되는 주간 생활총화는 한 주일의 자기생활을 반성하고 사상적으로 재무장하는 시간으로 매우 중요하게 취급한다. 주간 총화시간에는 로동당, 청년동맹, 직맹, 여맹 등 조직별로 진행한다. 직장에 나가지 않는 주부들이나 은퇴한 노인들은 매주 토요일 오전 혹은 저녁, 또는 일요일 저녁에 인민반별로 인민반회의 모임을 갖고 생활을 점검하거나 사상학습을 한다. 인민반회의는 체제결속을 다지는 중요한 모임으로 주민조직의 근간을 이룬다. 김병로, 『북한사회의 종교성: 주체사상과 기독교의 종교양식 비교』, 105~106에서 참조.

신임과 배려에 충성으로써 보답하기 위하여 높은 정치적 열성을 발휘하여 정치적 이론과 기술 실무수준을 높임으로써 수령으로부터 위임된 혁명과업을 언제나 훌륭하게 수행하여야 한다' 등이 있다.432)

이 원칙은 수령관 중에서도 가장 핵심이 되는 영생관의 초기 형태를 잘 드러내주고 있는 조항이다. 이 원칙은 정치적 생명이 육체적 생명보다 귀중하다는 것과, 정치적 생명은 수령이 부여해준 생명이라는 것, 그리고 이런 정치적 생명은 조직생활을 철저히 수행하는 것과 관련이 있음을 보여주고 있다.433) 이 원칙의 시행세칙에서 격일 및 주간 생활총화에 적극적으로 참여하며, 비판의 방법으로 사상투쟁을 전개할 것을 강조하고 있는데, 이는 기독교의 기도모임이나 성경공부모임, 구역모임 등과 비교해 볼 수 있을 것이다.

제9원칙 : 수령의 유일한 영도체계

제9원칙은 "위대한 수령 김일성 동지의 유일적 령도 밑에 전당·전국 전군이 시종일관 변함없이 활동할 수 있는 강력한 조직규율을 확립하여야 한다. 위대한 수령 김일성 동지의 유일한 영도체계를 튼튼히 확립한다는 것은 당을 조직·사상적으로 강화하며 당의 영도적 역할과 전투적 기능을 높이기 위한 근본적인 요구이며, 혁명과 건설승리를 위한 확고한 보증이다"434)이며, 여기에 따르는 시행세칙은 다음과 같다. '①위대한 수령 김일성 동지의 혁명사상을 유일한 지도지침으로 하여 혁명과 건설을 수행하고, 수령의 교시·명령·지시에 따라서 전당·전국 전군이 한 몸과 같이 활동하는 수령의 유일한 영도체계를 철

---

432) 정대일, 「국가종교로서의 북한 주체사상 연구」, 144.
433) 김정일, "주체사상교양에서 제기되는 몇가지 문제에 대하여", 『주체사상의 형성과정 1』 (서울: 백두, 1988), 340~343에서 참조.
434) 「10대원칙」, 『원전 공산주의 대계』 하권, 2077~2078.

저하게 확립하여야 한다. ②모든 사업을 수령의 유일한 영도체계에 의거하여 조직 진행하되 정책적인 문제는 수령의 교시와 당 중앙의 결론에 의해서만 처리하여야 한다는 강력한 혁명적 질서와 규율을 확립하여야 한다. ③모든 부문과 단위에서 혁명투쟁과 건설사업에 대한 당의 영도를 확고히 보장하며, 국가 경제단체·근로단체 활동가는 철저하게 당에 의거하고 당의 지도하에서만 모든 사업을 조직 집행해 나가야 한다. ④위대한 수령 김일성 동지의 교시를 관철하기 위한 당과 국가의 결정 및 지시를 정확히 집행하여야 하며, 그것을 잘못 해석하여 변경시키거나 잘못 집행하는 현상에 대해서는 강력히 투쟁할 것인바 국가의 법규범과 규정을 자각적으로 엄격히 지켜야 한다. ⑤개별적인 간부가 하부단위의 당 정권기관 근로단체의 조직적인 회의를 제멋대로 소집한다든지 회의에서 제멋대로의 결론을 내리거나 조직적인 승인 없이 당의 구호를 자기 마음대로 제기하거나 또는 만들어 붙이는 등 당 중앙의 승인 없이 사회적 운동을 위해 조직을 이용하는 따위의 온갖 비조직적인 현상 등을 허용해서는 안 된다. ⑥개별적인 간부가 월권행위를 하거나 직권을 남용하는 등 온갖 비원칙적인 현상을 반대하여 적극적으로 투쟁하여야 한다. ⑦위대한 수령 김일성 동지에 대한 충성심을 기본척도로 하여 간부를 평가하고 또 선발 배치하여야 하며, 친척·친구·동향인·동창생·사제관계와 같은 정실이나 안면관계로써 간부문제를 처리하거나 개별적 간부가 제멋대로 간부를 조동(躁動)시키거나 등용하는 행위에 대해서는 묵과함이 없이 강력히 투쟁함으로써 간부사업에서 제정된 질서와 당적 규율을 철저히 지켜야 한다. ⑧당의 유일사상체계와 당의 유일적인 지도체제와 어긋나며 비조직적이고도 무규율적인 현상에 대해서는 그것이 큰 문제이건 작은 문제이건 간에 제때에 당 중앙위원회에 이르기까지 당 조직에 보고하여야 한다'등이 있

다.435)

이 원칙은 당내에서 "수령의 유일한 영도체계"436)를 확립해야 함을 역설하고 있다. 수령을 제외한 그 어느 누구도 결론을 내릴 수 있는 권능을 가지지 못한다는 것을 분명히 하고 있으며, 조직 내에서 그런 현상이 발견되면 즉시 묵과함 없이 강력히 투쟁할 것을 요구하고 있다. 이는 기독교의 교회론이 오직 그리스도만을 교회의 머리로 인정하고 그 이외의 형태에 대해서는 이단으로 정죄하는 것과 비교할 정도이다.

제10원칙 : 혁명의 후계문제

제10원칙은 "위대한 수령 김일성 동지께서 개척하신 혁명위업을 대를 이어 끝까지 계승하여 완성시켜 나가야 한다. 당의 유일한 지도체제를 확립한다는 것은 위대한 수령의 혁명위업을 고수하고 빛나게 계승 발전시키며 우리 혁명위업의 종국적 승리를 쟁취하기 위한 보증으로 된다"437)이며, 여기에 따르는 시행세칙은 다음과 같다. '①전 당과 전 사회에 유일사상체계를 철저히 확립하고, 수령이 개척한 혁명위업을 대를 이어 빛나게 완수하기 위하여 수령의 영도 밑에 당 중앙의 유일적 지도체제를 확립하여야 한다. ②위대한 수령 김일성 동지가 항일혁명투쟁시기에 쌓아올린 영광스런 혁명전통을 고수하고 또 영원히 계승 발전시키되, 혁명전통을 비방하거나 말살하려는 반당적 행동

---

435) 정대일, 「국가종교로서의 북한 주체사상 연구」, 145.
436) 수령의 유일적 영도체계 확립은 다름 아닌 국가권력구조와 당의 지도원칙에서의 집단주의의 상실을 의미하는 것이다. 1972년 제정된 사회주의헌법에서 '국가주석제'를 도입함으로써 유일적 지도체제를 제도화했다. 모든 권력을 주석중심으로 집중시켜 입법, 행정, 사법 및 군을 완전히 장악한 제왕적 군주체제와 다를 바 없는 것이었다. 노정환, "주체사상의 혁명적 수령관", 『주체사상 비판, 2』 (서울: 벼리, 1989), 115~116에서 참조.
437) 「10대원칙」, 『원전 공산주의 대계』 하권, 2078.

에 대해서는 그것이 비록 그 얼마나 조그만 표현이라 해도 반대하여 엄격히 투쟁하여야 한다. ③당 중앙의 유일적인 지도체제와 어긋나는 사소한 현상이나 요소에 대해서도 이를 묵과함이 없이 비타협적으로 투쟁하여야 한다. ④자기 자신만이 아니라 모든 가족과 후대들도 위대한 수령을 우러러 받들고 수령에게 충성을 다하는 당 중앙의 유일지도에 무한히 충성하여야 한다. ⑤당 중앙의 권위를 백방으로 보장하며 당 중앙을 목숨 바쳐 사수하여야 한다'등이 있으며, 이 모든 원칙의 말미에는 '모든 당원과 근로자는 당의 유일사상체계를 확립함으로써 모든 사람이 위대한 수령 김일성 동지에 무한히 충실한 근위대·결사대가 되어야 하며, 수령이 가르치는 길을 따라 혁명위업을 끝까지 완성하여야 한다'는 당부가 덧붙어 있다.438)

이 원칙은 혁명의 후계문제를 다루고 있는 조항이다. 이 원칙에서 말하는 '당 중앙'은 사실상 김정일을 의미하는 대명사이다. 이 원칙은 혁명이 대를 이어 승리하기 위해서는 수령의 유일적인 영도체계와 함께 후계자의 유일적인 지도체제가 서야 함을 강조하고 있다. 이것은 이후 '후계자론'일련의 담론으로 발전하게 되는데, 표면상으로는 후계수령의 여러 가지 자질을 중시하지만, 이면에서는 낭만적인 민족주의의 영향 아래 '핏줄의 정통성'을 강조하게 되는 방향으로 정초(定礎)되었다는 점에서 일본의 천황제와 비교해 볼 수도 있을 것이다.439)

---

438) 정대일, 「국가종교로서의 북한 주체사상 연구」, 146.
439) Bruce Cumings, 김동노 외 역, 『브루스 커밍스의 한국현대사』(서울: 창작과비평사, 2001), 582. 브루스 커밍스는 "천황은 모든 국민의 아버지였고, 국민은 혈연으로 연결되었으며, 그 피는 일본인의 혈관 속에 흐르고 있었다"라는 다나까 찌까꾸(田中智學)의 말과, 천황제의 원칙을 "국가를 가족의 연장으로, 좀 더 구체적으로는 황실을 줄기로, 국민을 가지로 하는 가족들의 국가로 보는 것이었다. 이것은 국가유기체론처럼 단순한 유추가 아니라 실제적인 의미를 지닌 것으로 간주된다"는 마루야마 마사오(丸山眞男)의 글을 인용하고 있다. 정대일, 「국가종교로서의 북한 주체사상 연구」, 146에서 재인용.

2) 개인숭배와 주체사상

북측은 주체사상의 수령론이 인민들의 존경과 감사의 뜻이 자발적으로 흘러넘쳐 나온 것이지 개인숭배가 아니라고 강변한다. 하지만 개인숭배라는 것은 자발적이라는 주관의 상태로 정당화될 수 있는 주관적 현상이 아니라 분명히 객관적으로 존재하는 현상이다. 역사발전에서 수령이 결정적 역할을 하기 때문에 인민대중이 결정적 역할을 한다는 주체의 사회역사원리, 수령이 국가와 당을 한 손에 틀어쥐고 유일적 영도를 수행하는 체제, 수령에 대한 충실성이 공산주의자의 최고 품성으로 규정되는 상황, 게다가 '집단주의적 생명관' '뇌수론' 등으로 오히려 개인숭배를 이론화하고 교조화시키는 이러한 주체사상의 현실화는 개인숭배의 극단적인 모습이라 할 수 있다.440) 주체사상의 수령론이 김일성-김정일-김정은으로 이어지는 이른바 '백두혈통' '핏줄의 정통성'의 혁명위업계승을 내세우는 개인숭배와 직결되었다고 볼 수 있을 것이다.

> 우리 인민이 수천년의 력사속에서 처음으로 맞이하였고 또 추대하게된 위대한 수령 (…) 인류사상사에서 가장 빛나는 지위를 차지하는 영생불멸의 주체사상을 창시한 사상이론가 (…) 경애하는 수령 김일성동지는 혁명과 건설의 세계적 모범을 창조하였고 로동자계급의 혁명투쟁사, 인류해방투쟁사에 영원히 빛날 고귀한 업적을 쌓아올린 혁명의 위대한 전략가이며 백전백승의 강철의 령장(靈將)이며 창조와 건설의 영재이다. 수령은 일제와 미제에 반대하는 두 번에 걸친 혁명전쟁을 위대한 승리로 이끌어 조국의 광복을 성취했고 민족의 영예를 높임으로써 식민지 민족해방혁명의 새시대, 반제반미투쟁의 새

---

440) 노정환, "주체사상의 혁명적 수령관", 121~122.

로운 앙양시대를 열어놓았다. 수령은 세기적으로 낙후됐었고 모든 것이 파괴됐던 우리나라에서 자본주의국가들이 수백년이 걸려서야 이룩한 공업화의 위업을 불과 10년이라는 짧은 기간 내에 빛나게 하는 전례없는 기적을 창조함으로써, 천리마 조선의 혁명적 기개와 우리의 인민의 무궁무진한 창조적 위력을 전 세계에 과시하였다. (…) 인류해방의 구성(救星)이며 세계혁명과 국제공산주의운동의 위대한 영도자 (…) 혁명위업에 대하여 끝없는 헌신성과 인민에 대한 따뜻한 사랑으로써 장구한 혁명투쟁의 전 로정을 찬란하게 수놓아온 인민의 자애로운 어버이 (…).441)

이런 수령에 대한 칭송과 인민에 대한 주체사상의 요구가 개인숭배가 아니고 무엇인가. 북측이 개인숭배가 아니라 수령에 대한 존경과 감사의 자연스런 발로라고 주장하지만, 지도자에 대한 대중의 신뢰를 그런 식으로 남용하고 오도하는 것이 바로 개인숭배인 것이다. 김일성 주석이 일제하 항일무장투쟁을 영웅적으로 이끌었고 해방 이후 북측에서의 사회주의 건설을 선두에 서서 지도했다고 해서 그에 대한 개인숭배가 용인될 수 있는 것은 결코 아니다. 그의 역할이 아주 중요했다고 할지라도 그것은 사회의 합법칙적 발전의 요구를 체현(體現)한 것에 불과한 것이다.442) 따라서 이를 무시하고 김일성 개인의 결정적 역할만을 강조하는 것은 개인숭배로 빠질 수밖에 없는 것이다. 항일무장투쟁의 지도로 얻어진 김일성 개인의 명성, 한국전쟁과 계급투쟁의 진전이 요구한 중앙집권화의 요구, 전쟁 후 폐허 위에서 식민지반봉건사회를 사회주의사회로 발전시키기 위한 피나는 노력, 그리고 1950~1960년대의 사회주의 건설의 성공 등이 김일성 개인숭배가 진행되게 된 기본적인 요인이라 할 수 있다. 이와 같은 일련의 과정 속에서 김일성은

---

441) 「10대원칙」의 서문, 『원전 공산주의 대계』 하권, 2071~2073.
442) 노정환, "주체사상의 혁명적 수령관", 124.

인민대중과 당내에서 권위를 획득할 수 있었다. 그러나 그 권위는 주체사상이 지도이념으로 등장하면서 김일성 개인에 대한 숭배로 전화(轉化)되기 시작했던 것이다. 당과 인민대중의 활동에 의해 획득된 성과가 부당하게도 김일성 개인의 공적으로 돌려진 것이다.

그리고 개인숭배의 사상적 근원은 사회주의의 본성인 집단주의와도 배치되는 부르주아 개인주의와 봉건주의에 있으며, 철학적으로는 사물의 운동력을 그 자체 내부의 힘에서 찾지 않고 외부의 힘에서 찾는 기계적·형이상학적 유물론에 있는 것이다.[443] 이런 맥락에서 개인숭배를 용인하고 나아가 온갖 논리들로 개인숭배를 이론화하고 체계화한 주체사상을 비판·극복되지 않으면 안 될 것이다. 북측의 주장대로 설령 김일성 주석의 업적이 아무리 크고 위대하다 할지라도 절대화·신격화까지 하게 된다면, 그런 개인숭배는 비판되어야 할 것이다.

3) 주체사상의 영생관

북측에서 말하는 영생은 '사회정치적 생명'의 영생이다. 따라서 북측의 영생관을 알기 위해서는 우선 사회정치적 생명이 무엇인지 파악해야 한다. 사람이 육체적 생명과 함께 사회정치적 생명을 가지고 있으며, 이로 인하여 육체적 생명만을 가지고 있는 여타의 생명물질과 구별되는 본질적인 차이를 지니게 된다고 한다.[444] 사회정치적 생명의 중요 특징은 사회적 관계 속에서 사회적으로 유지되고 있다는 데 있다. 사람들은 자주적인 사상의식을 가지고 자주성을 위해 투쟁할 때에 사회정치적 생명을 가지게 되며, 이 생명의 특징은 영생하는 생명이라

---

443) 노정환, "주체사상의 혁명적 수령관", 125.
444) 정대일, 「국가종교로서의 북한 주체사상 연구」, 146.

는 것이다. 자주성을 위한 투쟁은 역사와 더불어 영원히 인민대중의 기억 속에 남게 되며, 사람은 오직 사회정치적 생명을 가지고 조국과 인민, 사회와 집단을 위해 투쟁하며 자주적이며 창조적인 생활을 개척해나갈 때에만 보람 있고 가치 있게 살아나가게 된다고 한다.[445] 사람은 노동계급의 수령으로부터 가장 고귀한 사회정치적 생명을 받아 안게 되며, 수령은 사람들을 불멸의 혁명사상으로 무장시키고 당과 근로단체조직에 튼튼히 결속시키고 자주성을 위한 성스러운 혁명투쟁에 불러일으킨다는 것이며, 사람은 이런 과정을 통해 자신의 사회정치적 생명을 빛낼 수 있다는 것인데, 이 과정에 참여하는 것은 곧 수령에 대한 충성을 다하는 과정이므로, 사회정치적 생명이 제1생명이라는 것은 곧 수령에 대한 충실성이 제1생명이라는 것을 의미한다고 설명하고 있다.[446]

북측은 사회정치적 생명이 사회정치적 생명체를 통해 유지된다고 말한다. 주체사상의 영생관을 파악하기 위해서는 사회정치적 생명이 자라나서 유지되며, 계승되어 영생하는 사회정치적 생명체에 대해 살펴보아야 한다. 북측은 사회정치적 생명체에 대해 수령-당-대중의 통일체에 의해 이루어진다고 한다. 사회정치적 생명체는 그 어떤 예속에서도 벗어나 세계와 자기운명의 주인으로 살려는 자주적인 요구를 제기하고 그것을 자기의 창조적 힘으로 실현해나가는 자주적인 생명력을 지니며, 다른 사회적 집단과는 달리 하나의 중심과 중추에 의해 통일되고 혁명적 의리와 동지애의 원리에 의해 결합된 전일적인 집단이며, 그 중심은 수령이라고 한다. 수령은 이 생명체의 생명활동을 통일적으로 지휘하는 중심이며 최고뇌수이고, 당은 수령을 중심으로 조직 사상

---

445) 같은 글, 147.
446) 『조선대백과사전 4』 (평양: 백과사전출판사, 1996), 413.

적으로 공고하게 결합된 인민대중의 핵심부대로서 사회정치적 생명체의 중추를 이루고, 대중들은 당 조직과 당이 영도하는 사회정치조직의 한 성원으로서 조직사상생활에 적극 참가함으로써만 사회정치적 생명체의 중추인 수령과의 혈연적인 연계를 공고히 하고 자기의 사회정치적 생명을 빛내갈 수 있다고 말한다. 수령-당-대중은 하나의 생명으로 결합되어 운명을 같이하는 사회정치적 생명체이기 때문에 그 사이에서는 서로 도와주고 사랑하는 혁명적 의리와 동지애의 관계가 이루어지며, 수령과 당을 중심으로 하나로 결합된 사회정치적 생명체는 그 결합의 통일성과 혈연적으로 연결된 공고성으로 인해 강한 생명력을 가지게 되며, 인민대중의 운명을 자주적으로, 창조적으로 개척해가는 혁명의 주체, 역사의 자주적인 주체로 된다는 것이다.[447]

종교는 영생하려는 사람들의 염원을 악용하여 '래세'에 대한 환상을 퍼뜨렸으며, '하느님'이나 부처를 믿어야 죽은 다음 '천당'이나 '락원'에 가서 영원한 행복을 누릴 수 있다고 설교하였다고 하며, 종교가 여러 세기를 내려오면서 사람들을 신앙이라는 정신적 예속의 멍에에 얽매여둘 수 있었던 근거의 하나가 바로 여기에 있다고 한다.[448] 그러나 과학에 의해 증명된 바와 같이 '래세'나 '신'이란 존재하지 않는 것만큼 신에 의존해서는 영원한 삶을 누릴 수 없고, 현실세계와 사람들의 지상생활 밖에서 영원한 삶과 영원한 행복을 누리는 길을 찾으려는 온갖 시도는 허황하기 그지없으며, 주체사상은 개별적인 사람들이 영생하는 길은 인민대중과 운명을 같이하는 데 있다고 본 것이다. 육체적 생명은 개인들의 육체와 운명을 같이하기 때문에 유한하지만 사회정치적 생명은 인민대중과 운명을 같이하기 때문에 영

---

447) 『조선대백과사전 13』 (평양: 백과사전출판사, 2000), 93.
448) 김철희, 『주체의 인생관』 (평양: 사회과학출판사, 1984), 120.

원하고, 인민대중이라는 사회적 집단은 자기운명을 자주적으로, 창조적으로 개척해나갈 수 있는 생명을 지니고 있기 때문에 사회가 존재하는 한 영원히 존재하고 끝없이 번영할 수 있다는 것이다.449)

북측은 수령형상문학의 최고봉인 총서「불멸의 력사」450) 중『영생』이라는 소설작품에서 후계수령인 김정일의 입을 빌어 주체사상의 영생관에 대해서 다음과 같이 말하고 있다.

> 김정일동지께서는 말씀하시였다. '나는 위대하신 수령님께서 돌아가신 이후부터 오늘까지 내내 수령님의 영생에 대하여 생각하였습니다. (…) 우리가 말하는 수령님의 영생은 물론 천당이나 극락세계도 아니요, 인민들이 마음속으로 잊지않고 기억하는 그런 영생만도 아닙니다. 인류는 마르크스, 엥겔스, 레닌을 비롯하여 많은 위인들과 성인들을 잊지않고 있으며 력사는 그들의 공적을 기록해두고 있습니다. 다라서 그들은 모두 지금도 인류의 기억속에 살아있다고하여도 틀린 말은 아닙니다. 그러면 우리 수령님의 영생은 어떤 영생이어야 하는가? (…) 동지들, 그렇습니다. 우리는 수령님을 추모하고 수령님의 은덕을 잊지않고 기억해두는 것으로 그쳐서는 안됩니다. 우리는 인민들 모두가 수령님과 함께 숨쉬고 수령님의 사상과 의지대로 살고 수령님의 념원과 지향을 안고 그이의 교시를 관철해나가게하여야 합니다. 수령님께서 생존해계실 때와 조금도 다름없이 우리는 수령님의 사상을 백프로 받아들이고 백프로 계승하여야 합니다. 이것이 철저하고 그리고 영원하면 되는 것입니다. 이것이 가능한가?' 김정일동지께서는 한손을 들어 허공을 힘있게 그으며 반문하시였다.'가능합니다. 왜냐하면 우리 수령님은 인민으로부터 절대적인 사랑과 존경을 받고계시기 때문입니다. 지금 우리 인민들이 왜 저렇게 울고 있

---

449) 정대일,「국가종교로서의 북한 주체사상 연구」, 148.
450) 참조 : 수령형상문학 총서(시리즈)로 [불멸의 력사]와 [불멸의 향도]가 있는데, [불멸의 력사]는 김일성과 관련된 문학총서를 말하고, [불멸의 향도]는 김정일과 관련된 문학총서를 의미한다.

습니까. 그들은 진정으로 수령님을 태양으로, 하늘로 생각해왔기 때문입니다. (…) 우리 수령님은 인민의 심장속에 영원히 살아숨쉬는 위대한 사상으로 영생하는 것입니다! (…) 이제 우리는 인민들에게 이것을 알려주려고 합니다. (…) 태양과 떨어진 생명을 생각할수 없듯이 우리 인민은 잠시도 수령님과 떨어져살수 없습니다. 그러므로 나는 이 모임에서 우리 인민의 운명이 되고 생명이 되는 구호, 우리 당이 금후 우리의 붉은기와 더불어 영원히 표대로 삼아야할 두 개의 기본구호를 제시할 것을 제기하고자 합니다. 그것은 「위대한 수령 김일성동지는 영원히 우리와 함께 계신다!」 와 「위대한 수령 김일성동지의 혁명사상으로 더욱 철저히 무장하자!」 입니다.'451)

김정일은 인간이 영생을 향한 지향을 가지고 있음을 긍정하고, 그 대답인 여러 종교의 가르침이 허황하다는 것을 지적한 다음, 자신이 생각하는 영생에 대해서 토로하고 있다. 김정일이 추구하는 수령의 영생은 수령을 기억하고, 수령의 사상으로 무장하여 수령의 교시를 관철해 나가는 인민대중과 함께 영원히 살아 숨 쉬는 세계-내재적 (intramundane) 영생인 것이다. 수령과 함께하는 인민대중의 단위가 '민족'인 만큼, 수령의 영생은 또한 민족의 영생을 보장하는 담보이기도 한 것이다. 이런 순환적인 수령과 민족의 영생에 대한 이해가 주체사상의 영생관을 형성하고 있다.452)

이상에서 살펴본 바와 같이, 주체사상은 수령을 최고의 존재로 신격화시키는 수령관을 가지고 있으며, 그 수령을 영생하는 영생의 부여자로 설명하고 있다. 북측사회의 정치종교인 주체사상에서의 수령관과 영생관은 주체사상의 교리적 차원에서 핵심적인 위치를 차지하고 있다.

---

451) 백보흠· 송상원, 『영생』 (평양: 문학예술종합출판사, 1998), 470~471.
452) 정대일, 「국가종교로서의 북한 주체사상 연구」, 150.

4) 수령숭배의 의례(儀禮)

 종교는 의례적 차원을 지니고 있다. 의례는 신화를 재연하며 초월경험을 표출함으로써 그것을 강화하는 역할을 담당한다. 모든 신화는 의례를 통해 재연(再演)될 때에만 생명력을 유지하며, 모든 초월경험은 일정한 의례를 통하여 외적인 형태로 드러나기 마련이다. 북측의 주체사상도 이런 의례적 측면을 구체적이고도 강력하게 시행하고 있다. 북측 주체사회주의에서 수령의 혁명역사는 철저히 재연되며, 그 과정에서 수령의 영생이 재확인되고, 영생하는 수령으로부터 부여되는 사회정치적 생명의 영생에서 말미암는 수령숭배의식이 표출된다. 수령이 거쳐 간 행적(行蹟)은 모두 성화(聖化)된다. [배움의 천리길]과 [광복의 천리길], 항일무장투쟁 전적지와 사적지, 사령부가 위치했던 귀틀집, 숙영지 등은 정기적인 순례의 대상이 된다. 이곳에의 순례를 통해 순례자들은 수령의 뒤를 따르려는 감정과 함께 수령과 함께 걷고 있다는 감정을 느끼게 된다.453)

 항일무장투쟁 전적지와 사적지는 김일성이 항일무장투쟁을 벌이고, 주요한 회의를 가졌다고 주장되는 곳을 중심으로 각종 기념비와 김일성 동상이 건립되어 있는 곳이며, 북측사회에서 거룩한 장소로 성화되어 순례의 대상이 되는 수령숭배의 성지들이다. [왕재산 혁명사적지]는 1933년 3월11일 김일성이 두만강을 건너 온성지구에 진출한 사건을 기념하고 있다. 왕재산에는 김일성의 동상이 있고, 그 뒤로 66미터의 봉화탑을 비롯하여 송가상(頌歌像), 수많은 부각상(浮刻像)과 조각상으로 이루어진 왕재산대기념비, 왕재산혁명사적비와 왕재산혁명박물관 등이 있다.

---
453) 같은 글, 164.

'백두산 밀영'과 관련한 혁명전적지는 1936년 5월에 김일성이 백두산 근거지를 창설한 것을 기념하여 조성되었으며, 1979년 5월21일에는 혁명사적비를 세웠다. 백두산 밀영에는 사령부와 후방밀영 그리고 연락소가 있다. 사령부는 두 채의 귀틀집으로 이루어져 있는데 윗채는 사령부이고 아래채는 대원실이다. 사령부 귀틀집에는 김일성이 밀영에서 입었다는 털외투와 모자, 전투가방, 그리고 조선지도가 걸려 있고, 책상 위에는 김일성이 쓰던 연필과 종이가 놓여 있다. 후방밀영은 후방연락소, 재봉소, 무기수리소, 출판소, 병원 등으로 구성되어 있다.454)

'보천보 혁명전적지'는 1937년 6월4일의 보천보전투와 관련된 전적지이다. 보천보 혁명전적지에는 1955년 6월4일 김일성 동상이 세워졌고, 1977년 혁명사적비가 건립되었다. 이 전적지는 김일성이 압록강을 건넌 구시물동, 전투명령을 내린 곳인 곤장덕, 적정을 다시 확인한 곳, 가림천을 건넌 곳, 대진평-무산방면 전선을 절단한 곳, 대진평-무산방면 차단대, 혜산방면 차단대, 보천보 전투지휘처, 경찰관주재소, 소방회관, 면사무소, 일본인 상점, 우편국, 산림보호구, 농사시험장, 철수 도중 휴식한 곳 등등의 전적지로 이루어져 있다.

'무산지구전투 전적지'는 1939년 5월에 진행된 무산지구전투와 관련한 전적지이다. 김일성이 주력부대를 이끌고 1939년 5월18일 압록강을 건너 조국 땅에 들어온 곳인 5호물동, 5호물동으로 압록강을 건넌 다음 청봉 쪽으로 행군하다가 휴식한 곳이 5호물동 휴식터, 18일에 첫 밤을 보낸 청봉숙영지와 그곳에 1969년 5월18일에 건립한 김일성

---

454) 같은 글, 166. 참조 : 2003년6월 필자가 탐방한 느낌은 규모는 크지 않지만 '밀영'이라 할 만큼 깊은 산속 숲이 우거진 곳에 귀틀집이 있는 곳은 양지바른 곳이었다. 샘물이 솟아나고 개울에 흐르는 물도 맑고 깨끗해서 은신하기 적합한 산채였다. 통나무 블록을 바닥에 깔아서 순례하는 사람들에게 불편함이 없도록 잘 단장해 놓았다. 귀틀집 뒤편으로 우뚝 솟은 큰 바위산이 있는데, 거기에다 '정일봉'이란 엄청나게 큰 붉은 글씨로 새겨놓은 것을 볼 수 있다.

동상과 1979년 5월18일에 세워진 헌시비, 19일에 숙영한 건창숙영지, 20일에 숙영한 베개봉숙영지[455], 21일에 휴식하면서 전투준비를 갖춘 삼지연 등으로 구성되어 있으며, 1979년 삼지연 못가에 김일성의 동상과 삼지연대기념비와 혁명사적관을 세웠다. '삼지연대기념비'는 수령의 거룩한 모습과 위대성, 그리고 수령이 창시한 주체사상의 기치 아래 진행된 항일혁명투쟁을 형상하고 있다고 한다.[456] 그리고 백두산은 북측의 정치종교인 주체사상의 성지로서, 마치 모세가 십계명을 받은 시내산과 같은 곳이다. 북측은 '영광스러운 주체시대의 여명도 바로 이 백두산에서 시작되었다'고 하며, "백두산은 경애하는 수령 김일성원수님의 영생불멸의 주체사상과 혁명위업을 빛내이며 혁명의 성산으로 높이 솟아있다"[457]고 말한다.

주체사상의 의례적 차원에서 단연 최고 성지로 꼽을 수 있는 곳은 '사회주의 조선의 시조이고 위대한 수령 김일성동지께서 영생의 모습으로 계시는'[금수산기념궁전][458]이다. 그리고 수령이 태어난 [만경대 고향집] 역시 성지로 관리되고 있다. 북측은 "우리 당과 우리 인민의 위대한 수령이신 김일성원수님께서 탄생하시여 어린 시절을 보내시였으며, 부모님으로부터 애국주의 교양을 받으시면서 조국광복의 크나큰 뜻을 키워나가신 조선혁명의 요람지이며, 우리 인민과 전 세계 혁명적 인민들의 마음의 고향"[459]이라고 소개하고 있다. 또한 최고인민회의 의사당 근처에 평양시내를 내려다보며 웅장하게 서있는 [만수대의 김

---

455) 참조 : 백두산 자락에 위치한 이곳에는 '베개봉호텔'이라는 소규모의 숙박시설이 있다.
456) 같은 책, 145~156에서 참조. 인근에 아주 작은 삼지연비행장이 있는데, 관제탑이 있는 청사는 시골의 간이역 수준이다. 한때 현대아산과 '백두산관광사업'을 남북경제협력사업의 일환으로 추진하려 했을 때, 이 공항을 중심으로 개발하려 했던 곳이다.
457) 같은 책, 161.
458) 각주 384를 참조.
459) 『영광의 땅 국내 혁명사적지』, 1.

일성 동상)460)과 [주체사상탑]461), [영생탑] 역시 수령숭배의 대표적인 성지라 할 수 있다. 그리고 묘향산에 위치한 [국제친선전람관]462)도 빼놓을 수 없는 곳이며, [단군릉]463)과 [동명왕릉]도 같은 맥락에서 성역화한 곳이다.

수령에 충실했던 전사들은 [대성산 혁명열사릉]에 안장되어 있으며, 이 언덕은 '영생의 언덕'으로 불린다. 이곳은 수령의 혁명역사의 첫 장이자 신화로 성화된 항일혁명투쟁 당시의 전사들이 묻혀있는 곳이다. 혁명열사릉은 1975년 10월 조선로동당 창건 30돌에 조성되었고, 1985년 10월 조선로동당 창건 40돌에 이전보다 4배나 확장된 규모로 개건되었다.464)

---

460) 김일성의 환갑을 기념하여 1972년에 건립한 이 동상은 23미터에 달하는 웅장한 규모인데, 오른손은 마치 연설하며 청중을 향해 강하게 훈시하는 것 같이 앞으로 내밀고 있고, 왼손은 뒷짐을 지려는 듯한 위풍당당한 자세로 묘사하여, 지금도 인민들을 '현지지도'하고 있는 느낌이 들도록 형상화했다.

461) 김일성의 70회 생일인 1982년 4월 15일에 완성해 그에게 '바친' 높이 170미터의 "주체사상탑"이다. 대동강을 중심으로 [인민대학습당](국립 도서관)과 [김일성광장](뉴스에서 자주 볼 수 있는 군대를 사열하고 열병하는 곳)을 자로 잰 듯 마주보며 세워져 평양의 중심부에 위치하고 있다. 표면적으로 이 탑의 주된 의미는 150미터 탑신 위에 얹혀 있는 20미터의 붉은 색 봉화(33톤에 달하는 주조물)에서 드러난다. 즉 그 봉화(횃불)가 주체사상을 상징한다는 것이다. 그러나 이 탑이 지닌 독특한 내면적 뜻은, 안내원이 힘주어 강조하는 숫자상의 상징성에 있다. 70번째 생일에 '바친' 탑은 모두 70단으로 구성돼 있고, 그 건설에는 김일성이 그때까지 살아온 날의 수(70×365=25550)와 똑같은 모두 2만5천550개의 화강석을 사용했다는 것이다. 십계명처럼 강령을 기록한 머릿돌은 4월 15일을 상징하듯 세로 4미터, 가로 15미터나 되는 통돌(한 개로 된 대형 대리석)로 깎아 세웠다는 것이다. 말하자면, 이 탑은 주체사상뿐만 아니라 그 창시자를 표방하는 김일성이 살아온 시간, 즉 김일성 개인 그 자체를 공간 속에서 대표한다는 뜻이다. 그런 의미에서 이 탑은 오늘의 북한을 이끌어 가는 횃불이자, 북한사회를 떠받치고 있는 기둥이라 할 것이다. 한기양, 「평양기행문-에스겔 선지자의 두 막대기」(울산;2002),9

462) 국제친선전람관에는 지난 반세기 동안 김일성이 각국 정상들과 외빈들에게서 받은 선물을 보관하고 있는 곳이다. 입구에는 웅장하고 거대한 궁궐처럼 전통한옥 모양의 외관이지만, 모두 화강암으로 돼 있고 모두 산 속을 굴착하여 지어놓았다.

463) 단군릉에서의 의례는 수령을 민족 원시조인 단군의 대를 잇는 중시조, 즉 사회주의조선의 시조로 느끼게 하며, 수령숭배심에 강한 민족주의적 색채를 더해준다. 단군릉에서의 의례와 관련해서도 수령의 우월성이 보장되는데, 이는 수령이 단군의 역사적 실체를 확증해준 존재라는 데 그 이유가 있다. 정대일, 「국가종교로서의 북한 주체사상 연구」, 173에서 재인용.

464) 같은 책, 8.

대성산 혁명열사릉의 친필비는 '영원히 살아' 있음을 말하고, 헌시비는 열사들이 영생한다는 것과 그 영생의 근원은 수령의 사랑과 당의 은정(恩情)이라는 주체사상의 기본교리를 강하게 전하고 있다. 따라서 혁명열사릉에 참배하는 의례는 그 의례에 참여하는 사람들에게 주체사상의 교리를 재확인하고, 신화적 존재로 성화된 주체사상의 성인인 혁명열사들의 뒤를 따라 수령을 충성으로 모시는 신화를 재연하게 하는 통로로서의 기능을 감당한다고 말할 수 있을 것이다.465)

이상에서 살펴본 모든 장소는 북측 주체사회주의의 성소(聖所)가 된다. 이곳에서의 의례는 주체사상의 수령관의 시원(始原)이 되는 일련의 신화들, 즉 운명의 구세주인 수령의 혁명역사를 재연하고 영생의 부여자인 수령에 대한 숭배심을 고취시키는 역할을 감당하고 있는 것이다.

5) 수령중심의 조직과 윤리

수령중심의 일원적 조직체계

모든 종교는 스스로를 지속시키기 위해서 일종의 조직을 필요로 하며 이것을 통해서 종교인들을 재생산하고 종교 자체를 유지 존속시킨다. 북측의 정치종교인 주체사상의 조직은 공동체적으로 매우 강한 일원론적 성격을 띠고 있다. 북측 주체사회주의 사회의 모든 조직들은 수령을 중심으로 통합되어 있다. 북측사회가 강한 일원론적 성격을 띠는 이유는 바로 주체사상의 수령관에서 기인한다. 영생은 오로지 수령으로부터만 부여받을 수 있으며, 그 방도는 수령과의 조직·사상적 결합에 있다는 주체사상의 수령관은 전 사회를 수령으로 정점으로 하는 일

---
465) 정대일,「국가종교로서의 북한 주체사상 연구」, 172.

원론적 사회로 재구성하게 된다.466)

　북측에서 수령은 당의 뇌수이며, 당은 혁명의 참모부이다. 이러한 당의 인전대(印篆隊)인 대중단체로서 조선사회주의로동청년동맹(사로청), 조선직업총동맹(직맹), 조선농업근로자동맹(농근맹), 조선민주녀성동맹(녀맹), 조선소년단 등이 있고 심지어 정부기관조차도 당의 인전대로서의 기능을 담당한다. 뿐만 아니라 '우당'이라고 일컬어지는 야당들인 조선사회민주당과 천도교청우당까지도 조선로동당의 지도를 받으며, 각종 종교단체들도 마찬가지이다.467) 이상의 여러 성격의 조직체들을 조직사상적으로 지도하여 수령과 당의 주위에 묶어내는 역할을 조선로동당 중에서도 당 조직지도부와 당 선전선동부가 담당한다.

　조선로동당은 북측 주민의 생애 전반을 요람에서 무덤까지 조직생활을 지속하도록 빈틈없이 지도하고 있다. 조선로동당은 1970년 제5차 당 대회에서 북측의 모든 어린이를 사회적으로 양육할 것을 결정했다. 이 결정에 따라 1972년부터 유치원 높은 반을 포함한 11년 의무교육제를 시행한데 이어 1976년 6월 「어린이 보육교양법」을 공포했다. 이로써 북측은 국가공동체의 구성원들이 유아기 때부터 김일성과 김정일의 어린 시절을 따라 배우도록 함으로써 북측의 정치종교인 주체사상과 그 정수인 수령관과 영생관이 아동들에게 내면화되도록 주의를 기울이고 있는 것이다. 어린이들을 가정으로부터 일찍 격리시켜 사회주의 제도의 밝은 미래, 집단주의 정신, 노동정신, 애국심 등 사회주의적 제 가치관과 혁명적인 조직생활의 기풍을 주입시킴으로써 혁명의 계승자 후비대(後備隊)로 키워가고 있는 것이다. 만3세까지의 아이는 탁아소에 맡겨지며, 고아나 부모의 보살핌을 받을 수 없는 아이들은 육아

---

466) 같은 글, 182.
467) 권혁, "인민대중중심의 참다운 정치생활을 보장하는 주체의 사회주의 정치제도", 『주체사회주의 연구 2, 주체의 사회주의 정치제도』 (평양: 평양출판사, 1992), 211.

원과 애육원에서 성장한다. 만4세가 되면 유치원 낮은 반에 입학하게 되고, 만5세가 되면 높은 반으로 진학한다. 북측 전역의 약 3만여 개의 탁아소와 2만여 개의 유치원은 취학 전 아동학습의 핵심기관이라고 할 수 있다.[468]

유치원에서 2년 과정을 마친 어린이들은 만6세에 인민학교에 입학한다. 인민학교 2학년 때 의무적으로 소년단에 가입하는데 주로 4·15명절(김일성 생일), 6·6절(소년단 창립일), 9·9절(정권수립일) 등 주요 행사시에 선별적으로 가입한다. 충성경쟁을 유발시키기 위해 한 번에 모두 가입시키지 않고 기간을 두고 자격이 되는 어린이부터 가입시킨다.[469]

고등중학교에서부터는 주체사상에 대해 이론적인 기초학습을 시작한다. 고등중학교는 "자라나는 세대들을 위대한 수령님의 혁명사상과 당의 사상, 이론, 방침으로 튼튼히 무장하고 다방면적인 지식을 가진 우리 혁명의 믿음직한 후비대로 키우는 것"[470]을 목표로 하여 주체사상을 가르친다. 고등중학교 고등반부터는 청년동맹 조직에 가입하여 당의 사상체계와 공산주의 도덕교양을 학습한다. 고등중학교 졸업단계에서는 주체사상과 김일성 부자의 당 정책 관련 논문을 기본적으로 파악하는 기초적 상식을 완전히 갖추도록 하고 있다.[471]

대학생들의 경우는 대부분 기숙사 생활을 하고 청년동맹에 소속돼 있으며 김일성·김정일의 혁명 역사 이외에 '조선로동당투쟁사', '정치경제학', '철학', '김일성주의의 기본', '김일성·김정일 문헌' 등 보다 전문적이고 이론적인 사상학습을 실시한다. 특히 대학

---

468) 김병로, 『북한사회의 종교성: 주체사상과 기독교의 종교양식 비교』, 162.
469) 같은 책, 163.
470) 같은 책, 164.
471) 정대일, 「국가종교로서의 북한 주체사상 연구」, 184.

졸업시험에서 전공과 외국어 이외에 김일성・김정일 노작 460여개 중 1문제가 출제되기 때문에 대학생활 중에 이 문헌들을 가능하면 암송하고, 그렇게 하지 못하더라도 내용을 충분히 파악할 정도로 김일성・김정일 문헌을 학습해야 한다. 대학생들은 매주 목요일 오후5시30분 강당에 모여 강연회를 갖는다. 주로 정치사상 교양이어서 그 출석을 철저히 통제한다. 선전활동은 토요일 오후6시에 담당구역을 정해서 나간다.[472]

북측에서 성인들의 주체사상학습은 '김일성교시' 및 '김정일말씀'학습을 주 내용으로 한다. 김일성・김정일의 교시와 말씀은 직장인들이 각기 자기 맡은 분야에서 업무와 관련하여 실천해야 할 수령의 요구와 수행방도를 지시하는 것으로 성인기의 학습에서 매우 중요시하고 있다. 이를 위해 당 조직 생활을 근간으로 조직별 학습을 실시한다. 조직별 학습반은 각 직장별로 청년동맹, 직맹, 농근맹, 여맹을 중심으로 학습을 실시하는 경우를 가리킨다.[473]

북측의 정치종교인 주체사상 공동체에서 가장 핵심적인 조선로동당의 당원이 되는 것은 쉽지 않다. 북측에서 가장 중요한 정치적 자원이 바로 당원이 되는 것이기 때문이다. 당원이 된다는 것은 행정적 배분의 담당자로 고위직에 오르기 위한 필수조건이다.[474] 당원이 되려면 특별한 경우를 제외하고는 일정 기간 동안 후보당원을 거쳐야 한다. 조선로동당 규약은 만18세 이상의 성원에게 입당자격을 부여하며 몇 가지 절차를 규정하고 있다. 첫째, 후보당원(약 1년 정도)으로 입당하려는 사람은 입당청원서와 당원 2명의 입당보증서를 당 세포에 제출해야 한다. 둘째, 입당보증인은 최소한 2년 이상의 당 연한을 가져야 하

---

[472] 김병로,『북한사회의 종교성: 주체사상과 기독교의 종교양식 비교』, 165.
[473] 같은 책, 166.
[474] 이성로,『북한의 사회불평등 구조』, 39.

며 피보증인의 사회정치적 생활을 잘 알아야 하고 당 앞에 책임을 져야 한다. 셋째, 입당은 당 세포총회에서 입당청원자의 참가 하에 결정되며 시(구역)·군당위원회의 비준을 받아야 한다. 당원 심사에서는 청원자의 출신성분과 사회성분에 따른 정치적 통제가 이루어진다.[475]

북측은 주민들을 핵심군중, 기본군중, 복잡군중 등 3계층 51개 부류로 분류하여 관리하고 있다. 핵심군중은 인구의 약 23%정도를 차지하는 성분에 전혀 문제가 없는 사람들로 입당, 직장배치, 교육, 승진 때 많은 혜택이 주어진다. 기본군중은 인구의 약 40%를 차지하는데 극소수이기는 하지만 입당이 허락되기도 하고 하급관료로까지 진출이 가능하지만 핵심군중으로의 이동은 거의 불가능하다.

인구의 약 27%를 차지하는 복잡군중의 경우에는 상승이동 통로가 완전히 봉쇄되어 있다. 복잡군중에는 광복 이후 전락 노동자, 부농, 지주, 친일·친미주의자, 반동관료배, 천도교 청우당원, 입북자, 기독교 신자, 불교 신자, 천주교 신자, 출당분자, 철직자, 적기관 복무자, 체포투옥자 가족, 간첩관계자, 반당 반혁명 종파분자, 처단자 가족, 출소자, 정치범, 자본가 등 21개 부류로 분류하고 있다. 특히 복잡군중은 강제이주를 통한 격리수용의 대상이 되는 제재대상, 동태를 감시당하는 감시대상, 집중적인 교양학습을 통해 체제순응적인 대상으로 포섭되는 포섭대상 등으로 구분되어 관리된다. 복잡군중의 자녀들은 군 입대와 대학진학 시 많은 제약이 따르고 대개 고등중학교 졸업과 동시에 현장 배치되며 그 직장에서 사회생활을 마감하게 된다. 군 입대는 입당과 대학입학의 주요 통로이기 때문에 매우 중요하지만, 복잡군중의 자녀에게는 거의 허용되지 않는다.[476]

---

475) 김병로, 『북한사회의 종교성: 주체사상과 기독교의 종교양식 비교』, 169.
476) 이성로, 『북한의 사회불평등 구조』, 43, 121.

조선로동당 중앙위원회는 간부 양성을 위한 대학을 운영하고 있다. 전문적인 고급 당 일꾼을 양성하는 김일성고급당학교, 경제관련 간부를 양성하는 인민경제대학, 전문외교관을 양성하는 국제관계대학, 청년간부를 양성하는 금성정치대학, 여성지도자를 양성하는 강반석정치대학 등이 그것이다. 한편, 북측은 핵심계층의 자녀들을 위해 각종 특수학교 및 각 도별로 유자녀학원을 설립·운영하고 있다. 일반학교 편제와 독립되어 있는「만경대혁명유자녀학원」,「강반석혁명유자녀학원」,「해주혁명유자녀학원」은 6년제 특수학교이다. 이들 학교는 항일투쟁 및 한국전쟁 중 희생된 빨치산, 인민군 장병, 애국열사들의 유자녀에 대한 특별우대 교육기관으로, 예비 군사간부와 당·정의 간부양성을 목표로 하고 있다.[477]

북측사회에서 수령을 뇌수로 하는 조선로동당의 영도를 떠난 독자적인 영역은 적어도 공식적으로는 존재하지 않는다. 한마디로 말해 북측사회는 수령을 유일중심으로 하여, 조직적으로 통합되어 있는 사회이다. 따라서 북측 사회주의에 대한 세계관 분석에서 그 사회적 차원을 고찰하고자 한다면, 반드시 수령을 유일중심으로 하는 북측사회의 일원론적 성격을 숙지한 다음에 수령과의 관계 속에서 각종 조직들에 대해 살펴봐야 할 것이다. 주체사상의 수령관은 그에 기초한 북측사회가 그 공동체적 차원에서 수령을 유일중심으로 하는 강한 일원성을 나타내도록 한 것이다.[478]

주체의 혁명관과 윤리

종교는 윤리적 차원은 신화적 차원에 원형을 두고 있고, 교리적 차원

---

477) 김병로,『북한사회의 종교성: 주체사상과 기독교의 종교양식 비교』, 171.
478) 정대일,「국가종교로서의 북한 주체사상 연구」, 188.

에서 정식화되는 바, 이 세 가지 차원은 세계관의 신념체계를 이룬다.

　북측의 정치종교인 주체사상도 나름대로의 윤리를 제시하고 있다. 주체사상의 윤리적 차원의 근저에는 주체사상의 수령관이 놓여 있다. 주체사상 윤리의 핵심은 영생의 부여자인 수령과 구원의 대상자인 인민대중 사이의 관계이기 때문이다. 주체사회주의 윤리는 수령을 중심으로 이루어진다. 생명의 부여자인 수령과 생명을 부여받은 전사들 사이에는 가장 고결한 윤리적 관계가 형성된다는 것이다.479) 먼저 수령은 인민대중에게 사랑과 믿음을 준다. 인민대중에 대한 사랑과 믿음은 수령의 공산주의적 덕성이며, 이런 덕성을 결여하면 수령이 될 수 없다. 수령의 이런 사랑과 믿음을 통한 영생의 부여, 즉 구원행위에 대한 인민대중의 보답이 바로 충성과 효성이다. 수령의 믿음에 대한 인민대중의 충성, 그리고 수령의 사랑에 대한 인민대중의 효성은 자연스러운 귀결로서의 윤리라고 한다. 그리고 수령을 유일중심으로 어버이로 삼고 있는 사회구성원들 간에는 혁명적 의리와 동지애의 관계가 형성된다고 한다. 수령과의 관계에서 비롯되는 종적 윤리가 사회 전반의 모든 횡적 윤리의 시초이자 근거가 되는 것이다. 개별적인 사람은 수령과의 이런 윤리적 관계를 맺음으로써 영생하는 사회정치적 생명을 지닐 수 있다는 것이다.480)

　김경숙은 김정일이 "력사상 처음으로 사람들의 도덕품성문제는 혁명에 대한 태도문제, 혁명의 운명과 관련되는 중대한 문제라는 것을 독창적으로 해명"481)했다고 주장한다. 그에 의하면, 도덕의리 문제가 혁명의 운명과 관련되는 중대한 문제로 되는 것은 첫째로, 도덕이 혁

---

479) 조성발, 『주체의 인간론』, 271.
480) 정대일, 「국가종교로서의 북한 주체사상 연구」, 190.
481) 김경숙, 『경애하는 김정일동지는 수령에 대한 충실성의 최고귀감』 (평양: 사회과학출판사, 1999), 12.

명하는 사람들로 하여금 혁명적 양심에 기초하여 사회주의 사상을 견결히 옹호 고수해 나갈 수 있게 하기 때문이다. 둘째로, 도덕의리가 혁명대오를 일심단결된 위력한 사회정치적 생명체로 결합시키는 강력한 유대로, 필수적인 사상정신적 요인으로 되기 때문이다. 셋째로, 도덕의리는 혁명선배들을 존경함으로써 대를 이어 계속되는 혁명의 명맥을 굳게 이어나갈 수 있게 한다. 도덕의리는 혁명의 선행세대와 다음 세대 사이의 관계를 참다운 인간관계로 전환시키며 혁명선배의 최고대표자인 노동계급의 수령의 사상과 업적을 계승하여 수령에 대한 충실성을 가능하게 한다.[482] 김정일이 밝히고 있는 혁명적 도덕관, 공산주의 도덕의 핵은 수령과 당에 대한 충실성이다. 그 중에서도 수령에 대한 충실성은 공산주의 도덕규범과 도덕품성의 최고표현이다. 그 이유는 사회정치적 생명체의 생명의 중심은 이 집단의 최고뇌수인 수령이며, 수령이 사회정치적 생명체의 생명활동의 중심이기에 혁명적 의리와 동지애도 수령을 중심으로 이루어져야 하기 때문이다.[483]

이상에서 살펴보았듯이, 북측의 정치종교인 주체사상은 영생의 부여자인 수령을 중심으로 한 강력하게 결합된 공동체적 조직을 가지고 있으며, 그 공동체적 조직에 굳게 결속되어야만 개인은 영생을 부여받을 수 있는 것이다. 또한 영생의 부여자인 수령에 대해 어떤 태도를 가져야 하는가를 중심으로 해서 그 공동체적 조직의 윤리는 구성되어지고 있는 것이다.[484]

6) 북측이 주장하는 '우리식 사회주의'

---

[482] 같은 책, 13~19에서 참조.
[483] 같은 책, 28~29.
[484] 정대일, 「국가종교로서의 북한 주체사상 연구」, 193.

북측은 해방 후 마르크스-레닌주의를 수용하면서 혁명과 건설을 추진해온 것이 사실이나, 그 실천과정에서 마르크스의 사상과는 다른 주체사상이라는 것을 새롭게 창조하여 당의 유일한 지도사상으로 정착시켰다. 마르크스-레닌주의는 세계의 근원적인 문제를 물질의 일차성이라는 것을 전제로 해서 철학체계를 전개했으며, 주체사상은 사람과 세계의 관계에서 사람이 주인이며 모든 것을 결정하고 지배한다는 것을 철학의 근본문제로 설정하고, 그에 기초하여 철학체계를 형성했기 때문에 이론체계와 내용에 있어서 근본적인 차이가 있다고 볼 수 있다.[485] 그러나 이런 사상의 차이는 전혀 반대된다는 측면에서 볼 것이 아니라 유물사관의 이론에 입각한 실천과정을 통해서 주체사상이 형성된 것으로 보아야 한다. 그러나 철학의 근본문제와 근본원리가 서로 다르기 때문에 주체사상을 마르크스-레닌주의의 계승이라기보다는 독창성이라는 측면을 더 강조해야 될 것으로 여겨진다.

그런데 북측의 사회주의는 마르크스-레닌주의가 아니라 주체사상에 의해 지도되고 있기 때문에 사회주의 건설의 핵심체로 되어 있는 조선노동당의 성격을 '주체형의 혁명적 당'으로 규정하고, 당의 최고 강령을 '온 사회의 주체사상화'로 설정하고 있다. '온 사회의 주체사상화'라는 것은 "혁명적 건설에서 주체사상을 확고한 지도지침으로 삼고 주체사상을 철저히 구현하여 공산주의 사회를 건설하는 것"[486]으로 설명된다. 그리고 '온 사회의 주체사상화'에는 다음 두 가지 내용이 포함되어 있다고 주장한다.

---

485) 김남식, "북한의 주체사상", 279.
486) 김정일, "주체사상에 대하여", 376. 참조 : 김정일, "온 사회를 김일성주의화하기 위한 당 사상사업의 당면한 몇가지 과업에 대하여", 『김정일선집』 제4권(평양: 조선로동당출판사, 1994).

첫째로 사회의 모든 성원들을 주체사상으로 의식화하여 주체형의 공산주의 혁명가로 만든다는 것, 둘째로 사회생활의 모든 분야를 주체사상의 요구대로 개조한다는 것이다. 종래(1970년 제5차 당 대회까지)의 최고 강령은 공산주의 사회의 실현이라는 일반론적인 목표개념을 설정했다. 그것을 1980년 10월 제6차 당 대회에서 '온 사회의 주체사상화'로 새롭게 규정했다는 것은 사회주의 건설을 인민대중의 자주성을 실현해 나가는 과정으로 보는 주체사상에서 비롯된 것으로 볼 수 있다. 그러므로 '온 사회의 주체사상화'는 조선로동당이 추구하는 최고 강령, 다시 말해서 최종 목적의'내용'이 되고, '공산주의 사회'는 형식 또는 수단 개념이 된다는 해석이 될 수 있는 것이다. 이렇게 조선로동당의 최고 강령을 주체사상에 기초하여 새롭게 규정했을 뿐만 아니라 1990년대에 들어서는 '우리식 사회주의'라는 것을 강조하게 된다. 이는 1992년 5월 김정일의 「인민대중 중심의 우리식 사회주의는 필승불패이다」라는 제목의 담화에서 비롯된 것이다.[487] 이 담화에서 우리식 사회주의가 이론화된 것으로 볼 수 있는데, 우리식 사회주의의 개념은 한마디로 주체사상을 구현하고 있는 사회주의로 정의되고 있다.[488] 즉 주체사상을 구현하고 있기 때문에 사람이 모든 것의 주인이 되고, 모든 것이 사람을 위하여 복무하는 사람 중심의 사회주의가 된다는 주장이다. 그리고 인민대중이 사회주의 건설에서 주체가 되어 있기 때문에 그들이 지향하는 요구를 가장 철저히 구현하고 있으므로 사회주의를 전적으로 신뢰하고 지지하고 있다는 것이다.

---

487) 김남식, "북한의 주체사상", 280.
488) 북측은 1992년에 20년만에 헌법을 다시 개정했는데, 사회주의헌법 전문 속에 여전히 남아 있던 마르크스-레닌주의라는 용어를 완전히 제거하고 주체사상으로 그 자리를 대신했다. 또한 군 통수권을 국방위원장에게 있도록 하여 주석의 권한을 축소시켰다. 헌법이 개정된 후 꼭 1년이 되는 1993년 4월에 김정일이 국방위원장으로 추대되었다. 결국 1992년의 헌법 개정은 새로 시작되는 김정일 시대를 준비하고 있었다.

앞으로의 과업에 대해서는 인민대중의 이익을 첫 자리에 놓고 모든 것을 그에 맞게 처리한다고 하면서, 자주적 입장과 창조적 입장을 견지한다는 주체사상에서 제시하고 있는 방법론을 재확인하고 있다. 특히 우리식 사회주의에서 강조하고 있는 것은 수령-당-대중의 일심단결된 사회주의라는 점이다. 즉 사회주의 건설의 주체는 인민대중이지만 당과 수령을 중심으로 하나로 단결되어야만 자주적인 주체로서의 역할을 수행할 수 있다는 것이며, 수령은 인민대중의 통일단결의 중심, 혁명투쟁을 승리로 이끌어가는 영도의 중심, 그리고 수령의 영도는 노동계급의 당을 통하여 실현되기 때문에 당의 영도가 사회주의 운명을 좌우하는 근본문제라는 것을 강조하고 있다.[489]

이와 같이 북측의 우리식 사회주의는 주체사상에 의해서 지도되며, 그 방법론으로 사회주의를 건설하고 있기 때문에 북측에서 주장하고 있는 것과 같이 우리식 사회주의는 주체사상을 구현해 나가는 과정으로 설명될 수가 있을 것이다. 그런데 어떤 사상이건 철학이건 현실적인 생활 속에서 문제의 핵심을 파악하고 그를 중심으로 이론체계가 형성되기 마련인데, 오늘의 현실이 과거 역사의 연장이라는 것으로부터 오늘의 사회의 본질을 분석 정리한 사상과 철학은 지난 역사에도 그대로 적용시켜 새롭게 재조명될 수가 있는 것이다. 마르크스 이론은 19세기 후반의 사회현상을 사회과학적으로 분석한 것이지만 바로 지난 역사적 과정에도 적용시킬 수가 있었듯이, 주체사상의 경우도 예외는 아니다.[490] 주체사상은 오늘의 현실(주체의 시대)을 바탕으로 해서 창조된 사상이기는 하나, 지난 역사에도 적용되는 이론으로서의 역할을 하는 것으로 이론체계가 형성되고 있는 것이다.

---

489) 노정환, "주체사상의 혁명적 수령관", 103에서 재인용.
490) 김남식, "북한의 주체사상", 281.

따라서 북측의 사회주의를 올바르게 이해하기 위해서는 무엇보다도 북측의 내적 논리인 주체사상에 입각한 북측의 정치와 사회 및 역사관을 이해해야 하는데, 그 까닭은 오늘의 북측 사회주의는 주체사상의 이론에 의하여 사회주의 건설을 목적의식적으로 추진해가고 있기 때문이다. 북측의 '우리식 사회주의'가 지금의 노선으로부터 변할 것인가, 변하지 않을 것인가의 기준과 척도는 바로 주체사상의 고수와 견지, 또는 수정이라는 측면에서 찾아질 것이다.

4. 주체사상에 대한 연구조건과 북측내 문제

1) 주체사상의 연구에 대한 조건

한반도의 평화통일을 위한 남측 사회변혁의 현 단계에서 주체사상의 연구는 불가피하게 변혁운동의 모든 요구와 내재적으로 결합될 수밖에 없으며, 연구자가 원하든 원하지 않든 이와 관련된 일정한 입장과 정면으로 만나게 된다. 이것은 한 사회의 모순의 심화가 변혁을 위한 일정한 이념으로 결집되는 과정에서 필연적으로 경험하게 되는 현상이지만, 상호 적대적 관계를 압축적으로 표현하고 있는 한반도의 분단 상황에서는 더욱 강하게 제기된다고 하겠다.

연구와 관련된 조건은 두 가지로 설명될 수 있는데, 하나는 주체사상의 창시 이후의 형성과 체계화 과정의 특성에서 비롯된다. 북측에 따르면 주체사상은 "김일성에 의해 창시되고"[491] 김정일에 의해 체

---

491) 김일성, "조선민주주의인민공화국에서의 사회주의건설과 남조선혁명에 대하여", 『김일성저작집』 제19권(평양: 조선로동당출판사, 1982),

계화되었다.[492] 주체사상의 창시와 관련된 논쟁과 무관하게 그것이 본격적으로 체계화되기 시작하는 시기를 1950년대 중반으로 잡을 때, 그 형성과정은 다시 세 가지의 구별되는 특성을 갖는다. 첫째는 혁명사상의 창시와 체계화가 역사적으로 지배계급과의 투쟁과정에서 지배의 정치적 표현인 계급적 국가기구를 해체하는 데로 집중된다. 그러나 북측의 경우 식민지 지배기구가 완전하게 해체되고 봉건적 잔재가 청산된 조건 위에서 체계화를 시작했다. 이런 조건은 첨예한 계급대립이 해소된 조건과 국가기구가 새로이 창출된 조건을 의미하는데, 이것은 변혁사상의 당면과제가 일차적 혁명이 아니라 그 후의 건설이며, 그 방법 또한 계급적 대립이 아니라 전인민적 단결에 의해 이루어지는 것으로서 주체사상은 이런 특성을 반영하고 있다. 둘째는 앞의 조건으로 인해서 대부분의 이론적 체계화가 국가의 정치적 혹은 정책적 목적과 밀접하게 관련되면서 진행되었다는 특성이다. 그러나 이런 특성들이 사상을 평가하는 기준일 수는 없다. 이것은 다만 형식의 문제로서 부차적인 특성일 뿐이다. 오히려 중요한 점은 이런 특성들이 사상의 체계화 과정에 미치는 영향과 관련된 것이다. 근대사회의 혁명이론, 특히 마르크스주의와 레닌주의가 다양한 형태의 온갖 기회주의적 조류들과 치열한 논쟁을 전개하면서 사상체계를 형성했고, 이 과정에서 비판과 상호비판의 여파와 검증을 거치면서 스스로를 단련해 왔음을 볼 때, 사상의 형성과 체계화 과정에서 비판은 곧 올바른 노선의 토대가 되는 것이다. 이런 점을 중시할 때, 셋째로 우리는 북측의 주체사상이 체계화 과정에서 어떤 비판의 여지를 가졌는지, 어떤 종류와 어떤 형태의

---

492) 김정일, "온 사회를 김일성주의화하기 위한 당 사상사업의 당면 몇가지 과업에 대하여", 『김정일선집』 제4권(평양: 조선로동당출판사, 1994), 15. 참조 : 북측에서 '김일성주의'라는 말이 처음으로 등장한 것은 1974년 김정일의 이른바 '2월19일 선언'에 의한 것이다. 이 선언에서 김정일은 주체사상을 김일성주의로 정식화한다.

비판이 교환되었는지를 잘 알지 못한다.[493] 어떤 이는 이것을 사회주의국가의 특성으로 이해하기도 하지만 결코 올바른 태도는 아니다.

연구와 관련된 또 하나의 조건이 주체사상의 내재적 특성과 관련된다. 그것은 사상의 물질적 토대의 문제인데, 주체사상은 이런 점에서 그간에 주관적 관념주의, 정치주의, 과도한 일반화, 추상적 인간에 기초한 사상 등의 비판을 받아 왔다. 이전의 마르크스-레닌주의가 사상의 물질적 토대를 강조하면서 당면한 사회경제적 조건과 이 조건 속에 존재하는 사회적 관계의 총체로서의 인간문제에서 출발하고 있는 반면, 주체사상에서는 이런 점들이 다분히 선언적으로 제시되지 않느냐 하는 의문이 제기되는 것이다.[494] 유물변증법과의 관계가 새로운 시대나 새로운 인간으로 설명되는가 하면, 사람의 본질적 속성이 선언적 차원에서 제기되고, 자주성[495]이라는 추상적인 기준에 의해서 측정되는 것에 대한 주관주의의 비판이 등장하게 되며, 사람과 인민대중에 대한 추상적 개념이 치열한 계급투쟁에 직면한 계급사회에 적용될 때 과도한 일반화의 비판이 과거를 갖게 마련이다. 이러한 결과 사람과 사회의 구체적 존재조건이 "혁명의 뇌수(腦髓)"[496]이자 통일단결의 중심인 '수령'의 탁월한 예지로 귀결됨으로써 수령의 존재조건 또는 인식으로 환원된다는 비판이 있을 수밖에 없다.

2) 주체사상에 대한 북측 내에서 제기되는 문제들

---

493) 정대화, "북한에서 말하는 주체사상", 299.
494) 같은 글, 300.
495) 노정환, "주체사상의 혁명적 수령관", 『주체사상 비판, 2』 (서울: 벼리, 1989), 94. 참조 : 『철학사전』 (평양: 사회과학출판사, 1985), 335.
496) 김정일, "주체사상 교양에서 제기되는 몇가지 문제에 대하여", 『김정일선집』 제8권(평양: 조선로동당출판사, 1998), 340.

주체사상의 교양과 관련해서 먼저 제시되는 문제는 사람 중심의 세계관의 문제이다. 이 문제에 대해서 사람 중심의 세계관이라는 것을 일부 사람들은 그것이 객관세계를 무시하고 주관적 욕망이나 염원을 일방적으로 내세우는 것으로 오해하고 있다는 점을 비판하면서 사람을 중심으로 세계를 보아야 한다고 했지 사람만 보라고 한 것은 아니라고 강조하고 있다.

다음으로 제시되는 문제는 주체사상과 유물변증법과의 관계에 대한 문제이다. 이 문제는 일부에서 주체철학은 사람 중심의 철학이기 때문에 마치 유물변증법의 일반적 원리와는 아무런 인연도 없는 것으로 오해하고 있는 데서 발단이 되는데, 이에 대해서 양자의 계승성과 창조성을 균등하게 강조하고 있다. 즉 유물변증법의 일반 원리만으로서는 사람의 본질적 특성과 세계에서 차지하는 지위와 역할에 관한 문제를 제대로 밝힐 수 없지만, 그러나 유물변증법의 원리를 떠나서는 이 문제를 옳게 해명할 수 없다고 그 관계를 밝히고 있다.[497] 그러나 여기서 채택된 균형적 시각이 그 뒤 1990년대 초 박승덕의 논지에서 새로운 사상, 부차적, 종속적 계기로 표현되는 변화를 보여준다.

또 다른 문제는 유일사상 문제인데, 이것은 일부가 주체사상이 당의 유일사상이라는 것을 옳게 인식하지 못하는 데서 나타나는 것으로서, 그 결과 주체사상을 마르크스-레닌주의와 대치시키는가 하면 계급교양이나 혁명전통 교양을 주체사상 교양과 별개의 것으로 생각하고 있다고 지적하고 있다. 각종 형태의 교양과 관련된 문제는 그 동안 북측에서 혁명과 건설의 요구에 따라 혁명교양, 혁명전통 교양, 계급교양, 공산주의 교양, 당 정책 교양 등 다양한 교양사업을 전개해왔는데, 이런 교양들을 주체사상 교양으로 모아가는 과정에서 나타난 혼란을 반영하

---

497) 정대화, "북한에서 말하는 주체사상", 301.

는 것으로 이해된다.[498]

　마지막으로 중요하게 제기되는 문제는 혁명의 주체와 혁명적 수령관의 문제이다. 일꾼들의 당 생활에서 혁명의 주체에 대한 이해가 부족하며, 특히 이는 수령을 사회정치적 생명의 중심으로 보는 관점이 확고하지 못하다는 데서 비롯되는 이 문제로 말미암아 수령의 교시와 당의 방침에 대한 절대성과 무조건성의 원칙이 지켜지지 않고 있으며, 일꾼들이 패배주의와 요령주의에 빠져 있다는 것이 여기서 지적되고 있다. 이 문제에 대해서 혁명의 주체는 수령-당-대중의 통일체이며, 당과 수령의 영도를 떠난 대중이 역사의 자주적인 주체로 될 수 없는 것처럼 대중과 떨어진 당과 수령도 역사를 향도하는 정치적 영도자로서의 생명을 가질 수 없다고 강조하고 있다.[499] 혁명의 주체에 대한 이런 관점은 역사의 주체와 역사의 자주적인 주체를 구분하는 데서 출발하여 수령-당-대중을 불가분의 관계로 보는 북측의 집단주의적 생명관에 기초하고 있는 것으로서, 이 관점의 연장선상에서 수령은 하나의 개인이 아니라는 북측의 수령관이 도출된다. 그리고 이렇게 통일되어 있는 수령-당-대중의 결합으로 혁명과 건설을 성과적으로 수행해 나가기 위해서는 각각에 대한 충실성, 즉 수령에 대한 충실성, 당에 대한 충실성, 대중 또는 인민에 대한 충실성이 요구되는데, 수령이 혁명의 '최고뇌수'로서 사회정치적 집단의 생명의 중심이자 통일단결의 중심인 만큼 수령에 대한 충성이 으뜸이며, 모든 충성이 여기서 집중적으로 표현된다고 혁명적 수령관을 개념화하고 있다.[500] 이러한 원리에 따라 북측에서는 수령에 대한 충성을 '당성, 노동계급성, 인민성의 최고표현'이라고 부르고 있다고 한다.

---

498) 김정일, "주체사상에 대하여", 368.
499) 정대화, "북한에서 말하는 주체사상", 302.
500) 조성발, 『주체의 인간론』 (평양: 과학백과사전종합출판사, 1988), 271.

3) 공산주의적 전체주의에 대한 바르트의 입장

'화해되지 못한 사회'인 자본주의에 대해 비판적이었던 바르트는 가난한 자와 혁명을 위한 사회주의의 입장에 대해 우호적이었다. 바르트는 사회정치적 측면에서 '한밤중의 모든 소는 검은 색'이라는 논리를 말하지 않는다. 오히려 바르트는 하나님나라에 상응하는 저항의 정치를 추구한다. 왜냐하면 복음의 하나님은 억압된 자, 밀려나간 자들과 연대하며, 경제적 파탄으로 인해 혁명을 준비하는 자들의 편에 서 있기 때문이다. 바르트에 의하면 기독교는 개인주의, 집단주의, 민족주의, 전체주의, 국가주의, 교회지상주의 등을 지지하지 않는다. 기독교는 가난한 자들과 소외된 자들의 편에 서려는 경향이 있기 때문에 사회주의가 하려는 것을 기본적으로 승인한다고 보았다.501) 바르트가 나치에 저항한 것도 이런 이유 때문이었고, 초기 종교사회주의에 가담한 정치행위도 같은 맥락이었으며, 전후 냉전초기에 동유럽 공산주의국가들에 대한 침묵 역시 이런 이유 때문이었다.

하지만 명백하게 사회주의혁명이 전체주의 독재정치로 드러났을 때, 바르트는 '하나님의 관점'에서 비판했다. 북측사회의 전체주의, 국가 종교화된 주체사상과 '수령'우상화, 자주성의 지나친 강조로 인한 민족(국가)지상주의와 독재정치 등은 러시아혁명을 비판하고 정치적 절대주의와 이데올로기의 우상화에 대해 비판했던 바르트의 관점에서 비판하지 않을 수 없다. 여기서 우리는 바르트의 "공산주의적 국가주의, 전체주의에 대한 비판"502)을 살펴볼 필요가 있다.

---

501) 정승훈, 『칼 바르트와 동시대성의 신학』, 252.
502) Ulrich Dannemann, 『칼 바르트의 정치신학』, 220.

5. 칼 바르트의 전체주의에 대한 비판

1) 칼 바르트의 러시아혁명 비판

바르트는 『로마서강해』 제2판에서 '하나님의 혁명'이란 개념을 통해 인간의 혁명의 문제를 판단한다. 바르트의 하나님의 혁명론은 키에르케고르의 질적 차이의 변증법과 종교개혁의 은총의 신학과 더불어 심화된다. 세계 구원사의 빛에서 혁명은 오직 하나님에 의해 독점된다. 이런 하나님의 혁명은 신학적으로 법정론적(forensic) 측면에서 파악되는 종교개혁의 의인론과 병행을 갖는다. 하나님의 혁명은 우리 외부에서, 우리에 대항하여 심판으로서, 또는 총체적 위기로서 드러난다. 그러므로 우리는 하나님 혁명의 참가자나 공동사역자가 되지 않는다. 마르크바르트(F. W. Marquardt)가 적절한 평을 한 것처럼, 『로마서강해』 제1판에서 바르트가 하나님을 '혁명의 관점'에서 파악했다면, 이제 『로마서강해』 제2판에서 바르트는 혁명을 '하나님의 관점'에서 고려한다. 『로마서강해』 제1판에서 바르트는 러시아혁명을 보면서 정치적 복합성과 소요들에 관여하고 있었고, 동시에 독일의 혁명과 스위스의 노동자 대파업을 경험하고 있었다. 이 시기에 바르트는 혁명에 대한 전망을 적극적으로 지지했고, 러시아혁명을 향해 비판적 연대를 표시하고 있었다. 그러나 『로마서강해』 제2판을 준비하며 수정하던 1918년부터 1922년 시기는 유럽의 좌파적 지식인들에게 환멸의 해였다. 독일에서의 혁명시도는 실패로 끝나버렸고, 혁명 이후의 러시아의 상황은 내전과 적색 테러의 공포로 얼룩진 왜곡된 혁명의 시간들이었다. 『로마서강해』 제2판에서 나타나는 그의 정치적 입장은 이런 사회 정치적 상황을 배경으로 깔고 있고, 또한 이것을 신학적으로 반성하고 있었다.503)

바르트는 종교사회주의의 신학적 무능함(레온하르트 라가츠)으로부터 돌아서서 사회민주당의 극좌적 입장에 자신의 정치적 실천의 방향을 취하고 있었다. 그의 혁명 이해는 '레닌주의 이상으로'라는 아나키스트적인 마르크스주의와 하나님나라의 신학을 결합하고 있었다. 이제 『로마서강해』 제2판에서 러시아혁명을 비판하면서 바르트는 전적 타자(Totaliter aliter)로서 하나님의 혁명을 반권위주의적 시위와 저항의 정치로 해석했다. 여기서 나타나는 바르트의 입장을 사회변혁에 대한 그의 후퇴로 이해할 필요는 없다. 혁명 이후의 좌절적인 상황을 그는 개혁의 정치를 통해 해결을 시도했다. 적어도 그에게 혁명과 개혁은 로자 룩셈부르크처럼 서로 대립적인 것이 아니라 상호보완적이다. 적어도 그에게 개혁은 체제 순응적이라기보다는 항상 체제 변혁적 성격을 갖는다.504)

블룸하르트의 메시지—예수는 승리자이다!—와 더불어 바르트는 십자가 신학의 개념에 하나님 혁명의 의미를 부여했다. 바르트는 어떻게 혁명을 비판하는가? 그는 다음과 같이 말한다. "혁명은 실수했다. 혁명가들은 불가능한 가능성인 혁명을 원했다. 그것은 다시 말하면 죄의 용서와 죽은 자들의 부활이다. 예수는 승리자이다! 그러나 예수와는 달리 혁명가들은 혁명을 다르게 만들었다. 그것은 불만족과 증오와 반항, 봉기와 파괴였다. 이러한 혁명은 그 대립적인 사회질서보다 좋은 것도 아니고 나쁜 것도 아니다. 혁명가는 새로운 질서의 수립이라는

---

503) 정승훈, 『칼 바르트와 동시대성의 신학』, 253.
504) 같은 책, 254.

혁명을 원했지만, 그러나 혁명을 반동으로 만들어 버렸다. 악을 극복했다고 여긴 혁명의 합법주의자들은 진정한 혁명의 시작을 의미하는 합법주의를 목표로 했지만, 그러나 이들이 옹호한 합법주의는 반란으로 끝나버렸다."505)

바르트에 의하면 혁명가들의 출현은 근본적으로 계급사회에 놓여 있는 정치적인 적대로부터 시작된다. 부르주아들은 혁명가들의 출현을 유발한다. 혁명가들은 악을 제거하기 위해 악과 투쟁하며 악을 극복하려고 한다. 사회질서 속에 들어있는 악을 인식하고 제거하기 위해 혁명가들은 기존질서를 오류의 구현으로 바라본다. 그러므로 정치적 실천을 통해 기존의 질서를 해체하고 파괴하는 것은 혁명가들의 임무이다. 혁명가들은 사람들이 요구할 수 없는 것을 요구한다. 그들 또한 사태를 올바르게 만들기를 원한다. 그는 부르주아의 위치를 전복하며, 비합법적인 것을 합법화하지만, 이미 볼셰비즘 안에서 경험되는 것처럼, 결국 그 본질적인 독재를 드러내고 만다.506)

그러나 『로마서강해』 제2판에서 바르트는 혁명에 대한 비판을 통해 혁명적 독재의 길이 아니라, 개혁의 길로 돌입할 것을 제안한다. 혁명가들은 오히려 보수적인-부르주아 인간들보다 훨씬 더 위험하게 되었다. 물론 혁명가들의 실천이 부르주아들보다 진리에 가까운 것은 사실이지만 ―여기서 여전히 바르트는 혁명가들의 부정이 하나님의 부정 안에 서 있음을 본다― 혁명의 비극을 간과할 수가 없다.507) 기독교 복음처럼, 혁명가들 역시 생존투쟁의 사회조직인 계급사회를 부정하길 원하며, 이러한 기존질서에 대한 부정을 통해 역설적으로 혁명가들은

---

505) K. Barth, *Der Römerbrief*,(Zürich, 1922), 조남홍 옮김, 『로마서강해』 (서울: 한들출판사, 2004), 481.
506) 같은 책, 480.
507) 같은 책, 477.

하나님의 정의에 보다 가까이 서 있다. 적어도 바르트는 여기서 체제를 합법화하는 자들보다는 혁명을 유발하는 자들에게 보다 신중한 신학적 관심을 둔다.

혁명이 무질서와 폭력에서 길을 잃지 않고, 다가오는 하나님나라의 질서에 부합하려면, 우리는 하나님의 영광을 위한 위대한 시위를 고려해야 한다. '레닌주의 이상으로', 그리고 '레닌주의적 타이탄주의'에 저항하는 '하나님의 시위정치'는 보수주의적 합법화의 길과 혁명적 독재 사이의 「제3의 길」508)을 모색한다. 여기서 기존질서에 대한 그의 급진적 비판은 그의 반권위주의적 저항의 정치를 특징지으며, 하나님의 영광을 위한 시위정치는 여전히 레닌주의 이상으로 개인의 권리와 민주화로 특징되는 공동체적 아나키스트적인 입장을 견지한다. 이런 점에서 바르트는 반혁명 운동을 지지하지 않았다. 그의 부정의 변증법은 비판적 유토피아의 기능을 담당하며, 기존의 질서를 초월하며, 따라서 바르트의 초월개념은 원천적으로 기존세계에서 주어지는 내용과 형식의 동일성을 거절한다.509) 그에 의하면 혁명가들은 동일성의 원리에서 좌초하여 길을 잃었고, 이제 이들은 혁명적 프로그램과 정치실천을 자기비판을 통하여 새롭게 갱신하고 수행해야 한다. '러시아의 붉은 형제들' 다시 말해 혁명적인 타이탄들은 이제 보수반동들보다 더 위험스럽게 되었다. 우리는 붉은 형제들의 이러한 위험에 관여하며, 하나님의 영광을 위해 우리는 혁명가들을 자기희생과 비판으로 몰

---

508) 박순경은 여기서 말하는 바르트의 '제3의 길'을 한반도의 분단 상황에서 화해와 통일의 길로 나아가기 위해서 우리도 '제3의 길'을 모색해야 한다고 주장한 바 있다. 기독교와 공산주의가 만남을 통해 상생하는 제3의 길을 제시하면서, 이념과 체제를 초월한 제3의 길이란 신학적으로 '하나님나라의 초월성'을 의미한다고 설명한다. 그는 제3의 길로서 하나님나라의 초월성은 한민족과 제3세계의 중립 이상의 길이며, 역사의 종말론적 구원을 의미한다고 정의한다. 박순경, 『민족통일과 기독교』 (서울: 한길사, 1976), 51. 박순경, 『하나님나라와 민족의 미래』, 496. 박순경, 『통일신학의 고통과 승리』, 288에서 참조.
509) 정승훈, 『칼 바르트와 동시대성의 신학』, 255~256.

아가며, 독특한 존엄성의 희생을 요구한다.

여기서 바르트는 혁명 이후 러시아에서 자행되는 볼셰비즘의 타이탄주의, 즉 적색 테러를 비판적으로 고찰한다. 게다가 바르트는 1920년 데니킨과 콜차크에 의해 주도되던 러시아 백군의 반혁명을 알고 있었다. '백군 기병대의 행동'은 모든 혁명적 운동에 저항하면서 기존질서를 지지한다. 그러나 하나님 혁명을 위해 기존의 혁명을 비판하는 것은 반혁명으로 가는 것을 의미하지 않는다. 백군과 적군에 대한 바르트의 비판은 이미 「탐바흐 강연」 510)에서 지적한 바 있는 희망과 죄책을 담지하는 사민당의 좌파적 동지들의 노선에 여전히 서 있다. 『로마서강해』 제2판에서 바르트는, 예수 그리스도는 항상 하나님의 대항 운동을 요구하며, 체제 안에서 일정한 개혁정치를 지적하지만, 이런 개혁정치는 사실 체제 자체를 초월하는 하나님의 혁명을 향해 방향이 설정되어 있다. 기독교는 항상 가난한 자들과 연약한 자들에 대해 당파적인 연대를 고려하며, 사회 무질서의 대변자들에 저항하여 극좌적인 입장에 서 있어야 한다.511)

혁명은 폭력과 무질서의 악순환에 빠져들었고, 그것은 새로운 질서를 구축하지 않는다. 반란의 타이탄주의는 무수한 사람들을 사형에 처해버리는 종교 재판장처럼 서 있다. 심지어 가장 급진적인 혁명도—그것이 영적이든지 아니면 평화적이든지 간에— 기존의 질서에 기존의 것을 설정하고 만다. 그것은 기존의 것을 결국 확인해주고 정당화해주

---

510) 같은 책, 212을 참조. 『기독교 민주주의자』(*Der Christliche Demokrat : Wochenblatt für das evangelische Haus*)라는 새로운 잡지가 오토 헤르펠(Otto Herpel)과 게오르게 플레밍(George Fleming)의 주도로 창간되었고, 1919년9월22일부터 25일 사이에 종교사회주의 협의회를 탐바흐에 소재한 탄넨베르크(Tannenberg)에서 열렸다. 여기서 바르트는 "사회 안에서 기독교의 위치"라는 제목으로 강연했다. 이 강연은 신학과 정치, 변증법적 방법과 유비, 더 나아가 신학과 문화에 대한 심오한 반성을 보여준다.
511) *CD III/4*, 618, 620, 623~624을 참조. 바르트는 자본주의 정치경제 질서를 이런 관점에서 계속 분석한다.

는 것으로 끝나버렸다. 기존의 저항력들은 혁명을 통해 분쇄된 것이 아니라, 오히려 혁명을 통해 타협이 되었고, 다른 위험스런 형식으로 변형되었다. 혁명가들은 새로운 파워 엘리트들이 되었고, 권리와 자유라는 이름의 이데올로기를 통해 계급독재를 은폐하면서, 기존의 사회를 지배한다. 한 사회 안에서 선과 권리가 보다 성공적으로 구체적인 형식을 취하는 곳에서, 그것들은 악과 오류가 되어간다.512)

진정한 혁명은 하나님으로부터 온다. 볼셰비키 혁명은 죄의 용서와 죽은 자로부터의 부활이라는 사회적 차원을 창출하는 종말론적인 현실성을 만들어 낼 수가 없다. 이제 바르트의 부정의 변증법은 하나님의 '혁명'을 '하나님'의 혁명으로 전환시키면서, 사회주의적 종말론을 신학적으로 수용한다. 바르트는 악의 한가운데서도 상대적인 선의 가능성을 보기 때문에, 유비론적인 개념은 바르트의 정치적 반성에서 여전히 중요한 역할을 한다. 하나님은 세계사의 운동을 통해 대체되거나 교환되지 않는다. 「탐바흐 강연」에서처럼, 하나님의 운동은 우리의 저항운동과 더불어 시작되지 않는다. 악의 상대화로서 하나님을 간주하면서 바르트는 혁명가들의 프로메테우스적 교만을 자기갱신과 비판을 향해 상대화·인간화하려고 한다.513)

2) 정치적 절대주의와 이데올로기의 우상화

『교회교의학』의 화해론에서 바르트는 소외와 물화현상의 본질을 삼중적인 측면에서 분석했다. 즉 하나님으로부터 인간의 소외, 동료 인간들로부터 인간의 소외, 그리고 자신으로부터 소외가 그것이다. 그것

---

512) K. Barth, *Der Römerbrief*, 조남홍 옮김, 『로마서강해』, 479.
513) 정승훈, 『칼 바르트와 동시대성의 신학』, 257.

은 하나님에 대한 적대감, 형제살해, 그리고 인간성의 자기 파괴로 드러난다.514) 바르트는 인간의 죄를 죄의 행동주의적 형식(인간의 교만과 타락), 죄의 수동적인 형식(인간의 나태함과 비참), 그리고 죄의 이데올로기적 성격(인간의 거짓과 죄의 선고)을 통해 다루었다.

소외된 인간은 주인이 되려는 열망을 통해 자기정체성을 찾는다. 자율성을 확보하기 위해 소외된 인간은 사회정치적 자율성으로 빠져든다. 초인의 자율성은 위대한 주인으로 역할을 한다.515) 개인의 자율성은 개인과 사회를 파괴한다.516) 소외는 행동주의뿐만 아니라 정적주의에서도 발생한다. 인간의 나태함은 인간본질의 갱신을 불필요한 것으로 취급해 버린다. 평균적인 인간의 잘못된 자율성은 인간들 사이의 적대관계로 귀결된다. 인간들은 비인간성의 힘을 타자에 대한 억압과 착취를 통해 행사한다. 그것은 도둑과 살해로 귀결되며, 결국 국지전과 세계전쟁으로 막을 내린다.517)

화해론의 윤리에서 바르트는 하나님으로부터의 소외를 인간의 자기소외로 연관 지었다. 이러한 인간의 자기소외는 전체 인간의 관계를 파괴한다. 하나님나라의 질서에 상응하는 자유, 의로움, 정의 대신에 억압, 불의, 부정의가 지배하게 된다. 여기서 인간의 존엄성은 근본적으로 문제가 된다.518) 소외는 절대적이며 주인 없는 존재가 되려는 인간의 시도에서 발생한다. 그것은 주권적이며, 자율적이며, 성숙한 인간을 요구하는 인간중심적 신화로 떨어지고 만다.519)

바르트에게 자본주의의 비합리성은 소외와 물화현상으로 특징지어지

---

514) *CD* IV/1, 439~442, IV/2, 459~460을 참조.
515) 니체의 초인사상에 대한 바르트의 분석을 참조. cf, *CD* III/2, 276~290을 참조.
516) *CD* IV/1, 518.
517) *CD* IV/2, 491~492.
518) *CD* IV/4 「Nachlass」, 398.
519) 정승훈, 『칼 바르트와 동시대성의 신학』, 563.

며, 화해되지 못한 사회의 특징에 속한다. 인간의 사고와 행동의 소외 그리고 물화는 포괄적인 관료화의 과정으로 귀결된다.[520] 동료인간과의 관계는 관료적으로 취급되어 버리며, 인간의 관계는 추상적이며 익명의 관계가 되어버린다. 여기서 바르트는 인간의 삶에 대한 남용을 사물화로 규정했다. 사물은 삶의 주변적 요소들을 구성하며, 영적이며 물질적인 삶에서 음식과 상품과 생활자료, 예술, 기술들을 제공한다. 이러한 사회적 기제들과 설비들에 인간의 삶은 완전히 의존되며, 자본주의 안에서 삶의 사물화 과정은 인간의 전 영역을 통합시키며 발생한다.[521] 인간이 이런 사물의 보호 아래 있게 될 때, 사물화의 과정은 엄청나게 증대되고, 인간소외 역시 증대된다. 결국 인간은 주인 없는 능력들에 봉사하는 노예의 처지로 전락해버리고, 세계의 사물들(자본, 제도, 국가 등)은 우상으로 나타난다. 여기서 동료인간들은 개인의 이해와 이기심을 위한 도구와 자료로 가치하락이 되고, 자본주의사회와 전체주의적 사회주의국가 안에서 필연적인 강제적인 물적 연쇄 (Sachzwang)가 진행된다. 사물화된 인간의 사고와 행동의 표현은 잠재적인 사사로운 이해관계를 은닉한 이데올로기가 된다. 사물화된 인간은 동료인간들의 희생을 기초로 자신의 삶을 향유한다. 자본주의사회와 전체주의적 사회주의국가 안에서 타자에 대한 적대관계, 억압과 착취를 향한 내재적인 경향성이 드러난다.[522] 바르트에 의하면 화해되지 않은 사회는 소외된 자율성과 개인주의적 인간존재의 사회인데, 이들의 실현은 이기심의 실현에 불과하다.[523] 바르트는 자본주의사회와 전체주의적 사회주의국가를 화해되지 않은 사회의 실례로 표현했다.

---

520) *CD* IV/2, 770~771.
521) *CD* IV/3, 764.
522) *CD* IV/2, 491, 498.
523) *CD* III/2, 274~276을 참조.

화해론의 윤리에서 바르트는 주인 없는 폭력의 지배를 네 가지 영역에서 취급했다. ①정치적 절대주의— 여기서 제국의 이념은 정치적인 것의 악마화를 조장한다. 이미 '바르멘 선언'의 다섯 번째 테제는 모든 권리를 국가권력으로 종속시키는 히틀러 민족사회주의를 비판했다. ②맘몬주의, 즉 물질재산, 소유, 그리고 부의 축적— 악마적 사물은 생계를 위한 물질적인 부의 사용가치를 교환가치로 전환시켜버렸다. 돈의 상징적인 성격은 화폐축적과 은행계좌 그리고 자기증식의 자본의 발전으로 이어진다. 여기서 돈은 모든 가치들의 구현이 되며, 사회발전의 수단을 국내적으로 그리고 국제적인 수준에서 확장시켜 나간다. 바르트의 화폐이론은 인간의 삶을 파괴해버리는 물신숭배적 성격을 드러낸다.524) ③주인 없는 폭력은 정신적인 능력을 이데올로기로 전환시킨다. 여기서 우상숭배의 가능성과 현실이 드러난다. 인간의 사고는 이데올로기적 영역에 종속된다. 이데올로기화의 징조는 '주의(Ismus)'의 발전에서 나타나며, 슬로건의 사용과 정치적 선전을 통해 확장된다.525) ④자연의 지배와 종속을 통해 발생하는 생태파괴적인(Chthonic) 힘들이 존재한다. 한편에서 과학기술의 발전을 통한 전체 우주의 변화가 일어나고, 결국 과학기술 역시 물신숭배적 성격에 떨어져버린다. 다른 한편에서 이런 힘은 패션, 스포츠, 쾌락, 집착, 수많은 인명을 앗아가는 교통수단들의 사고에서도 드러난다. 삶에 대한 증오와 쾌락적인 삶에 속박된 의지는 주인 없는 폭력들의 결과들이다. 그러므로 인간의 삶의 전체영역에서 주인 없는 폭력들은 끊임없이 영향력을 행사한다.526) 이 모든 것들은 신화론적인 것이 아니라, 화해되지 않은 사회에서 자본의 지배와 물신숭배 그리고 죽음의 힘들의 지배를

---

524) CD Ⅳ/4 「Nachlass」, 381.
525) 같은 책, 383~384.
526) 같은 책, 389, 395.

표현한다.

3) 민주주의와 사회주의 현실에 대한 바르트의 견해

바르트가 그리는 화해된 사회는 인간의 소외와 사물화를 철폐하면서 보다 많은 민주주의와 보다 많은 사회정의를 향해 움직인다. 새롭게 방향 설정되는 인간의 삶은 특별하고 새로운 활동적 삶을 지향한다. 화해된 사회는 인간에 의한 인간의 착취, 생존투쟁, 계급과 계층들 간의 적대감정이 사라지는 사회이다. 인간은 더 이상 낯선 힘들의 도구가 되지 않으며, 인간들 사이의 연대와 친교가 공동 인간성과 삶의 원리가 된다.527) 진정한 삶의 필요와 요구들은 인간의 존엄과 동등성에 근거된 시민공동체를 위해 설정된다. 이런 사회는 착취가 철폐되고, 타자의 억압이 중단되며, 계급의 차별과 지역의 격차가 사라지는 공동체인데, 사물의 지배 대신에 성령의 문화가 들어오며, 사물화된 객관성 대신 살아있는 인간성이, 그리고 보편적인 적대감정의 자리에 형제애가 들어온다.

바르트에 의하면 민주주의 개념은 민주적으로 조직된 시민공동체를 말한다. 시민사회의 민주적 질서는 자유와 평화를 증진하도록 배열된다. 그것은 ①시민들의 평등과 연대를 통해, ②밑에서 위로 건설되는 시민사회 건설을 통해 특징된다. 바르트에게 민주주의는 시민들의 평등이 없이는 불가능하다. 바르트는 평등을 단지 법률적인 의미에서 형식적으로 이해하는 것이 아니라, 동등하게 자유로운 인간의 연대로 이해했다. 시민사회의 과제는 만인과 만인의 투쟁을 종식시키며, 강자에 의한 약자의 억압을 철폐한다. 자유, 평등, 그리고 연대는 바르트의 민

---

527) *CD* IV/2, 821.

주주의 개념에서 서로 분리되지 않는다. 그리고 이러한 원리는 밑에서부터 위로의 주도권을 통해 근거돼야 한다. 그러므로 바르트는 무질서한 국가나 전체주의나 독재국가를 거절했다.528)

바르트는 생전에 현실 민주주의와 현실 사회주의에 비판적이었다. 민주주의가 사회적 내용을 상실한다면, 그것은 형식적인 민주주의에 불과하다. 마찬가지로 공산주의적 국가주의도 비판의 대상이 된다. 사회주의국가 안에서 사회주의적 계급투쟁은 공개적인 자본주의 계급투쟁을 빌미로 은폐된다. 바르트는 당시 소련과 동유럽의 마르크스주의적 사회주의가 사회적 인간의 소외를 종식시켰는지, 그래서 더 이상 계급투쟁이 존재하지 않는지 물었다. "비록 마르크스주의적 프로그램의 강령이 더 이상 착취자와 피착취가 없으며 (…) 더 이상 생산수단의 사적 소유권이나 자유기업이 없다고 하고, 노동과정이 국가의 수중으로 전이되었다고 하지만 (…) 여전히 의심스럽다."529)

사회주의국가 안에서도 인간에 의한 인간의 억압이라는 새로운 형식이 존재하며, 새로운 권력 엘리트들이 존재한다. 고용주의 자리에 대신하여 막강한 권력을 휘두르는 당과 경찰과 프로파간다가 중심기능을 갖는다. 바르트에 의하면 이러한 힘들은 전체주의국가의 주인 없는 폭력들이며, 여기서 사회민주주의가 없는 국가독재가 설립되었다. 그에 의하면 제3차 인터내셔널의 노동운동은 프롤레타리아트의 계급이기주의를 부르주아들의 계급이기주의에 대립시켰다. 계급이기주의는 인간소외의 한 표현이다. 잘못된 이기주의적 성격이 노동운동에 스며들었다. 인간이 동료인간들을 망각하고 공허하고 무절제한 욕구를 추구하는 곳에서, 인간의 노동은 ㅡ자본주의이든지 사회주의적인 치장을 하

---

528) K. Barth, "*Christengemeinde und Bürgergemeinde*"(테제 22). 정승훈,『칼 바르트와 동시대성의 신학』, 575에서 재인용.
529) *CD* III/4, 544.

든지 간에— 단순한 경쟁이 아니라, 필연적으로 착취와 공개적인 계급전쟁의 징조 아래 서 있게 된다.530) 노동운동의 정치 안에서 지배와 예속의 교환이 발생하며, 이것은 분열로 가게 하는 특수적 경향이다. 운동 대신에 노동운동의 탁월한 지도자가 당을 장악하며, 기능과 권력을 흡수하며, 새로운 계급체계를 설정한다.531) 레닌에게 계급원수와의 투쟁은 화해될 수 없는 것이며 자기목적이 된다. 적대적인 특수성은 존재이유가 된다. 여기서 프롤레타리아의 계급이기주의는 독립적인 설정을 갖는다. 그것은 특수주의와 분열을 합리화하는 사회적 기반으로 기능한다. 레닌의 부정적인 화해개념이 공산주의적 사회주의국가에 깊은 영향의 흔적을 놓은 것은 우연한 일이 아니다. 바르트에 의하면 사회주의국가의 전체주의는 자본주의처럼 화해되지 않은 적대적인 사회의 형식이다. 동서 분쟁 시기에 바르트는 비정치적인 관심 때문이 아니라 이러한 양측 체제에 대한 자신의 비판 때문에 어느 한편에 서기를 원하지 않았다.532) 바르트의 사회민주주의 개념은 자본주의사회와 전제적인 국가주의를 넘어서는 '제3의 길'을 제의하는 것이었다.

바르트에게 자유-평등-형제애, 또는 자유-정의-연대가 하나님의 화해의 현실에 상응하는 기본가치들이며, 지상에서 수립되어야 하는 정치목표가 된다. 진정한 노동의 개념은 삶을 위한 인간의 자유를 지향해야 하며, 미국식의 [테일러(Taylor)시스템]533)이나 러시아의 [스타하노프(Stakhanov)시스템]534)은 대안이 될 수가 없다. 사회민주주의 또는 민주주의적 사회주의를 위한 예언자적 투쟁에서 이런 개념은 구체적인

---

530) *CD* III/4, 545.
531) *CD* III/4, 539~540.
532) K. Barth, "*Brief an einem Pfarrer in der DDR*", 5~15, 42~42. 정승훈, 『칼 바르트와 동시대성의 신학』, 577에서 재인용.
533) 임석진 외 편저, 『철학사전』 (서울: 중원문화, 2009)에서 참조.
534) 위 같은 책.

정치적 목표로 가동화되어야 한다.535) 이런 점에서 사회민주적 사회는 바르트에게 바른 국가개념에 속하며, 사회는 하나님나라의 빛에서 항상 갱신되어야 한다.536) 바르트의 사회이론은 하나님나라의 화해의 현실이 주는 방향과 노선을 향해 갱신되고 변혁되는 것을 목표로 한다.

테일러 시스템과 스타하노프 시스템

■**테일러 시스템**(Taylor system)
테일러(F. W. Taylor)에 의해서 제창된 노동의 과학적 관리법. 19세기 말에 기업 규모의 확대와 노사분규의 증대에 따라 노동생산성의 향상이 새로운 문제가 되었는데, 이에 대해 노동 관리에 과학적인 분석을 가하고 제도를 개선하여 대응하려 한 것이 테일러의 과학적 관리법이었다. 그것은 작업의 동작을 과학적으로 분석한 뒤 불필요한 움직임을 제거시켜 표준 동작을 책정하고 그것을 조합하여 작업시간을 산출했으며 표준작업량을 달성하기 위한 성과급제도 등을 고안한 사람이다. 이 테일러 시스템은 그 후의 경영관리기술 발전의 기초가 되었다.

■**스타하노프 시스템**(Stakhanov system)
스타하노프 운동(Stakhanov Movement)이라고도 하는데, 옛 소련의 제2차 5개년계획 중 국민경제 전체에 걸쳐 전개된 노동생산성 향상 운동으로서, 스탈린 시절 탄광 노동자였던 스타하노프를 본받자는 운동. 1935년 소련의 탄광부 알렉세이 그리고레비치 스타하노프(1906~1977)가 새 기술을 최대한 이용, 공정을 혁신함으로써 경이적인 생산증가를 가져온 데서 비롯돼 전국적인 캠페인으로 확대됐다. 그는 하루 책임 작업량인 7톤의 30배가 넘는 227톤을 혼자 생산해냈다고 한다. 석탄생산량의 증산이 절실했던 정권은 이 운동을 전국적으로 전개했고, 사회주의사회의 경쟁의 한 형태이며, 일종의 노동력을 극대화시키는 시스템을 일컫게 되었다.

-.임석진 외 편저, 『철학사전』 (서울: 중원문화, 2009)

---

535) *CD* III/4, 524~526, 624~626을 참조.
536) *CD* III/4, 592~616을 참조.

제5장
화해의 가능성과 한국교회의 모색

제5장 화해의 가능성과 한국교회의 모색

　지금까지 한반도의 갈등정황에 대해 고찰하면서 한국기독교의 반공이데올로기와 북측의 주체사상이 극명하게 대립하면서 분단을 더욱 심화시켜왔다는 점을 살펴보았다. 한국기독교의 경우, 신학적·성서적 성찰을 결여한 채 감정적이며 이념적·정치적인 이유로 공산주의·사회주의를 거부했고 북측사회와 북측의 정권을 부정했다는 점을 부인할 수 없다. 한편, 북측의 주체사상은 '경제에서의 자립', '정치에서의 자주', '국방에서의 자위'를 주장하며 '사상으로서의 주체'를 말함으로써 자주성·창조성·의식성을 바탕으로 독창적인 사상체계를 구축했으나, 마침내 '김일성유일체계'인 전체주의사회로 나아가 수령숭배의 국가종교체제로까지 극단화되면서 갈등의 골을 더욱 깊게 했다.

　이러한 상황 속에서도 우리는 화해를 도모해야 하고 평화통일을 향해 나아가야 하므로, 칼 바르트의 해방적 실천으로서 동서화해를 위한 노력을 고찰하면서, 동시에 한국교회와 북측의 조선그리스도교련맹과의 화해의 노력과정들을 고찰하면서 실질적인 화해의 가능성을 전망해 보고자 할 것이다. 그리고 '평화'에 대한 성서적 의미와 바르트의 '화해된 사회'에 대한 신학적 성찰을 토대로 한반도의 평화통일에 대한 교회의 실천적 과제를 모색하고자 할 것이다.

1. 칼 바르트의 동서(東西)화해를 위한 실천

1) 냉전의 한복판에 선 칼 바르트

일평생 교회와 세상 속에서 책임적인 신학자와 설교자로, 그리고 행동하는 정치적 그리스도인으로, 복음을 해명하고 그릇된 신학과 세계관에 맞서 열렬히 투쟁했던 위대한 신학자 칼 바르트는 동서 간 냉전의 한복판에서 어떻게 사고하고 행동했는가?[537] 국가사회주의의 위협에 대항하여 고백교회를 이끌고 바르멘 신학선언(1934년)을 기초하는데 결정적인 역할을 수행했던 그는, 새롭게 대두하는 소련 공산주의의 정치적 경제적 철학적 체계에 대해서는 어떤 행동을 취했는가?

바르트가 1948년 헝가리 개혁교회의 초대를 받아 그곳을 방문해서 발언한 내용에서부터 그의 입장을 살펴볼 수 있다. 당시 헝가리는 동구블록에 편입되면서 어려운 상황에 빠져들어 갔는데, 헝가리교회는 새로운 공산정권과 어떻게 대결해야 할 것인가 고심하다가 바르트의 자문을 얻기 위해 그를 초청했던 것이다. 바르트에게 주어진 과제는 교회의 본질과 과업은 특정 시대를 떠나서 항상 어디서나 무엇이어야 하느냐에 관해 강연하는 것에 있었다. 거기서 바르트는 헝가리의 상황과 그 특수한 문제를 단순히 나치에 대한 서구 교회의 관계의 전례에 따라 취급하지 말고, 복음으로부터 헝가리의 특별한 과거와 역사를 살펴보면서 독자적으로 판단해야 할 것임을 주지시켰다. 그리고 그는 헝가리교회가 지금 당장 공산체제에 명백한 위험과 손실에 맞서 저항하

---

[537] 이신건, "칼 바르트와 공산주의", 『신학사상 제65집』 1989년 여름호(서울: 한국신학연구소, 1989), 433.

기보다는 갈피를 못 잡고 방황하는 헝가리 백성들에게 복음을 전하는 것이 가장 긴박한 과제임을, 바로 그것이 교회에게 기대되는 신앙과 회개의 열매임을 이해시켰다.538) 이런 바르트의 태도표명에 대해, 에밀 브루너(Emil Brunner)는 바르트가 전체주의 국가의 적그리스도가 아니냐고 비난했다. 브루너는 왜 바르트가 공산주의에 대해서는 나치에 대항하여 고백하고 행동한 것처럼 하지 않느냐고 공개적으로 질문했다. 언론들은 바르트가 분명히 소련 공산주의자와 볼셰비즘의 추종자라고 공격의 화살을 퍼부었다. 사람들은 바르트가 한때 나치에 맞서 취했던 행동을 공산주의에 맞서서는 반복하기를 꺼리는 명백한 자가당착을 저지른다고 책망했고, 자유로운 세계의 장점들과 은혜를 잊고 이에 감사할 줄 모르는 자라고 비웃었다. 특히 맥카시(Mckarthy)와 같은 부류에 속한 자들이 많았던 바르트의 모국 스위스에서는 사정이 매우 험악했다. 헝가리사태539)에 대해 침묵했다는 이유로, 회개할 줄도 모르는 자, 미국에 대해 이해하기 어려운 비그리스도교적인 증오심을 품은 자, 신학갱신과 독일교회 투쟁에선 확실한 공로를 이룩한 반면 정치면에선 수상쩍은 도깨비불이라는 낙인을 찍었다. 미국의 라인홀드 니버는 왜 바르트가 소련의 헝가리 침공에 대해 침묵하느냐고 공공연히 성토했다.540)

바르트는 과연 공산주의자였는가? 예수 그리스도 안에 계시된 하나님의 은혜와 승리에 사로잡혀서, 일평생 예수 그리스도만을 해명하고 증거하는 일을 최대의 신학적 과업으로 삼았던 바르트가 공산주의자가

---

538) K. Barth, *How my mind has changed*, in: K. Kupisch(Hrsg.), *Der Götze Wackelt*, Berlin, 1961, 196. 이신건, "칼 바르트와 공산주의", 434에서 재인용.
539) 참조 : 1956년10월23일, 소련의 지배 아래 있던 헝가리에서 공산당 독재에 반대하는 국민봉기가 일어나자, 소련공산당 서기장 흐루시초프가 탱크를 앞세워 헝가리를 침공함으로써, 무려 2,500명이 목숨을 잃는 사태가 발생했다.
540) 이신건, "칼 바르트와 공산주의", 434.

될 수 있는가? 그는 자신에게 쏟아진 비난을 어떻게 이해하고 방어했으며, 과연 공산주의에 대한 바르트의 진정한 입장은 무엇이었는가? 그가 공산주의자가 아니라고 해명했다면, 실로 반공주의자라도 되고 싶은 마음이 전혀 없었던가? 이런 문제에 대한 바르트의 답변을 살펴봐야 할 것이다. 사실 바르트는 시간이 흐를수록 그에게 주어진 비난에 대해 너무 열심히 방어하고 변명하는 것이 유익하지 않고, 오히려 전혀 그렇게 하지 않는 것이 더 나으리라고 생각했던 것 같다. 왜냐하면 그를 계속 따라다닌 시련 속에서도, 선한 양심을 가지고 있으면 사실은 조만간에 저절로 올바른 균형을 찾아 밝혀지게 마련이었기 때문이다. 그러나 그 일에 침묵만 할 수는 없었던 것으로 여겨진다.[541]

　이런 맥락에서 오늘 우리 한반도의 남북 갈등상황에서 화해와 평화통일에 대한 입장과 관점은 실제적이고도 긴박한 과제가 아닐 수 없다. 북핵문제와 남북 긴장상태 속에서 북측사회와 주체사상에 대한 실체를 올바르게 파악하려는 연구도 비교적 활발하게 전개되고 있고, 지금은 비록 막혀버렸지만 지난 2000년 6·15공동선언 이후 10여 년 간 화해와 교류협력을 통한 남북소통은 서로를 이해하는 데 큰 진전이 있었다고 할 수 있다. 그러나 통일논의와 화해와 평화에 관한 한국교회의 신학과 관점은 아직 제대로 갈피를 잡지 못하고 좌충우돌하고 있다. 입장표명이 엇갈려 나오고, 이념과 이데올로기 및 정치적 입장에 있어서 전진적 태도와 보수 반동적 태도가 알력을 빚고 있다. 그리스도인이면 으레 반공이나 멸공을 내세워야 한다는 사람들이 아직 많고, 또 그리스도인은 이념을 초월하여 평화통일을 추구해야 한다는 사람들도 있다. 공산주의 혹은 사회주의에 대한 그리스도인의 진정한 태도는 어떠해야 하는가? 그것을 바라보는 그리스도인의 시각은 어디에 두어

---

[541] 같은 글, 435.

야 하며, 공산주의비판은 교회비판을 면제해주는 것인가, 아니면 사회주의적 교회비판은 교회의 자기이해에 도움을 주는가? 이러한 문제들에 대한 기독교적 해명의 틀로서 바르트의 공산주의 이해는 좋은 안내역할을 할 수 있을 것이다. 물론 여기서 전제되어야 할 것은 바르트가 공산주의(특히 소비에트 공산주의)를 이해한 시기와 배경 그리고 그 내용이 오늘의 상황과 같은 것이 아니므로, 그의 입장을 교과서처럼 수용할 필요는 없다. 또 그의 해석에 비판을 가할 수 있는 학문적 자유도 엄연히 존재하지 않은가.542) 그러나 공산주의에 대한 바르트의 견해는 오늘날까지 하나의 고무적인 모형을 시사해 준다는 점에서, 그 입장을 가능한 한 바르트의 관점에 따라 고찰해 보고자 한다.

2) 바르트의 '제3의 길'

바르트는 제2차 세계대전 이후 인류가 두 개의 강대세력권 안으로 편입되는 것에 그다지 놀라거나 실망하지 않았다. 왜냐하면 그는 그러한 과정이 세계의 자연역사에 속한 것이라고 믿었기 때문이다. 바르트는 이런 강대세력들의 출현을 무상한 피조물의 종살이 형태로 간주하고, 언젠가는 그것들로부터 해방되어 하나님의 자녀들의 영광스러운 자유를 누릴 날이 올 것임을 기대했다. 강대세력들은 하나님이 자신을 자비로운 하나님으로 실증해 보인 골고다의 십자가에서 내려진 심판의 그늘이다. 강대세력들은 다니엘서에 나오는 큰 야수들543)과 같이 왔다가는 사라진다. 그러나 교회는 신앙 속에서 그 강대세력들을 통과하면서 고난과 시련을 당하면서도 끝끝내 견디고 살아왔다.

---

542) 같은 글, 436.
543) 다니엘 7장1~28절. 표준새번역.

여기서 바르트는 공산주의를 표방하는 소련과 거기에 맞선 다른 강대국 미국을 말하고 있다.544) 전자는 공산주의적 이데올로기와 체제에 의해 대변되고, 후자는 자본주의적 이데올로기와 자유민주주의적 체제를 내세우고 있다. 미국 진영에 속한 서구(西歐)블록은 소련 진영에 속한 동구(東歐)블록을 다음과 같이 비난한다. 동구가 추진하는 것은 완전히 왜곡된, 다시 말하면 일방적으로 유물론적인 인간이해에 근거하고 있다. 인간은 마치 오직 경제적인 존재인 것처럼, 생산과 소비는 마치 유일한 삶의 문제, 삶의 조직과 과업이어서 다른 모든 것은 거기에 종속하는 것처럼 사람들은 행동한다. 그들은 실로 완전한 조직의 처방전을 갖고 있다는 맹목적 확신을 갖고 있다. 그리고 그것을 실현하기 위해 개개인은 오직 소비하고 생산하는 자유, 투쟁에 참여하는 자유만을 부여받고, 다른 자유를 주장하는 자에겐 화가 미친다고 생각한다. 여기서 인간은 집단의 단순한 구성요소, 기계, 집단인간이 된다. 그리고 이 사회주의를 위한 투쟁을 관철할 때 다른 어떤 더 높은 권리가 인정되거나 존중되지 못한다. 모든 수단들이 사용될 수 있다. 선전과 선동, 경찰제도와 그 냉정함과 잔인함, 투쟁의 관철과정에서 수많은 인간들이 무차별적으로 당하는 희생, 그것은 비인간적인 것이며, 그런 신앙은 하나님 대신에 사회적 진보라는 이념의 악마가 등장한 거짓 신앙이다.545)

반면에 동구블록은 서구블록을 다음과 같이 비난한다. 서구가 추진하는 것은 완전히 전도된, 다시 말하면 그릇된 정신적·도덕적 인간이해에 근거하고 있다. 서구인들도 역시 인간을 우선적으로 경제적인 존재로 생각한다. 거기서도 삶은 실로 생산과 소비를 중심으로 돌아가고

---

544) K. Barth, *Die Kirche zwischen Ost und West*, 1949, in: K. Kupisch, 129. 이신건, "칼 바르트와 공산주의", 436에서 재인용.
545) 이신건, "칼 바르트와 공산주의", 437.

있고 그들은 돈, 맹목적이며 익명적인 자본, 이자와 그 증식에 의해 지배당한다. 그들은 진정한 집단인간을 양육한다. 민주주의도 형식적인 것이고, 거기서도 돈이라는 신(맘몬)을 지배하기 위한 맹목적인 투쟁이 일어난다. 경우에 따라 전쟁도 일으키고, 평화 시에는 개화된 잔인성과 간계, 조작과 음모, 거북한 일과 사람에 대한 사기가 지배한다. 하나님에 대해 말하는 기독교는 대중들의 시선을 하늘로 향하게 함으로써 땅 위 현실의 문제는 숙명적인 것으로 체념하게 한다. 그것들은 비인간적인 것이고 거짓 신앙이다.[546]

이 양대세력 사이에 있는 교회는 어느 편을 들어야 하는가? 바르트에 의하면 그리스도인은 원칙적인 공산주의자가 될 수 없듯이, 원칙적인 반공주의자 즉 자본주의자가 될 필요도 없다. 그리스도인의 희망은 공산주의 체제나 자본주의 체제도 아닌 하나님나라이기 때문에, 그는 교회가 어느 편에도 설 수 없고, 오히려 하나님나라의 희망 안에서 두 체제의 대립을 넘어서서 하나님의 일과 인간의 일을 직시해야 하며, 그러기에 두 이데올로기를 동시에 비판하고 더 높은 하나님나라의 상응형태로 양자를 지양시켜야 한다고 보았다. 그러므로 교회는 양대세력의 대립 속에 끼어들 필요가 없다는 것이다. 바르트는 이 대립을 그리스도인들에게는 아무런 상관이 없는 것이고, 필수불가결한 것도 아니며 진정한 것도 아니라고 보았다. 그것은 단지 권력투쟁일 뿐이다. 교회는 복음을 가지고 서로 싸우는 두 거인들 틈에서 오직 '악에서 구하옵소서!'라고 기도할 수 있을 뿐이다. 그는 양대 세력을 단순히 흑백논리에 따라 선과 악으로, 빛의 천사와 사탄으로 나누어 판단하지 않았다. 그는 예수 그리스도의 공동체인 교회가 '제3의 길', 그 자

---

546) K. Barth, *Die Kirche zwischen Ost und West*, 1949, in: K. Kupisch, 130. 이신건, "칼 바르트와 공산주의", 437에서 재인용.

신의 길을 가야 한다고 주장했다.547)

바르트에게는 오직 교회의 길, 즉 하나님나라와 그 의가 중요한 것이었기에, 극단적인 대립을 조장하는 그 어떠한 형태도 배격된다. 원칙적인 자본주의 못지않게 원칙적인 반공주의도 나쁜 것이다. 그는 "원칙적인 반공주의는 공산주의 그 자체보다 더 크나큰 악이다"548)고 보았다. 바르트가 원칙적인 반공주의자가 될 수 없듯이 원칙적인 공산주의자가 될 수 없었다는 것도 자명한 사실이었다. 그는 오직 하나님의 편에 섰고, 그렇기 때문에 공산주의자를 위해서도 존재할 수 있었다. 이런 의미에서 바르트는 "터무니없는 선전이 여기저기서 다른 사람들의 눈 속에 있는 티 외에는 다른 어떤 것도 보지 못하게 하는"549) 강대블록의 양편에서 그리스도인들은 조류에 거슬러 헤엄쳐 나가라고 호소했다. 실로 바르트 자신은 양 진영을 오가며 나는 새가 되어서 공산권의 기독교인들에게도 기독교의 복음과 신앙고백을 갖도록 경고하는 일에 힘썼다.550)

3) 바르트의 공산주의 이해

바르트의 침묵

바르트는 왜 나치에 대항해서 투쟁한 것처럼 공개적으로 공산주의에 대항하지 않고 침묵하는 자세를 보여 주었는가? 이와 같은 그의 태도

---

547) 같은 글, 128.
548) K. Barth, *How my mind has changed*, in : K. Kupisch(Hrsg.), *Der Götze Wackelt*, Berlin, 1961, 202.
549) K. Barth, *Brief an G. Jacob*(1955.2.18.), 397. 이신건, "칼 바르트와 공산주의", 439에서 재인용.
550) 이런 그의 노력을 인정한 영국황실은 1952년1월 그에게 평화봉사의 메달을 수여하기로 결정했는데, 바르트는 1962년 은퇴 후에야 이를 감사히 받았다고 한다. 이신건, "칼 바르트와 공산주의", 439에서 재인용.

에 브루너까지 가세하여 공격하자, 바르트는 1948년 3월 사로스파타크와 부다페스트에서 행한 「국가질서의 교체 속에 있는 기독교공동체」라는 주제의 강연에서 그 질문에 대한 그의 본질적인 입장을 전달했다.

> 기독교공동체는 결코 추상적 규범, 역사법칙의 이상, 정치적·사회적 세계관 그 자체를 대변하거나 선포할 수 없다. 혹은 그것을 배격할 수도 없다. 교회가 무엇을 긍정하거나 부정할 때, 어떤 정치적 원리와 도그마와 교리문답과 관계맺는 것이 아니라, 특정한 정치형태와 관계를 맺을 뿐이다. 교회는 어떤'주의(…ismus)'에 대해 책임을 지지도 않고 그것을 배격할 책임도 없다. 교회가 부득이 그렇게 해야 한다면, 아무리 훌륭한'주의'나 아무리 끔직한'주의'라 하더라도, 이에 대해서'아니요!'라고 말해야 한다. 교회는 아무런 체제도 갖지 않으며, 어떤 체제에도 관여할 필요가 없다. 교회는 어디서도 정당으로 등장할 수 없다. (…) 교회는 하나의 정치적 노선에 사로잡히는 것을 단호히 거부해야 한다. (…) 교회는 자유로이 존재한다. 왜냐하면 교회는 어떤 법칙이 아니라 오직 그리스도의 법과 복음을 선포하기 때문이다. 교회는 오늘에는 보수적이지만 내일에는 아마 매우 진보적으로 실로 혁명적으로 말해야 할지 모르며, 그 반대도 마찬가지일 것이다! (…) 교회는 다양한 사정과 환경 속에서 항상 새로이 섬겨야 할 살아계신 주님을 모시고 있기 때문이다. (…) 기독교의 정치는 세상에 대해 항상 생소하고 전망하기 어려우며 놀라운 일이 되어야 할 것이다. 그렇지 않다면 그것은 아무런 기독교적 정치가 아닐 것이다.551)

바르트에게 정치란 그저 냉정한 사업일 뿐이지 그 이상도 그 이하도 아니다.552) 그러므로 교회가 그것을 절대적인 체제나 이데올로기로

---

551) K. Barth, *Die christliche Gemeinde im Wechsel der Stattsordnung*, 1948, 3, *EvTh.* H. 1~3, 13. 이신건, "칼 바르트와 공산주의", 440에서 재인용.
552) M. Schoch, *Karl Barth. Theologie in Aktion*, Frauenfeld 1967, 181. 이신건, "칼 바르트와 공산주의", 440에서 재인용.

생각해서 그것에 얽매여선 안 된다고 그는 보았다. 그가 이해한 기독교의 진정한 정신은 어떤 체제나 이데올로기를 선호하고 거기에 집착하는 것이 아니라, 그것으로부터 자유로운 희망의 정신이다. 그렇기 때문에 그는 어떤 종류의 '주의(…ismus)'나 체제도 배격했다. 교회의 관심사는 하나님의 일, 진정한 정의와 자유와 평화에 있다. 따라서 교회는 어떤 체제로부터도 자유롭게 거리감을 두고 행동한다. 교회는 보수적일 수도 있고 혁명적일 수도 있다. 바르트에게는 공산주의자 못지않게 반공주의자도 더 고약한 진리의 적이었다.[553] 공산주의에 대한 그의 판단도 복음에 비추어 이루어지는 것이지, 서구적 감정에 따라 이루어져서는 안 된다고 보았다. 이 점에서 바르트가 나치와 공산주의를 판단하는 기본입장이 동일한 선상에 있음을 볼 수 있다. 나치가 종교적 가면을 쓰고 나왔다는 점에서 바르트의 공격목표가 되었다면, 종교적 가면을 쓰지 않은 공산주의는 굳이 신학적으로 비방 받을 필요가 없다는 것이다. 공산주의는 서구세계의 '더 나은 정의'로부터 비판되어야 할 것이지, 지나치게 경솔한 부정을 통해 배격되어서는 안 된다는 말이다.[554] 그러기에 공산주의에 대한 바르트의 수동성은 근본적으로 공산주의가 종교적 내용을 별로 갖고 있지 않다고 본 점에서 연유한다. 바르트가 옳게 보았는지, 아니면 공산주의의 종교적 특징을 과소평가했는지, 혹은 공산주의 정치가 얼마나 절대적이고 얼마나 양심을 억압하고 지배하려고 하는가에 대해 바르트가 당시는 과연 주목하지 못했는지는 다른 문제에 속한다. 공산주의가 거짓예언자처럼 종교로 가장하지 않는 한, 그것을 원칙적으로 배격할 필요가 없다고 바르트가 보았다는 점이 본질적으로 중요하다.[555]

---

553) 같은 글, 187. 이신건, "칼 바르트와 공산주의", 441에서 재인용.
554) K. Barth, *How my mind has changed*, 197. 이신건, "칼 바르트와 공산주의", 441에서 재인용.

이런 점에서 한반도의 경우는 매우 중층적이며 복잡하다. 북측사회가 주체사상으로 종교화되어 있는 상황, 그리고 한국기독교 대부분의 감정적·교조적 반공이데올로기로 대립하고 상황에서 화해와 평화의 길로 나아가기 위해서는 보다 본질적인 응답이 필요하다 할 것이다. 이런 중층적인 문제에 대한 응답은, 실천적 대응과 신학적 대응, 전략적 대응과 원칙적 대응 등 다양한 지혜가 동원되어야 하지만 무엇보다도 궁극적으로는 하나님나라에 입각한 신학적·성서적·신앙적 기반이 확고해야 한다.

예수 그리스도는 화해된 사회의 희망이며, 그 화해된 사회는 화해되지 못한 사회의 혁명적 변혁을 통해 이루어지는 하나님나라이다. 그곳에서는 인간이 자기 자신의 행동적 주체가 되어 스스로 결정한다. 그곳에서는 인간이 더 이상 사회조건의 희생물이 되지 않으며, 자유로운 인간들의 교류가 이루어진다. 더 이상 억압과 착취가 없고, 모든 인간들이 연대감을 가지며 더불어 살아간다. 이 하나님나라는 진정한 사회주의이다. 그러므로 사회주의적 운동은 하나님나라의 거울(반영)이다.556) 이런 점에서 볼 때 수세기 동안 교회는 기존적인 것, 복고와 반동의 주체가 되어왔다. 바르트는 교회가 자본주의국가에서 그 질서와 연대하고, 주어진 상황을 종교적으로 정당화시켜줌으로써 자본주의를 섬기는 것이야말로 가장 추악한 모습이라고 공격했다. 만약 공산국가가 복음 선포를 허락하고 교회 모임을 허용하기만 한다면, 무신론적 공산국가는 자본주의적 국가보다 더 나은 것이라고 바르트는 생각했다.557) 이러한 그의 확신 때문에 바르트는 공산주의를 조용히 지켜보

---

555) M. Schoch, 181. 이신건, "칼 바르트와 공산주의", 441에서 재인용.
556) H. Gollwitzer, *Reich Gottes und Sozialismus bei Karl Barth*, ThExh. 169, 19. 이신건, "칼 바르트와 공산주의", 442에서 재인용.
557) M. Schoch, 182. 이신건, "칼 바르트와 공산주의", 442에서 재인용.

려고 했으며, 1956년 10월에 일어난 헝가리의 소련군 침공 항거투쟁에 대해서도 판단을 유보한 듯하다.

사회적 문제

그러나 스위스와 유럽 그리고 미국에서 많은 비난이 쏟아지자, 바르트는 자신의 입장을 더 명백히 밝히기를 원했다. 그가 이미 1949년 스위스 베른에서 행한 강연 「동서 사이에 있는 교회」는 그의 기본적 입장을 벌써부터 보여주고 있다. 여기서 그가 왜 나치에 대해서는 침묵할 수 없었지만, 소련 공산주의에 대해서는 발언할 수 없었는지 세 가지 관점에서 해명하고 있다.

첫째, 사람들은 공산주의 독재와 강압정치에 맞서 바르트가 당연히 항거해야 되지 않느냐고 생각했다. 물론 바르트도 소련의 전체주의와 독재적 방법에 대해 말하고 싶다고 했다. 그러나 한편 그는, 그를 비난한 사람들에게 그런 독재가 공산주의 없이도 세계에서 항상 자행되어 왔음을 상기시켰다. 바르트는 아시아의 독재정치, 프랑스 혁명의 잔혹함, 그리고 소위 기독교적이라고 자칭하는 선진 유럽에서 일어난 악명 높은 잔인성을 지적하면서, 소련 공산주의에 대해서만 일방적·무원칙적으로 성토할 수는 없노라고 소신을 피력했다.558) 그에 의하면, 전체적·비인간적 강압은 소위 자유롭다는 서구의 사회제도와 국가질서 안에도 다른 형태로 출몰하고 있고, 공산주의가 모든 인간을 행복하게 해주기에 전 세계로 확장되어야 한다고 주장하는 것이 새롭거나 특별히 놀랄 만한 것이 아니며, 이런 종류와 경향을 가진 다른 체제들도 여전히 존재한다는 것이다.559) 그렇다고 바르트가 소련의 독재체제

---

558) K. Barth, *Die Kirche zwischen Ost und West*, 136. 이신건, "칼 바르트와 공산주의", 443에서 재인용.
559) K. Barth, *Die Kirche zwischen Ost und West*, 136. 이신건, "칼 바르트와 공산주의", 443

를 옹호하려고 한 것은 아니다. 단지 그러한 독재적 잔인성으로부터 긍정적 의도를 구별할 줄도 알아야 한다고 그는 힘주어 강조했다. 즉 소련이 착수한 건설적 이상은 결코 맹목성, 미치광이 혹은 범죄의 현상이 아니라, 우리에게도 진지하고 시급한 문제, 즉 사회적 문제의 해결이라는 것이다. 만약 우리의 자유가 무엇을 의도하는지에 관해 그들보다 더 나은 양심을 가지고 대답하려 한다면, 만약 우리가 인간적인 방법으로 사회문제에 대해 진지하게 해답을 내리려는 찰나에 있다면, 우리는 사회주의국가의 해결방식을 거부할 수 있다. 그러나 거기서는 굶주리고 있는데, 우리에게는 경제공황이 우려되므로 곡식을 썩힐 자유가 있다고 주장한다면, 우리는 그리스도인으로서 사회주의에 대해 무조건 거부의 말을 내뱉지 못할 것이다.560) 이런 점에서 바르트는 공산주의(사회주의)를 결코 나치와 동일시하지 않았다. 공산주의는 사회문제를 자본주의 세계와는 전혀 다른 진지함을 가지고 파악하고 있다고 바르트는 생각했기 때문이다.561)

우리는 여기서 주체사상으로 형성된 북측사회를 나치에 비교할 수도 있고, 소련에 비교할 수도 있을 것이다. 그렇다면 각각의 모습을 다 갖추고 있기도 하고, 또한 각각 다른 면도 가지고 있는 북측사회는 비판해야 마땅하지 않겠느냐 할 수도 있겠지만, 문제가 그리 간단하지 않다는 것이다. 왜냐하면 북측사회 전체가 좋든 싫든 우리와 함께 화해를 도모해야 할 현 실체라는 점과, 북측이 표방하는 바 민족자주성과 사회적 제도 지향에 있어서의 긍정적인 면과, 남측사회의 결정적 취약점을 극복·보완할 수 있는 점을 가지고 있기 때문이다.

에서 재인용.
560) 이신건, "칼 바르트와 공산주의", 443.
561) H. Gollwitzer, 16. 이신건, "칼 바르트와 공산주의", 443에서 재인용.

무신론의 문제

둘째, 바르트가 소련 공산주의를 나치와 다르게 본 관점은 무신론의 문제이다. 즉 공산주의는 기독교를 부인했을망정 그것을 재해석하고 위조하려거나 자신을 기독교의 옷으로 위장하려는 어떠한 작은 시도도 감행하지 않았다는 것이다. 공산주의는 국가적 예수를 통해 참된 그리스도를 제거하려는 무모한 악행을 저지르지 않았다. 공산주의는 거친 비(非)그리스도적 사상이지만 적(敵)그리스도적인 것은 아니라는 것이다. 공산주의는 잔인하지만 최소한 정직한 무신론이다.562) 그러므로 바르트는 교회가 그들에 맞서 투쟁할 것이 아니라, 인내와 신앙, 즐거운 기다림과 담백한 고백 속에서 뭔가 긍정적인 것을 말해야 한다고 호소했다. 즉 교회는 그들에게 서양적 세계관과 도덕, 현실적 삶의 종교적 비호, 내면성과 천국으로의 도피를 위한 가르침이 아닌, 살아계신 하나님과 그의 나라, 전 인류의 구세주이신 예수 그리스도를 고백해야 한다. 무신론을 관해 말하자면, 무신론은 본질적으로 공산주의만의 전유물이 아니다. 그것은 우리에게도, 골목길이나 신문 속에서도, 아니 교회 안에도 이미 퍼져 있다. 그리고 무신론은 교회가 너무 허약하기 때문에 그것에 대한 분노로부터 생존하고 있다. 그러므로 교회는 무신론자에게 십자가에 관한 말씀을 빚지고 있다.563)

셋째, 바르트가 나치에 대항한 것처럼 공산주의에 맞서 정치적 고백을 하지 않고 침묵할 수밖에 없었던 것은 공산주의자가 결코 거짓예언자로서 교회를 위협해 오지 않았다는 점에서 기인한다. 교회가 시련 속에 처하여 이에 대항하려고 할 때에만 고백이 요청되기 때문이다. 그리고 기독교적·정치적 고백도 파당성 없이 이루어져야 하는 것이지,

---

562) 이신건, "칼 바르트와 공산주의", 444.
563) K. Barth, *Die Kirche zwischen Ost und West*, 138. 이신건, "칼 바르트와 공산주의", 444 에서 재인용.

모호한 서구적 감정을 정치적으로 표출하는 것은 좋은 일이 못된다고 볼 수 있다.564)

바르트의 마르크스주의 이해

바르트는 마르크스-카우츠키(Karl Kautsky)-레닌에 이르기까지 마르크스주의 문서들을 열심히 읽었던 당대의 소수 신학자들 가운데 하나였다고 한다. 그러나 그의 연구는 제한된 범위에서 이루어졌기 때문에, 마르크스주의의 중요한 인식들이 모두 충분히 수용되지는 못했다는 것이다.565) 그는 『교회교의학』에서, 특별히 마르크스주의와 대화하고 대결해야 한다고 느낀 경우에만, 여기저기서 그것을 취급하고 있다. 바르트는 특히 마르크스의 '역사적 유물론'을 다음과 같이 요약적으로 이해했다.

① 역사적 유물론은 인류의 모든 역사가 본질적으로 인간의 경제의 역사, 경제사라고 주장한다. 문화, 학문, 예술, 국가, 도덕, 종교의 발생은 당대의 경제적 권력관계의 표현이다. 이것들은 이 경제적 현실을 은폐, 미화, 합리화, 방어하려는 시도들이며 아마도 종종 그 불만족의 표현, 그 비판의 도구, 그 변혁의 수단이 되어왔다. 그것들은 항상 부차적 구조, 이데올로기로서 역사적인 실재인 경제와 본질적으로 대립한다.

② 역사적 유물론은 이렇게 이해된 인류사의 과정에 대해 비판한다. 그것은 경제사로서 사회의 지배계급과 피지배계급, 경제적 강자와 약자, 토지와 생산수단을 소유한 자들과 경제적으로 생산적인 노동을 행하는 자들 사이에서 일어나는 투쟁의 역사이다. 여기서 위에서 언급한

---

564) K. Barth, 139. 이신건, "칼 바르트와 공산주의", 444에서 재인용.
565) H. Gollwitzer, 45. 이신건, "칼 바르트와 공산주의", 444에서 재인용.

이데올로기들은 그처럼 불공평한 수단들로 인해 생긴 계급투쟁을 불가능하게 만들거나 억제하기는커녕, 오히려 그것을 인정하거나 장려할 수밖에 없었다.[566]

③ 역사적 유물론은 인류사의 미래과정에 대한 예언이다. 오늘날 익명적 자본의 지배로 변한 가진 자들의 지배는 으레 항상 새로운 생산과 소비의 위기에 빠지고, 전쟁에 휘말려 들어가며, 혁명적 파괴를 유발한다. 대중의 프롤레타리아트화는 점점 더 심화되고 현대 시민사회의 더 넓은 층으로 확산된다. 이렇게 증대하는 피억압계급은 점점 더 자동적으로 경제적 과정 속에서 자신의 손 안에 놓여 있는 힘을 인식하게 되고, 위급한 경우에는 그 힘을 폭력적으로 사용하여 익명적 독재 대신에 자신의 독재를 수립한다. 그들은 더 이상 착취자나 피착취자가 없는, 다른 모든 사회적 병폐들을 뿌리째 사라지는, 오늘날의 계급국가에선 거의 사회적 위선의 형태로서만 존재하는 도덕이 진정한 현실이 될 수 있는 그런 사회적인 경제국가와 복지국가를 세운다. 그것은 다시는 인간성을 무시하는 어떤 이데올로기가 되지 않고 진정하게 이해되는, 그래서 올바른 관점에서 올바른 개입을 통해 통솔되는, 경제적으로 물질적인 발전이 될 뿐이다. 이것은 마르크스가 그의 추종자들에게 최상의 것, 사회주의적 행동을 유발하는 본래적 동기로서 제시한 희망, 종말론이다.[567]

④ 역사적 유물론은 오로지 끊임없이 불어나는 프롤레타리아에게만 주어지는 호소이다. 그것은 모든 이들에게, 지배하는 시민들에게 호소하지 않는다. 역사적 유물론은 부르주아하고는 아무런 상관이 없다. 왜냐하면 부르주아는 자신의 경제적 위치에 대한 선입견에 사로잡혀

---

566) 이신건, "칼 바르트와 공산주의", 445.
567) 같은 글, 446.

무엇을 듣거나 배우려고 애초부터 기대하지 않기 때문이다. 역사적 유물론은 프롤레타리아가 자신을 살펴보라는 호소이고, 일반 역사의 경제적 의미를 깨닫게 하고, 그것을 계급투쟁의 빛 아래서 비판할 필요성을 깨우치는 호소이며, 노동자 계급의 경제적·정치적 연대성의 회복을 촉구하는 호소이다. 이 연대의 의미와 목적은 기존의 계급관계의 철폐를 촉진하는 것, 새로운 계급 없는 사회의 건설을 위해 준비시키는 것이다. 이 모든 것은 역사적 시간과 상황, 특수한 경제적· 정치적· 이데올로기적 상태를 사려 깊고 치밀하게 고찰함으로써 이루어진다. 이런 역사적 유물론의 실천 속에서 이데올로기가 당연히 고려될 수 있다.568)

바르트의 마르크스주의 비판

① 마르크스주의는 인간의 일을 배타적으로 경제적으로만 이해한다. 그리고 그것에 기초하고 있는 이론적· 실천적 귀결로부터 마르크스주의는 역사를 폭력화한다. 마르크스주의 지지자들이 점점 더 로봇 인간 정신 혹은 비정신을 스스로 수용했다는 사실은 언젠가 분명히 보응을 받게 될 저주이다(인간론).569)

② 우리는 하나님을 신앙함으로써 그분의 섭리에 대한 신앙 속에서 역시 오직 그분만을 신앙할 수 있게 된다. 하나님의 섭리는 마르크스가 주장한 것처럼 경제적으로 억압당하는 자들이 승리하고 해방되기에 이르는, 경제적 계급의 상호투쟁 속에서 실현되는 그런 역사의 의미와 다르다.570) 슬라브주의 성전의 정면은 급진적 마르크스주의이다. 그것은 기독교 예배당을 잠정적으로 포기하려고 하는 듯하다. 이런 잘못은

---

568) CD III/2, 464.
569) CD III/2, 467.
570) CD III/3, 24.

그것이 다가온 것처럼 언젠가는 사라질 것이다. 물질이 신격화되고 인간실존이 절대화된 오류이다(섭리론).571)

③ 생산수단의 사유화와 자유로운 사업은 더 이상 존재하지 않고, 노동과정의 지도는 오히려 국가의 손에 넘어갔다. 인간이 노동을 함으로써 인간을 그 자신의 목적에 대한 수단으로, 단순한 도구로 삼는 것은 부당하다. 전체주의적 사회주의국가는 결국 인간에 의한 인간의 억압과 착취의 새로운 형태로 나아갈 수 있다. 인간이 인간을 인간으로 취급하지 않고 부려먹을 수 있는 사물로 취급한다. '혁명'이라 불리는 급진적 개혁의 시도도 상대적이어서, 그러한 시도의 방향에서 행해지는 모든 것은 오직 상대적 의미와 힘을 가질 수 있을 뿐이다. 인간에 의한 인간의 착취가 항상 새로운 형태 속에서 불가피하게 파생되어 나온다(하나님의 계명).572)

④ 마르크스주의 이론에 따르면, 세계사는 세계내재적 법칙성의 작용에 내맡겨져 있다고 설명되는데, 이 이론은 하나님의 뜻과 말씀과 활동을 무시하고 배척하는 인간의 교만에 의해 세워진 것이다. 그런 인간의 교만과 불순종은 하나님의 심판 아래로 나아간다. 세계사는 하나님의 통치로부터 벗어나 있지 않으며, 하나님의 세계 통치는 중단되지 않는다. 하나님은 그런 잘못된 왜곡과 도착에 부정(否定)을 선언한다(죄론).573)

4) 바르트 신학의 사회적 관점

마르크스주의에 대한 비판과 아울러 교회비판을 위한 마르크스주의

---

571) *CD* III/3, 126.
572) *CD* III/1, 624.
573) *CD* IV/1, 564.

의 긍정적 공헌도 바르트는 적절히 평가했다. 그는 마르크스의 종교비판을 옳다고 보았다. 다시 말하면 바르트에 의하면 기독교는 종교가 아니다. 마르크스가 종교를 역사적 상황의 산물로 보았다는 점에서 마르크스는 기독교의 그릇된 자기이해를 비판하는 실마리를 제공해준다. 기독교는 인간의 산물인 종교가 아니다. 기독교를 참된 종교라고 부른다고 해서 상황이 달라지는 것도 아니다.574) 기독교의 하나님은 인간 예수 그리스도 안에서 자신의 존재를 증명해 보인 분이다.575)

그리고 바르트는 자본주의적 시민사회에 대한 마르크스주의적 분석을 긍정했고, 마르크스의 사회비판을 자신의 교회비판의 구성요소로 삼았다. 특히 그는 마르크스의 계급이론을 토대로 삼아 "교회도 항상 지배계급의 편에 섰거나, 최소한 항상 경제적 강자의 막강한 권력조직에 지나지 않는 계급조직이 존속할 수 있도록 뒷받침해준 가장 확실한 보증인이 되지 않았는가?"576)고 묻고 있다. 하나님의 계명은 인간성을 위하고 그 인간성의 부정에 맞선 철저한 호소이고, 사실 모든 종류의 강자의 침해에 대항하여 약자의 편에 서라는 호소인데, 교회는 노동과정의 자본주의적 발전 앞에서 이 사실을 너무 늦게야 깨달았고 잘못을 범했다. 교회에게는 사회주의국가가 인간을 억압하고 착취하는 현상을 보인다고 거기에 먼저 손가락질을 할 권한이 없다는 것이다.577)

그리고 바르트는 교회가 추상적으로 이원론적인 그리스적·고대교회적 인간이해와 영혼불멸의 신앙 때문에 인간의 물질적 현실성을 백안시하는 잘못을 저질렀다고 비판했다. "교회가 영혼-몸의 교리를 가지

---

574) *CD* I/2, 356.
575) *CD* I/2, 485.
576) *CD* III/2, 467.
577) *CD* III/4, 624.

고 물질의 문제, 몸으로서의 생명과 경제적인 문제를 대수롭지 않게 여겨온 것은 잘못이 아닌가?"578) 바르트에 의하면, 인간은 비록 영혼과 몸으로 구분될 수는 있어도 분리될 수는 없다. 인간의 본성은 영적・비공간적・불멸적 영혼과 물질적・공간적・사멸적 몸이라는 두 부분으로 이루어져 있는 것이 아니다. 전체로서의 인간은 전체로서 영혼인 동시에 몸이다. 인간은 전인이다.579) 그러기에 바르트에게 복음은 결코 사회, 물질적 곤궁, 사회문제와 무관한 것이 아니었다. 또 바르트에 의하면, 하나님의 승리는 모든 피조물의 몸 가운데서 일어난다. 종말론적 약속의 의미는 인간과 자연이 몸의 영광으로 화해되고 구속받는 데 있다.

그리고 하나님의 심판과 약속도 전인과 관계를 맺고 있는 것이어서 물질적・경제적 현실을 제처놓고는 긍정되거나 신앙의 대상이 될 수도 없고, 또 그것과 대립된 이데올로기로 부정되거나 제거될 수도 없다. 그런데 교회는 하나님의 심판과 약속, 부활이 갖는 물질적 현실성을 증언하는 대신에 영혼불멸을 가르치는 일에 빠져버렸다. 그래서 대중이 경제적 유물론에 빠져들었을 때, 교회는 그것에 대해 오직 비난하고 욕지거리를 늘어놓기만 하는 이중타락에 빠지고 말았다. 교회가 추상적인 영혼과 몸의 이원론에 몸을 내맡긴 결과, 교회는 결국 유물론적 인간이해가 부상하는 것을 막지 못했고, 앞으로도 막지 못할 것이라고 바르트는 교회를 비판했다.580)

5) 바르트가 말하는 교회의 과제

---

578) *CD* III/2, 467.
579) *CD* III/2, 455.
580) *CD* III/2, 467.

양대 체제와 이데올로기 간의 냉전 속에 있던 교회의 과제와 역할은 무엇인가? 먼저 바르트의 확신에 의하면, ①교회는 '올바른 복음을 증거'해야 한다. 복음은 자유진영이 내세우는 온갖 무신론과도 상관이 없다. 오직 올바른 복음만이 굳세게 설 수 있다. 교회는 정치적인 지도자들과 대중에게 하나님나라의 평화와 희망에 관한 탁월한 증언을 제시함으로써 그들을 도와야 한다. 교회는 더 이상 자유진영의 일에 무사려(無思慮)하게 동조함으로써 복음에 상처를 내어서는 안 된다.581) 교회는 인간의 자유를 지양하지 않고 오히려 손상될 수 없는 자유의 가치와 거룩함을 뒷받침해주는 ②'하나님의 공의를 선포'해야 한다. 교회는 인간의 정의를 무용하게 만들지 않고 오히려 매우 촉진하는 ③'하나님의 자유를 선포'해야 한다. 교회는 모든 이성보다 더 뛰어나는 ④'하나님의 평화를 선포'해야 하며, ⑤ 인간성을 호소하고 세우는 일에 봉사'해야 한다. 그렇기 때문에 교회는 공산주의(사회주의)에 대항하거나 자본주의에 대항할 것이 아니라, 양자 사이로 들어가서 서로가 간과하고 있는 것을 대변해야 한다.582) 교회는 양 체제의 대립을 넘어서서 ⑥모든 국가들이 다 '하나님의 백성으로 축복받게 되리라는 하나님의 말씀(예언자 이사야의 환상)을 증언'해야 한다.583) 그래서 ⑦교회는 '긴장완화와 세계평화를 도모하는 일에 이바지'해야 한다. 중요한 것은 투쟁이 아니라 일으켜 세우는 것이다. 모든 분노와 미움은 다시금 파괴로 치달을 뿐이다. 교회는 상호 간의 불안을 제거하는 일에 기여하기 위해 양 체제 사이에 개입해야 한다. 자유와 인권이냐, 아니면 상호적대적인 위협과 전쟁을 통한 공멸(共滅)이

---

581) K. Barth, *How my mind has changed*, 203. 이신건, "칼 바르트와 공산주의", 449에서 재인용.
582) K. Barth, *Die Kirche zwischen Ost und West*, 141. 같은 글, 450에서 재인용.
583) K. Barth, *Die Kirche zwischen Ost und West*, 143. 같은 글, 450에서 재인용.

냐? 이것은 허망한 양자택일이고 바보의 일이다. 교회는 그와 같은 전쟁놀음과 군수산업에 동조해서는 안 된다. 어떻게 교회가 그런 모험에 동조할 수 있겠는가?584) 이처럼 바르트가 냉전의 한복판에 외로이 서서 평화를 사랑하는 자들에게 던지는 충고와 신학적 성찰은 지금도 우리에게 유효하다 할 것이다.

2. 한국교회의 화해를 위한 가능성과 노력

18세기 이래 서양의 기독교선교는 자본주의적 지배문화의 도구로써 세계로, 조선에로 전파되었다. 기독교선교의 근본적인 문제는 복음을 서양문명에 동화시켜버렸다는 데 있다. 기독교 보수주의이든 자유주의이든 동일한 문제를 안고 있었다. 복음이 우리 민족사에서부터 도출될 수 없듯이, 서양 기독교문명의 일부가 아닌 것이다. 예수 그리스도의 종말적 하나님나라의 선포, 그의 십자가와 부활사건은 서양 기독교문명을 포함해서 모든 역사를 심판하고 하나님나라의 도래라는 미래에로 새롭게 규정하는, 말하자면 "하나님의 혁명"585)이다. 복음과 서양 기독교문명을 구별하지 못했던 선교사들은 서양 지배세력에 의한 약소민족 식민지 침탈과 예속화의 죄악을 간과했을 뿐만 아니라, 이 제국주의세력의 팽창의 길을 평탄하게 했다. 기독교선교는 더 나아가서 일

---

584) K. Barth, *How my mind has changed*, 203. 같은 글, 450에서 재인용.
585) '하나님의 혁명'이라는 표현은 스위스 종교사회주의자들의 표현이며, Karl Barth에 의해서 신학적으로 전개된 개념이다. 성서적 복음과 서양 기독교문명과의 구별은 바르트의 『Der Römerbrief』 (1922)에서 잘 다루어져 있는데, 절대 타자로서 하나님(der ganz Andere)이라는 표현이 그런 구별을 나타내며, 이 개념은 서양 기독교문명에 대한 특히 19세기 자본주의적 부르주아 자유주의 기독교와 신학에 대한 철저한 비판을 의미한다. 그 개념은 한국신학이나 미국신학계에서는 대체적으로 몰이해되어 왔다고 볼 수 있다. 김애영, 『칼 바르트 신학의 정치·사회적 해석』(서울: 대한기독교서회, 1991), 126~135을 참조.

제의 조선 통치와 협력했고 대다수의 선교사들이 일제의 식민통치가 우리 민족에게 이롭다고 착각했다는 사실이다. 제2차 세계대전 발발 후 일제에 대한 그들의 인식이 변하기는 했으나, 지배자들에 편당한 선교사들의 의식은 대체로 지속되었다고 생각된다. 선교사들의 친일행각은 조선 기독교인들의 민족운동을 약화시켰고, 그 방향을 서양지향성에로 오도(誤導)했다고 할 수 있을 것이다.586)

민족의 생존권과 동질성 명맥의 상실위기에 처한 조선 기독교인들 대다수는 서양세력이 우리 민족의 살 길이라고 착각했다. 이들에게 있어서도 복음은 서양 지배세력, 문명, 재물과 거의 동일화 되어버리는 위험이 가시화되기 시작했다. 초기 기독교인들이 민족운동과 기독교 사이에서 오락가락하다가 선교사들의 오도, 즉 일제에 저항하지 말도록 그리고 지배자를 두둔하는 왜곡된 기독교신앙에 복종하도록 한 오도를 거부하고 기독교를 포기하기도 했다. 반면에 많은 조선 기독교인들이 복음과 신앙에 충실하고자 하면서 동시에 민족주권과 동질성 회복을 위해 헌신하고자 했다. 조선의 초대(제도)교회들은 민족자주성과 동질성 회복의 의지를 내포하고 있었음에도 불구하고 서양 지향적 과정에서 일본제국주의 세력에 예속된 민족상황으로부터 멀어지는 과정을 밟았고, 1940년대의 소위 '일본기독교'를 만들어내고 말았다. 신사참배 거부와 옥고를 치룬 조선 기독교인들은 결국 제도교회의 변혁을 성취하지 못하고 말았다. 이후 전개되었던 해방 이후 민족분단의 상황 속에서 교회는 화해의 역할은커녕 오히려 분단세력으로 전락해갔던 것은 앞서 살펴본 바와 같다. 그러나 그럼에도 불구하고 민족분단의 소용돌이 속에서도 화해의 노력이 전혀 없었던 것은 아니었다. 우

---

586) 박순경, "민족 동질성 회복을 위한 신학의 역할", 『민족신학의 모색』, 조성노 편(서울: 현대신학연구소, 1993), 65.

리는 민족화해의 가능성을 전망하면서 역사의 땅 속에 움트고 있는 '화해의 씨앗'들을 찾아보고, 또 평화통일을 염원하며 기도하며 순례의 발길을 멈추지 않은 한국교회의 모색과정을 고찰해 볼 것이다.

1) 화해의 가능성을 위한 탐구

김교신

우리는 여기서 1927년 『성서조선(聖書朝鮮)』을 창간한 김교신(金敎臣)을 비롯한 무교회주의자들의, 말하자면 민족기독교 정신에 내포된 민족의식을 짚고 넘어가고자 한다. 제도교회들은 무교회주의운동을 이단시해 버렸고 그 민족적 의의를 간과해버린 것이다.[587] 창간사의 몇 구절을 인용해 보자.

> 『성서조선』아, 너는 우선 이스라엘 집집으로 가라.
> 소위 기성신자(旣成信者)의 손을 거치지 말라.
> 그리스도보다 외인(外人)을 예배하고 성서보다 회당(會堂)을 중시하는 자의 집에는 그 발의 먼지를 털지어다.
> 『성서조선』아, 너는 소위 기독교신자보다도 조선혼(朝鮮魂)을 가진 조선사람에게 가라. 산촌(山村)으로 가라.
> 거기에 나무꾼 한 사람을 위로함으로 너의 사명을 삼으라.
> 『성서조선』아, 네가 만일 그처럼 인내력을 가졌거든
> 너의 창간일자 이후 출생하는 조선사람을 기다려 면담하라,
> 상론하라. (1927.7.)[588]

---

[587] 같은 글, 66.
[588] 김정환, 『김교신』 (서울: 한국신학연구소, 1983), 24. 성서조선의 창간정신에 깔려있는 민족정신을 주목해야 할 것이다. 성서조선에 들어있는 '조선혼(朝鮮魂)'은 무엇인가? 그것은 우선 민족의식이라고 생각된다. 항일운동 민족사가 박은식은 국권회복을 위하여 '대한정신' 혹은 '국혼(國魂)'에, 신채호는 민족정신에, 신규식은 '한국혼(韓國魂)'에, 정인보는 '얼'에, 문

『성서조선』 폐간호, 1942년 3월 제158호에 조와(弔蛙)라는 개구리의 죽음을 슬퍼한다는 권두언에 의하면, "봄비 내리고 얼음도 풀리는 날 개구리의 안부를 살피고자 담(潭) 속을 들여다보았더니, 오호라, 개구리 시체 두세 마리가 혹한에 얼어죽어 떠 있더라고, 개구리 시체들을 매장하고 살펴보니 담저(潭底)에 아직 두 마리가 살아있더라고, 그래서 '아, 전멸은 면했나보다!'라는, 즉 민족은 아직 전멸하지 않았다"589)는 민족노래가 있다. 일제 검찰당국이 그러한 노래라고 해석하고『성서조선』을 폐간시켰다. 김교신은 조선기독교가 완전히 성장하려면 우선 미국식 기독교와 절연해야 한다고 역설했다. 그는『성서조선』사건으로 1년간 옥고를 치른 다음, 전국을 순례하다가 흥남 질소비료공장에 징용으로 끌려간 5천여 명의 조선 노동자들의 처참한 상황을 보고 그들의 생활조건 개선, 복지, 교육을 위해 그들과 함께 일하다가 1년도 못되어 발진티푸스에 걸려 8·15해방을 눈앞에 두고 45세의 나이로 세상을 마쳤다.590)

그는 공산주의에 대해 이렇게 말했다. "공산조선(共産朝鮮)이 진심성의에서 나온 것일진대 해로울 것 없겠지만, 공산조선이니 과학조선이니 덴마크식 농업조선이니 하는 것은 '풀의 꽃'과 같고 '아침 이슬'과 같다."591) 그는 성서 위에 세워질 새로운 조선을 투사했던 것이다. 그것은 원칙적으로 조선의 역사신학적 의도이다.592) '무교회주의'라는 말은 원칙적으로 성립할 수 없으나, 서양 위주의 제도교회·

일평은 '조선심(朝鮮心)'에 호소했다. 이 개념들은 모두 민족의식의 정신적 측면을 가리킨다고 볼 수 있다.
589) 같은 책, 25.
590) 같은 책, 22.
591) 같은 책, 31.
592) 박순경, "민족 동질성 회복을 위한 신학의 역할", 69.

교파주의 교회의 서양 예속을 거부하는, 그래서 무교회주의적이지만 그럼에도 불구하고 민족교회운동으로 해석되어야 할 것이다. 또 주목할 것은 민족·민중이라는 주제가 김교신의 성서조선의 주제였다는 사실이며, 그는 공산조선에 대해서도 서양 자본주의적 기독교와는 달리 적어도 열려 있었다는 사실이 간취(看取)된다. 그가 지향하는바 성서 위에 세워질 새 조선은 물질사회·세계의 변혁문제를 '풀의 꽃' '아침 이슬'과 같은 덧없는 것으로 여겼다는 점에서 추상적인 민족 동질성 의식을 내포하고 있다는 것을 암시하기는 하나, 민족사를 하나님의 구원에 비추어 새롭게 창출하려는 새로운 역사의식을 나타낸다. 『성서조선』에 함축되어 있는 김교신의 성서적 민족의식은 오늘의 민족분단 상황과 결부해서 화해의 실마리를 붙잡을 수 있을 것이다.

전덕기

일찍이 남대문 밖 천민들을 위해서 세운 상동교회에서 담임목사를 하던 전덕기 목사의 생애와 신학은 민족화해와 민족신학의 원형적 중요성을 지닌다. 그는 나치의 히틀러와 싸우다가 순교한 본회퍼 목사만큼이나 우리에게 중요하며, 심층적 심도가 깊은 신학과 프락시스를 소유했었으나, 그가 제3세계 사람이었기에 역사에서 망각당해 왔다고 볼 수 있다. 그는 스크랜튼 선교사에게서 감명을 받아 기독교인이 되어 가난하고 힘없는 민중교회를 이끌어가며 억눌린 민중해방, 민족해방을 위해 일했다.

스크랜튼이 그에게 항일운동을 하지 말고 구령사업에만 힘쓰도록 권유했으며, 스크랜튼은 청년회가 항일운동을 벌이자 감리사의 권한으로 상동교회 청년회를 해체시키기도 했다. 그러나 전덕기 목사는 그의 입장을 거부하고 반외세, 항일투쟁을 전개하며 신민회를 조직하여 이승만, 김구, 이동휘 등등의 민족적 지도자들을 품에 안았다. 이승만은 친미적 자본주의를 선택했었고, 김구는 자주적 민족주의를 택했고, 이동휘는 1925년 소련의 도움을 받으면서 조선공산당을 조직하고 사관학교를 세우고 항일무장투쟁을 하던 직전론자(直戰論者)가 되었다.593) 이 셋은 그 길이 달랐고 이념이 달랐으나 전덕기는 이들의 다양성을 한데 묶어서 단결된 힘을 만들려 했던 분이다. 전덕기의 민족신학은 이념적 분단, 외세 친일에 의한 분단을 넘어서는 신학이었다. 민족교회의 화해이념으로서의 민족신학은 전덕기 목사에게서 발굴되어질 수 있을 것이다.

전덕기 목사의 이와 같은 관점에서, 사회주의와 자본주의의 분단구조를 극복하고, 폭력과 비폭력의 갈등적 분단구조를 극복하고, 남녀분단, 가진 자와 가지지 못한 자의 분단, 친미와 반미의 분단, 인종 분단, 하나님·인간 자연의 분단구조를 극복하고, 용서와 화해를 향한 단결을 바탕으로 피압박 민족해방의 민족신학이 형성될 때 모든 서구적 분단신학의 이단성이 폭로될 것이며, 피압박 민족의 생존과 민족통일을 향해 나가는 하나님의 역사에 참여할 수 있게 될 것이다. 이는 레위기 25장과 그 축을 이어받은 주기도문, 누가복음 4장18~19절에서의 예수님의 선언 속에 살아있는 희년의 정치경제를 실현시키는 희년신학이 될 것이다. 피압박 민족의 민족신학은 식민지 확장의 죄과를 지은 서구제국들의 신학을 회개시키고, 중생시키는 열쇠가 될 것이다.594)

김창준

1919년 3·1독립선언서에 서명한 민족대표 33인 중의 하나였고, 기독

---

593) 노정선, "민족교회의 화해이념으로서의 민족신학", 『민족신학의 모색』, 조성노 편(서울: 현대신학연구소, 1993), 152.
594) 같은 글, 153.

교 통일운동의 대표적인 역사적 인물로서 김창준 목사(1890~1959)[595]의 예증을 고찰하는 것은 민족화해를 위해 필수적이라 할 것이다. 그는 29세에 북감리교 전도사로서 블리스 빌링스(Bliss Billings) 선교사의 교회에서 봉사하고 있었다. 독립선언서에 서명을 부탁받은 김창준은 빌링스 담임목사에게 의논했는데 빌링스 목사는 항일운동을 하지 말고 구령사업을 하라고 권했다. 빌링스의 권고를 어기고서 김창준은 서명을 했고 민족대표 33인이 되었다. 빌링스는 친일적·친미적 제국분단신학의 소유자였다고 평가될 수 있을 것이다. 김창준은 미국의 Garrett Biblical Institute(시카고 북부 에반스턴 소재)에서 신학을 전공하고 Evanston College를 마친 후, 협성감리신학교의 기독교윤리와 실천신학 교수가 되어 1932년 7월호『신학과 세계』지에「마르크시즘과 기독교」라는 논문을 발표했다. 그는 이 논문에서 세 가지를 주장했는데, 첫째는 마르크시즘은 무신론이므로 유신론으로 바꾸어야 하며, 둘째로 마르크시즘은 빈익빈 부익부를 조장하는 타락한 기독교인들을 혼을 내주는 '쇠방망이' 구실을 해서 가난한 자들에게 나누게 하는 기능을 하며, 셋째로 마르크스의 사회주의보다는 '예수 사회주의'가 궁극적으로 기독교인이 나갈 길이라고 했다.[596]

그는 이승만과 미군정의 남측 단독정부 수립을 반대하고 통일정부 수립을 지향하여 1947년 1월29일 좌우연합 [민주주의민족전선] 중앙위원회에 참가했고, 1947년 2월24일 [기독교민주동맹]을 결성했다. 그가 이와 같이 통일전선에 가담하게 된 직접적인 계기는 1946년 대구에서

---

595) 김창준에 대한 연구로는, 홍근수 "한국 공산주의와 사회윤리 - 김창준 목사의 생애와 사상을 중심으로"(『한국 사회윤리의 동향』, 서울: 한울), 조이제 "김창준 목사의 생애", 김홍수 "월북목사 김창준의 신학사상", 연규홍 "민중주체의 통일을 택한 목사 김창준" 등의 글이 있다. 김홍수, "김창준의 생애와 신학",『신학사상』1991년 봄호(서울: 한국신학연구소, 1991).
596) 노정선, "민족교회의 화해이념으로서의 민족신학", 142.

일어난 「10월 항쟁」597)이었다고 하며, 이 사건에 접하여 그는 "경제적 공평이 없는 곳에 정치적 평등과 세계평화는 없다는 것을 깨달았고, 예수의 정신에 따라 노동자들에게 접근하게 되었다"598)고 말한다. 앞서 말한 「마르크시즘과 기독교」라는 논문에서 그는 계급투쟁보다 십자가에 나타난 사랑과 정의와 교육에 의한 영적 변화를 강조하면서 '예수의 사회주의'를 주장했다. 김창준의 이런 사회주의적 관심은 10월항쟁을 계기로 민중의 경제평등에 대한 관심으로 구체화된 것 같다. 1948년 4월 그는 김구 선생과 함께 평양에서 개최된 [전조선 정당 사회단체대표자연석회의]에 참석했다가 결국 북측을 선택하여 정착했고, 조국통일민주주의전선중앙위원회 초대 서기장, 최고인민회의 부의장, 조국전선 중앙의장 등의 직책을 맡았으며, 기독교평화회의(Christian Peace Conference)599)에 참석하기도 했다고 한다.600)

김창준은 국제평화회의에서 체코의 신학자 로마드카(Josef Hromadka)를 만나 많은 영향을 끼쳤다고 한다. 로마드카는 세계교회협의회의 '신앙과 직제위원회'에 속해 있었는데, 부르주아 서구에 기울어져 있

---

597) 고현진, "미 군정기의 노동운동", 『해방40년의 재인식 I』, 송건호 외(서울: 돌베개, 1985), 216~218을 참조. 대구 10월항쟁의 촉발요인은 북측의 사회개혁의 성공적 완료에 비해 남측 실태는 미군정 지배 아래서 식량문제와 실업문제가 심각한 상황에 있었고, 미곡 수집에 앞장섰던 경찰과 관리들이 공격 목표였다는 것이다. 즉 미군정에 의한 식량난이 그 촉발요인이었던 10월항쟁은 1946년9월23일에 시작된 9월 총파업에 대한 경찰과 테러단의 폭행·학살자에 대한 저항이었고, 10만여 명이 검거·투옥되었다. 그 이후 남측 각지 산악지대에서 저항운동이 벌어졌고 마침내 빨치산투쟁에로 전개되는 계기가 되었다.
598) 『독립신보』, 1947년1월30일자. 노정선, "민족교회의 화해이념으로서의 민족신학", 143에서 재인용.
599) 기독교평화회의(Christian Peace Conference)는 서방세계에 널리 알려진 체코의 신학자 로마드카에 의해 1958년에 결성되었다. 서구 교회 사람들도 참석하긴 했으나 동유럽 교회 지도자들이 더 많이 참석했으며, 주로 동서 간의 갈등과 계속되는 냉전으로부터 비롯되는 문제들을 다루었다. 1964년 프라하 회의 때부터 제3세계 문제들에 주목했다. 이 회의는 '혁명의 신학'이라는 용어를 만들었으며, 세계교회협의회의 '교회와 사회에 관한 제네바 회의'(1966)에 영향을 미치기도 했다. 김홍수 류홍수, 『북한 종교의 새로운 이해』, 243에서 참조.
600) 박순경, "민족 동질성 회복을 위한 신학의 역할", 75.

던 세계교회협의회에 대한 동유럽 교회들의 비판을 대변한 신학자였다. 1950년 토론토에서의 세계교회협의회 중앙위원회 성명서는 한국전쟁을 북측의 침략이라고 유엔(UN)편에 서서 규탄했다. 이때 로마드카는 이에 반대하여, 세계교회협의회가 한반도의 갈등상황을 면밀히 검토하지 않고 남측과 미국의 편을 들었다고 지적하면서 유엔의 참전결의를 비판했다. 세계교회협의회는 불에 기름을 붓는 일을 피했어야 했다고, '한 편의 정치진영을 위한 대변자(mouthpiece for one political camp)'라고 비판했다.601) 김창준은 로마드카로 하여금 우리 민족문제에 관심을 갖도록 하는 데 큰 영향을 끼쳤다. 김창준은 민족통일이 민중의 경제적 평등권 실현에 필수적이라는 것을 인식하고 민족의 동질성을 새롭게 설정할 수 있는 새로운 기독교를 생각했던 것이다.

국제사회에서의 민족해방과 민족평등은 민족사회 내에서의 민중해방과 경제적 평등권 실현을 요청하며, 민족의 존속과 동질성은 민족·민중해방의 과업에서 새롭게 확립될 수밖에 없다. 통일이나 민족 동질성 회복은 단순히 과거적 유산을 원상 복구시키는 것이 아니다. 새로운 역사적 미래에로의 행진과 새 민족·새 사회 창출이 없이는 민족의 존속과 동질성은 과거의 유물, 비역사적 유물에 불과하다. 새 민족·새 사회 창출로서의 민족의 존속과 동질성의 새로운 확립은 국제사회와 민족사회의 평등한 경제질서 실현 없이는 추상적인 관념으로 머물러 있게 된다는 것이다. 바로 여기서 사회주의가 고려될 수밖에 없다는 것이 김창준의 존재가 오늘 우리에게 주는 숙제라고 할 수 있다. 민족과 사회주의는 그에게 있어서 성서적 하나님나라의 도래에 대한 성서적 구원신앙에 결부되어 있는 것이다. 어떻게 민족—사회주의—하나님나라가 연결되어 새 민족·새 사회·새 세계가 실현될 것인가 하는

---

601) 같은 글, 76.

문제가 김창준의 역사에서 미해결의 숙제로 남겨져 있다.602)

　항일운동의 연합전선들과 오늘까지의 평화통일운동에는 '새롭게 하나 된 민족', '새롭게 화해된 사회', '참 평화를 지향하는 새로운 세계'의 창출이라는 주제가 함축되어 있다. 이 주제는 우리 민족의 고난의 역사 속에서 잉태된 주제이며, 동시에 하나님의 섭리로서, 예수 그리스도의 십자가와 부활 그리고 하나님나라의 도래에 비추어서 고백되어야 할 구원사적 주제로서 신학적으로 조명되어야 할 주제이다. 이러한 신학적 작업에서 한국기독교의 역사신학이 형성될 것이다.

강량욱

　강량욱 목사(1903~1983)의 신학이 민족화해를 향한 민족신학에서 차지하는 위치는 무엇인가?603) 강량욱은 평양에서 신학을 전공하고 당시 장로교 노회의 노회장이었던 이창호 목사에게 안수를 받아 목사가 되었다. 그는 사회주의 국가건설에 깊이 참여하게 되고 국가부주석을 역임하기도 했다. 김일성의 어머니 강반석과 남매인 그의 집안, 즉 김일성의 외가는 독실한 기독교신앙을 가지고 있었고, 고향이었던 평양 칠골은 혁명사적지로 되어 있으며, 거기에 지금은 칠골교회가 세워져 있다. 그의 아들이 바로 조선그리스도교련맹의 위원장인 강영섭 목사이다. 고기준 목사604), 김운봉 목사, 박춘근 목사 등과 함께 북측교회

---

602) 같은 글, 77.
603) 고태우, 『북한의 종교정책』, 243. 각주 124) 참조. 강량욱 목사는 평남 출생으로 일본 중앙대학 예과를 수료하고 1923년 평양신학교를 졸업하고 1928년 장로교 목사 안수, 1945년 11월 조선민주당 중앙위원, 1946년2월 북조선인민위원회 서기장, 11월 조선기독교도련맹 위원장, 1959년1월 조선민주당 위원장, 1960년5월 조국평화통일위원회 부위원장, 1971년3월 대외문화연락협회 위원장, 1977년12월 국가부주석, 1980년1월 사회민주당 위원장을 역임했다.
604) 고기준 목사는 1921년 평남 중산군에서 태어났고, 강량욱 목사의 지도를 받으며 1958년 조선민주당(사회민주당) 조직부장, 1981년 사회민주당 정치위원으로 사민당에서 활동하다 1982년부터 조선기독교도련맹 서기장을 맡아오다 1994년4월, 그의 생을 마쳤다.

의 신학을 형성했다. 오늘에 와서 민족화해를 통한 평화통일신학을 정립하고자 할 때, 이들이 선택한 사회주의 및 주체사상과 그들의 신학을 어떻게 평가하고 받아들여야 할 것인가?605) 앞으로 남과 북의 교회교류가 본격화되면 이들을 민족화해의 씨앗으로 여겨 이에 대한 연구를 보다 세밀하게 해야 할 것이다. 왜냐하면 북측 주체사회주의 체제 속에서 기독교신앙을 대표하는 인물로서, 한국기독교가 화해하며 품어야 하는 주체사상을 가장 잘 매개할 북측의 조선그리스도교련맹의 대표적인 인물이기 때문이다.

문익환

문익환 목사(文益煥, 1918~1994)는 한국기독교장로회 목사로서, 통일운동가이자 사회운동가이며 시인이었다. 호는 '늦봄'으로 그는 통일이 되지 않으면 민주화가 되지 않는다는 진보적 기독교인들의 신념에 따라 통일운동과 민주화운동에 참여했기 때문에 기독교사상에 근거한 사회운동을 한 운동가로 널리 알려져 있지만, 실제로는 성서학자이기도 했다. 그는 공동번역성서 번역에 개신교 측 번역자로 구약번역실장을 맡아 참여했으며, 구약성서를 다윗, 사무엘 등의 영웅들에게 가려진 민중의 관점에서 알기 쉽게 설명한 『히브리 민중사』(삼민사, 1990)를 저술했다.606)

그는 1918년 만주 북간도(현재의 연변자치구 용정시 지산진 명동촌)에서 태어났으며, 어릴 때는 용정에서 학교를 다녔으며 윤동주, 장준하와 절친한 동무였다. 평양신학교는 근본주의적이니, 일본신학교에서 공부하라는 부친 문재린 목사607)의 권유로 1938년 도쿄의 일본신학교

---

605) 노정선, "민족교회의 화해이념으로서의 민족신학", 149.
606) 문익환, 『히브리민중사』 (서울: 삼민사, 1991), 1.
607) 문재린(1896~1985) 목사는 함북 종성에서 태어나 네 살에 북간도로 이주한 뒤 그곳 명동

에 입학했다. 일본신학교에서 그는 신학적인 갈등을 겪는다. 당시 일본신학교에서는 성서비평학이 활발했는데, 축자영감설만 알고 있던 그에게 성서를 학문적으로 비평하여 해석하려는 성서비평학은 받아들이기 힘든 학문이었다. 쉽게 말해서 성서의 문자적 해석에 익숙하던 그는 성서를 학문적으로 비평하고 해석하는 성서비평학에 대해 거부감을 갖고 있었던 것이다. 하지만 '자신과 다른 생각을 경청하지 못하면 학문을 할 자격이 없다'는 교수의 충고로 그는 성서비평학을 학문으로 존중하게 되었다. 1947년 한국신학대학교(현재 한신대학교)신학과를 졸업하고, 1954년 미국 프린스턴신학교 대학원에서 신학석사학위를 받았다. 그 후 한국신학대학교와 연세대학교에서 구약성서학을 강의했으며, 한빛교회 목사로 시무했다.608)

1975년 친구이자 사회운동가인 장준하의 의문사를 계기로 민주화운동에 투신하게 된다. 1976년「3·1민주구국선언사건」, 1978년 성명서 「유신체제 6주년을 맞이하여」사건, 1980년「김대중내란음모사건」, 1986년「5·3인천사건」과「서울대강연사건」 등과 관련해서 모두 네 차례에 걸쳐 투옥되기도 했다. 그리고 그는 사회운동가로서 [민주통일민중운동연합] 의장(1985~1988), [전국민족민주운동연합] 상임고문(1989)을 역임했다. 1987년 당시 민중들이 단결하여 전두환 군사독재정권에 투쟁한 '6월항쟁'으로 군사독재정권이 붕괴되자 그는 통일운동을 전개했다. 그리하여 1989년 통일이 없으면 민주주의도 없다는 당

중학교, 평양신학교, 캐나다 임마누엘신학교를 졸업했다. 오룡촌 실학, 민족정신, 기독교의 세례를 받은 그는 목사이자 민족지도자로서 독립운동과 교육운동을 펼쳤으며, 일제강점기에 네 차례나 옥고를 치르기도 했다. 월남 후 65세에 일선에서 은퇴한 뒤 평신도운동에 전념했고, 1970~1980년대에는 민주운동을 지원했다. 그는 부인 김신묵(1895~1990)과 더불어 큰아들 문익환(1918~1994) 목사, 둘째아들 문동환 목사를 키우며 일제강점기와 광복, 민주화 공간에 이르는 긴 여정을 기독교 신앙을 빛내며 민족지도자로서 치열하게 살았다. 문영금·문영미 편,『문재린 김신묵 회고록, 기린갑이와 고만네의 꿈』(서울: 삼인, 2006) 참조.
608) 최성진, "문익환 목사가 방북하지 않았다면",『한겨레21』제826호, 2010년9월3일자.

시 진보기독교인들의 인식에 따라 북측을 방문하여 김일성 주석과 회담하고 귀국하였으나, 정부와 사전협의 없이 독자적으로 방북했으며 평양 도착성명에서 '존경하는 김일성 주석'이라는 표현을 사용하고, 남측정부를 일방적으로 비방했다는 이유로 국가보안법상의 '반국가단체잠입죄'로 투옥되어 재판 결과 그는 지령수수·잠입·탈출혐의가 적용되어 징역 7년을 선고받았으나, 1993년 석방되었다.

1989년 3월25일 전국민족민주운동연합 상임고문 자격으로 문익환 목사는 북측의 조국평화통일위원회의 초청을 받아들여 유원호, 정경모 등과 함께 개인자격으로 평양을 방문해 분단 이후 처음 반(半)공개적으로 북측의 김일성 및 허담과 회담했다. 방문기간 중 김일성과 2차례, 조국평화통일위원회 위원장 허담과의 회담 등을 통해 4월2일 인민문화궁전에서 내외신기자 회견을 갖고 「자주적 평화통일과 관련된 원칙적 문제 9개항」에 대한 합의 성명을 발표했다. 합의 성명은 ①자주·평화·민족대단결의 3원칙에 기초해 통일문제 해결, ②정치·군사 회담을 진전시켜 정치적·군사적 대결상태 해소와 동시에 다방면 교류·접촉 실현, ③연방제 방식의 통일, ④팀스피리트 군사훈련 반대 등을 주요골자로 하고 있다.[609]

문익환 목사의 방북은 파격의 연속이었다. 남측 당국의 허가를 받지 않고 평양을 방문한 사실부터 충격이었고, 김일성 주석과 뜨겁게 껴안은 장면도 논란의 대상이었다. 그가 김 주석에게 먼저 다가가 부둥켜 안는 장면은 세계적인 화제였다. 훗날 북측의 안내원은 그때의 충격을 이렇게 말했다. "도대체 어떤 사람이 저렇게까지 담대할 수 있을까? 남에서 재야운동을 하는 사람들은 그렇게까지 크다는 말인가? 정말 위대한 재야인사가 왔구나!"[610] 그의 방북 사실이 알려지자 남측사회는

---

609) 최성진, "문익환 목사가 방북하지 않았다면", 『한겨레21』 제826호, 2010년9월3일자.

아수라장이 됐다. 정권과 언론매체 대부분이 그를 공격했다. 그가 허담 당시 조국평화통일위원회 위원장과 「4·2 남북공동성명」을 함께 발표했지만 정부는 인정하지 않았다. 당시 노태우 정권은 그가 북측방문 일정을 마치기도 전에 이미 '문익환을 통해서는 북으로부터 어떤 제안도 받지 않겠다'는 입장을 내놓았다. 4월3일 귀국길에 나선 그가 경유지인 중국 베이징에 도착한 뒤 기자회견을 열었을 때, 『조선일보』 기자가 물었다. "당신의 방북이 남한사회에 대혼란을 야기한 점을 어떻게 생각합니까."611) 그의 대답은 간단했다. "혼란을 두려워하지 말자!"612) 민주주의란 혼란 속에서 토론을 거쳐 합의에 도달하는 창조적 과정이라는 논리였다.

한편 노태우 정권과 보수언론, 반공단체는 물론 그가 속한 교단 안팎과 진보진영 내부에서도 비판적 목소리가 나왔다. 사회가 혼란하고 이념과 노선이 확연히 갈리는 현상을 보이는 시기에 돌출적으로 평양에 가서 무엇을 얻을 수 있겠느냐는 회의론이었다. 오히려 그의 방북이 정권의 공안몰이를 부추겨 민주화운동을 위축시킬 것이라는 우려가 제기되기도 했다. 그의 방북은 그만큼 논쟁적 사건이었다. 냉전적 사고를 버리지 않았던 남측정권과 언론의 왜곡된 프리즘으로 인해 그는 자신의 진심과 방북 성과를 충분히 설명할 기회를 갖지 못했다. 하지만 이른바 '문익환 목사 방북 사건'이 22년 지난 오늘의 역사적 평가는 당시와 다를 수밖에 없다.

문익환과 북측 사이에 진행된 대화의 내용과 합의한 내용들을 살펴보면, 당시의 문익환의 행동이 한반도 정세의 변화를 정확하게 반

---

610) 김형수, 『문익환 평전』(서울: 실천문학사, 2004), 154.
611) 같은 책, 126.
612) 같은 책, 217.

영하고 올바른 남북협력의 방향을 제시한 것이라는 사실을 확인할 수 있다.[613]

문익환의 방북은 많은 사람들이 그렇게 생각하듯이 북 당국의 주장에 동조하여 (통일운동의) 북 당국 주도에 기여한 것이 아니라, 그 실제 내용에서는 김일성을 설득한 것이 대부분이었다. 문익환의 여러 주장에 대해 당시 김일성은 많은 부분 설득 당했고 또 선후의 차이는 있지만 대부분 그 내용을 수용했다.[614]

20년 전 문익환 목사의 방북은 김일성 주석과의 면담, 문익환-허담 선언 등을 통해 통일운동 선상에서 민(民)이 할 수 있는 최고의 선구적인 역할을 하였고, 이는 6·15 공동선언으로 그 역사적 성과가 계승됐다.[615]

이들의 말처럼 문익환 목사의 방북 성과는 사실 대단한 것이었다. 남측에서 봤을 때 그는 불법적으로 북측을 방문한 재야운동가에 불과했다. 남측의 태도에 비춰보면 북측도 그를 민간인 신분에 맞게 대우하는 것이 상식이었겠지만 그렇게 하지 않았다. 김일성 주석은 일개 민간인에 불과한 문익환 목사와 두 차례나 회담을 하며 통일방안을 논의했다. 그에게 남측 협상대표자 자격을 부여한 상식의 파괴요 파격이었다. 그렇게 해서 발표된 「4·2 남북공동성명」은 그가 아니었다면 만들어내기 어려운 성과였다.

뿐만 아니라 눈에 보이지 않는 성과도 있었다. 문익환 목사의 방북으로 그전까지 완전히 봉쇄돼 있던 민간 통일운동의 물꼬가 터졌다는

---

613) 이남주, "늦봄 방북 20년, 통일운동의 성찰과 전망", 『한겨레21』 제772호, 2009년8월10일자.
614) 이승환, "민주는 통일이고 통일은 민주다",『한겨레21』 제772호, 2009년8월10일자.
615) 한충목, "통일운동의 대중화, 구호가 아닌 실천으로", 『한겨레21』 제772호, 2009년8월10일자.

부분이다. 이를테면 그와 북쪽은 남북공동성명 제8항에서 문익환 목사는 '제13차 세계청년학생 평양축전에 참가하려는 남한 청년학생들을 지지하며 쌍방은 그 실현을 위하여 계속 인내성 있게 노력한다'고 약속했다. 약속은 두 달여 뒤 당시 22살의 한국외국어대 4학년 임수경의 방북으로 실현됐다. 그의 방북이 민간 통일운동사에 획을 그은 상징적 사건이었다면, '임수경 방북사건'은 통일논의를 대중적으로 확산시킨 계기가 되었다. 물론 문익환 목사의 방북을 '소영웅주의에 젖은 감상적 통일주의자'의 돌출 행동으로 평가하는 사람도 없지 않다. 그러나 그의 방북이 없었더라도 남북관계의 진전은 시대적 흐름이었다고 볼 수 있다. 실제로 문익환 목사가 평양을 방문하기 전, 이미 1988년 7월7일 당시 노태우 대통령이「민족자존과 통일번영을 위한 특별선언」616), 이른바 「7·7선언」을 내놓았다. 한반도 긴장완화와 남북교류에 초점을 맞춘 선언이었다.

일생을 민주화와 통일에 헌신한 문익환 목사에게 1989년 평양방문은 운명이었고 필연이었다. 하지만 현실적 한계와 물리적 장벽은 있었다. 1988년 6월10일 대학생들이 남북학생예비회담장인 판문점으로 가려다 곤봉과 최루탄에 막혀 좌절하는 장면을 목격한 뒤 처음 방북을 결심한 그는 한 달 뒤 7·7선언이 나오자 계획을 포기했다고 한다. '7·7선언으로 약속한 남과 북의 교류가 시작된다면 그냥 두어도 통일이 될 테니 방북할 필요가 없다'는 생각이었다. 하지만 노태우 정권의 7·7선언이 급조됐다는 사실을 파악하기까지는 오랜 시간이 걸리지 않았다. 전민련 대표들이 북측 대표들을 만나러 판문점으로 가다가 경찰에 끌려가는 사건이 벌어졌고, 그는 노태우 정권에 대한 기대를 접었다. 7·7선언과 문익환 목사의 평양행에 얽힌 함수관계를 이해한다면 노태

---

616) 민족자존과 통일번영을 위한 노태우정권 당시 특별선언('7·7선언').

우 정권이 7·7선언에 이어 1991년「남북기본합의서」[617]를 내놓았다는 사실을 근거로 '남북관계의 진전은 시대적 흐름이었다'라는 식의 낙관론을 펼치기 어렵다. 오히려 거꾸로 문 목사의 방북이 없었다면 1991년 남북기본합의서가 과연 나올 수 있었을지 의심스럽다. 장대현(한국진보연대 집행위원장)은 문익환 목사의 방북과 이에 따른 통일운동의 확산이 2년 뒤 남북기본합의서를 견인했다고 주장했다.

> 1989년 문익환 목사의 방북과 임수경씨의 방북은 민주화세력이 1987년 6월 항쟁을 통해 민주주의의 공간을 획득했기 때문에 가능했다. 두 사람의 방북은 6월 항쟁에서 확인한 민중의 에너지가 다시 분단모순의 해소를 향해 터지는 기폭제 역할을 했다. 두 사건이 있었기 때문에 노태우 정부도 정권의 정당성 확보 차원에서라도 남북기본합의서를 내놓을 수밖에 없었다.[618]

문익환 목사의 방북 등 민간 통일운동이 활발해지자 남측정부도 1991년 남북기본합의서를 내놓지 않을 수 없었던 것이다. 어쨌든 그의 방북성과는 남과 북이 자주와 평화, 민족대단결의 3대 원칙에 기초해 통일문제를 해결한다고 명시한 남북공동성명 제1항의 정신은 '국민의 정부' 시절인 2000년「6·15 남북공동선언」[619], 그리고 더 가깝게는 2007년「10·4 남북정상선언」[620]으로 이어졌다. 남북이 '누가 누구

---

617) 1991년 남북기본합의서(南北基本合議書). 남북 총리를 대표로 하는 남북고위급회담에서 채택, 서명·발효된 '남북(조선)한 사이의 화해와 불가침 및 교류협력에 관한 합의서'.
618) 최성진, "문익환 목사가 방북하지 않았다면",『한겨레21』제826호, 2010년9월3일자.
619) 각주 19)을 참조. 제1항에서 "남과 북은 나라의 통일문제를 그 주인인 우리 민족끼리 서로 힘을 합쳐 자주적으로 해결해 나가기로" 천명함으로써, 그 정신이 이어졌다.
620) 2007년10월4일 역사상 두번째 남북정상회담을 마치며 노무현, 김정일 남과 북의 양 정상이 보다 실질적인 화해를 위한 합의를 했던「10.4선언(남북관계 발전과 평화번영을 위한 선언)」제1항에서도 "남과 북은 우리 민족끼리 정신에 따라 통일문제를 자주적으로 해결해 나가기로" 함으로써 변함없는 원칙으로 재확인되었다.

를 먹거나 누가 누구에게 먹히지 않고 일방이 타방을 압도하거나 타방에게 압도당하지 않는 공존의 원칙'(제4항 일부)도 마찬가지였다.

2) 화해를 위한 남북교회의 협력과정

1980년대에 들어 한국교회 진보적 에큐메니칼 진영은 남북화해와 평화를 위한 행동을 취하였다. 1980년대 남북 간의 긴장이 고조되었을 때 해외 에큐메니칼 기관과 교회들(WCC, 캐나다연합교회, 일본기독교회 등)을 통해 한국교회는 북측 교회대표들이 참가하는 「에큐메니칼 회의(도잔소협의회)」 621)를 개최하여 남북 긴장완화에 기여했다. 특히 1988년 2월과 11월에 잇달아 공표된 한국기독교교회협의회(KNCC)의 「민족의 통일과 평화에 대한 한국기독교회 선언(약칭 '88선언')」 622)과 세계교회협의회(WCC)의 「한반도(조선반도)의 평화와 통일을 위한 글리온 선언」 623)은 그 역사적 의미가 매우 크다. 에큐메니칼 진영의 민족화해와 평화유지 노력은 1990년대 후반에 들어 한국교회 기독교기관들이 민간단체(NGO)의 역할을 하면서, 형식적으로는 민간교류를 통하여 그리고 내용적으로는 인도주의적 지원을 함으로써 한반도 평화정착에 기여했다.

---

621) '도잔소협의회'. 1984년10월29일부터 11월2일까지 일본 도쿄 근처의 도잔소 국제센터에서 남과 북의 교회대표를 비롯하여 WCC에 속한 세계 20여 개국의 교회대표 65명이 모여 한반도의 평화를 위한 「도잔소협의회」 (동북아시아의 평화와 정의협의회)를 구성하고 『분쟁의 평화적 해결에 대한 전망』이란 선언서와 보고서를 채택했으며, 이후 지금까지 협력관계를 이어가는 시발점이 되었다. 도잔소는 일본YMCA가 운영하는 여관을 가리킨다.
622) '88선언'. 1988년2월29일, 서울 연동교회에서 개최된 한국기독교교회협의회 제37차 총회에서 총대들의 기립박수 속에 만장일치로 채택한 선언서이다.
623) '글리온선언'. 1988년11월23일부터 25일까지 스위스 글리온(Glion)에 모여 한반도에서의 긴장완화와 평화를 구축하고 한 민족의 통일을 평화적으로 이룩하는 과업에 대한 세계교회의 역할에 대해 협의하였다.

평화통일을 위한 북과 해외동포, 기독자 간의 대화

먼저 조선기독교도련맹과 대화에 나선 것은 유럽과 미주지역에 살고 있는 기독교인 동포들이었다. 그들과 북측의 공동주최로 1981년 11월3일부터 5일까지 오스트리아 비엔나에서 첫 번째 [조국통일을 위한 북과 해외동포, 기독자 간의 대화]가 열렸다. 이 대화는 1978년 유럽, 미국, 캐나다의 한인 기독교인 34명(캐나다 8명, 미국 18명, 서독 8명)이 북측과 관계를 맺고 있던 기독교평화회의를 통해 「조선인민공화국에 계시는 기독자 여러분」 앞으로 편지를 보냄으로써 싹트기 시작했다. 북측의 응답이 없자, 이들은 1980년 9월 [조국통일해외기독자회]를 조직하고 『통일과 기독교』라는 소식지를 발간하기 시작했다.[624] 이 대화를 준비하기 위해 1981년 6월8일부터 30일까지 서독에 거주하던 해외기독자회의 회장 이화선 목사, 편집부장 이영빈 목사, 총무 김순환이 평양을 방문하여 북측 대표들과의 대화모임을 성사시켰다. 이 대화는 북측대표 15명(허정숙, 렴국렬, 전금철, 김득룡, 고기준 등)이 참석했는데, 북측으로서는 "민족의 화해와 단결, 조국통일을 위한 첫 역사적인 화합"[625]이었다. 그러나 남측 정부와 한국기독교교회협의회 소속의 일부 인사들조차도 이 대화를 강력히 반대하며 저지하려 했다. 결국 장소를 빌려주기로 했던 스위스 교회에 압력을 가해 회의장이 오스트리아로 바뀌기도 했다. 그들은 "적색분자 기독교인들의 회의를 위해 스위스 교회가 협조해서는 안 된다"[626]는 전문을 스위스개신교연합회에 보내고 세계교회협의회에는 사람을 보내 북측대표단의 세계

---

624) 조국통일해외기독자회, 『제1차 조국통일을 위한 북과 해외동포, 기독자간의 대화 자료집』 (1982),
625) "민족의 화해와 단결, 조국통일을 위한 첫 력사적인 회합. 북과 해외동포, 기독자간의 대화가 성과적으로 진행되었다", 『로동신문』, 1981년11월21일자 참조.
626) 이영빈·김순환, 『통일과 기독교』, 247~248.

교회협의회 방문을 허용하지 말 것을 요청했다는 것이다.

[조국통일을 위한 북과 해외동포, 기독자 간의 대화는 1981년부터 1986년까지 네 번 개최되었고, 1990년과 1991년에도 열렸다. 이 대화는 기독교인 간의 대화를 목표로 했지만, 북측에서는 비기독교인들도 참여했으며, 1984년부터는 해외의 비기독교인들도 참가함으로써 북측과 해외동포 학자들 간의 대화로 참가자의 폭이 넓어졌다.[627] 해외동포들이 북측 드나드는 것을 부담스럽게 생각했기 때문에 북측과 외교관계가 어렵지 않은 오스트리아, 핀란드, 그리고 스웨덴을 대화의 장소를 택했다. 1, 2차의 공동성명과 「해내외의 동포들에게 보내는 호소문」에서 그 성향이 드러나듯이 남측의 민주화를 주장하는 혹은 반정부적인 성향을 가진 해외교포들(목사, 교수, 언론인, 예비역 장성 등)과 북측의 정치인, 종교인이 주로 참석했다. 회의에서는 미 제국주의 비판, 미군철수 및 남측의 민주화 문제를 집중적으로 논의했다. 회의에서 결의한 문건에는 7·4공동성명의 통일원칙(자주, 평화, 민족대단결)에다 중립적인 연방국가 안을 덧붙여 주장하는가 하면, "전두환 군사독재정권은 제거되어야 한다"[628]는 등의 주장도 실려 있다.

이 통일대화에 관심을 보이지 않던 한국기독교교회협의회는 몇 해 후 세계교회협의회를 통해 조선기독교도련맹과 공식 접촉하기에 이르렀다. 남과 북에서 이 대화에 대한 평가는 다르지만, 대화는 "분단의 상처를 극복하려는 모험이자 남북 간 교류협력의 원형 또는 원동력을 제공한 것"[629]으로 평가된다. 이 대화에서는 가정교회, 조선기독교도련맹 등 북측교회의 실태에 대한 보고뿐만 아니라 조선기독교도련맹의

---

627) 홍동근, 『비엔나에서 프랑크푸르트까지: 북과 해외동포·기독자 간의 통일대화 10년의 회고』, 49.
628) 이만열, 『한국기독교와 민족통일운동』 (서울: 한국기독교역사연구소, 2001), 381~382.
629) 김흥수·류대영, 『북한 종교의 새로운 이해』, 249.

대외관계 등에 대한 언급도 있었다. 고기준 목사는 1차 대화모임 후 가진 기자회견에서 조선기독교도련맹은 세계교회협의회에 가입하고 있지 않으나 앞으로 가입할 것이며 기독자평화회의(CPC)에는 이미 가담하고 있음을 밝혔다.

도잔소협의회

1974년부터 접촉이 시작된 조선기독교도련맹과 세계교회협의회의 관계는 1980년대 중반에는 세계교회협의회 국제문제위원회가 주최한 도잔소협의회로부터 출발했다. 세계교회협의회는 1984년 10월29일부터 11월2일까지 일본 도잔소에서 열리는 협의회에 처음으로 기독교도련맹을 초청했다. 대표단 파견이 어렵게 된 조선기독교도련맹은 그 회의에 회의를 축하하고 성공을 비는 전문을 보냈다.630) 이 협의회는 「동북아시아에서의 정의와 평화 : 갈등의 평화적 해결을 위한 전망」이라는 주제로, 캐나다교회 대표들을 포함한 전 세계교회 대표 65명이 참석한 가운데 개최되었다. 이 협의회에서는 이 지역의 정의와 평화를 위한 분석적이고 실천적인 건의안을 제시했고, 또한 이 지역의 정의와 평화를 위한 투쟁에 세계교회로 하여금 참여하도록 하는 토대를 마련했다. 「도잔소 건의안(Tozanso Process)」 631)이라고 알려진 이 문서는 한반도에 팽배해 있는 적대감을 극복하는 데 도움이 되는 유용한 정보들을 수집·교환하는 일에 적극 노력할 것, 대다수 국민들이 통일논의에 참여할 수 있도록 지원할 것, 그리고 북측의 그리스도교공동체와 직접 접촉할 수 있도록 노력할 것 등을 제안했다. 1985년 12월 캐나다교회 아시아작업반(the Canada-Asia Working Group)632)은 「북한에 관한

---

630) 같은 책, 252.
631) 이 '도잔소 건의안'의 번역된 전문은, 한국기독교장로회 서울노회 평화통일위원회, 『평화통일 자료2집』 (1991), 120~128에 실려 있다.

설명」을 통하여 캐나다교회가 '도잔소 건의안'을 적극 지지하며 그 실천을 위해 노력하겠다고 표명했다.[633]

도잔소협의회를 통해 한국교회와 세계교회협의회는 북측의 신앙공동체를 공식적으로 인정하게 된 셈이었고, 이 협의회는 이후 북측교회와 서방교회, 북측교회와 남측교회를 맺어주는 결정적인 계기가 되었다. 20개국 65명의 교회지도자들이 참석한 이 회합에서 북측 기독교공동체와 직접 접촉하도록 노력할 것을 각 회원국 교회들에 촉구하는 건의안이 작성되었고, 이에 따라 세계교회협의회 산하의 각국 교회협의회들과 북측교회의 접촉 및 교류가 급속하게 활성화되었기 때문이다. 1984년 10월 도잔소협의회 이후 미국기독교교회협의회 대표단이 1986년 4월 평양을 방문하고, 이어 11월 총회에서「한반도의 평화와 통일」정책성명을 발표하는 등 한반도 통일을 위한 특별한 관심과 노력을 기울이기로 결의함으로써, 미국기독교교회협의회와 조선기독교도련맹의 관계개선은 대단히 중요한 의미를 지닌 것이었다.[634] 1986년과 1987년의 미국교회협의회 대표단의 두 차례 방북은 두 나라 교회들 간의 관계개선뿐만 아니라 북측과 미국의 관계개선에도 선도적인 역할을 했다고 평가할 수 있을 것이다. 북측 당국은 1988년 북경에서 미국과 참사관급 접촉을 시작했고, 1990년 6월 미국장로교 총회는 조선기독교도련맹 대표 및 한시해 조국평화통일위원회 부위원장을 초청함으로써 북측과

---

632) '캐나다교회아시아작업반(the Canada-Asia Working Group)'은 캐나다성공회, 캐나다장로교회, 캐나다연합교회, 캐나다천주교개발과평화위원회, 스카보로해외선교회 등이 후원하는 교회연합기구로서, 아시아지역의 인권수호와 정의실현을 위해 일하는 것을 그 목적으로 하고 있었다.
633) 도잔소협의회 이후 협의회의 요청에 따라 세계교회협의회, 미국교회협의회(2회), 일본교회협의회, 캐나다교회협의회 등의 대표가 차례로 북측을 공식 방문했다. 한반도의 평화통일을 위한 세계교회의 노력에 대해서는, 같은 책, 132~162을 참조.
634) 미국기독교교회협의회의 한반도 통일 입장 및 활동에 대해서는, "한반도의 평화와 통일", 『교회도 하나 나라도 하나』 (서울: 형상사, 1989), 226~243을 참조.

미국 정부차원의 접촉을 유도하기도 했다.635)

도잔소협의회 직후 세계교회협의회 국제문제위원회는 제네바 주재 북측대표부를 통해 방북 의향을 전달했다. 세계교회협의회의 방북 목적의 하나는 한국전쟁 이후 북측에 남아있는 기독교공동체에 대한 상세한 정보를 얻는 것이고, 또 하나는 한반도의 평화통일을 위해 에큐메니칼 기구들이 할 수 있는 역할이 무엇인지 북측 당국자들과 대화하는 것이었다. 그러나 세계교회협의회는 북측과의 접촉원칙을 남북 기독교인들 간의 직접접촉에 두었으며, 방북의 진정한 목적은 그것을 위한 전초작업에 두었다. 이 방북 때 그들은 한국기독교교회협의회가 전하는 성경과 찬송가를 선물로 전달했다. 조선기독교도련맹과 세계교회협의회의 활발한 접촉은 결국 1986년에 이르러 세계교회협의회의 주선으로 남북교회 대표들이 직접 대면하게 되는 역사적인 사건으로 이어지게 되었다.636)

88선언과 글리온선언

이후 도잔소에서 선언한 대로 세계교회는 한반도의 통일을 위해 공동 노력에 나서기 시작한다. 그 결실이 세계교회협의회 국제문제위원회(WCC-CCIA)가 주관한 제1차 글리온 회의이다. 「글리온 제1차 회의」637)는 세계교회가 조선기독교도련맹(KCF) 대표단 5명과 한국기독

---

635) 김흥수·류대영, 『북한 종교의 새로운 이해』, 254.
636) 에릭 와인가르트너(Erich Weigartner), "북한의 크리스천들 – WCC 제1차 북한방문기"와 "한반도의 평화와 통일을 위한 세계교회의 노력", 『교회도 하나 나라도 하나』 (서울: 형상사, 1989), 37~42에서 참조.
637) '글리온회의'는 1986년9월2~5일 스위스 글리온에서 한반도의 평화와 통일을 위해 세계교회가 남과 북의 만남을 주선하고 함께 할 수 있는 자리를 만들었다는 점에서 '도잔소 프로세스'의 결실이라 볼 수 있다. ①제1차 회의(1986.9./ 스위스 글리온), ②제2차 회의(1988.11./ 스위스 글리온) – 1995년 희년선포 합의, 매년 8·15를 기해 남북공동기도문을 작성하여 '남북공동기도주일'을 함께 드리기로 함, ③제3차 회의(1990.12./ 스위스 글리온) – 희년 5개년 공동작업계획 합의, 남북교회의 만남을 한반도에서 개최하기로 합의, ④제4차

교교회협의회(KNCC) 대표단 6명을 초청하여 분단 이후 40여 년 만에 처음으로 '첫 번째 순수 민간교류'로서 남과 북의 교회지도자들이 만남을 가졌으며, 성만찬을 함께 나누는 감격을 경험했다. 남과 북이 만날 수 없는 상황에서 세계교회의 도움으로 새로운 돌파구를 연 것이다. 이어 1988년 2월29일 연동교회에서 열린 한국기독교교회협의회 제37차 총회에서 만장일치로「민족의 통일과 평화에 대한 한국기독교회 선언('88선언')」을 채택하게 된다. 이후 한국기독교교회협의회는 해외 교회를 초청하여「세계기독교 한반도평화협의회」638)를 인천 송도 비치호텔에서 개최하게 된다.

한국기독교교회협의회의 '88선언'은 이후 민간 통일운동에 불을 지피게 되는 결과를 가져왔고, 노태우 정부의 '7·7선언'에 영향을 미쳤으며, 이어 문익환 목사의 방북(1989.3.2.~4.3.)과 임수경의 제13차 세계청년학생축전 참가와 문규현 신부의 방북 등 분단의 장벽을 허무는 데 크게 기여했다고 볼 수 있다. 앞서 말한 1991년 '남북기본합의서'를 만드는 데 바로 88선언이 그 기초가 되었다고 전해지고 있다.639) 따라서 88선언은 한국교회가 만든 통일장전이라 해도 과언이 아닐 것이다. 분단의 침묵이 깊었을 때, 한국교회는 세계교회 네트워크를 통해 통일의 문을 열어가고 통일장전을 만들어가는 데 크게 기여했다는 사실은 반드시 기억해야 할 것이다.

'88선언'에서 중요하게 다룬 것은 통일을 이루어가는 과정에서「7

회의(1995.3./ 일본 간사이 하우스) - 8·15 평화통일을 위한 남북공동기도주일 공동예배를 판문점에서 드리기로 합의했다.
638)「세계기독교 한반도평화협의회」는 1988년4월25~29일 인천 송도 비치호텔에서 이미 2월29일 발표한 '88선언'을 세계교회가 전적으로 지지하고, 이를 실천하는 과정에서 세계 에큐메니칼 교회가 동참하기로 결의했다. 이 협의회는 당국의 방해로 사회주의권 인사들은 입국을 불허했으며, 주제 강사 2인을 비롯해서 해외교회 대표들 일부도 참석하지 못했다.
639) 나핵집, "한국기독교장로회의 평화통일선교의 전망",『한반도 평화정착과 한국교회의 비전』(서울: 한국기독교장로회 서울북노회, 평화통일자료 제7집, 2008), 95.

·4공동성명」의 기본 원칙인 '자주, 평화, 민족대단결'의 3대 정신에 '인도주의 원칙'과 '민중의 통일논의 참여 권리'이다. 통일논의에서 인도주의 원칙을 언제나 고수해야 한다는 것이다. 정치논리나 시장논리가 아닌 철저하게 한 동족으로서 인도주의 원칙(88선언 제4-1항)에서 다가서야 한다는 내용을 담고 있다. 나아가 통일논의 과정에서 민(民)의 역할을 강조하고 있다. 의사결정에서 배제되어 온 민의 참여, 즉 민중참여 우선적 보장(88선언 제4-2항)을 담고 있다. '88선언'은 성서적이면서 남과 북을 함께 아우르는 한 동족으로서 통일에 대한 진솔한 고백과 실천을 담고 있다. 1972년 남북 간에 최초로 합의한 「7·4공동성명」에 나타난 자주·평화사상·이념과 제도를 초월한 민족대단결의 3대 정신이 민족의 화해와 통일을 위한 기본 원칙이 되어야 한다고 했다(88선언 제4장). 또한 88선언은 국가정책에도 지대한 영향을 끼쳤다. 이후 「7·7선언」이나 「남북기본합의서」, 그리고 「6·15공동선언」 및 「10·4선언」 등의 문건들 속에 88선언의 정신이 그대로 녹아들어 있다. 군사독재의 서슬이 시퍼런 가운데 88선언은 평화협정이나 평화협정 체결 후에 한반도 전역의 안정이 국제적으로 보장되었을 때 주한미군은 철수해야 하고 유엔군사령부도 해체되어야 한다는 내용을 담고 있다(88선언 제5-4-1,2항). 나아가 과도한 군사력은 평화통일의 장애요인이기 때문에, 그리고 경제발전에 역기능을 하기 때문에 상호 협상으로 군축에 나서야 한다는 점을 강조하고 있다(88선언 제5-4-3항). 한반도를 겨냥한 핵무기나 배치된 핵무기를 철거해야 하는 비핵화 원칙을 분명하게 밝히고 있다(88선언 제5-4-4항).[640]

그리고 88선언에서 해방 50년이 되는 1995년을 희년[641]으로 선포하

---

[640] 같은 글, 108.
[641] '희년'은 성서적으로 안식년이 일곱 번 되풀이되는 49년이 끝나고 50년이 되는 해이다(레 25:8~10). 희년정신은 역사의 주권을 철저하게 하나님의 것으로 신뢰하는 것을 의미한다. 희

며 결단했던 그 정신을 지금도 여전히 시대정신으로 계승할 필요가 절실하다 하겠다. 따라서 88선언은 아직도 유효하다. 이 선언이 가지고 있는 정신은 민족화해와 평화통일을 위해 앞으로 나아갈 준거의 틀이다. 선언이 선언으로 그치는 것이 아니라, 그 선언의 정신을 시대정신으로 끌어내야 할 책임이 교회에 있다. 한국교회는 이런 훌륭한 선언을 가지고 있음에도 불구하고 그것을 실천으로 옮기는 데 소홀히 한 측면이 없지 않다. 오히려 23년 전 선언 당시보다 교회는 뒤로 후퇴하고 있다고 할 수 있다.

3) 인도적 지원에 나선 한국교회의 노력

이후 핵문제와 김일성 주석 사망(1994.7.8.)의 조문문제로 불거진 김영삼 정부와의 대립은 풀려가던 남북관계를 다시 얼어붙게 하고 말았다. 북미 간의「제네바합의」642)를 통해 한반도 화해의 불씨가 살아나는 듯했지만 그것도 결국은 파기되어버린다. 그 즈음 독일통일과 소련의 붕괴, 동유럽 사회주의 국가들의 몰락으로 이어지는 세계사적 대사건들과 맞물려서 남측사회의 절차적 민주주의의 성취 등 격동기를 거치면서 '88선언'의 정신이 수면 아래로 가라앉는 사이에 한국교회는

년은 본래의 자리로 되돌아가는 것을 의미한다. 분단 이전으로 한민족이 통일되는 것을 꿈꾸는 소망이 한국교회 희년정신에 녹아들어 있다. 이는 제2차 글리온선언에서도 이를 기초로 해서 남과 북의 교회가 합의하여 선포하게 된다.
642) '제네바합의'는 1994년10월21일 조선민주주의인민공화국(DPRK)과 미국(USA) 사이에 맺은 외교적 합의이다. 이 합의는 '북조선과 미국 간에 핵무기 개발에 관한 특별계약(Agreed Framework between the United States of America and Democratic People's Republic of Korea)'이다. 제네바 합의는 북측의 핵무기 개발 포기와 그에 따른 경제적인 보상을 담고 있다. 중유 50만 톤과 경수로 원전 건설을 담보해 주기로 했지만, 2003년에 그 합의는 완전히 파기되었고, 이로 인해 제2차 핵 위기로 이어져 6자회담으로 해결점을 찾아가다가, 이 역시 파산위기를 맞고 있는 실정이다. 북핵문제는 긴 역사를 가지고 있고 복잡한 성격을 띠고 있다.

1995년 이후 북측사회의 식량위기라는 긴급구호 상황을 맞아 통일문제보다는 대북 인도적 지원사업에 더 힘을 쏟게 된다. 이 과정에서 통일문제에 소극적이었던 보수 교단들이 대북 인도적 지원사업에 참여하는 계기를 가져옴으로써 당장 어려움에 처한 북의 동포들에게 큰 도움을 준 것은 분명하지만, '88선언'이 지니고 있는 성서적·신학적·신앙적인 정신을 살려내는 데 소홀했음을 부인할 수 없을 것이다.[643]

1995년 이후부터는 통일운동보다는 인도적 지원에 집중해야 할 만큼 북측사회의 어려움은 컸다. 기독교뿐만 아니라 다른 종교단체나 시민운동단체 등 민간단체들도 대북 인도적 지원사업에 나서게 됨에 따라 한국교회의 거의 모든 교파와 주요 단체가 대북지원에 참여하게 된다. 그러나 교류방식과 내용은 조선기독교도련맹을 교회로 인정하느냐 인정하지 않느냐에 따라 다르게 나타난다.[644] 조선기독교도련맹을 인정하는 한국기독교교회협의회와 한국기독교장로회는 조선기독교도련맹을 대화의 상대로 삼으면서 조선기독교도련맹이 북측사회 선교의 주역이 되어야 한다고 생각한다.[645] 한편 조선기독교도련맹의 교회조직으로 인정하지 않는 대한예수교장로회(합동), 기독교대한성결교, 그리고 한국기독교총연합회 등은 조선기독교도련맹과 전략적인 대화는 가능하지만, 북측사회의 이른바 '지하교회'가 선교의 주역이 되어야 한다고 믿으면서 지하교회의 지원·육성을 소위 '북한선교'의 주요 전략으로 삼는다. 그리고 대한예수교장로회(통합)와 기독교대한감리회의 태도는 다소 이중적이다. 조선기독교도련맹을 공식적인 대화상대로 인정하면서도 다양한 접근을 해야 한다고 보고 있다.[646] 보수와 진보를 불문

---

643) 나핵집, "한국기독교장로회의 평화통일선교의 전망", 96, 109.
644) 김동선, "한국교회 개신교단 및 기관의 북한선교 정책 비교 – 조선그리스도교련맹과의 관계를 중심으로", 『한국교회 북한선교정책』 (서울: 한민족선교정책연구소, 2002), 17.
645) 같은 글, 18.

하고 남측의 주요 교단들은 모두 대북 인도적 지원에 나서고 있지만 자세히 들여다보면 차이가 분명하게 나타난다. 진보적인 교회들은 민족의 평화통일을 더 우선시하고, 보수적인 교회들은 장차 '북한교회'를 재건하는 데 초점을 맞추고 있는 것으로 볼 수 있다.[647]

이제 한국기독교는 과거의 특수경험에 기초한 냉전시대의 극단적인 반공 이데올로기를 내려놓고 화해와 평화의 관점에서 변화해야 한다. 역사적 증오를 종말론적 증오로까지 끌어올렸던 과거의 극우적 신앙에서, 점차 새로이 전개되는 민족화해와 평화통일의 역사적 과정에서, 새롭게 민족화해의 신앙으로 변화해야 할 중요한 시점에 와 있는 것이다. 그러므로 한국기독교가 과거의 역사경험을 아가페의 복음으로 초월적으로 극복하여 새 시대에 맞는 새 부대를 갖춘 공동체로 거듭남으로써, 민족화해와 평화통일의 새 시대를 능동적으로 준비해야 할 것이다.

3. 한국교회의 역할과 과제

한반도의 평화정착과 민족의 화해와 통일은 이 시대의 가장 커다란 과제임은 두말할 필요도 없다. 이러한 목표의 실현은 민족의 자주성의 원칙과 무력이 아닌 평화적인 원칙에 따라 실현되어야 하며, 인도주의 원칙에 따라 모든 민족성원이 참여하는 민주적인 방식으로 이루어져야 한다. 이를 위해서는 한반도의 주변 4강의 지원이 필요하지만, 강대국의 이익에 희생당하지 않도록 최우선적으로 남과 북의 민족 당사자 간의 신뢰를 회복할 수 있는 구체적인 대화와 실천적인 협력이 있어야

---

646) 같은 글, 18.
647) 김홍수·류대영, 『북한 종교의 새로운 이해』, 277.

한다. 이를 위해서는 전반적인 면에서 전략적으로 우월한 국력을 지니고 있는 남측이 더 적극적이며 능동적으로 신뢰와 협력을 위한 정책을 전개할 필요가 있다. 이로써 체제존속 위기를 맞고 있는 북측이 남측에 대해 신뢰를 가지게 해야 한다. 그리고 남과 북의 모든 문제를 민족내부 문제로 함께 풀어나가는 평화적이며 상보적인 확고한 원칙에 따른 정책이 절실하다 할 것이다. 뿐만 아니라 남과 북 양 당사자가 지니고 있는 반통일·반민족·반평화적인 법과 제도와 인습을 고쳐나가야 할 것이다.[648] 이를 위해 교회는 민족의 근본적인 화해와 평화통일을 위한 성서적·신학적·사상적·신앙적 관점을 분명히 규명(糾明)하여, 남측과 북측 각각의 '화해되지 못한 사회' 현실을 극복하기 위한 실천적인 과제와 하나님나라를 지향하는 '화해된 사회'를 구축하는 비전을 제시할 수 있어야 할 것이다.

1) 남과 북의 교회 현실

민족화해를 위한 남과 북의 교회는 무엇인가?

통일운동이라는 관점에서 한국교회는 무엇이며, 북측의 조선그리스도교련맹과 이에 속한 교회는 무엇인가. 북측은 사회주의헌법 제54조에서 "공민은 신앙의 자유와 반종교선전의 자유를 가진다"[649]라고 규정함으로써 종교에 대한 선택적 자유를 주고 있지만, 실제로는 모든 종교를 미신으로 평가절하하고 사회주의 건설을 위한 반종교정책을 기본으로 삼아왔다. 그런데 1980년대 이후 북측은 로마 바티칸이나 제네바의 세계교회협의회와 접촉하면서 외부와의 교류를 시작했고, 1988년

---

648) 기독교사상 편집부, "해방 분단 50년과 한반도 정세", 『기독교사상』 제440호 1995년 8월호(서울: 대한기독교서회, 1995), 55.
649) 『조선민주주의인민공화국 사회주의헌법』 (평양: 조선로동당출판사, 1998) 참조.

이후 일정한 장소에서 종교 고유의 예배의식을 가질 수 있도록 허용했다.650)

한국기독교 역사 120여 년을 헤아린다고 할 때, 사실상 남북의 교회는 하나의 뿌리였고 하나의 교회로 발전되어 왔다. 적어도 이런 발전은 분단 직후까지 지속되었다. 그러나 그 이후는 남과 북의 교회는 전혀 다른 방향으로 발전되었다. 각 사회체제에 적응하면서 서로 너무나 낯선 새로운 모습이었고, 북측의 조선그리스도교련맹은 교파의 구별 없이 새로운 교회를 만들어냈다는 점에서 중국의 삼자교회(三者教會)651)나 중국기독교협의회와 비슷하다고 할 수 있으나, 또 다른 의미에서는 지역교회의 구성이 먼저가 아니라 정부주도에 의해 위로부터 생성된 교회라는 점에서 다르다고 할 수 있다.

앞서 언급한 바와 같이 지난 30여 년 간 한국교회는 에큐메니칼 운동을 통해 한반도의 평화와 통일을 위해 여러 면에서 크게 기여해왔다. 특히'도잔소 프로세스'는 남북 및 국제관계에 있어서의 한반도 문제를 협의하여 새로운 방향을 제시하며 평화통일운동의 지평을 넓히는 데 크게 기여했다. 이 협의회에서 인도주의적 관심을 기울여나갈 것, 통일논의에 대한 대중적 참여를 국제적 또한 에큐메니칼적으로 강화할 것, 적대의식을 극복할 것, 군비경쟁을 저지할 것 등을 결의했다. 여기에서 통일을 위한 에큐메니칼 운동의 정신으로 "가슴을 열고 대화함

---

650) 참조 : 1983년10월에는 신구약성경이 발간되었고, 1988년에는 평양에 봉수교회가 건립되었다. 조선그리스도교련맹에 따르면 봉수교회, 칠골교회 이외에 520여 개의 가정교회가 있으며, 신자는 1만여 명이 넘고 목사도 약 20여 명이라고 알려져 있다.
651) 삼자교회(三者教會). 1950년부터 자립교회운동을 시작한 중국기독교는 1954년8월5일 정식으로 '중국기독교 삼자(三者)애국운동위원회'를 구성했다. 애국주의와 3자, 즉 외국의 간섭이나 도움 없이 중국인 신도들 스스로 교회를 관리하고, 경제적 도움 없이 자급자족하며 스스로 전교한다는 자치(自治)· 자양(自養)· 자율(自律)이다. 애국은 제국주의 영향을 제거하고 제국주의와 관계를 단절하며 독립자주의 그리스도교를 운영하는 것을 의미하고, 3자운동은 애국주의를 실천하는 구체적인 행동강령인 것이다. 임금자, "중국그리스도교 3자애국운동에 대한 이해", 『신학사상』 1996년 겨울호(서울: 한국신학연구소, 1999), 84~85에서 참조.

으로써 증오와 편견을 뿌리뽑고, 하나님의 식탁으로 나갈 때 진정으로 우리의 형제자매와 화해했다"[652])는 전제 아래, "세계교회협의회는 아시아교회협의회와 협력하여 가능한 한 남북의 기독교인들이 대화로 만날 수 있는 기회를 마련할 것"[653])을 합의했다. 그 결과 앞에서 고찰한대로 '88선언'과 '글리온선언'으로 이어져 사실상 국가의 통일정책의 변화와 남북 간의 민간교류 확대에 직접적인 영향을 끼쳤다.

한반도의 평화와 통일을 위한 남북 및 해외교회의 노력을 두 단계로 나누어볼 수 있다. 첫째 단계는 '도잔소협의회' 이후부터 남과 북의 교회가 합의하여 진행했던 1995년 '희년'까지이며, 둘째 단계는 1995년 이후이다. 첫째 단계에서는 1995년 이전까지 한국기독교교회협의회는 에큐메니칼 정신에 의해 세계교회와 함께 진보적이며 선구적인 통일운동을 전개했다. 이 기간 동안 한국기독교장로회를 비롯한 진보적인 교회들은 민주화와 인권회복운동과 함께 정의를 바탕으로 이루어져야 할 평화와 통일의 역사를 선구적으로 내다보며 통일운동의 선봉이 되어 왔으며, 또 한편으로는 재야 통일운동의 지원세력으로서 그 역할도 감당했다. 특히 과거 민족분단에 대한 죄책고백은 분단에 대한 신학적 해석과 함께 신앙적인 고백을 이룬 것이었다. 한국기독교교회협의회는 조선그리스도교련맹과의 합의에 따라 해방된 지 50년이 되는 1995년을 희년으로 선포하고, 비회원교회까지도 통일운동에 참여시킴으로써 통일운동의 폭을 넓혀나갔다. 그러나 실질적인 통일을 위한 새로운 돌파구로서의 전기는 이뤄낼 수 없었다. 매년 8·15를 기해 전국적인 통일을 위한 기도회가 세계교회와의 연대 아래 진행되었고, 1993년 남북인간띠잇기대회[654])와 1995년 희년선언[655])이 감동적으로 전개되

---

652), 653) 한국기독교교회협의회 편, 『남북교회의 만남과 평화통일신학』 (서울: 한국기독교사회문제연구원, 1990), 17~18.

기도 했지만, 정부의 정책적인 통제의 틀을 넘어설 수 없는 민간통일 운동의 한계를 실감했다. 결국 기대했던 한반도 내에서의 남북교회 만남을 이뤄내지 못하고, 교회의 통일운동 역시 정부 정책이나 사회적 상황의 변화로 말미암아 일정한 한계에 부딪히면서 이후 교회의 통일운동 역시 정체될 수밖에 없었다.656)

둘째 단계인 1995년 이후 한국교회의 통일운동은 정치적인 상황변화나 남북 간 긴장관계의 고조 등 외부적인 요인도 있었지만, 한국기독교교회협의회 내부의 논의구조에도 문제가 있었기 때문에 정체에 빠지고 말았다. 동시에 한국기독교교회협의회가 통일희년운동이나 남북 나눔운동 등의 문호를 비회원교회에까지 적극적으로 넓힘으로써 통일운동의 폭과 양에서는 큰 진전을 보였지만, 1970~1980년대에 지켜왔던 한국기독교교회협의회 기존정책 자체가 흔들리기 시작했다. 이와 함께 국내의 통일운동이 차츰 "보수적인 복음주의 교회들에 의해 대북지원이나 '북한선교'같은 물량적인 운동"657)으로 변화되면서 한국기독

---

654) 「남북인간띠잇기대회」. 1993년8월15일 시민 6만5천여 명이 참여해 서울 독립문과 임진각을 잇는 '남북인간띠잇기대회'를 주최, 기독교 통일운동의 상징적인 행사가 됐다. 이어 1995년 분단 50년을 맞아 희년선언을 발표, 2000년 6·15남북공동선언의 이념적 틀을 제공했다. 한국기독교교회협의회는 보수적인 교회와의 협력 부분을 위해 한편으로 '남북인간띠잇기대회'를 통해 평화통일운동의 대중화를 추구하면서, 또 다른 한편으로는 북측교회가 참석하는 국제회의에 보수적인 인사들을 초청하여 직접 경험하게 하는 일이었다. 이 일을 통해 각 교단은 북측교회의 입장을 조금씩 고려하기 시작하게 되었고, 한국교회 간의 협력의 분위기를 확산해 나갈 수 있었다. 1995년에는 '평화의 리본잇기대회'가 임진각에서 개최되는 등 희년 행사가 진행됐다.
655) 「희년선언」. 1995년 희년선언은 평화와 통일을 위한 남북한교회의 노력, 남북 양 정부의 신뢰와 평화구축을 위한 5대 원칙, 바람직한 통일을 위한 3대 원칙, 희년정신의 실천을 위한 교회의 5대 과제 등을 제시하였다. 이중 바람직한 통일을 위한 3대 원칙은 ①함께 사는 통일(공생적 통일), ②서로 배우며 닮는 통일(수렴적 통일), ③새롭게 만드는 통일(창조적 통일) 등을 제시하였는데, 그 기본 원칙은 남북의 두 체제 가운데 어느 한 체제도 부정하지 않는다는 것이었다. 희년운동은 눈에 보이는 가시적인 성과를 크게 얻지는 못했지만, 하나님의 선교 안에서 통일운동을 어떻게 이해해야 하는가에 대한 신학적인 기틀을 마련하였다.
656) 이재정, "민족구원을 위한 남북교회의 선교적 과제", 『기독교사상』 제462호, 1997년 6월호 (서울: 대한기독교서회, 1997), 15.
657) 참조 : 역설적으로 보수적인 복음주의 교회의 이른바 '북한선교'는 복음적이기 보다는 오

교교회협의회의 위치도 위협받지 않을 수 없었다. 무엇보다도 정치적인 상황이 변화되면서 통일운동이 각 교단이나 사회 여러 분야에서 활발하게 나서게 됨으로써(그것이 순기능으로 긍정적이든지, 또는 역기능으로서 부정적이든지 간에), 한국기독교교회협의회의 영향력이 상대적으로 점차 약화되어간 것은 사실이다. 더구나 서로 존중되어온 북측의 조선그리스도교련맹이 한국기독교교회협의회 이외에 한반도 내외의 여러 교회와 다변적인 관계를 맺으면서 일찍이 '도잔소 프로세스'에서 합의되고 존중되어 왔던 에큐메니칼 원칙도 부분적으로 무너지게 되었다.[658]

한국교회가 지향해온 통일과 선교

그동안 남측사회에서 진행되어온 통일운동은 정부도 그러하지만 평화통일론에 근거하고 있다. 평화통일론의 대전제는 교류와 협력관계를 통해 남북관계를 개선하고 연착륙 방식의 점진적으로 통일을 이루어가자는 것이고, 북측이 주장해오는 연방제통일론도 실제로는 평화적인 방법과 대등한 입장에서 통일을 이룩하자는 평화통일론의 하나라고 볼 수 있다. 그런데 평화적 방법이라고 할 때 어느 일방의 포기가 전제되지 않는 한 불가능한 것이며, 연방적 방법이라고 할 때 통일의 대안은 될지언정 통일 그 자체는 될 수 없을 것이며, 또한 적화(赤化) 포기를 확약할 수 없다는 것이 문제점으로 지적할 수 있을 것이다.[659] 또 유의할 것은 한반도 통일논의에 있어서 미국은 막대한 정보를 독점하고 있는 상황에서 남측을 배제하고 북측과 협상할 가능성이 현실화될 수 있다는 사실이다. 이 점에 관한 한 남측은 북측과 미국 모두를 경계하

히려 비복음적인 물량적인 운동으로 변질되었다는 점은 반드시 짚고 넘어가야 한다.
658) 이재정, "민족구원을 위한 남북교회의 선교적 과제", 15~16.
659) 같은 글, 16.

지 않으면 안 될 것이다. 또 하나는 북측사회의 불안요인이다. 심각한 경제난과 후계체제와 관련된 정치 불안으로 인한 변수는 그 파장을 예측하기 어려울 것이다. 물론 이 문제들은 단기간에 해결될 문제도 아니고, 북측의 산업구조 자체의 변혁과 북측체제의 문제여서 근본적이며 장기적인 접근과제일 것이다.[660] 그런데 남측은 오히려 대북 인도적 지원보다는 북측의 조기붕괴를 바라는 극우세력의 영향력이 강화되어 대북 식량지원을 가로막고 있다. 여기에는 '연평도포격사태'와 아울러 대북지원 식량의 소위 '군량미로 전용될 것'이라는 해석과 함께 남측 국민들에게 대북지원을 대적(對敵)지원이라는 논리가 깔려 있는 것이다.

민족화해와 평화통일이라는 관점에서 한국교회는 강력한 보수화 경향과 북측에 대한 물량지원우선 입장이 맞물려서 통일도 선교도 자칫 혼돈에 빠질 우려가 있다. 예를 들어, 현실적으로 통일 이후의 대비 또는 북측의 붕괴 이후를 대비하는 준비로서 보수적인 교회들이 지향하는 것은 교파중심주의와 실지회복, 또는 교회지상주의에 따른 선교사 양성과 교회설립자금 확보 등을 통한 선교적 선점이다. 이런 상황은 앞서 언급한 민족화해와 평화통일을 통한 새로운 역사의 창출과는 아주 거리가 먼 것이다. 여기서 한국교회가 감당해가야 할 선교적 과제는 이미 언급한 바와 같이 민족의 역사성을 회복하고 민족공동체로서의 가치를 이루어가며 생명과 정의와 평화에 기초를 둔 하나님나라를 향한 전망 속에서 화해와 통일의 역사를 열어가야 할 것이다. 이런 통일을 이루기 위해 한국교회는 민족적 합의와 함께 평화를 지향하는 세계적인 합의에 기초를 둔 통일운동을 이끌어가야 한다. 다시 말해 한국교회는 한반도의 평화와 통일을 위해 교회와 민중의 합의를 도출

---

[660] 같은 글, 17.

해낼 수 있는 프로세스를 제시해야 한다. 물론 이 과정에는 세계교회와의 연대가 절실하고, 나아가 조선그리스도교련맹과의 관계도 더욱 두터워져야 할 것이다.661)

남측 현 정부의 통일정책과 문제점

남측의 현 정부가 들어서면서 표방하고 있는 대북정책662)은 그동안의 흐름을 단절시키는 문제점을 안고 있다. '7·4공동성명'에서부터 2007년 '10·4정상선언'에 이르기까지의 남과 북이 합의해온 통일 프로세스에 대한 전면 수정 내지는 새로운 접근을 시도하고 있기 때문이다. 통일문제는 반드시 상대가 있고 대화와 협상, 그리고 상대를 존중하는 자세에서 접근해야 한다는 것은 기본이라 할 것이다. 또한 지난 남북관계가 냉온탕을 오가면서 배운 지혜가 일방적인 것이 아닌 화해와 협력의 기조 아래 접근해야 한다는 교훈이었다. 강경일변도로 일관해오던 미국의 지난 부시정부 또한 우여곡절 끝에 일방적이고 강경한 입장으로는 북핵문제를 풀 수 없다는 것을 깨닫고 협상의 자세를 뒤늦게 가졌지만 아쉽게도 때를 놓치고 말았던 것이다. 이런 점들을 되짚어볼 때 남측의 현 정부는 이미 남북관계를 대결국면으로 그동안의 협력관계를 되돌려놓고 말았다.663)

이러한 맥락에서 남측의 현 정부는 핵문제에 대한 접근에 있어서도 철학이나 외교적인 노력이 빈곤하다는 것을 지적하지 않을 수 없다.

---

661) 같은 글, 17~18.
662) 현 정부(이명박정부)의 대북정책은 이른바 '비핵, 개방 3000 구상'이다. 한반도 비핵화를 최우선으로 하고, 정략적 접근을 배제하며 철저하게 실용주의적인 접근을 통해 북측을 개방으로 이끌어내는 것을 주요 골자로 하고 있다. 하지만 실제로는 실용적이라기보다는 반공적 이념을 바탕으로 북측 정권의 이해할 수 없는 정책들을 인정하지 않겠다는 태도로 일관하면서 대화조차 전제조건을 내세움으로써 사실상 단절된 상태이다.
663) 나핵집, "한국기독교장로회의 평화통일선교의 전망", 104.

남북관계를 외교적인 틀 안에서 해결하려는 정책 또한 통일 지향적이라 할 수 없을 것이다. 분명 국제적으로는 남과 북이 유엔에 동시 가입한 엄연히 서로 다른 나라이다. 그러나 통일을 전제할 때 하나의 민족이라는 틀 안에서 접근해야 한다. 남측과 북측은 '대한민국'과 '조선민주주의인민공화국'으로 유엔에 동시가입한 뒤 곧바로 「남북기본합의서」 664)를 체결하고 남과 북의 사이를 '잠정적인 특수관계'로 규정함으로써 남측과 북측이 두 개의 나라가 아니라 통일로 가는 과정에서 잠정적으로 국제사회에서 두 나라의 형태로 존재할 수밖에 없는 특수한 관계임을 밝혔던 것이다. 남북기본합의서 이후 '6·15공동선언'과 '10·4정상선언'에서 단순히 외교적 노력만이 아닌 한 민족으로서 통일 지향적인 철학이 왜 필요한지 잘 말해주고 있다 할 것이다.665)

또한 이른바 '남남갈등'을 해소하기 위해서 이전의 보수적인 정권의 통일정책을 새롭게 조명하는 작업도 매우 중요하다고 여겨진다. 과거 반공 군사정권인 박정희 정권의 산물인 '7·4공동성명', 그리고 노태우 정권의 북방정책의 산물인 '7·7선언'과 '남북기본합의서' 등을 새롭게 재평가함으로써 이념이나 진보의 개념으로 접근하는 것이 아니라 통일을 위한 노력을 한데 묶어 민족구성원 모두가 통일의 길에 함께 들어설 수 있는 큰 틀의 통일담론을 형성해야 한다. 이제 대북지원의 단계를 넘어 민족 대대로 살아갈 터전인 공동체적 시각을 가지고 북측사회를 바라보고 대안적인 사회666)로 발전하도록 돕는 일도 중요

---

664) 각주 517) 참조. 남북 동시 유엔 가입으로 분단국가에서 국제사회에 두 개의 국가로 존재하게 된다. 남과 북은 유엔 동시가입 뒤 '남북기본합의서'를 체결한다. 이 합의서에는 남북의 화해, 남북불가침, 남북 교류와 협력을 담고 있다. 그 가운데서도 중요한 것은 남북 사이의 관계를 '잠정적 특수관계'로 규정했다는 점이다(1991.12.13.).
665) 나핵집, "한국기독교장로회의 평화통일선교의 전망", 107.
666) '한반도 통일의 개발과 협력을 위한 포럼'에서는 세계교회가 북측사회의 에너지 문제를 지

하다. 대북지원사업도 꾸준히 해나가야 되겠지만 보다 근본적 원인인 대북 경제제재667)를 풀도록 노력하는 일도 중요하다. 한국교회는 파트너십 관계에 있는 세계교회와 긴밀한 협력을 통해 대북 경제제재를 풀어내는 일에 힘을 기울여야 할 것이다.

2) 기독교와 주체사상과의 만남의 전제들

반세기 하고도 16년이 보태진 긴 세월 동안 분단되어 대립· 적대해 왔던 남과 북이 서로 화해하고 평화통일로 나아가기 위해서 우선 불신과 증오의 벽을 허물고 대화와 협력이 무르익어가야 한다는 것을 지금 우리는 뼈저리게 실감하고 있다. 이를 위해 무엇보다도 이념적 대립의 양극단에 서 있는 남측의 보수적인 한국교회와 북측의 주체사상 간의 상호 이해와 대화가 우선되어야 할 것이다. 쌍방은 대화를 가능하게 하는 조건을 준비하는 과정을 거쳐야 하는데, 이는 대화를 위해 필요한 전제이기도 하다. 이 글에서는 우리 한국교회 측에서 준비할 것이 무엇인가 하는 문제에만 집중할 수밖에 없다. 왜냐하면 양측을 아우를 수 있는 입장을 갖는 것 자체가 불가능한, 남측에 실재(實在)하고 있는 현실에서 벗어날 수 없겠기 때문이다.

원할 때도 풍력이나 태양에너지에 관심을 갖고 재생에너지 체계를 구축하는 계획을 제시한다. 자본주의 사회가 아닌 그들이 추구해온 삶의 질을 더 높이기 위해서 협력하고 지원하는 일은 앞으로 우리 민족의 미래를 위해 투자하는 길이 된다. 나핵집, "한국기독교장로회의 평화통일선교의 전망", 112에서 재인용.
667) 미국은 북측에 대해 경제제재 정책을 오랫동안 펼쳐왔다. 경제제재 정책은 북측을 고립시켜 심각한 경제위기에 빠뜨렸다. '경제제재'란 금융거래, 관세, 무역 등의 제한 정책인데 미국이 적성(敵性)국가에 적용하는 조치이다. ①외교활동 제한 조치, ②경제관계 단절 조치, ③무역관련 조치, ④국제적 테러행위지원 관련 조치, ⑤대 공산권 제재 조치, ⑥인권관련 제한 조치 등이 포함된다. 미국은 북측에 대해 6개 조항의 제재조치를 다 취하고 있다. 나핵집, "한국기독교장로회의 평화통일선교의 전망", 113에서 재인용.

하나님나라백성공동체로서의 죄책고백과 회개

먼저 한국교회는 지금까지 민족분단과 관련하여 저질렀던 모든 죄과(罪科)를 회개해야 한다. 우리 한국교회는 하나님과 사람 앞에서, 우리의 모든 민족적 삶에서 지은 죄―의식적이든 무의식적이든―를 고백하고 회개해야 한다. 앞에서 살펴보았듯이 한국기독교교회협의회는 1988년 2월29일 88선언에서 민족분단과 그 고착화에 대한 죄책을 시인하고 고백했다. 이것은 한국교회로서는 최초의 공식적인 죄책고백이라는 점에서 역사적 의의가 매우 크다 할 것이다. '분단을 정당화하기까지 한 죄를 범했다'는 것, '반공 이데올로기를 종교적인 신념처럼 우상화했다'는 것, '민족의 자존심을 포기하고 자주독립 정신을 상실하는 반민족적 죄악(롬9:3)을 범해 온'것 등 한국교회는 민족분단과 관련하여 저질렀던 죄책을 구체적으로 고백했다. 특히 '북한 공산정권을 적대시한 나머지 북한 동포들과 우리와 이념을 달리하는 동포들을 저주하기까지 하는 죄(요13:14~15,4:20~21)를 범했다'는 것도 고백했다. 이 죄책고백은 '하나님과 민족 앞에서 고백하는'것이었다.[668]

이 외에도 한국교회는 역사적 현실에서 하나님의 기대에 맞게, 또 그리스도인으로서 책임 있는 사회적 삶을 사는 데 실패한 것에 대해서도 고백해야 한다. 특히 사회주의체제 아래 살게 된 그리스도인들의 사회적 책임, 새로운 민족공동체 건설에 긍정적인 참여와 공헌에 실패한 것, 북측교회와 교인들과 북측사회를 버리거나 등지고 월남한 것 등을 회개해야 한다. 민족공동체를 위해 교회가 감당했어야 할 선교의 사명, 민족 간의 화해와 평화의 증진이란 사명을 감당하지 않고 유기했으며 그 대신 반공에만 열을 올렸던 일 등에 대한 구체적인 회개가

---

[668] 한국기독교교회협의회, "민족의 통일과 평화에 대한 한국기독교회 선언"(1988.2.29.), 『평화통일(자료집)』(서울: 한국기독교장로회 서울노회 평화통일위원회, 1991), 176.

있어야 한다. 북측교회와 하나 됨을 유지하지 못한 것, 오히려 북측교회를 한국교회의 일부임을 부인하고 남측교회 단독으로 총회를 개최함으로써 민족분단 이전에 교회의 분단을 저질렀던 죄, 정치적 문제를 비롯한 민족적 삶에 적극적으로 참여하지 못했던 것 등도 포함되어야 할 것이다.669) 한국교회는 또 복음을 자본주의체제 안에 유폐시키고 독점하려는 과오를 범했음을 고백해야 한다. 남측의 기독교인들은 마치 복음을 독점한 듯이 착각하고 북측의 주체사상을 신봉하는 북측 동포들을 사실상 복음에서 제외시키는 일을 감히 함으로써 하나님의 복음의 전진을 가로막는 죄를 지었다. 이것은 하나님의 자리를 차지하고 하나님의 역할을 하려는 교만한 생각이며 행동이라고 규정하지 않을 수 없을 것이다. 이런 과오에 대하여 한국가톨릭교회에서도 다음과 같이 지적하고 있다.

> 그리스도의 복음은 종교인도 세속인도, 경건한 사람도 무신론자도, 자유민주주의자도 김일성주의자도 다 포함하여 모든 믿는 사람을 자유로이 해방하는 하나님의 능력일 것이다. 정말 그 복음은 남북한의 체제이념의 차이와 대립을 넘어서 양쪽으로부터 믿는 사람들을 부르는 하나님의 계시의 전능력일 것이다.670)

기독교는 세계변혁의 사명을 저버리고 현존 질서와 자신을 동일시하고 체제옹호자가 되고 현상 질서에 안주해왔다. 뿐만 아니라 반민중적인, 반민족적인 불의한 독재정권을 하나님의 이름으로 축복해 주었다. 이 모든 것을 회개해야 한다.671) 죄책고백은 회개를 수반해야 한다.

---

669) 홍근수, "기독교와 주체사상 간의 대화", 『기독교에서 본 주체사상』, 한국기독교장로회 서울노회 편(서울: 민중사, 1993), 34.
670) 양한모, 『교회와 공산주의』(서울: 가톨릭출판사, 1987), 154.
671) 홍근수, "기독교와 주체사상 간의 대화", 35.

회개는 단순히 잘못에 대한 시인과 감정적인 뉘우침으로 되는 것이 아니고 죄의 행실을 고치고 바꾸는 것이 뒤따라야 한다. 분단의 신학을 버리는 것, 통일과 반대되는 모든 행동을 버리는 것, 반북적인 모든 언행을 버리는 것 등을 포함해야 한다. 소극적인 죄와 적극적인 죄, 의식적인 죄와 무의식적인 죄, 말해야 하고 실천해야 할 것들을 말하지 않고 실천하지 않았던 죄와, 말하지 말아야 하고 행하지 말아야 할 것을 말하고 행했던 죄 역시 모두 회개해야 한다. 총체적인 회개가 있어야 하는 것이다.[672]

이데올로기의 포로에서 해방

기독교는 마르크스나 공산주의자들의 비판에 대해 반성하는 자세보다 천편일률적으로 변명, 방어하는 자세를 취했고 더 나아가 적대감을 가지고 심지어는 폭력적으로 대항하는 자세를 취해왔다. 이제 우리는 냉정하게 물어야 한다. 마르크스가 반대한 기독교는 어떤 기독교였느냐고? 기독교를 미신이라고 비판한 마르크스가 알고 있는 기독교는 당시 서구교회였다. 기독교는 공산주의나 주체사상이 기독교를 비판하는 것을 겸허히 받아들이고 회개할 것은 회개해야 한다. 마르크스는 어찌 보면 교회에 대해 교회 밖에서 비판한 사회적 예언자라 할 수도 있을 것이다. 마르크스의 기독교 비판의 근거와 동기, 또 비판의 내용 역시 아모스와 미가 등 예언자들[673]이나 예수가 비판했던 것들과 다르지 않다고 보이기 때문이다. 마르크스의 비판은 기독교가 등한시했던 민중에 대한 사랑의 실천, 사회정의, 인도주의, 사회·세계변혁적 예언자적 사명을 등한시한 데 대해 각성시켜 주었다. 부패한 기독교로 하여

---

672) 같은 글, 36.
673) 예를 들어, 아모스 2:6~8, 5:21~24, 미가 2:1~3:12, 7:1~6을 참조.

금 자신을 돌아볼 수 있는 기회를 주었다. 교회가 세상에 대해 걸머지고 있는 사명에로 눈을 돌릴 수 있도록 도와주었다. 종교개혁이 가톨릭교회의 변화를 일으켰듯이, 마르크스의 공산주의운동은 교회의 사회적 선교에 대한 새로운 각성을 불러일으킨 공로가 컸다고까지 말할 수 있을 것이다.[674] 남을 위해, 세상을 위해 존재하는 교회가 오로지 자체만을 위하는 이기주의적 집단이 될 때, 지배체제와 동맹관계를 가질 수밖에 없고 지배이데올로기의 포로가 될 수밖에 없다는 것이 역사적 경험이다.

엄밀한 의미에서 기독교적 이데올로기나 체제란 있을 수 없다. 더구나 반공 이데올로기는 기독교적인 친근성이 없다. 이데올로기적 회심은 이데올로기와 관련하여 새로운 태도와 입장을 가지는 것으로 나타나야 한다. 그것은 한국교회가 오랫동안 맹목적으로 매여 있었던 반공 이데올로기와 자본주의란 예수의 복음과 교훈에서 아주 멀다는 사실을 깨닫고 이것들과의 단절이 필요하다는 것이다. 이제 한국기독교가 북측의 주체사상과 대화하려면 남측의 통치 이데올로기에 불과한 자본주의와 반공이라는 이데올로기의 포로에서 해방되어야 한다. 자본주의와 사회주의의 차이는 절대적인 것이 아니고 상대적인 것일 뿐이다.[675]

신뢰관계의 회복

주체사상이란 말만 들어도 심한 알레르기 반응을 일으키는 기독교인들이 남측에는 너무나 많다. 반면 기독교란 말만 들어도 심한 거부반응을 일으키는 주체사상 신봉자들이 북측에 또한 많을 것이다. 이런 알레르기적 거부반응은 지난 세월 동안 쌓이고 쌓인 서로 간의 철저한

---

[674] 홍근수, "기독교와 주체사상 간의 대화", 37.
[675] 같은 글, 38.

적대감과 불신의 표현일 뿐이다. 물론 이런 적대감과 불신은 역사적 경험에 근거한 것이다. 남측의 그리스도인들에게 주체사상은, 그리고 북측의 주체사상 신봉자들에게 십자가의 도(道)는 다 같이 거리낌이 되고, 어리석은 것 또는 미련한 것(고전1:18,23)이 되고 있는 것이 사실이다. 그러므로 한국기독교와 주체사상과의 만남이나 대화라는 말에 대해 쌍방 모두 크게 거부감을 가질 수밖에 없다. 이는 아마도 한국기독교에게 더하면 더하지 결코 덜하지 않을 것이다. 특히 지난 분단 반세기가 훌쩍 넘는 기간 동안 줄곧 '반공교회'로 있었기에 더욱 그러할 것이다. 그러나 이것이 과연 그리스도인다운 태도인가를 물어야 한다.676) 한국교회의 북측—북측 정권, 체제와 동포-에 대한 불신은 매우 뿌리 깊다. 88선언에서도 표현했듯이 한국의 그리스도인들은 "북한 공산정권에 대하여 깊고 오랜 불신과 뼈에 사무치는 적개심을 그대로 지닌 채 반공 이데올로기에 맹목적으로 집착"677)하며 오늘에 이르고 있다.

이러한 불신적 · 배타적 태도는 매우 미성숙한 그리스도인의 독선적 인간성과 저급한 도덕적 수준에서 비롯된다. 마르크스주의자들이 기독교와 대화를 위해 손을 내미는데 교회가 거절한다는 것은 사랑과 화해와 평화를 내세우는 기독교공동체로는 가장 비기독교적(most unchristian)' 이지 않겠는가. 이제 한국교회는 북측의 주체사상과 대화하지 않으면 안 된다. 한국교회는 이런 불신을 해소하고 '이념적 무장해제'를 해야 한다. 한국교회는 일상적으로 자본주의체제 아래에서 온갖 우상을 섬기고 있는 자신의 눈에 있는 대들보는 불문에 부친 채 북측 주체사상 체제의 티끌을 끌어내라(마7:3~5)고 손가락질하고 불신했다는 사실을 반

---

676) 같은 글, 39.
677) 한국기독교교회협의회, "88선언"(『평화통일자료집』), 176.

성해야 할 것이다.[678]

> 우리는 북한에 진실하고 생동하는 그리스도교 공동체가 존재한다는 사실을 확인하게 되었다. 물론 그 공동체는 크지도 강하지도 못하다. 그러나 그들은 북한이라고 하는 삶의 정황 속에서 복음에 충실하고자 노력하고 있다.[679]

이 인용은 1988년 11월4일부터 13일까지 북측을 방문하고 돌아온 캐나다교회협의회 대표들의 방북보고서의 한 구절이다. 본 연구자 역시 21번의 방북으로 직접 경험한 바에 의하면 북측 그리스도인들이 매주일 예배를 드리고 있고 2곳의 예배당과 많은 가정교회가 분명히 존재하고 있음을 확인하고 있음에도 불구하고, 남측의 많은 반북·반공적·보수적 교회들은 북측 그리스도인들과 조선그리스도교련맹 및 봉수·칠골교회 등의 존재를 '선전용', '가짜교회'라고 힐난(詰難)하면서 사실로 받아들이기를 거부하고 있는 실정이다.

남과 북의 화해

예수의 산상설교에서 뚜렷이 강조되어 있듯이 사랑, 용서, 화해가 복음의 핵심적인 내용이다. 그리스도 안에 계셔서 세상을 자기와 화해하게 하신 하나님께서는 우리 그리스도인들에게 이 세상에 "화해의 직분(목회)을 맡겨주셨다"(고후5:18~19)는 사실을 바울은 고린도교회에 보내는 편지에서 강조하고 있다. 에베소서에서는 기독교가 화해의 종교임을 바로 그리스도의 십자가 사건에서 해석해내고 있다.

---

678) 홍근수, "기독교와 주체사상 간의 대화", 41.
679) 캐나다교회협의회, "조선민주주의인민공화국 방문보고", 『신학사상』 제65호(서울: 한국신학연구소, 1989), 383.

> 그리스도는 우리의 평화이십니다. 그리스도께서는 유대 사람과 이방 사람이 양쪽으로 갈려 있는 것을 하나로 만드신 분이십니다. 그는 유대 사람과 이방 사람을 가르는 담을 자기 몸으로 허무셔서, 원수된 것을 없애시고, 여러 가지 조문으로 된 계명의 율법을 폐하셨습니다. 그것은, 이 둘을 자기 안에서 하나의 새사람으로 만드셔서, 평화를 이루시고, 원수된 것을 십자가로 소멸하시고, 십자가로 이 둘을 한 몸으로 만드셔서, 하나님과 화해시키시려는 것입니다.680)

우리는 불신을 씻는 데에 멈추어서는 안 된다. 화해해야 한다. 불신을 씻는다는 것이 소극적으로 상대방에 대한 편견을 해제하고 오해를 푸는 것이라면, 화해는 적극적인 관계의 맺음이다. 용서하고 상대방을 있는 그대로 받아들이는 문제이다. 우리는 전통적으로 화해를 개인윤리의 차원에서만 생각하는 경향이 있었다. 그러나 화해는 개인윤리뿐만 아니라 집단적 삶에서 실천되어야 할 문제이고, 사회윤리적 문제이다. 화해는 결코 개인적 삶의 차원에서만이 아니라 사회적 삶의 차원까지 포함하는 실천이어야 한다.

한국교회가 주체사상의 북측과 화해함에 있어서 가장 큰 문제는 해방 후 북측의 기독교에 대한 박해와 6·25남침의 문제이다. 남측의 대다수의 그리스도인들은 그것만큼은 용서할 수 없는 죄악이라고 여기고 있다. 그래서 심지어는 일본과는 화해할 수 있어도 북측과는 화해할 수 없다는 입장을 취하고 있다. 이미 대한민국은 한국전쟁에 인민해방군을 참전시켜 수많은 죽임과 죽음을 초래했던 중국과, 그리고 한국전쟁을 지원하고 사주했던 소련과도 화해하여 국교정상화를 이루었지만, 반공적·보수적인 교회들은 아직도 결코 북측과는 화해할 수 없다는

---

680) 에베소서 2장14~16절, 표준새번역.

대결적 태도를 취하고 있는 것이다. 이런 태도는 그리스도인의 태도가 절대 아니지 않은가.681) 한국교회가 민족의 화해와 평화통일에 긍정적인 역할과 공헌을 하려면 이런 이데올로기 색맹(色盲)을 치료받아야 하며 이데올로기 포로상태에서 먼저 해방되어야 한다.

한국교회와 그리스도인들이 반공과 자본주의라는 이름의 이데올로기에 속박되어 있는 한 민족화해와 평화통일에 뜻있게 이바지할 수 없음은 물론이고, 이 민족이 통일을 이룩하는 날 교회는 반민족자주, 반통일세력으로 '심판'받고 민족공동체로부터 버림을 받게 될 수밖에 없을 것이다.682) 지금까지 마치 포로같이 사로잡혀 있었던 이념의 굴레를 벗어버리고 잘못된 신학과 시대착오적인 '반공 복음'을 떨쳐버리고 민족화해와 평화통일의 새 역사를 실현하기 위해 분연히 전진해야 할 것이다.

3) 바르트의 '화해된 사회' 개념과 민족화해를 위한 극복과제

바르트의 '화해된 사회' 개념

예수 그리스도는 『교회교의학』 IV권에 따르면 인간의 희망일 뿐만이 아니라 바로 인간사회의 희망이다. 그 분은 인류를 하나님과 화해시킴으로써 사회도 화해시킨다. 인간의 화해는 사회의 화해를 포함한다. 그런데 사회의 화해는 예수 그리스도의 화해활동의 기본적 이해에 따라서 사회의 존립기반의 혁신, 역전 및 혁명, 그 형태의 갱신을 뜻한다. 즉 바르트에게서 화해는 화해되지 못한 것과 화목하게 지내는 것, 악한 사회와 올바른 사회를 평화롭게 조정하는 것을 뜻하지 않는다.

---

681) 홍근수, "기독교와 주체사상 간의 대화", 43.
682) 같은 글, 45.

세계의 화해는 하나님의 혁명이 일어남으로써 성취된다. 화해되지 못한 사회의 존립기반은 너무나 부정적이기 때문에, 하나님만이 그 부정성을 폐기할 수 있다. 다시 말하면 오직 그것에 맞선 하나님의 혁명만이 진정한 도움을 줄 수가 있다.[683]

화해 역사 내의 화해된 사회의 신학적 자리는 ①화해의 포괄성과 ②구원의 미완(Noch-nicht)에 의해 규정된다. 화해된 사회의 표지는 항상 이미 온 하나님나라와 오고 있는 하나님나라 사이의 세계사 안에서 실현된다.[684] 화해되지 못한 사회는 인간이 종이 되려고 하지 않고 자신을 주인으로 높이려고 하지만, 그가 생산한 주인 없는 힘들의 종이 되고 마는 사회이다. 화해되지 못한 사회는 이렇게 종이 된 인간이 자신의 종된 처지에 만족하고, 매사에 세계 내의 자신의 진정한 상황에 관해 기만당하며, 그리하여 예수 그리스도의 예언의 진취적 투쟁역사에 적극적으로 참여할 수 없는 사회이다. 그에 반해 화해된 사회 안에는 화해의 변증법이 긍정적으로 반영되어 나타난다. 거기서 인간은 더 이상 주인이 되려고 하지 않고 종이 되려고 하는데, 그는 하나님에게 순종하면서 자신의 능동적 주체성을 통해 이웃에게 유익을 줌으로써 그 주체성을 실증한다. 하나님과 이웃을 섬기는 행위 속에서 인간 자신은 주인이 된다. 다시 말하면 그는 하나님과 다른 사람들과의 친교 안으로 높여지고, 실로 자유로운 인간으로 높여진다.[685]

화해된 사회는 인간의 능동적 주체성을 구제하고 인간 자신을 구제한다.[686] 자유로운 인간은 주체로서 하나님에 의한 인간의 정립(定立)에 상응하여 자기 자신을 정립하는 중에 있는 인간이다. 화해된 사회

---

683) Ulrich Dannemann, 『칼 바르트의 정치신학』, 211.
684) 같은 책, 212.
685) 같은 책, 213.
686) *CD IV/1*, 515.

에서는 인간이 행동의 주체로서 사물들을 지배하고, 사물들이 그의 행위를 섬기는 것이 보장된다. 인간은 사물들 자체의 정립을 통해 자기 자신을 섬김으로써, 자유로운 인간으로서 자신을 지배한다. 사물들은 더 이상 낯선 객체가 아니고 그의 능동적 주체성의 요소로서 이에 속하게 된다. 그것들은 그의 자기긍정의 표현이다. 화해된 사회에서 인간은 만물의 주인이다. 그리고 인간과 사물들의 이 질서 안에 화해된 사회의 합리성이 놓여 있다.[687] 인간의 사회적 소외와 소외된 사회의 이러한 지양은 바르트에 의하면, 인간들 간의 적대주의의 배제도 포함된다. 화해되지 못한 사회 내의 생존투쟁은 끝장나며, 그것과 함께 인간에 의한 인간의 억압과 착취도 끝장난다. 인간 존재의 사회성을 재발견하는 것도 더 이상 낯선 목표의 수단이 아니라 인간이다. 연대성, 상호교류(Kommunion)[688]가 인간의 공존의 원리가 된다. 이웃들은 자유로운 인간들로서 서로 만난다. 그들은 서로에게 동료, 친구, 동무, 동지, 조력자이다.[689] 활동적 생활과 노동도 그 피조적 규정에 따라서 다시금 "사회적·동지적·우애적 활동으로"[690] 이루어진다.

요약하면, 세계와 하나님에 대한 바르트의 이해가 정치적 질서로서의 화해된 사회의 개념에 부여하는 두 개의 서로 관련되는 기본목표 혹은 기본가치는 인간의 자유와 인간들 간의 평화이다. 인간과 그의 자기규정이 유일한 사물이 되는 사회는 화해된 사회일 것이다. 자유로운 인간들의 공동체는 화해된 사회일 것이다.[691]

---

687) Ulrich Dannemann, 『칼 바르트의 정치신학』, 215.
688) CD IV/2, 821.
689) CD III/2, 326~329: IV/2, 815~824에서 참조.
690) CD III/4, 616.
691) Ulrich Dannemann, 『칼 바르트의 정치신학』, 216.

최우선해야 할 화해적 조치

여기서 우리는 다시금 예수의 평화선언을 재확인해야 한다. "내가 주는 평화는 세상이 주는 평화와는 다르다."(요14:27) 한국교회는 현대판 우상숭배의 굴레에서 먼저 해방되어야 한다. 이 해방을 하나님의 평화를 이루는 민족통일의 과정에서 민족 모두와 나누는 일에 앞장서야 한다. 민족화해와 평화통일을 위한 하나님의 섭리와 계획은 이미 교회를 통해 주어졌음을 이미 '88선언'과 '글리온 선언'에서 고백했거니와, 이를 실천해감에 있어서 교회는 최우선적으로 취해야 할 것이 있다. 남과 북이 하나님의 평화를 함께 나누는 일로써 구체적인 나눔의 화해적 조치가 선행되어야 할 것이다. 나눔의 구체적인 일들이 많지만 기본적으로 두 가지만 우선 손꼽아 볼 수 있다.

하나는 화해의 징표로 북에 두고 온 모든 재산권을 포기한다는 선언과 실천을 교회가 앞장서서 이끌어가자는 것이다. 화해할 구체적인 항목들이 엄청나게 많지만 '재산권 포기선언'을 통한 나눔의 화해가 아마도 교류협력과 앞으로의 통일을 내다보면서 가장 현실적이며 실질적인 민족화해의 계기가 될 것이다. 독일의 경우, 통일과정에서 가장 부정적인 요소가 바로 재산권 문제였다고 한다. 동독에 두고 온 재산을 되찾게 하는 법적 조치를 취함은 물론 그 동안 재산권을 행사하지 못한 것에 대한 보상까지도 실시했는데, 엄청난 재산권 반환소송과 분쟁에 휘말려 아직도 법정소송은 계속되고 있다는 것이다. 더 큰 문제는 재산권 분쟁으로 인해 동독지역에 대한 기업들의 투자가 이뤄지지 않고 있다는 점이다. 더구나 동독의 현 재산소유자며 거주자들은 재산권 갈등으로 인해 시급한 건물 개·보수조차 전혀 손대지 않으려 한다는 것이다. 또 이로 인한 사회적 불안과 심리적 좌절이 통일의 기쁨을 앗아가 버린 채 또 다른 분단을 재촉하여 심각한 갈등요인으로 증폭되고 있음을 전해주고 있다.692) 이에 우리 한반도는 독일의 경우와 비교할 수 없을 정도로 엄청나고 극심한 분단갈등을 겪고 있고, 동족상잔의 전쟁까지 치루고 지금도 휴전상태를 지속하고 있는 대결상황으로 인한 적대감은 여전하다. 하지만 지금의 대결국면이 계속되지는 않을 것이고, 반드시 긴장완화와 교류협력의 때는 조만간에 다시 찾아올 것이다. 보다 본격적인 경제적 교류와 협력을 시도하게 될 때, 교회가 앞장서서 앞서 말한 나눔의 화해적 조치가 선행된다면 교류협력의 가속화와 신뢰구축에 결정적인 영향을 미치게 될 것이다.

또 하나 시급하고 우선적인 과제는 한국교회의 통일을 대비한 선교의 과제이다. 재산권 포기선언으로 경제교류와 협력을 보다 견실(堅實)하게 착수하고 가시적인 화해의 조치가 가능하듯이, 선교의 차원에서도 북측지역을 연고에 따라 나누어 놓고 남측교회 방식의 선교로 밀어붙이려는 발상, 곧 '선교정복주의'는 민족화해와 평화통일과는 전혀 거리가 먼 흡수통일론 혹은 반공주의와 맥을 같이하는 '가장 비기독교적(most unchristian)'인 것을 내려놓자는 것이다. 설령 흡수통일이 가능하다 하더라도 오히려 점진적인 방법과 합리적인 절차를 거쳐서 사회통합을 이루도록 준비하는 것이 화해와 평화의 길이다. 왜냐하면 정치적 틀은 하나로 합해진다 해도 66년 이상을 상반된 분단체제 속에서 살아온 남과 북의 주민들의 사고방식과 생활방식 그리고 가치관은 오랜 기간을 거쳐서야 비로소 어우러질 수 있을 것이기 때문이다.693) 특히 우리는 전쟁의 참화를 겪으며 지금까지 휴전상태의 긴장이 상존해온 까닭에 조건반사적 적대감을 지니고 있는 대다수의 국민들, 그리고 서로 간의 체제를 전혀 모른 채 살아온 연령의 인구가 절

---

692) 박종화, "화해와 평화를 위한 한국교회", 『기독교사상』 제426호, 1994년 6월호(서울: 대한기독교서회, 1997), 57.
693) 같은 글, 58.

대다수인 민족구성원들이 통일된 나라를 이루어갈 것이라는 점을 염두에 두어야 한다.

따라서 진정으로 남북의 화해와 평화통일을 이뤄갈지에 대해서 냉정하고도 합리적인 장기 대응방안을 모색해야 한다. 이 점은 바로 북측지역에 대한 한국교회의 선교전략과도 상통한다. 일부 교회들이 해방 직후 북측지역에 소재하던 교회를 재건하는 계획을 수립하는 등 각 교파별 교단별 세력 확장식의 이른바 '북한선교'정책들을 다 내려놓아야 할 것이다. 그것은 북측사회와 삶의 양식을 남측과 같을 것이라고 생각하는 오류(착각)이거나, 아니면 남측으로 흡수하여 용해하겠다는 불가능한 지배사고에서 유래한 것이기 때문이다. 교파별 교회로 역사상 유래를 찾기 힘들 정도로 엄청난 분열과 비리가 많은 남측교회의 이런 발상과 현상이 북측에 이식되거나 전수되어서도 안 되고 또 그것이 용납될 수도 없을 것이다.694) 오히려 북측교회와 북측 그리스도인들로 하여금 선교의 주체가 되게 하면서 남측의 한국교회가 선교교류협력을 진심으로 돕는 전략이 필요하다 할 것이다. 북측교회가 자기의 방식대로 하나의 개신교단으로 출발하여 공고히 성장하도록 돕는 것이 한국교회의 과제이고, 거꾸로 그러한 모델을 통해 "먼저 되었으나 분열의 죄로 나중 된"(마20:16) 남측교회는 이를 개혁의 계기로 삼아 서로 협력하는 교회연합운동과 맞물리게 해야 할 것이다. 이런 화해적 조치와 선교협력이 남측교회로 하여금 우월주의적 교만에 빠지지 않게 할 것이며, 북측교회 역시 자신감을 회복할 수 있을 것이다. 서로 화해하고 해방된 공동의 주체로서 대접하고 교류하는 데에서부터 진정한 선교협력이 가능할 것이다.695) 그리고 민족화해와 평화통일을 이루며

---

694) 박종화, "평화통일신학의 향후 과제", 『기독교사상』 제392호, 1991년 8월호(서울: 대한기독교서회, 1997), 49~50.
695) 박종화, "화해와 평화를 위한 한국교회", 59.

이 민족을 구원하는 선교의 주인이 하나님이시고, 교회는 그 분의 충성된 도구임을 잊어서는 안 될 것이다.

민족화해를 위한 극복 과제

민족화해와 평화통일을 이뤄가는 데 한국교회가 중요한 역할을 감당하는 '민족의 교회'로 거듭나기 위해서 반드시 극복하지 않으면 안 되는 몇 가지 요소들이 있다.

첫째, 어떻게 탈(脫)외세와 탈(脫)이데올로기의 이상을 구현할 수 있는가 하는 것이다. 전통적으로 사회주의국가에서 보면, 제3세계 혹은 자유세계의 기독교는 서방세계의 종속 또는 추종세력인 것이다. 따라서 탈 외세, 탈 서구를 전제로 하는 민족교회 형성을 위한 범교회적·총체적 합의 없이는 남측의 한국교회는 숭미(崇美)적 외세의존집단이라는 비난의 대상이 될 수밖에 없다. 국제정치 환경이나 이데올로기가 민족화해와 평화통일의 과업에 장애요소가 되지 않도록 하기 위해 반공 이데올로기로부터의 '출애굽'과 엄청난 '도약'의 의지와 결단이 없이는 통일장애세력으로서의 '외세'와 이데올로기의 벽을 뛰어넘을 수 없다.696)

둘째, '민족교회로서의 기독교'와 '주체사상'의 만남이 상충되지 않고 어떻게 조화를 이룰 수 있느냐 하는 점이다. 자주와 독립, 그리고 주인의식과 주체의식을 근간으로 하는 사람중심사상으로서의 주체사상이 단순히 지배이데올로기로서 전체주의 독재국가를 지탱하는 유일사상체계로 실재(實在)하는 현실을 냉정하게 인정하고, 민족 자주성과 "이민위천(以民爲天)"697) 등의 민족동질성 회복에 유익한 장점

---

696) 조동진, "조국통일과 민족교회 형성", 『남북통일과 기독교』 (서울: 통일신학동지회, 1989), 88.
697) 『조선민주주의인민공화국 사회주의헌법』 (평양: 조선로동당출판사, 1998), 헌법 서문에서

들과 만날 수 있다면, 민족화해와 평화의 관점에서 통일을 논할 수 있을 것이다.

셋째, 실제로 극복해야 할 가장 큰 과제는 남측의 민주화세대와 반공세력이 공존하는 이른바 '남남갈등'을 최소화하며 세워져가야 하는 민주정부와, 북측의 소위 '혁명혈통'의 3대 세습이라는 집단적 사회주의 정부가 어떻게 외세간섭의 여지를 막으면서 상호 충돌이나 혼란이나 비극적 상황 없이 평화롭게 민족화해와 통일로 가는 궤도를 계속 놓아갈 수 있는가 하는 것이다. 미구에 닥쳐올 수밖에 없는 엄청나게 위험한 이 좁은 문 골짜기는 상호방문이나 경제협력 등 기능적 교류만으로는 도저히 뛰어넘을 수 없는 일이다. 쌍방의 계승세대들이 민족공동체로서의 통일국가건설을 위해 정치공학적· 권력적 기득권의 승계욕을 과감히 포기하고, 전민족· 인민· 개개인의 자유로운 정치적 권리 행사로 민족의 국권을 결정할 수 있도록 할 수 있는 정치적 성숙을 이룸으로써만 가능할 것이다.

4. 화해와 통일을 향한 한국교회와 신학

오늘날 한국교회는 매우 심각한 위기에 봉착해 있다. 물량주의, 상업주의, 황금만능주의와 같은 세속주의의 광풍이 하나님의 거룩한 교회에 휘몰아치고 있다. 교회는 타락하고 부패한 사회의 일부가 되었고, 더 이상 그것에 맞서서 하나님나라의 복음을 증언할 수 있는 능력

"(…) 김일성 동지께서는 '이민위천'을 좌우명으로 삼으시여 언제나 인민들과 함께 계시고 인민을 위하여 한평생을 바치시였으며 숭고한 '인덕정치'로 인민들을 보살피시고 이끄시여 온 사회를 일심단결된 (…)"라고 밝히고 있다.

을 상실한 것 같다. 교회가 말하고 원하고 행하는 것은 교회 밖의 사람들이 말하고 원하고 행하는 것과 너무나 잘 어울린다. 금권 불법 타락으로 얼룩진 교회선거 풍토, 담임목사 세습문제, 유명 목회자들의 범법행위, 끊이지 않는 교회분규 등은 세속화된 한국교회의 추악한 모습의 일단이 드러난 것이라고 할 수 있을 것이다. 하여 오늘의 한국교회는 교회 안팎의 뜻 있는 사람들로부터 호된 비판을 받고 있는 실정이다.

그러나 일찍이 어떤 교회도 '우리는 참된 교회인가?'하는 물음으로부터 해방된 적이 없고, 또한 어떤 교회도 다른 교회들과 교회 밖의 사람들을 통해서 '너희가 참된 교회인가?'하는 질문으로부터 자유로웠던 적이 없었다. 교회는 안팎에서 제기되는 이런 비판적인 질문과 도전을 직시하고, 각성하고 회개해야 한다. 교회는 개혁되어야 하고 언제나 새롭게 교회의 진정한 본질과 사명을 인식해야 할 것이다. 그러나 교회는 새로운 시대를 열어가고 하나님의 선교를 온전히 수행하기 위해서 다음과 같은 근본적인 물음에 새롭게 응답하지 않으면 안 된다. 교회는 무엇인가? 참된 교회와 거짓 교회를 구별하는 '표지(標識, Wahrzeichen)'는 무엇인가? 왜냐하면 이런 본질적인 문제들에 대한 신학적인 진지한 논의를 통해서만 교회는 무엇을 어떻게 갱신해야 할 것인가에 대한 물음에 실제적인 대답을 줄 수 있기 때문이다.[698] 교회의 갱신(Erneuerung)은 단순한 예배의식의 형식적 변화나 교회제도를 고치는 것도 아니고 이른바 "현대화에 대한 열광"[699]을 뜻하는 것도 아니다. 교회의 갱신은 잊어버렸던 '어떤 것'을 새롭게 기억해내고, 우리가 경시했던 '어떤 것'을 새롭게 되찾아냄으로써 가능한

---

698) 최영, 『칼 바르트의 신학이해』, 225.
699) Hans Küng, *Die Kirche* (Verlag Herder KG Freiburg im Breisgau, 1967), 정지련 역, 『교회』(서울: 한들출판사, 2007), 482.

일이기 때문이다.700)

오늘날 교회는 교파 간의 갈등과 분열에도 불구하고 381년 콘스탄티노플 공의회에서 결정한 「니케아 신조」를 공동으로 고백한다. 즉 우리는 "하나의, 거룩한, 보편적이며, 사도적인 교회(eine, heilige, katholische und apostolische Kirche)"701)를 믿는다는 고백이다. 이러한 신앙고백은 정태적(靜態的)인 신조로만 머물러 있을 수 없다. 신앙은 고백의 언어인 동시에 고백적인 행동이기 때문이다. 분단된 세계 속에 존재하는 세계의 교회들, 한반도의 분단이란 상황 속에 몸담고 있는 한국교회는 하나의 정적(靜的)인 제도로서의 신앙공동체를 넘어 동적(動的)인 사건으로서의 실천공동체로 신앙을 고백해야 할 책임이 있다.

1) "떨쳐 일어나 방향을 전환하고 고백하는 교회" 702)

바르트는 화해론에서 예수 그리스도가 전적으로 하나님과 인간의 객관적 화해의 실체라는 사실을 강조한다. 그러나 예수 그리스도의 화해 사역을 통해 모든 사람들이 칭의를 얻고, 성화되고, 소명을 받았다는 것을 말하는 여기서 그는 성령의 역사를 통한 인간의 주관적 수용에 대해 크게 주목한다. 왜냐하면 2천 년 전 예수 그리스도 안에서 일어

---

700) K. Barth, T*he Knowledge of God and The Service of God According to the Teaching of The Reformation, Recalling The Scottish Confession of 1560,* (London: Hodder and Stoughton Publishers, 1960), 208~213. 최영,『칼 바르트의 신학이해』, 225에서 재인용.
701) Hans Küng, *Die Kirche*, 정지련 역,『교회』, 375.
702) "떨쳐 일어나 방향을 전환하고 고백하는 교회", 이것은 칼 바르트(1886~1968)의 마지막 강연원고의 제목이다. 바르트는 이 강연원고를 마무리 짓지 못하고 1968년12월10일 하나님의 부르심을 받았다. 그는 이 미완성 원고에서 가톨릭신자와 개신교신자 모두에게 '메타노이아(Metanoia, 회개)'를 촉구하면서, 세상의 모든 교회가 예수 그리스도를 향해 돌아서도록 요청했다. 최영,『칼 바르트의 신학이해』, 224에서 재인용.

난 사건을 오늘 '우리를 위한 사건'이 되게 하는 것은 바로 우리와 함께 계시고, 우리 안에 계시는 하나님이신 성령의 능력과 역사이기 때문이다(요14:16~17). 말하자면, 화해론은 하나님이 그리스도 안에서 우리를 위하여 행하신 화해사역의 결과가 성령을 통해 우리의 삶에 미치는 결정적인 영향들에 대해 서술한다. 이 성령의 실존과 행동이 이 세상 속에서 기독교를 가능하게 하고, 성령의 능력에 의해 '예수는 주님이시다'고 고백하는 자들을 불러 모아 교회를 세우고, 각각의 그리스도인들이 세상에서 믿음, 소망, 사랑을 가지고 그리스도를 증언하는 자들로서 살아가게 한다.703)

바르트의 교회론은 이 화해론의 전망 속에서 전개된다. 교회는 무엇보다도 그리스도 안에서 성취된 이 화해의 복음을 세상에 알리고, '화해되지 못한'이 한반도의 분단 상황 속에서 '지금 여기에서' 하나님나라를 전망하며 세상을 향해 나아가 살아계신 "그리스도의 통치를 분명하고, 명시적이고 그리고 의식적으로 증언"704)할 임무를 갖는다.

그리스도의 제사장적 직무와 교회의 섬김

예수 그리스도의 사역은 우선 은총의 하나님의 낮아짐의 사역이다. 그는 '본래' 하나님이셨지만, 스스로 순종과 고통을 선택하시고, 자신을 비하하고, 그 자신을 죄지은 인류와 동일시하며 그로써 그 자신을 선택하고 사랑하는 하나님의 분노와 심판 아래 서는 하나님이시다.705) 그리스도의 화해의 역사에서 우선적으로 고려해야 하는 것은 하나님이

---

703) 최영, "칼 바르트의 교회론", 『말씀과 교회』 제48호(서울: 한국기독교장로회 목회와신학연구소, 2010), 221.
704) Karl Barth, 최영 역, 『칼 바르트가 읽은 주의기도/ 사도신조』 (서울: 다산, 2000), 216.
705) 최영, 『칼 바르트의 화해론 연구』 (서울: 한빛, 1996), 74.

예수 그리스도 안에서 인간의 비참한 처지를 떠맡은 것이고, 그의 역사 안에서 효과적으로 일어난 낮아짐(겸손)의 운동이다.

바르트는 화해론의 첫째 부분, 곧 '종이 되신 주님'에서 죄지은 사람의 세상에 오신 하나님의 여정을 설명하기 위해 아버지로부터 멀리 떠난 탕자의 비유를 찾아낸다.[706] 예수 그리스도는 여전히 하나님으로 있으면서 불순종하고 반역하는 사람의 세상 안에서 성육신하였다. 그것은 하나님의 자기 낮춤이고, 하나님을 거역하고 불순종하는 인간과 세상을 받아들이는 포용이다. 하나님의 이런 자기 낮춤의 활동은 인간의 교만을 반영하는 모든 거짓된 우상들과 구별되는 하나님의 본질에 속한다. 바르트는 이렇게 말한다.

> 하나님은 그의 지고(至高)의 존엄 안에서 겸허하다. 그가 세상을 자신과 화해시키는 하나님으로서 말하고 행동하는 것은 바로 이 최고의 겸비 안에서이다.[707]

따라서 바르트에 의하면 예수 그리스도의 참된 신성은 하나님의 아들로서 하나님과 동등한 그의 자격에서 드러나는 것이 아니라 사람과 관계를 맺고 그의 하나님이 되면서 자신을 우리의 형제가 되게 하고 그렇게 우리를 대신하고, 우리를 대신하여 죽는 그의 순종에서,[708] 그의 자기희생에서, 그의 십자가의 죽음에서 드러난다.

구약성서에서 제사장은 그의 직무에 의해 그의 백성을 하나님께 나

---

706) '탕자의 비유'(눅15:11~32)는 바르트가 그리스도의 화해의 사역을 설명하려고 사용한 틀이다. 같은 책, 74에서 재인용.
707) *CD* IV/1, 166.
708) 바르트에 의하면 예수 그리스도의 순종의 본성이 신약성서에서 다양하게 특징지어진다. 곧 "자기를 비우고" 종이 됨(빌2:7), "자기를 낮추고" 죽기까지 순종함(빌2:8), "고난을 당하고"(히5:8), 죄된 사람의 몸을 취함 등이다. *CD* IV/1, 173에서 참조.

아갈 수 있게 하는 중보자와 대리자의 역할을 한다. 그러나 구약의 대제사장조차도 그들이 다른 사람들을 위해 하나님께 제물을 바치는 것처럼 그들 자신들을 위해서도 속죄제물을 바쳐야 했다(레16:6, 히9:7). 그러나 신약성서에 의하면 예수 그리스도는 하나님과 사람 사이의 제사장, 유일한 중보자(딤전2:5)이다. 그는 참되고 본질적이며 본래적인 제사장, 위대한 대제사장(히4:14)이다. 다른 대제사장들과 달리 그는 어느 다른 제사장에 의해 대체될 수 없고 그럴 필요도 없다. 그는 어떤 제도의 틀 속에서, 다른 많은 그것의 대표자들 가운데 하나로서 이 직무를 갖고 행사한 것이 아니라 하나님이 선서한 맹세에 의하여, 그러므로 영원한 대제사장(히7:20~24)으로 행사한 것이다.709)

바르트에 의하면 화육한 하나님의 아들들의 길은 '우리를 위하고 우리의 구원을 위해' 성취한 것이다. 이처럼 그리스도의 화해사역 안에서 우리는 '우리를 위해 행동하는 참된 하나님(Deus pro nobis)'을 만난다. 우리를 위한 하나님은 우리를 비참한 상황 속에 내버려두는 것이 아니라 이 곤경을 자신의 것으로 짊어지고자 하고 그것을 떠맡고 이 곤경 속에서 사람과 함께 우셨던 하나님이다.710) 달리 말하면 예수 그리스도는 하나님으로서 우리를 대신하여 우리의 자리에서 모든 사람들에 대한 하나님의 심판을 겪었기 때문에 그리스도 안에 계시된 하나님은 우리를 위한 하나님이다. 그는 우리의 자리에서 그 자신을 심판하는 심판자이고, 이렇게 단 한 번에 세상을 하나님과 화해시켰다.711) 하나님은 죄로 인해 깨어진 피조물과 창조자와의 공존과 사귐을 회복, 실현하기 위해 우리를 위해, 우리 대신에 그리스도를 심판하고 유죄를 선고했다. 그는 자신의 정의를 확립하고, 죄인인 우리에 대한 그의 사

---

709) 최영,『칼 바르트의 화해론 연구』, 90.
710) CD IV/I, 228.
711) 최영,『칼 바르트의 화해론 연구』, 92.

랑을 확증하며, 우리를 자신과 화해시키기 위해 죄와 소외를 모르는 그리스도를 내어주었다. 화해는 입장을 뒤바꾸는 사건을 통해서 일어났다.712)

바르트에 의하면 예수 그리스도는 죄지은 사람에 대한 하나님의 의로운 심판을 감내하며 새로운 의의 질서, 평화와 구원을 창출하고 하나님의 은혜와 사랑을 보여주고 가져온 심판자로서 행동하고 심판받고 처형당한 의인이다. 예수 그리스도는 화해사역을 성취함에 있어서 "그의 아버지에게 순종한 아들로서, 하나님께 순종한 유일한 사람으로서 살았고, 행동했기 때문에 그는 의로운 사람이다."713) 이와 같이 의로운 사람으로서 그는 세상에서 하나님의 의를 계시했고 작용하게 했다.

바르트는 예수 그리스도의 제사장의 직무를 은총의 하나님의 낮아짐의 사역과 그의 안에서 일어난 입장의 교환(인간을 높이기 위해 그리스도 안에서 하나님이 낮아졌다)을 통해 해명했다. 그러나 이 모든 것은 예수가 부활한 주님으로서 제자들에게 나타나지 않았다면, 우리에게 알려지지 않고 가려져 있을 수밖에 없는 것이다.714) 이런 의미에서 부활은 십자가 사건에 대한 하나님의 증명과 해명이요, 또한 답변이라고 할 수 있다. 바르트는 예수 그리스도의 부활의 빛에서 지금까지의 논의를 해명한다.

교회는 예수 그리스도의 몸이다. 즉 그리스도 자신이 교회의 '지상적-역사적 실존형식'이다.715) 바르트에 의하면 십자가에 달리시고 부활

---

712) 같은 책, 93.
713) *CD* IV/1, 271.
714) "그리스도께서 살아나지 않으셨다면, 우리의 선교도 헛되고, 여러분의 믿음도 헛될 것입니다."(고전15:14), 표준새번역.
715) *CD* IV/1, 661.

하신 그리스도는 실존의 두 형식을 갖는다. 그는 첫 번째 형식, 곧 '천상적 실존형식'에서 모든 사람들의 대변자와 중보자로서 아버지 우편에 앉아 계신다. 그러나 그는 그의 영을 통해 역사 안에 거하시고 내재하신다. 그러므로 그는 두 번째 형식, 곧 '지상적-역사적 실존형식'안에서 살아가고 행동하신다. 우리가 그분을 교회의 머리라고 말할 때, 우리는 그의 첫 번째 형식 안에 있는 그분에 관해 언급하는 것이다. 우리가 그분의 몸으로서 교회에 관해 말할 때, 우리는 그의 두 번째 형식 안에 있는 그분에 관해 언급한다. 교회가 교회되는 것은 전적으로 이 예수 그리스도가 교회의 머리로 계시기 때문이다. 교회는 그리스도의 몸으로서 살아간다. 그러나 교회는 그리스도가 교회 안에서 교회로 하여금 그의 삶을 따르고, 닮고, 반영하고, 증언하게 하기 때문에 그의 몸이다.716)

예수 그리스도는 교회로서 존재하지만, 교회는 예수 그리스도가 아니다. 현존하는 구체적, 역사적, 인간적 실재로서의 교회는 분명 그리스도의 몸이지만, 이 현존하는 교회는 동시에 깊은 죄에 물들어 있다. "성도의 교제(communio sanctorum)는 동시에 죄인들의 교제(communio peccatorum)이며, 거룩하게 된 교회는 동시에 죄에 빠져있는 교회이다."717)

이 교회는 자신을 낮추는 사회선교적인 공동체이다. 그렇지 않으면 그것은 교회공동체가 아니다. 은사가 충만한 공동체는 사회선교적인 교회공동체이고, 사회선교적인 교회공동체는 은사가 충만한 교회공동체이다.718) 한 사람이 다른 사람에게 최선을 다해 봉사하기 시작하고,

---

716) 최영, "칼 바르트의 교회론", 225~226.
717) Jürgen Moltmann, 박봉랑 외 4인 역, 『성령의 능력 안에 있는 교회』 (서울: 한국신학연구소, 2007), 498.
718) Jürgen Moltmann, 정종훈 역, 『하나님나라의 지평 안에 있는 사회선교』 (서울: 대한기독교

모든 사람들이 예수의 봉사에 근거하여 공동으로 사는 곳에서는 지배와 권력투쟁의 법이 중지된다. 그래서 분열과 억압과 죽음이 지배하는 곳에서 교회는 새로운 창조로서 화해의 형태를 띠고 가시적으로 나타난다.719) 즉 유대인과 이방인, 주인과 종, 남자와 여자, 강한 자와 약한 자, 건강한 자와 병든 자, 반공주의자와 주체주의자가 형제자매로 손잡은 공동체로서, 그리고 나아가 산 자와 죽은 자들로 이루어진 공동체로 나타난다(갈3:28, 롬10:12, 고전1:26, 롬14:9).

앞서 한국교회의 역할과 과제에서 제시한 바, 민족분단과 관련한 모든 죄과를 고백하고 회개하는 것은 물론이고, 분단으로 말미암은 수많은 희생자들의 피맺힌 절규를 치유하는 일에 앞장서야 한다. 억울한 죽음과 희생들을 신원하는 일, 즉 억울함을 풀어주는 각종 의혹 사건들의 진상규명에 구체적이고 진실되게 앞장서는 일에서부터 천만 이산가족들의 조속한 만남과 분단으로 인해 지금도 아픔을 당하는 이들과 연대하는 일에 이르기까지 철저히 낮아짐의 겸손한 자세로 함께 울어야 할 것이다.

구약성서에 아무리 성대한 제사라 할지라도 일상의 삶 속에서 하나님의 뜻을 따르지 않는다면 하나님께서는 그 제사를 원치 않으시며, 삶의 실천이 동반되는 제사만이 산제사임을 분명히 하고 있다(암5:21~24, 사5:10~17, 렘7:1~15). 이집트의 종살이에서 구원하신 하나님의 뜻을 기억하며 사회적 약자인 고아와 과부 그리고 나그네들을 섬기며 돌보도록 백성들에게 요구했다(출23:6~9, 레19:9~10, 신24:14~15). 이런 요구는 단지 말로만 요구된 것이 아니라 법적으로 제정되었다. 십일조제도(신14:23~26, 26:12~15), 안식일제도(출20:8~11, 신5:12~15),

---

서희, 2001), 41.
719) 같은 책, 42.

그리고 희년제도(레25:8~55) 등은 종교적 차원뿐만 아니라 법적인 차원까지도 담고 있는 것이었다.[720]

신약성서에서도 예수는 세상 권력자들의 폭력적인 지배에 반대하여 섬김을 강조하며, 지극히 작은 자와 자신을 동일시하면서 섬김을 요구했다(마25:31~46, 10:42). 예수는 그의 요구 그대로 당대의 지극히 작은 자라 할 수 있는 세리와 창기들의 친구가 되어 주셨고 병든 자들의 병을 고쳐 주셨다. 그리고 십자가에 못 박히시기 전날 밤에 제자들의 발을 씻기시는 상징적인 행위를 통해 섬기기를 명령하셨다(요 13:1~18).[721] 하나님의 뜻은 우리들의 지금 여기 삶의 구체적인 현장에서 이루어내야 하는 것이며, 이를 위해 교회는 하나님의 사랑과 공의를 이루기 위해서 제사장적 섬김의 봉사를 다해야 할 것이다.

그리스도의 왕적 직무와 교회의 봉사

바르트에 의하면 하나님의 화해사역은 예수 그리스도의 고양, 곧 종이요 사람의 아들이기도 한 그가 주님이 되었다는 사실을 포함한다. 이것은 '아래로부터 위로' 향하는 운동이다. 바르트는 이와 같이 높이 올려져 하나님과 사귐 속에 들어간 사람의 아들의 고양을 말하는 것으로 예수 그리스도의 왕의 직무를 전개한다.[722] 예수 그리스도는 종이 되신 주님인 동시에 주님이 되신 종이다. 한 분 예수 그리스도 안에서 '주-종의 변증법적 운동'과 역사가 일어난 것이다.[723] 따라서 바르트에 의하면 하나님의 화해(구원)의 사역은 단지 '위로부터

---

[720] 정종훈, "사회선교의 신학적 근거설정을 위한 모색", 『신학사상』 98호(서울: 한국신학연구소, 1997년9월), 204.
[721] 같은 글, 205.
[722] 최영, 『칼 바르트의 화해론 연구』, 131.
[723] Ulrich Dannemann, 『칼 바르트의 정치신학』, 152.

아래로 향한' 운동에 의해서만 일어나지 않았다. 그것은 화해된 사람의 '아래로부터 위로 향하는'운동을 포함한다.724)

왕이신 예수의 생명은 죽음에서 벗어난 생명이다. 마찬가지로 예수의 생명과 존재론적 관련 속에 있는 우리의 생명도 이 죽음에서부터 나왔다. 우리는 그의 부활의 능력 안에 있다. 바르트에 의하면 이 부활의 능력은 우리를 붙잡고, 압류하고, 그 결정의 영향권 안에 놓고, 바로 그렇게 해서 우리를 자유롭게 해방하는 능력이다.725) 바르트는 이러한 부활의 능력을 다음 네 가지로 설명한다.

첫째, 그것의 특징은 빛이다. 그것은 사람 예수의 십자가의 죽음에서부터 빛을 발하고, 이제는 하나님의 오른편에 앉아있는, 고양되고 새롭고 참된 사람이 현실적으로 지닌 능력이다. "그의 부활의 능력은 위로부터 우리의 실존의 어두운 굴속으로 쏟아져 들어오는 그의 부활의 빛이다. 이 빛이 작용할 때 우리는 더 이상 어둠 속에 있지 않고 빛 가운데 있다. (…) 위로부터 쏟아지는 이 빛 가운데 살아가는 것은 언제나 기쁨 가운데 살아가는 것을 의미한다."726)

둘째, 그것의 특징은 해방이다. 그것은 우리가 회개하고 그리스도 안에서 살아가도록 우리를 자유롭게 하는 능력이다. 예수 그리스도의 이 부활의 능력은 "우리로 하여금 우리를 자유하게 한 해방의 증인들이 되게 하고 (…) 예수 그리스도 안에서 우리의 것이 된 자유를 향해서도록 하는 능력이다."727)

셋째, 그것은 인식의 특징을 갖고 있다. 예수 그리스도의 부활의 능력은 예수 그리스도 안에서 하나님이 행하신 화해의 사역을 깨달아 알

---

724) 최영, 『칼 바르트의 화해론 연구』, 134.
725) 같은 책, 184.
726) CD IV/2, 331.
727) CD IV/2, 332.

게 하는 능력이다. "(그것은) 우리 자신의 이성을 조명하고 부활하게 하여 하나님의 화해사역에 응답하게 하는 지각의 사건이다."728)

넷째, 마지막으로 그것은 평화의 특징을 갖는다. 부활은 예수 그리스도를 통해 골고다에서 성취된 하나님과 세상의 화해를 계시하는 사건이다. 그의 부활의 능력은 성취된 이 화해, 곧 평화를 널리 퍼뜨리는 능력이다. "구원은 화해의 사건으로 이루어지고 (…) 모든 대립의 철폐, 곧 우선 하나님과 사람의 대립, 그로써 사람과 사람의 대립, 마침내 자기 자신과의 대립의 철폐로 이루어진다. 이런 의미에서 구원은 평화를 의미한다."729)

바르트에 의하면 예수 그리스도 안에서 성취된 화해는 이중적 사건, 곧 먼 나라로 향한 하나님의 아들의 유배와 사람의 아들의 귀가에 의해 통일성과 전체성을 이룬다. 하나님의 아들로서 그는 자신의 굴욕을 선택하고, 사람의 아들로서 그는 하나님이 높이 들어 올리려고 선택한 사람이다. 여기서 인간성의 고양이 일어났다. 예수 그리스도의 왕권은 그의 십자가에서 실현되었다. 그의 왕권은 사람을 굴복시키는 파괴의 제국에 대한 방어적이고 공세적인 행동이다. 그것은 하나님의 자비의 전능이다. 그의 행동은 인간의 실존의 그늘진 면에 속한 자들과의 두드러진 연대로 나타났다. 그의 왕권은 일반적인 왕권과 근본적으로 다른 왕권의 행사였다. 그는 인간의 모든 제도와 질서를 심판하는 왕권을 행사했다. 하나님은 왕이신 예수 안에서 세상과 우리 각 사람을 자기와 화해하게 하셨기 때문에, 왕이신 예수 그리스도의 존재에 관한 진술은 그 안에 있는 모든 사람의 존재에 관한 진술을 포함하고, 이것은 왕이신 예수와 다른 모든 사람들 사이의 존재론적 관련을 의미한

---

728) *CD* IV/2, 333.
729) *CD* IV/2, 334.

다. 우리는 왕이신 사람 예수의 고양 안에서 간접적으로 높이 올려지게 되었다. 그의 밖에서 우리는 아직 아래에 있다.

바르트에 의하면 부활은 십자가에서 성취한 화해사건의 확증이고, 십자가에 달린 자의 주권을 확증하는 사건이며, 십자가에 달려 죽었던 예수가 살아계신 모습으로 나타난 사건이다. 그의 부활은 우리를 하나님을 향해 위로 끌어올리는 부활의 능력으로 나타난다. 그의 부활의 능력 안에서 우리는 생명의 빛 안에 있고, 자유롭게 되고 참된 평화를 누릴 수 있을 뿐만 아니라 또한 이 부활의 능력 안에서 우리는 하나님과 진정으로 화해하게 되며, 우리를 해방하신 그리스도의 해방의 증인이 되는 자유와 기쁨을 지니게 된다.730)

예수 그리스도는 세상의 생명이다. 예수 그리스도의 선물인 생명은 세상의 생명 되신 예수 그리스도를 따름 가운데 있는 생명이다. 이러한 선언은 세상 전체를 위한 제한 없는 희망의 선언이다.731) 예수 그리스도의 십자가와 부활을 신앙하는 교회공동체는 그를 따르기 위해 십자가의 고난에 동참해야 하고, 십자가의 고난이 아무리 어렵고 힘들다 할지라도 부활의 희망 속에 기꺼이 십자가의 현장을 받아들일 수 있어야 한다는 것이다. 또한 예수 그리스도는 임마누엘의 하나님으로서 잃어버린 세상에 오셔서 세상과 화해하셨다. 그를 따르는 교회공동체도 선교를 통해 화해의 책임을 감당해야 한다. 세상은 우리가 외면하거나 도피해야 할 대상이 아니라, 우리가 부둥켜안고 더불어 살며 감당해야 할 책임의 대상인 것이다. 우리를 구원하고자 인간이 되신 하나님, 예수 그리스도의 구속하심에 진정 우리가 감사한다면, 우리는 그분의 사랑을 세상에 증거하고 확산하는 사회선교를 과제로 삼지 않

---

730) 최영, 『칼 바르트의 화해론 연구』, 186.
731) 정종훈, "사회선교의 신학적 근거설정을 위한 모색", 207.

을 수 없다. 그리스도인이란 "이제는 내가 사는 것이 아니라 내 안에 그리스도가 산다"(갈2:20)고 고백하며 사는 존재가 아닌가.

바르트에 의하면 교회를 세우는 자는 오직 하나님 자신, 하나님만이 건축가이다. "여러분은 하나님의 밭이며, 하나님의 건물입니다."(고전3:9) 일하시는 하나님은 구체적으로 그의 능력 가운데 계시는 인간 예수이시다. 그분은 그의 교회를 세우시는 분(마16:18)이시다. 그분은 교회의 유일한 기초이다(고전3:11). 그분은 그리스도인들이 그 위에 '신령한 집'으로 세워지는 '살아있는 돌'이다(벧전2:4이하). 기본적으로 교회의 역사는 그의 역사이며, 그의 지상적-역사적 몸이다.732) 교회는 그 자신을 세우는 일에서 단지 수동적인 대상이나 방관자가 아니다. 교회는 그 자체를 세운다. 교회를 세우는 일이 전적으로 완전히 그리스도의 활동인 것과 마찬가지로 그것은 전적으로 완전히 교회 자신의 활동이다. 그래서 바울은 모든 그리스도인들, 곧 전체 공동체가 교회의 덕을 세우는 주체라고 말한다(살전5:11).733) 그런데 세우는 것은 통합하는 것이다(참고, 엡2:21). 그것은 서로 다른 생각과 견해를 가진 자유로운 사람들이 함께 모여 모임을 구성하고 유지하는 것을 의미한다. 바르트에 의하면 교회를 뜻하는 헬라어 '에클레시아(ekklesia)'는 구약의 '카알(Kahal)', 즉 '하나님백성의 모임'의 번역이다. 그것은 부름을 받은 무리, 세계에서 하나님이신 성령의 부름에 응답하여 모이는 공동체를 의미한다. 신약성서에서 이 개념은 일정하고 제한적인 '장소'와 이 구체적인 장소에 존재하는 아주 구체적인 그리스도인들의 '모임'이라는 두 가지 의미로 사용된다.734) 바르트는 교회를 하나님에 의해 선택되고 부름을 받은 백성으로 이해했

---

732) *CD* IV/2, 634.
733) *CD* IV/2, 635.
734) 최영, "칼 바르트의 교회론", 228.

다. 그런데 이 백성은 다른 백성들 중의 한 백성으로서 볼 수 있는 백성이다.

바르트는 세계사가 놀랍게 다른 혼돈의 과정을 밟는다는 사실을 간과하지 않았다. 실로 세계는 화해에 대해 무지하고, 그 자신의 근거, 의미와 목표에 눈이 멀며, 그 자신의 창조자, 이웃 인간, 자기 자신과도 근본적으로 충돌하고, 근본적인 희망도 파악하지 못하며, 자신 안에서 자신과 매우 치명적인 갈등을 겪고 있다. 그럼에도 불구하고 바르트는 바로 이 세계사가 하나님의 왕적 통치와 부성적(父性的)인 섭리 아래 진행되고 있음을 확신했다. 이런 관점에서 그는 세속사(世俗史)와 구원사(救援史)를 구분하지 않는다.735) 바르트는 하나님과 이웃 형제를 상실한 인간들의 혼돈과 악마적인 세계사를 만들고 우둔과 사악, 기만과 불의, 피와 눈물의 바다가 세계를 휩쓸고 좌우하며, 세계사가 선한 창조만이 아니라 심대한 혼돈에 참여한다는 사실을 분명히 보고 있다.736) 그럼에도 불구하고 바르트는 철저히 새로운 전망을 가능하게 하는 관점을 놓치지 않는다.

하나님의 은총은 인간의 모든 상황과 세계사건을 변혁하는 구체적인 사건이다. 그것은 급진적이고 현실적인 변혁, 즉 세상과 하나님의 화해와 관련 있는 것이다. 그것은 바로 예수 그리스도의 사역과 말씀이다. 그는 인간이 사고하고 정의할 수 있는 개념이 아니라 인간이 장악할 수 없는 살아계신 인격이다. 그 인격 안에서 하나님나라는 현실로 나타났다. 그분 안에서 세계사건의 변혁이 결정적으로 일어났다.737) 그러므로 교회는 세계사건 가운데 있는 하나님의 백성으로서 세계사를 달리보고 그것에 참여해야 하는 것이다.

---

735) *CD* IV/3, 786.
736) *CD* IV/3, 794.
737) *CD* IV/3, 805.

그리스도의 예언자적 직무와 교회의 임무

바르트에 의하면 예수 그리스도의 화해사역은 세 번째, 계시의 형식을 띠는 그리스도의 예언자의 직무를 갖는다. 그런데 예수 그리스도의 예언자의 직무는 하나님의 화해사역에 어떤 새로운 것을 추가하는 것은 아니다. 그것은 예수 그리스도께서 성취하신 화해사역(제사장과 왕의 사역)을 확증하고, 그 자체를 진리로 표현하고 드러내고 계시하는 직무, 곧 예수 그리스도의 자기증거이다.

바르트는 예수 그리스도의 예언자의 직무를 '생명의 빛 예수'와 "예수는 승리자"[738]라는 두 항목으로 나누어 다루었다. 우선 예수 그리스도는 하나님의 존재방식으로 현존하는 생명 그 자체이고, 따라서 생명을 널리 퍼뜨리는 빛이다. 바르트는 부활하신 예수의 능력에 의해서 성서와 교회 밖에도 참된 말과 진리들이 있다는 것을 인정한다. 그러나 이것이 자연신학을 용인하는 것은 아니다. 그는 성서와 교회 밖에 있는 참된 말들, 진리들, 빛들이 예언자 예수 그리스도의 자기증거에 사용되는 반면에 자연신학은 그에 대한 추상적인 정보만을 줄 수 있을 뿐이라며 자연신학을 배제한다. 이어 바르트는 예수 그리스도의 예언의 역사성과 그것의 역사적 과정을 다룬다. 예수 그리스도의 예언의 역사는 갈등의 역사, 곧 어둠과의 전쟁의 역사이다. 그러나 이 전쟁은 절대적으로 우월한 요인과 아주 열등한 요인 사이의 대치일 수밖에 없고, 따라서 예수 그리스도의 예언의 역사는 '예수 그리스도는 승리자'라는 말로 요약될 수 있다.[739]

---

[738] "예수는 승리자"라는 표현은 바르트가 요한 크리스토프 불름하르트(J. C. Blumhardt)에게서 빌린 표현이다. 그의 아들 크리스토프 불름하르트(1842~1919) 역시 그의 아버지와 같이 "예수는 승리자"라는 공식구에서 복음의 요약과 기독교인의 생활의 근원을 보았다. 이들은 초기의 바르트의 신학적 사고에 결정적인 영향을 끼쳤다. *CD IV/3-1*, 183~186. 최영, 『칼 바르트의 화해론 연구』, 218에서 재인용.

바르트는 앞에서 하나님의 유일한 계시의 '기본적이고 본래적이며 결정적인 형식'이라고 규정한 바 있다. 이제 여기서 바르트는 예수 그리스도의 부활을 '그의 예언의 본래적이고 근본적인 형식'으로 본다. 그에 의하면 예수 그리스도의 다시 오심은 세 가지 형식을 갖는다. 첫째 형식은 그의 부활의 사건이고, 둘째 형식은 그의 부활과 마지막 오심 사이의 중간시간을 살아가는 교회와 그것의 선교의 시간 속에서의 성령을 통한 그의 오심과 현존이다. 마지막으로 셋째 형식은 예수가 교회와 세상과 모든 사람의 역사의 목표가 되는, 죽은 자들의 보편적인 부활과 마지막 심판을 성취하기 위해 오신다. 바르트는 여기서 그의 현존의 두 번째 형식을 그리스도의 예언자의 직무와 관련하여 해명한다. 예수 그리스도는 중간시간인 교회의 시간 속에서 그의 성령을 통해 오시며 그가 성취하신 구원의 사역을 효과적으로 증거한다. 그의 오심의 이 두 번째 형식은 그의 첫째 형식이나 마지막 형식의 오심 못지않은 그리스도의 충만한 현존을 의미한다. 따라서 이 중간시간 동안에 그의 예언활동은 성령을 통하여 계속되고, 이렇게 그의 예언의 활동에 정지나 공백이란 없다. 바로 이 사실 때문에 예수 그리스도는 지금, 모순 가운데 있는 우리 모두의 희망이 될 수 있는 것이다.740)

바르트는 이 세계가 하나님의 말씀으로 창조되고, 보존, 동반, 통치되는 세계로 보았다. 세계사는 하나님의 영역 안에서, 하나님의 통치 아래서 진행된다. 그러므로 교회는 세계사 한 가운데 있는 하나님백성으로서 하나님의 보존과 동반, 통치 가운데 있는 세계사에 참여하여 이 화해의 복음을 세상에 알리고, 세상에 살아계신 그리스도의 통치를

---

739) 최영, 『칼 바르트의 화해론 연구』, 244.
740) 같은 책, 245.

분명하고 명시적이고 그리고 의식적으로 증언할 임무를 갖는다.[741]

바르트는 세상을 위해 존재하는 교회의 특징을 다음과 같이 세 가지로 분석했다. 첫째, 교회가 하나님의 화해행위에서 밝혀진 세상에 관한 '현실적인 지식'을 기초로 세상과 대면하고 있다는 것이다. 둘째, 교회는 하나님께서 세상을 사랑하셨기 때문에 이 세상과 '연대적인' 관계 속에 있다는 것이다. 교회는 세상의 죄를 짊어지신 분을 따라서 기탄없이 인간의 실존에 참여해야 하며, 가장 비참한 '밑바닥까지도' 내려가는 것을 주저해서는 안 된다. 교회의 특수성은 세상과의 분리에 있기보다는 오히려 세상과의 진정한 연대성에 있다. 셋째, 교회는 '세상에 대한 책임'을 지고 있다는 것이다. 그리스도의 명령을 받고 세상에 파송되는 교회는 세상, 곧 강도만난 사람을 지나쳐간 제사장과 레위사람 같을 수 없다. 교회는 교회 자신을 위해서가 아니라, 주변에 있는 사람들을 위해서 그가 행하는 것을 따라 해야 한다. 바로 이러한 것들이 세상에서 교회를 교회되게 한다.[742]

바르트에 의하면 교회가 세상에 관한 현실적인 지식을 갖고, 세상과의 연대성을 의식하며, 세상에 대한 책임을 감당할 때, '교회의 표지'는 보다 선명하고 뚜렷하게 된다.[743] 교회는 교회 자체를 위해서가 아니라 세상을 위해 존재한다. 그러므로 교회는 "모든 면에서, 곧 기도, 예전, 목회, 성서주석과 신학과 같은 순수한 내적인 활동에서도 그 활동들은 언제나 밖을 향해야 한다."[744]

이런 관점에서 하나님나라에 대한 희망은 우리를 십자가의 고난을 포함하는 섬김으로 인도하고, 이웃과 세상에 대한 고난의 섬김은 하나

---

741) 최영, "칼 바르트의 교회론", 231.
742) CD IV/3-2, 769~780에서 참조.
743) CD IV/3-2, 779.
744) CD IV/3-2, 780.

님나라를 희망하도록 한다. 지금 여기 한반도의 분단 상황을 극복하고 민족화해와 평화통일을 바라보는 우리는 결국 민족공동체로 하여금 하나님의 평화를 선포하고 하나님나라의 비전을 갖게 하기 위해, 교회는 남과 북의 중간에 서서 고난의 십자가를 지는 화해의 실천에 나서야 한다는 것이다.

또한 우리는 하나님나라를 예수에게서 인식한다. 그에게서 하나님나라는 이미 시작되었다. 예수는 가난하고 병들고 소외된 자들에게 하나님나라를 증거했고, 그들을 치유했으며, 또 그들의 친구가 되심으로써 복음 그 자체로서 그들에게 다가가셨다. 우리가 그분의 사역을 깨닫고 자유와 책임으로의 호소를 청종한다면, 그리고 그분의 지배에 순종하고 산다면, 이와 함께 하나님나라는 '지금 여기'에 있는 우리에게서도 시작되는 것이다. 그러나 하나님나라는 우리 인간이 완성할 수 있는 나라가 아니라 하나님의 선물로 도래하는 나라이며, 그렇기 때문에 하나님나라가 장차 도래하리라는 희망은 오늘 우리가 언제나 새롭게 다시 시작하도록 하는 원동력인 것이다. 즉 하나님나라는 언제나 우리 자신의 부족함과 결함을 조명하도록 하는 비판과 자기비판의 힘인 것이다.[745] 따라서 교회는 하나님나라를 근거로 오늘 우리의 현실사회를 비판적으로 분석하며, 하나님나라를 지향하는 가운데 '지금 여기' 한반도의 갈등상황 속에서 그리스도의 사랑의 화해사역을 수행할 수 있는 것이다.

2) 바르트의 화해론에 의해 재구성해보는 전통적 교회 표지

'하나 되는'공동체 운동

---

745) 정종훈, "사회선교의 신학적 근거설정을 위한 모색", 209~210.

다양성을 전제로 하는 교회의 일치는 성령을 통하여 그리스도 안에 주어진 하나님의 선물이다. '한'성령을 통해 그리스도의 '한'몸에 합일되는 것이 세례요, 세례받은 자들이 하나의 일치된 공동체를 이룬다는 사도 바울의 말씀(고전12:13)이 바로 이것을 단적으로 표현해준다. 여기서 일치(Einheit)란 공동체(Koinonia, Gemeinschaft)를 뜻한다. 그리스도와의 공동체 및 그리스도인들 상호간의 공동체(고전1:9, 10:16)가 일치의 모습이요, 이것은 성령과의 공동체(고전13:13)를 통하여 성립된다. 공동체로서의 일치는 단색적(單色的)이며 단일형태를 추구하는 총화(總和)란 이름의 획일주의(Uniformismus)가 아니다. 획일주의는 참여자들의 다양한 목소리와 행동을 수렴할 장(場)을 허용하지 않는다. 그것은 바로 단일의 독점지배원리를 바탕으로 하기 때문이다. 공동체로서의 일치는 참여자들의 다양한 기능과 공헌을 그 내용으로 한다. 그리스도 안에서의 일치를 가능하게 하는 성령의 다양한 은사(고전12:4~11, 롬12장)가 바로 공동체적 일치의 성서적 바탕이다. 성령의 다양한 은사는 기능상의 구분일 뿐 주·객이라는 위계질서로 해석되거나 조직화될 성질의 것이 아니다. 그것은 은사를 받은 자들의 공동주체적 합일인 것이다. 교회의 분열은 그것이 신학적 이유에서든 비신학적 이유에서든 기본적으로 독점지배원리의 산물이며, 다양한 주체의 참여 파괴현상이다. 특정 교회의 절대수호라는 독선은 다양성과 관용을 배제한 지배수단이요, 분열을 정당화하기 위한 도구에 불과하다. 분열의 고착화를 위해서는 친구와 적을 흑백으로 갈라놓는 소위 정통과 이단의 이원론적 고착등식이 적용되기 마련이다.[746)]

한반도의 분단 상황도 같은 맥락에서 파악할 수 있을 것이다. 그것

---

746) 박종화, "분단상황에서의 에큐메니칼운동",『신학사상』53호(서울: 한국신학연구소, 1986), 314.

은 냉전시대 양대 진영의 분할 지배통치가 빚은 비극적 산물이요, 분단고착화를 통한 지배권에의 동참을 추구한 분단집권층의 반민족적 행위의 산물이다. 북측의 '반미(反美)제국주의'나 남측의 '반공주의'는 상호간의 안보라는 구실 아래 자행된 분단고착화를 위한 독점 지배 이데올로기의 성격을 지닌다 할 것이다. 따라서 기존의 교단분열을 극복하고 다양성 안에서의 교회일치를 위해, 그리고 한반도의 분단을 극복하고 다양한 참여를 전제로 하는 민족화해와 평화통일을 위해서는 교회와 민족의 분단현실을 독점지배체제(Mono-Kratie)에서 '민(民)'의 공동 주체적 다스림(Demo-Kratie)의 형태로의 변혁이 있어야 한다.[747] 여기서 하나님의 백성이 이루는 평화공동체 수립을 위한 화해의 봉사는 '나눔과 섬김'이라는 민주적 질서로 현실화될 것이다.

그리스도는 분열된 교회를, 분단된 민족을 하나님백성으로 일치시킨다. 그러나 그러기에 앞서 그리스도는 먼저 분열과 분단이라는 비극의 멍에에서 해방시킨다. 해방의 주체는 우리가 아닌 그리스도 자신이다. 그리스도의 십자가 희생을 통한 하나님의 화해역사는 바로 개인적인 죄와 구조적인 악이라는 멍에에서 자유인으로 해방시킨 해방의 역사이다. 우리가 화해의 사도로 세상에, 그리고 이 분단민족에 보냄을 받은 한 우리는 해방을 통한 화해의 일꾼이 되어야 한다. 그것은 율법주의적 도그마로부터의 해방이요, 교조주의적 지배이데올로기에서의 해방이다. 그것은 다시 교회현실과 분단민족의 정치 경제적·사회문화적 실상에 뿌리박고 있는 '적—친구'라는 증오의 멍에로부터의 해방이요, '친구—친구'라는 사랑의 공동체에로의 해방일 것이다. 해방의 기쁨은 죽음을 이기고 부활하신 그리스도의 선물이며, 그 해방의 원천은 십자가 희생으로 표출된 그리스도의 사랑이다. 성령으로부터 받은

---

747) 같은 글, 315.

다양한 은사는 곧 해방시키는 자유라는 이름을 지닌다.748) 그것은 부활하신 해방의 주님이 곧 성령이요, 성령은 자유의 영(고후3:17)이기 때문이다. 그리스도 안에서 선물로 받은 자유는 아직 완성이 아니다. 하나님나라가 완성되는 날, 곧 하나님의 자녀들이 영광스러운 자유에 참여하는 날까지 신음 속에 지속적으로 쟁취될 것이다(롬8:21~22).

거룩한 공동체 운동

그리스도 안에서 해방되고 하나 된 교회는 거룩하다. 교회가 거룩할 수 있는 것은 교회 자체의 업적이나 존재론 때문이 아니라, 교회가 하나님의 부름을 받아 예수 그리스도의 교회다운 삶을 살아가는 한, 거룩하다고 할 수 있다(고전1:2).749) 그리스도를 통하여 죄인들을 부르시고 용서하시며 잃은 자들을 찾아 구원하심으로써 거룩하게 하신다. 따라서 교회는「거룩한 자들의 공동체(communio sanctorum)」750)인 동시에「죄인들의 공동체(communio peccatorum)」751)이다. 거룩한 것은 정적인 상태가 아니라 동적인 삶의 과정이다. 이는 또한 부동의 개념이 아니라 실천적인 삶이다. 스스로의 죄책과 인류의 죄책을 말로 고백하며 고백하는 실천의 삶이 곧 '거룩'이라 할 것이다. '이런 뜻에서 하나님나라백성공동체인 거룩한 교회는 항상 회개하고 죄책을 고백하는 공동체요,「항상 개혁하는 공동체(Ecclesia semper reformanda)」752)이어야 한다.

한반도의 분단 66년을 돌이켜보며 한국교회는 분단의 책임을 공동

---

748) 같은 글, 316.
749) 같은 글, 317.
750) Hans Küng, *Die Kirche*, 정지련 역,『교회』(2007), 463.
751) 같은 책, 459.
752) 같은 책, 482.

으로 죄책고백을 해야 한다. 분단이 일차적으로 미·소 양국의 한반도 분할통치에서 비롯되었다는 항변만으로는 죄책이 면제되지 않는다. 외부의 강압적인 분단고착화 정책을 한국교회는 수동적 수용 내지는 종교적·이념적으로 정당화하며 살아왔다. 분단의 비극은 영토분단에만 있는 것이 아니다. 흑백논리의 냉전적 사고, 교회나 정치사회에서 특정 지배집단의 교권적 내지는 정권적 안보를 구실로 반대편을 용공으로 매도하는 반민주성, 지배이데올로기의 양극화하는 반공(反共)교회로서의 독선적이고 부당한 교회의 이데올로기로의 전락, 현실안주와 체제옹호에 매달린 채 예언자적 사명을 망각한 직무유기 등을 이미 한국기독교교회협의회 '88선언'에서 죄책을 고백한 바 있지만, 아직 한국교회 전체의 것으로 함께 공개적으로 고백하지는 못하고 있는 실정이다. 이러한 죄책고백과 고백적 행동이 없는 한, 한국교회는 '죄인들의 공동체'로 머물러 있을 뿐 거룩한 성도의 교제가 실제로 설 땅은 없다. 한국교회가 진정으로 거룩한 교회로서의 면목을 갖추려면 먼저 죄책고백의 공동체로 탈바꿈해야 한다. 이런 죄책고백을 통한 화해 운동을 통해 거룩한 교회로서의 공신력을 회복해야 할 것이다. 그리스도의 몸 된 교회는 그리스도의 거룩함을 따르는 데서 거룩해질 수 있다. 그리스도는 "본래 부요하셨지만 여러분을 위하여 가난하게 되셨습니다. 그분이 가난해지심으로써 여러분은 오히려 부요하게 되었습니다"(고후8:9). 약한 자들에게 힘을 주시는 하나님은 스스로 가난해진 그리스도의 모습에서 거룩함을 나타내신다. 이 거룩한 하나님의 모습이 바로 이 땅에 존재하는 교회의 거룩함을 측정하는 표준이다.

 이것은 오늘 우리에게 두 가지의 과제를 제시해주고 있다. 거룩한 교회는 첫째로 「타자(他者)를 위한 교회(D. Bonhoeffer)」753)이다. 가

---

753) D. Bonhoeffer, *Widerstand und Ergebung*, Neuausgabe München 1975, 415. 참조 : 이신

난해진 그리스도의 모습에 비추어보면 타자를 위한 교회는 곧 가난한 자들을 위한 교회이다. 오늘의 한국교회는 혹 소시민적 자본주의 사고에 침몰되어 가진 자, 배부른 자를 위한 교회의 모습은 아닌지, 그리고 그것이 일방적인 양적 교회성장주의 열기를 반증하는 것은 아닌지 겸손하게 반성해야 한다. 둘째로 가난한 자를 위한 교회만으로 교회의 거룩함이 드러나지 않는다. 거룩한 교회는 가난한 자와 더불어 사는 교회여야 한다. '더불어'가 없는 '위한'교회는 가난한 자들을 객체화하고 자선사업의 수혜자로 대상화할 뿐이다. 스스로 가난한 자가 되신 그리스도는 가난한 자를 '위해'사셨고 그들과 연대하는 '더불어'의 삶을 사셨다.754) 한국교회에는 가난한 교회가 많다. 그러나 가난한 자의 교회는 적다. 가난한 자가 교회의 공동주체가 되는 교회가 적다는 말이다. 여기서 우리는 진정으로 거룩한 교회의 모습을, '위하여' 그리고 '더불어' 사는 데서 재정립할 수 있어야 한다. "위하여 사는 삶은 구원을 베푸는 삶의 방식이요, 더불어 사는 삶은 구원받고 자유함을 얻는 삶의 형식"755)인 것이기 때문이다.

보편적 공동체 운동

예수 그리스도를 교회의 머리요 세상의 주로 고백하는 한, 교회는 보편성을 지닌다. 그것은 교회가 "그리스도의 몸이며 만물을 완성하시는 분의 계획이 그 안에서 완전히 이루어지는"(엡1:23) 때문이다. 교회는 분명히 하나님의 백성으로서 특정 계층, 특정 민족을 위한 교회가 아니다. 교회는 만인을 위한 교회이다. 완성될 하나님나라가 전

건,『칼 바르트의 교회론』, 217.
754) 박종화, "분단상황에서의 에큐메니칼운동", 319.
755) J. Moltmann, *Die ersten Freigelassenen der Schöpfung*, Chr. Kaiser 1981, 76. 박종화, "분단상황에서의 에큐메니칼운동", 319에서 재인용.

인류와 피조물 전체를 포괄하는 이상 하나님나라의 도구인 교회가 전 인류와 전 세계를 위한 우주적 공동체임은 두말할 나위가 없다. 그러나 예수 그리스도가 만인을 구원하여 하나님나라의 백성으로 합일시키기 위해 특별히 그리고 우선적으로 잃어버린 자들, 소외된 자들, 억눌린 자들을 찾으시고 이들에게 하나님나라를 약속하신 점을 유념해야 한다. 보편적인 구원의 뜻을 성취하기 위한 방법은 특수하고 편파적인 데서 시작하셨다는 사실이다.

이것은 바로 갈등으로 점철된 오늘의 분단세계에서 교회의 보편성이 어떻게 실천되어야 하는가를 단적으로 나타낸다. 가진 자와 못가진 자의 갈등, 노사 갈등, 지배자와 피지배자의 갈등 속에서 중립이라는 보편성은 결과적으로 가진 자, 힘센 자, 지배자의 편을 들고 정당화해주기 마련이다. 힘의 우위가 지배하는 한, 항상 강자의 승리로 귀착되기 때문이다. 여기에 바로 중립이라는 논리의 허구성이 있는 것이다. 진정으로 보편성을 실현하려면 약자(고아와 과부로 표현되는)[756]의 편을 들어 힘을 북돋아 평등한 주체로 세워주는 노력이 있어야 하는 것이다. 여기서 우리는 보편적인 선교공동체로서의 교회의 역할이 소중하다는 것을 유념해야 한다. 교회가 가난한 자들을 위해 편을 들어야 하는 것은 다시 말해서 가난한 자들이 우선권을 가지는 것은 그들이 단순히 가난하다는 사실 때문만이 아니라 하나님의 공의와 사랑이 그들 가운데서 구체적으로 나타나며 그들 가운데서 하나님이 우리를 부르시고 계시기 때문이다. 가난한 자들 속에 숨어 역사하시는 장차 오실 주님의 말씀 속에 보편적 교회의 모습이 구체화되어 있다. '최후의 심

---

[756] 성서는 가난한 사람과 고아와 과부와 나그네에 대한 관심과 사랑을 언제나 이야기하고 있다. 참된 경건에 관해서 야고보는 "고아와 과부를 그 환란 중에 돌아보고"라고 쓰고 있다. 칼빈이 얘기한 대로 여기서 말한 고아와 과부는 '부분으로 전체'를 일컫는 수사학적 표현이다. 고통 받는 이들을 모두 일컫는 말인 것이다. 한기양, "나눔과 섬김을 통한 선교"(「세계선교아카데미」, 한국기독교장로회 총회, 2009.2.18.강연), 10~11을 참조.

판 비유이야기'(마25:31~46)에 등장하는 가장 보잘것없는 형제에게 베푼 봉사가, 곧 굶주린 자에게 먹을 것을, 목마른 자에게 마실 것을, 헐벗은 자에게 입을 것을, 병든 자에게 돌봄을, 갇힌 자에게 찾아가 위로함을 베푸는 것이 바로 구원과 멸망을 가늠하는 척도로 제시되고 있다. 이 비유는 신앙공동체인 교회가 실행해야 할 윤리적 명령만이 아니고, 이것은 곧 교회론의 문제이다.[757] 보편적인 신앙공동체의 기준이 바로 가장 작은 자들과 연대하는 공동체를 구현하느냐 그렇지 못하느냐에 달려있다는 것이다.

오늘날 한국교회의 사명은, 바로 기존의 교회를 어떻게 가장 보잘것없는 이들을 '위한'교회로 거듭나며, 동시에 어떻게 이들과 '더불어'사는 교회로 갱신하는가에 보편적인 교회의 존립여부가 달려있다는 것을 깨닫고 변화하는 데 있다.

부활하신 그리스도께서 성령을 통해 제자공동체를 '땅 끝까지'(행 1:8, 마28:20) 보내셨다. 따라서 그리스도의 증인으로 보냄받은 교회공동체가 서야 할 현장은 세계적이고 우주적이다. 때문에 공간적· 지리적인 의미의 교회의 보편성은 어느 특정 지역이나 민족의 교회가 절대화되는 것을 거부한다. 어느 교회든 지역적 특성, 즉 정치적· 역사적· 문화적 특성을 지니게 된다. 그것은 우주적 교회의 한 부분일 뿐 그것이 전부가 아니다. 자기만이 보편적 진리와 신앙체계를 갖추었다고 고집하는 데에서 배타성이 나온다. 이런 이기적· 자기중심적 배타성은 근본적으로 지배이데올로기와 상통한다. 강요된 교회와 무비판적 수용에서 지배와 종속의 분단질서가 성립된다는 뜻이다. 지난 세기 서구교회의 선교가 실제로 식민지정책의 전초기지 역할을 담당하게 되는 비극의 역사를 우리는 잘 알고 있지 않은가. 이를 가리켜 신학적 제국주의라

---

757) 박종화, "분단상황에서의 에큐메니칼운동", 320~321.

할 수 있다.758)

한국교회의 분열요인 중에서 중요하게는 선교국가와 선교단체들의 분리지배정책(Divide et impera)을 제외시킬 수 없을 것이다. 기독교선교가 한국사회의 발전과 민족구원에 끼친 커다란 공헌이 있음에도 불구하고 그런 선교사들의 분리지배정책과 이에 편승한 한국교회 지도층의 실책은 그리스도의 몸 된 교회를 찢어놓는 죄책이라 할 수 있을 것이다. 이것은 또한 한반도의 분단 역시 강대국들(서구문명)의 분할지배의 희생물이며, 분단고착화에 편승하여 권력유지에 몰두한 정치지도층의 죄책과 그 맥락을 같이한다고 볼 수 있다. 교회분열과 민족분단을 극복하는 일은 본질적으로 분리해서 이루어질 일이 아니다. 분열과 분단에 대한 죄책을 정직하게 고백하는 데에서 다시금 회개와 갱신 운동을 시작해야 한다. 죄책고백은 단순한 과거의 잘못에 대한 고백만이 아니라, 분열과 분단의 원인을 찾아 비판하며 극복하는 것을 포함한다. 그것은 한국교회의 고유한 자주성 확립을, 그리고 민족주체성 확립을 바탕으로 한다. 전 세계 인류를 향한 하나님의 구원역사는 구체적인 지역의 구체적인 인간을 구원하는 역사이다. 분단민족의 통일된 민족공동체 형성을 통한 해방과 구원의 역사도 마찬가지이다.759) 전 세계를 양극화하는 이데올로기 갈등, 남북의 빈부갈등이 한반도의 분단갈등 속에 고스란히 스며들어와 똬리를 틀고 있다.

따라서 한반도의 분단극복은 곧 세계분단의 극복에 필연적인 구성요인이다. 때문에 민족화해와 평화통일을 전망하는 민족공동체 형성을 위한 교회의 회개·갱신·일치운동은 곧 세계평화를 위한 세계교회의 하나님나라운동의 구체적인 표현인 것이다. 이 대목에서 우리는 사도

---

758) 같은 글, 321.
759) 같은 글, 322.

바울의 말씀을 경청할 필요가 있다.

> 한 지체가 고통을 당하면, 모든 지체가 같이 고통을 당합니다. 한 지체가 영광을 받으면, 모든 지체가 함께 기뻐합니다.760)

사도적 공동체 운동

아버지께서 아들을 보내어 '단번에(once for all)' 구원의 역사를 이루게 하시고 아들은 성령을 보내어 이 구원의 역사를 종말의 때에 완성하도록 하시는(요20:21~22) 삼위일체 하나님의 선교에 교회를 동참하게 하며 동시에 도구로 쓰신다. 세상에 보냄받은 교회는 분명히 부활하신 그리스도의 증인공동체이다. 교회는 종말론적 희망의 공동체로 희망의 사건을 말과 행동으로 증거한다. 그러나 교회가 생겨난 장소는 십자가 고난의 현장이다. 그것은 부활하신 주님이 바로 세상을 구원하기 위하여 십자가에 죽으신 분이기 때문이다. 따라서 부활의 능력을 힘입은 교회는 십자가 아래에서 존재한다. 부활의 승리를 선포하는 한, 교회는 아직도 하나님과 화해하지 못한, 구원받지 못한 불의와 악의 세계에 도전하며 싸운다.761) 희망의 도전이 잉태하고 낳은 결과는 고난이다. 십자가 아래에서의 고난이요, 아픔이다.

그러기에 "나를 따르려는 사람은 누구든지 자기를 버리고 자기 십자가를 지고 따라야 한다"(마16:24)고 말씀하신다. 부활의 희망을 선포하는 사도들의 길이 바로 '십자가의 길'이다. 여기서 교회의 사도적 기능은 두 가지 형태를 띤다. 하나는 고난을 적극적으로 수용하는 일이다. 이는 고난이 숙명적인 결과로 여기는 운명론이 아니라, 고난

---

760) 고린도전서 12장26절, 표준새번역.
761) *CD* IV/3, 877.

이 사도적 사명의 목표가 아니고 부활의 희망을 성취하기 위한 필연적 과정이기 때문이다. 다른 하나는 부활의 희망이란 빛에서 사도적 사명을 다하는 한, 고난의 원인을 찾아 거기에 저항하는 일이다. 고난의 적극적 수용과 고난의 원인에 대한 저항이 바로 사도적 사명의 양면이다.762)

분열된 교회의 아픔에 적극적으로 참여하며 분열의 원인을 찾아 저항하는 운동을 벌이는 자는 기존 교권체제로부터 고난을 받는다. 마찬가지로 민족분단의 아픔을 적극적으로 수용하여 분단의 비극을 만들어 낸 원인과 거기에 편승한 세력을 규명하고 비판하고 저항하며 극복하려고 하면 분단고착화를 추구하는 지배체제로부터 압제와 탄압을 받게 되는 것이 필연적이다. 하지만 부활의 능력을 힘입은 교회가 분열을 극복하기 위한 회개· 갱신· 일치운동, 그리고 민족분단을 극복하기 위한 화해와 평화통일운동 속에 감춰진 기쁨은 고난 속에 결코 삼켜지지 않는다. 오히려 고난의 현장에서 주님을 체험하는 기쁨이 샘솟는다. 이것이 바로 교회가 고난의 공동체로 살아가는 실존이다. 그러므로 한국교회는 민족화해와 평화통일을 향해 나아가며 휴전선을 녹여내는 고난의 십자가를 기쁘게 짊어져야 한다.763) 반공 이데올로기와 자본주의의 맘몬 이데올로기에 대해서, 그리고 주체사상의 지배이데올로기와 전체주의 우상에 대해서, 남과 북의 교회는 갈멜산의 엘리야(왕상 18:19~40)764)처럼 당당히 맞서 싸우는 '한반도의 십자가'를 짊어지는

---

762) 박종화, "분단상황에서의 에큐메니칼운동", 323.
763) 박순경은 기독교와 공산주의의 만남을 통해 상생하는 '제3의 길'을 제시한다. 그는 남과 북의 이념과 체제를 초월한 '제3의 길'은 신학적으로 '하나님나라의 초월성'을 의미한다고 말하면서, 민족분단을 넘어서기 위해 교회는 남과 북 사이에 서 있어야 한다고 역설한 바 있다. 박순경, 『통일신학의 고통과 승리』, 285~286을 참조.
764) 이는 마치 엘리야 선지자가 홀로 바알(황금만능주의)의 사제 450인과 아세라(향락주의)의 사제 400인에게 둘러싸여 갈멜산에서 기도대결을 펼치는 것과 같은 상황이라 할 수 있을 것이다. 한기양, "시민사회에서의 교회", 「죽재세미나」 (죽재기념사업회, 2009.8.31.

고난을 기쁘게 감당해야 한다.

3) 민족화해와 평화통일을 위한 신학적 모색

민족의 최대 과제인 통일을 말할 때는 항상 평화와 통일을 한 묶음으로 언급한다. 그렇게 말하는 배경에는 두 가지의 뜻이 담겨있다. 첫째는 통일의 방식과 과정에 관한 희망이다. 통일을 성취하되 반드시 평화적 방법과 절차에 따른 통일이어야 한다는 것이다. 그래서 평화통일이다. 여기서 평화적이라 할 때 그것은 일반적으로 그것과 대칭되는 무력적 혹은 전쟁에 의한 방식이 아님을 뜻한다. 이미 한국전쟁의 참상을 체험한 우리 민족의 입장에서 무력에 의한 통일에 대한 거부감은 새삼 말할 필요도 없을 것이다. 다만 이와 관련해서 분명하게 되새겨 볼 것이 하나 있는데, 흔히 평화의 뜻을 분석하면서 그것의 소극적인 의미를 전쟁부재상태로 파악하는 경우로서, 전쟁을 겪은 우리로서는 이를 곧 평화의 현실로 받아들인다는 점이다. 둘째는 통일이 지향하는 목표와 담고자하는 내용이 평화라는 점이다. 그 동안 우리는 통일을 민족의 입장에서 하나의 당위론으로 받아들였지만, 동시에 통일 이후의 삶이 구체적으로 어떤 내용으로 채워져야 하는지에 대해서는 별로 많은 연구와 대안모색을 잘 못해온 것이 사실이다. 통일 이후의 삶이 평화라 할 때 그것은 소극적인 의미의 평화, 곧 전쟁부재상태로서의 평화만은 아닐 것이다. 보다 적극적인 의미의 평화이어야 한다. 그런 적극적 의미의 평화는 "자유와 정의가 실질적으로 보장되고 따라서 하나님의 창조질서(생명)가 정착되는 평화"[765], 곧 성서가 말하는 샬

발제), 참조.
765) 박종화, "통일신학의 평화신학적 틀로서의 발전적 전환", 『기독교사상』 제399호(서울: 대한기독교서회, 1992년3월호), 26.

롬이 이루어지는 평화인 것이다. 성서가 증언하는 샬롬의 복음에서 해명하고 이를 주체적으로 실천하며 알맹이를 만들어주는 과제가 곧 평화신학의 한 단면으로서 갖는 통일신학의 과제가 될 것이다.

평화를 담은 통일신학

일반적으로 평화신학이 반드시 통일신학을 내포하는 것은 아니겠지만, 한반도 상황에서의 평화신학은 통일신학의 틀을 벗어날 수가 없다. 그것은 곧 분단구조 자체가 평화를 깨는 기본구조이기 때문이다. 따라서 분단 상황은 평화정착을 위해 극복해야 할 구조악(惡)이다.766) 분단구조를 외면하거나 직간접으로 정당화하는 신학적 입장을 가리켜 분단신학이라고 한다면, 통일신학은 분단극복을 위해 갈등정황을 해소하는 화해신학이어야 하며 분단이 극복된 통일의 삶의 질을 평화 속에 구현하는 평화신학으로 승화되어야 할 것이다. 여기에 바로 화해신학의 구체적인 자리로서 통일신학의 가치가 있으며, 통일신학의 알맹이로서 평화신학의 구체성이 있는 것이다. 우리가 평화를 논하는 삶의 자리는 가치중립적인 세계가 결코 아니다. 그 자리는 분단과 통일이 첨예하게 대립하고 있는 구체적인 갈등의 현장이요, 선택적 결단을 요구하는 상황이다.767) 이것을 평화의 문제와 관련시켜 말하면, 분단구조가 보여주는 평화의 실상과 통일염원 속에 담긴 평화의 구조가 대립적 갈등을 벌이고 있는 것이다. 평화신학으로서의 통일신학은 그 선택적 결단을 두 가지 측면에서 해야 된다고 본다. 하나는 통일을 지향한, 그리고 통일을 매개로 하는 평화구조의 관점에서 분단구조・분단논리가 말하는 평화란 잘못된 거짓평화이며, 그런 뜻에서 '참된 평

---

766) 같은 글, 27.
767) 같은 글, 28.

화'의 부재라는 점을 밝히는 일이다. 다른 하나는 통일을 바탕으로 하는 평화 구조를 성서적·신학적 조명 아래 해석하고 설명하는 작업이다.

예수 그리스도에 대한 신앙고백을 바탕으로 하면, 우리가 추구하는 평화는 하나님나라와 관련하여 밝혀져야 할 것이다. 평화이신 예수 그리스도의 복음의 핵심은 "하나님의 나라가 가까이 왔으니 회개하고 복음을 믿으라"(막1:15)는 것이기 때문이다. 여기서 예수 그리스도는 하나님나라의 선포자일 뿐만 아니라 바로 그 나라의 화신이다. 이런 점에서 예수 그리스도를 '장차 올 하나님나라의 감추어진 현재', 곧 '하나님나라 자체(Autobasileia)'라고 한 초대교부 오리겐(Origen)768)의 말은 적절한 표현이라고 본다. 하나님나라의 역사적 현존이 곧 평화라는 말이다. 하나님나라는 우리가 서술하거나 정의를 내릴 수 있는 사색적 또는 물상적 대상이나 객체가 아니다. 그것은 '사건이요 하나님의 은혜로운 행위'이다. 그리스도의 평화는 개념이나 정태적(靜態的)인 상태가 아니라, 하나님이 세계를 구원하기 위해 베푸시는 은혜로운 사건이요 운동이라 할 수 있을 것이다. 여기서 사건 혹은 운동이라 할 때 그것은 자기폐쇄적인 고착된 체제가 아닌 '개방체제'이며, 이는 옛 것의 종식과 새 것의 출발은 동시적인 사건이요, 이 사건이 바로 '선취(先取)'라는 것이다. Autobasileia는 궁극적인 하나님나라의 선취요, 그것은 옛 역사를 종식시키는 저항의 삶이고, 새 역사를 출범시키는 헌신의 삶이다. 이를 평화와 연결하면 그리스도의 평화는 하나님의 평화의 선취된 모습으로 세계가 말하는 평화를 종식시키며 하나님의 평화를 출범시킨다고 할 수 있을 것이다. 따라서 분단극

---

768) E. G. Jay, *The Church Its Changing Image Through Twenty Centuries*(I, II), 주재용 역, 『교회론의 변천사』 (서울: 대한기독교서회, 2007), 93~97을 참조.

복이란 분단구조에 담긴 불평화의 종식이며, 통일의 성취란 그리스도의 평화의 시작이다.769)

평화는 결코 고착된 개념이나 이념 또는 체제가 아니다. 이는 삶의 방식이요 실천이다. 성서에서의 샬롬이 공동체적 삶, 통전적이며 완숙한 삶, 건강과 복지와 안녕을 누리는 삶을 지칭하는 것도 바로 그 때문이다. 성서가 말하는 평화가 주로 공동체적 삶을 기조로 한다는 점은 강조할 필요가 있다. 즉 이스라엘 민족공동체가 지향해야 할 평화의 삶(shalom)이 그것이고, 그리스도의 몸 된 교회가 역사적·세계적·종말론적 공동체로서 누려야 하고 봉사해야 할 평화의 삶(eirene)이 그것이다. 또 하나 샬롬이나 에이레네가 성서에서 가치중립적인 개념이나, 이상적 현실의 표현이 아니라 구체적으로 평화가 깃들지 못한 역사적 현실을 비판하고 대응적 실체로 나타나고 있다는 점이다. 다르게 표현하면 세계의 갈등과 하나님의 평화라는 대립적 관계에서 평화가 설명되고 있는 것이다. 이런 점을 전제로 하면서 하나님의 평화가 통일을 위하여 제시해줄 수 있는 내용과 방향을 살피는 것은 오늘 우리의 중요한 과제이다.770)

로마의 평화(Pax Romana, Pax Augusta)에 단(斷)을 선언한 비폭력적 예수운동이 지닌 '민중의 연대'는, 세계를 적과 동지로 나누는 분단이데올로기로 구축한 권력자들이 자기안보에 위협이 되었던 것이다. 로마의 평화를 위해 하나님의 평화를 십자가형에 처한 것이다. 이것은 기본적으로 두 평화의 갈등이다. 로마의 평화는 '힘의 평화'요, 그리스도의 평화는 사랑의 평화이다. 부활하신 주님께서 말씀하신 "나는 너희에게 평화를 주고 간다. (…) 내가 주는 평화는 세상이 주는 평화

---

769) 박종화, "통일신학의 평화신학적 틀로서의 발전적 전환", 29.
770) 같은 글, 30.

와는 다르다"(요14:27)는 말씀은 바로 우리에게 선택적 결단을 요청하고 있는 것이다. 안보라는 미명으로 '민'에 대한 억압과 탄압, 그리고 기득권층의 일방적 특혜와 행복을 추구하는 분단구조적 평화에 대한 '단'의 선언적 행동이 통일신학의 일차적 과제인 것이다.[771]

정의를 담은 통일신학

여기서 우리가 두 번째로 생각해봐야 할 또 다른 평화가 있는데, 그것은 '로마의 평화'에 단절을 선언한 이유가 그것이 불의한 평화이기 때문이다. 우리가 추구하는 평화는 '정의'가 깃든 평화이다. 성서에서 샬롬을 말하면서 평화를 정의와 접목시킨 점을 유념해 보아야 한다. "정의와 평화가 입을 맞춘"(시85:10) 이 평화가 참 평화이다. "평화는 정의의 열매"(사32:17)이기 때문이다. 같은 맥락에서 하나님나라와 평화의 복음과의 관계를 살펴보면, 예수 그리스도가 선포하시고 스스로 구현체가 된 하나님나라는 "성령 안에 있는 정의의 평화와 기쁨"(롬14:17)이다. 말하자면 하나님나라는 정의와 평화가 실현되는 사건이다. 여기서 말하는 정의는 개인적인 행복이나 구원일 수만은 없고, 그것은 하나님과 이웃 앞에서 실제로 경험되는 정의이다.[772]

사회정의의 실현은 주로 합법성으로 표현되는 제도와 체제의 정의로운 변혁을 주로 관심한다. 문제는 객관적 현실의 변혁만이 아니라, 누가 그것을 합법적 정의라고 규정했느냐 하는 것이다. 평화와 안보의 상관관계 속에서 정의의 합법성을 규정한 주체가 하향식 권위와 권력 소유자들일 때, 이는 변혁하라는 외침의 대상이 된다. 기득권자들에 해당하는 사회정의가 피지배자들에게는 불의한 구조가 되기 때문이다.

---

771) 같은 글, 32.
772) 같은 글, 32.

이런 갈등을 해소하며 사회불의를 척결하려는 시도를 역사적으로 두 가지 유형에서 살펴볼 수 있을 것이다. 첫째 유형은, 서구의 경우 18세기 시민혁명으로부터 시작하여 19세기 산업혁명에 이르기까지 변혁운동이 담고 있는 핵심적 내용은 바로 '자유'라는 개념이다. 지배자의 독점적 강요가 아닌 사회구성원 모두의 자발적 자유를 보장하는 사회정의운동이 바로 그것이다. 말하자면 객관적 합법성을 가늠하는 주관적 도덕성의 기준을 자유에서 찾는다는 것이다. 둘째 유형은, 19세기와 20세기에 발발한 노동운동과 오늘날 세계문제에서 등장하는 경제정의운동이 담고 있는 분배의 정의라는 '정의'가 그것이다. 즉 주관적 도덕성의 기준을 정의구조에서 찾는다.[773] 여기서 정치적 자유와 경제적 정의를 양자택일로 삼을 수는 없다. 둘은 틀림없는 상호보완의 관계에 있는 문제이다.

그런데 분단과 통일이 첨예하게 대립하고 있는 한반도의 정황은 이중의 멍에가 짓누르고 있는 상황이다. 안보와 평화라는 미명 하에 정치적 자유가 유보 내지는 제한당할 뿐만 아니라, 경제성장이란 명분 아래 경제정의가 철저히 유린당한다. 앞의 경우 그 동안 숱하게 지적되고 저항의 표적이 되어온 '인권유린'이 그것이고, 뒤의 경우 민중의 구조화된 '착취'의 현실이 그것이다.

독선과 독재는 항상 이웃의 상대적 자유를 인정하지 않는 '자기정당화적 정의(Selbstgerechtigkeit)'를 내세운다. 자유는 하나님의 선물로서 공동체적 삶, 곧 서로 사랑으로 섬기는 삶을 위해 주어진다. 정의는 하나님의 정의로서 그리스도 안에서 해방된 자유인의 공동체를 잇는 기준이다. 여기서 하나님의 정의는 단순히 불의를 심판할 뿐만 아니라, 공동체적 삶을 가능하게 하는 구원의 역사를 동시에 포괄한

---

[773] 같은 글, 33.

다. 심판과 구원을 담은 하나님의 정의는 곧 십자가에 달려 죽으시고 부활하신 그리스도의 사건, 곧 인류의 죄를 그리스도의 대속적인 죽음으로 심판하시고 그의 부활로 새로운 생명으로 인도하신 하나님의 사건에서 역사적으로 표출되었다.774)

이렇게 자유인으로 해방시켜 구원에 이르게 하신 하나님의 정의가 바로 샬롬의 의미이며, 동시에 공동체적 사건이라 할 수 있다. 샬롬의 공동체는 하나님과 인간 사이에 이루어진 수직적 화해공동체요, 동시에 인간집단 상호간에 이루어지는 수평적 화해공동체이다. 이런 이중적 샬롬의 화해공동체를 '코이노니아'라 했다. 문제는 이러한 샬롬의 코이노니아가 구체적으로 파괴당하고 있는 역사적 현실을 어떻게 극복하며 동시에 어떻게 회복시킬 수 있느냐 하는 것이다.775)

로마의 평화가 말하는 팍스(pax)는 지배와 독점적 소유를 모두를 위한다는 미명하에 모든 것을 분열시키고 소외시키고 개체화시켜 버린다. 여기에 진정한 의미에서의 공동체적 통일은 없다. 이는 바로 팍스에 담긴 불의의 구조인 것이다. 이와 반대로 하나님의 샬롬(shalom)은 섬기는 사랑의 공유를 바탕으로 하며, 이런 공동체 형성을 위해 갈라진 민족의 하나됨을 이루신다. 불의와 독점적 지배의 분단논리가 군림하는 상황에서 하나님의 평화를 희망하며 선택적 결단을 행동화하는 것이 바로 정의의 삶이요, 이런 정의가 열매 맺는 모두의 공동 주체적 삶이 바로 평화인 것이다.776)

이런 뜻에서 우리가 예수 그리스도를 우리의 평화로 고백할 때, 정의와 평화가 그의 십자가와 부활을 통해 성취되었으며, 성취된 정의로운 평화가 '지금 여기' 한반도의 분단 상황에서 이루어가도록 부름

---

774) 같은 글, 34.
775) 같은 글, 35.
776) 같은 글, 36.

받았다는 고백적 실천을 뜻하는 것이다. 한반도의 상황에서 통일신학적 과제로 기필코 담아야 할 문제가 바로 '정의'의 문제이다. 보편적 평화와 화해의 복음이 실천될 때 그것은 필연적으로 불의한 분단구조의 혁파라는 구체적·상황적 정의의 실천으로 나타나기 때문이다. 평화와 화해공동체로서의 교회의 하나님나라운동, 자유와 정의를 심는 선교적 과제 등 함께 현실화시키는 실천적 논의가 구체화될 때, 통일신학이 드러날 것이다.

생명을 담은 통일신학

그리고 우리가 반드시 알아야 할 근본적인 평화가 있는데, 창조세계와의 평화이다. 교회는 우리의 삶을 죽음의 골짜기로 몰아가고 있는 물질문명을 명확히 이해해야 한다. 물질문명의 산업문화의 그릇된 가치관으로 인한 생명불감증, 힘의 철학의 횡포, 개인주의로 인한 사회공동체 분열, 이로 인한 갖가지 비극, 빈부격차로 인한 사회의 혼란, 끝을 모르는 소유욕으로 인한 생태계의 파괴 등 물질중심의 맘몬의 악을 명확히 봐야 하고, 이제는 인류와 생태계까지 파멸의 골짜기로 치달아가고 있는 현실을 절감해야 한다. 21세기를 사는 지금이야말로 인류는 그 종말에 이르고 있다는 긴박감을 갖지 않을 수 없는 것이다.[777] 한반도의 화해와 평화통일을 위한 신학도 여기에서 예외일 수 없다.

세계공동체에 정의와 평화가 깨어진 오늘의 문제 상황은 곧 비인간적 상황이요, 반생명적 상황인 것이다. 불의한 경제적 소외와 억압은 정치·문화·사회적인 비인간화, 나아가 생명세계[778] 전체를 파괴하고

---

777) 문동환, 『생명공동체와 기화교육』 (서울: 한국신학연구소, 1998), 388. 395.
778) 각주 1)을 참조.

지구의 미래를 위협할 것이다. 정의와 평화와 생명(창조세계의 보전) 문제는 서로 맞물려 있다. 경제 부정의와 전쟁은 창조세계의 파괴를 가져오고, 창조세계의 파괴는 인류공동체와 지구생명공동체의 파괴로 이어지기 때문이다.

성부 하나님과 성자 그리스도 사이의 사랑의 끈이신 성령님은 '생명의 부여자(the life-Giver)'로서 모든 생명을 사랑하신다. 죄로 인하여 죽을 수밖에 없는 인간이요, 죽음의 권세와 허무한 데 굴복하고 있는 모든 피조물들이지만(롬8:20), 하나님께서는 인간과 모든 생명을 사랑하신다. 요엘 선지자가 마지막 때에 일어나리라고 예언했던 대로 성령님께서는 '모든 육체'(행2:17, 욜2:28)에 부은바 되기 시작했고, 충분히 부은바 될 것이다. 모든 생명체 안에 내주하시면서(시104:29~30, 행17:25,27~28) 초월하시는 성령님은 인간의 생명뿐만 아니라 모든 생명체들을 사랑하신다. 하나님께서는 세상(cosmos)을 이처럼 사랑하사 그의 독생자를 보내주셨고(요3:16), 성령을 보내주셨다.[779] 하나님께서는 그리스도의 십자가와 부활(복음)을 통해 성령의 역사로 모든 인류 및 "온 생명"[780]세계와 화해하시고, 사랑의 코이노니아를 갖기 원하신다. 이것이 하나님께서 원하시는 풍성한 삶이다. 종말론적 소망은 오늘의 정치·경제·사회·문화가 사랑과 정의의 평화(샬롬)공동체가 되기를 바랄 뿐만 아니라, 인류사회 및 '온 생명공동체'가 정의롭고 평화롭게 공존 공생하기를 갈망한다. 이것이 풍성한 생명이요, 풍성한 삶이다.[781]

---

779) 이형기, "생명살리기운동 10년의 신학적 반성과 비전", 『하나님나라와 생명살림』(서울: 한국장로교출판사, 2005), 26.
780) 장회익은 '온 생명'을 영어로 'Global life'라 표현했다. 장회익, "현대과학과 우주생명", 『생태적 삶을 추구하는 영성』(서울: 내일을 여는 책, 2000), 29~35에서 참조.
781) 이형기, "생명살리기운동 10년의 신학적 반성과 비전", 27.

풍성한 생명(요10:10)이란 총체적 차원에서 사랑과 정의가 강같이 흐르는 샬롬공동체의 삶이다. 풍성한 삶이란 복음전도, 정치적 민주화와 사회정의, 경제정의, 창조세계의 회복과 생명세계의 살림, 통전적 영성 추구, 문화적 정체성과 다양성과 공동체성, 폭력을 극복하기 위한 평화운동 및 화해와 평화통일이 실현되는 삶일 것이다. 따라서 교회는 종말론적 샬롬공동체를 미리 맛보면서 이 땅 위에 샬롬공동체를 실현해야 할 것이다.[782] 이 종말론적 샬롬공동체를 소망하는 한국교회는 정의와 평화와 생명이 담보되는 화해공동체를 이 땅 위에 이루어가는 통일신학으로 고백해야 할 것이다.

"세상을 그리스도 안에서 자기와 화해하게 하신"(고후5:19) 하나님께서는 모든 인류가 자신과 화해하기를 원하실 뿐만 아니라 창조세계와도 화해하시기를 원하신다. 이 화해의 하나님은 지금 남측과 북측의 화해를 원하신다. 그의 십자가로 유대인 기독교인들과 이방인 기독교인들의 담을 허물어버리신 예수 그리스도(엡2:13~18)께서는 모든 인류가 하나 되기를 원하시고, 인류와 '온 생명'공동체와 하나 되기를 원하신다.[783] 우리는 하나님께서 그의 아들 예수 그리스도를 통해 성령의 역사로 다(多)이념, 다(多)종교, 다(多)문화, 다(多)가치의 사회 속에 화해와 코이노니아를 육화시킬 것을 계시하시고, 그것을 실현하고 계심을 믿는다. 따라서 우리는 북측의 주체사상과 문화와 삶의 스타일이 우리의 그것과 매우 다를지라도, 이들과 화해하고 코이노니아를 나누어야 하는 것이 하나님의 계시된 뜻임을 확신한다. 오늘의 시대가 요구하는 '다름'과 '다원성'과 '타자성'은 결코 화해의 장애가 될 수 없다. 종말론적 하나님나라백성공동체를 선물로 약속받은 교회

---

[782] 같은 글, 28.
[783] 같은 글, 60.

공동체는 평화적이고 정의롭고 생명살림의 화해와 통일을 실현함으로써 자신의 소망을 보다 실천적으로 가시화시켜야 할 것이다.[784]

한국교회는 하나님의 은혜로 주어질 "새 하늘과 새 땅"(계21:1)에 대한 희망을 가지고 정의와 평화를 전제하는 창조세계의 회복과 '온 생명'공동체의 추구, 민족화해와 평화통일의 실현, 특히 한반도가 직면한 생명의 위기를 명심하면서 이 땅에 하나님나라를 구현하는 통일신학을 펼쳐가야 할 것이다.

---

[784] 같은 글, 61.

제6장: 결론 - 화해의 직분을 맡겨주셨으니

본 연구는 한반도의 긴장과 갈등의 현장에서 민족의 진정한 화해와 정의롭고 평화로운 남북통일을 염원하는 마음으로, 그리고 하나님나라백성공동체인 교회와 거기에 속한 그리스도인으로서 이 분단의 한복판에 서서 하나님께서 맡겨주신 화해의 직분을 감당하기 위한 구체적인 실천이 무엇인지 고민하며 수행한 기본적인 신학적 자세를 가지려 했던 연구이다.

서두에서 밝혔듯이, 우리의 신앙적 책임은 '지금 여기' 구체적으로 이 민족에 대해서이다. 우리가 여전히 강대국의 눈치나 살피고 그들로 하여금 한반도의 운명을 좌지우지하도록 내버려둔다면, 우리는 그런 하나님나라를 향한 새 역사의 계기를 영영 상실하게 될지도 모른다는 긴박성과, 우리 한국교회의 신학이 '지금 여기' 한반도의 절박한 현실에 대한 하나님의 뜻과 말씀을 질문하고 응답받는 것이어야 한다는 점을 밝혔다. 그리고 '지금 여기에서' 우리가 맞닥뜨려야 할 가장 큰 문제는 두말할 것 없이 민족의 평화통일이라는 거족적인 문제라는 점과, 이런 민족의 비원 앞에서 한국교회는 평화통일을 위한 신학이 하루 속히 모색되어야 한다는 점을 밝히면서, 그것은 유물론자들인 북의 주체주의자들과 허심탄회하게 대화를 나누어야 하는 신학으로서, 도저히 한 자리에 앉을 수 없다고 피차 생각하던 북측과 한 형제가 되는「화해의 신학」이어야 한다는 점을 분명히 했다.

그래서 이 논저에서는 칼 바르트의 화해론에 근거하여 한반도의 평화통일에 대한 신학적 탐구와 함께 교회의 실천적 과제를 건져내려고 했다. 바르트가 화해론을 말한 당시의 독일을 비롯한 유럽의 신학적, 사상적, 종교적, 그리고 정치·사회적인 상황 아래에서 그의 신학사상이 어떤 의미를 지니고 있으며 어떤 영향을 끼쳤는지 살펴보면서, 오늘의 한반도의 상황 속에서 우리에게 말씀하시는 하나님의 음성을 바르게 듣고 이해하려고 시도했다. 그리고 이 일에 쓰임 받을 한국교회가 '역사·종말론적 하나님나라백성공동체'로서 거듭남으로써, 한반도의 분단 상황 속에서 화해의 직분을 감당하며 평화통일에 앞장서 나가는 것이 '지금 여기'에서의 하나님나라운동임을 규명하려 했으며, 또한 한국교회의 평화통일을 위한 실천이 한반도에만 국한되는 것이 아니라 세계를 향한 '하나님의 평화'를 선언하는 보편성을 가져야 함을 밝혔다.

예수께서 산상수훈의 말미에서 "나더러 '주님, 주님' 하는 사람이라고 해서, 다 하늘나라에 들어가는 것이 아니다"(마7:21)라고 말씀하셨다. 말끝마다 '주님의 영광', '주님의 뜻'이라는 말을 덧붙이는 한국교회에게는 아주 서운하게 들릴 수도 있는 말씀이다. 고백도 중요하지만, 더 중요한 것은 잘못된 것을 고치고 부패한 것을 도려내 하나님의 뜻에 합당하게 하려는 신실한 태도일 것이다. 한국교회의 가장 큰 적은 어쩌면 '나름대로 열심히 잘 믿고 있다'는 자부심이 아닐까? 종교적 언어를 많이 사용하고, 성경 구절을 많이 암송하고, 복음성가를 많이 불러도 하나님의 뜻과는 거리가 먼 삶을 살고 있다면 무슨 소용일까?

한국교회 교인들은 '구원의 확신'이라는 말을 좋아한다. 그런데 삶의 변화가 수반되지 않는 구원의 확신이란 허위의식일 뿐이다. 이는 비판적인 표현이 아니라 예수께서 가르쳐주신 진리이다. 자기 의지대로 사느라 이웃들을 돌보지 않고, 자기 이익을 지키기 위해서는 눈에 쌍심지를 켜고 사는 사람들이 '구원의 확신'을 운위(云謂)하는 것은 분명 문제가 있다. 신앙생활이란 하나님의 영이 우리 속에 내주하여 계시면서 '하나님의 뜻'이 '내 뜻'이 되고, 그 뜻이 삶으로 변화되어 드러나는 과정이라고 할 수 있을 것이다.

그러면 오늘의 한국교회가 진실한 하나님나라백성공동체로서 온전해지기 위해서, 그리고 이 민족사회를 향해서 해방적 실천을 선도할 수 있으려면 어떠해야 할까?

무엇보다도 한국교회는 참다운 예배공동체로서 하나님께 온전히 예배하는 신앙의 본질을 회복해야 할 것이다. "그러므로 네가 제단에 제물을 드리려고 하다가, 네 형제나 자매가 네게 어떤 원한을 품고 있다는 생각이 나거든, 너는 그 제물을 제단 앞에 놓아두고, 먼저 가서 네 형제나 자매와 화해하여라. 그런 다음에 돌아와서 제물을 드려라."(마5:23~24)는 이 말씀 앞에 우리는 떳떳할 수 있는가? 북측 동포를 원수로 삼아 증오하며 원한을 품고 살아가며 드리는 한국교회의 예배를 하나님께서 기뻐 받으실까 싶다. 이러고도 우리가 입술로 고백하는 믿음이 참되다 할 것인가.

"(…) 너희가 나의 앞에 보이러 오지만, 누가 너희에게 그것을 요구하였느냐? 나의 뜰만 밟을 뿐이다! 다시는 헛된 제물을 가져 오지 말아라. 다 쓸모없는 것들이다. 분향하는 것도 나에게는 역겹고, (…) 거룩한 집회를 열어놓고 못된 짓도 함께하는 것을 내가 더 이상 견딜 수 없다. 너희가 아무리 많이 기도를 한다 하여도 나는 듣지 않겠다. 너희의 손에는 피가 가득하다. 너희는 씻어라. 스스로 정결하게 하여라. (…) 정의를 찾아라. 억압받는 사람을 도와주어라. 고아의 송사를 변호하여 주고 과부의 송사를 변론하여 주어라."(사1:11~17)

이 말씀 또한 오늘 우리의 모습을 보시고 꾸짖는 경고가 아니겠는가? 맘몬에 굴복하는 삶을 자연스레 여기며 겉으로는 화려하게 하나님께 예배하는 것을 결국 하나님을 모욕하고 불신하는 것이라고 질타하는 이사야 선지자의 말씀이 유난히 크게 들리는 우리의 현실이다. 이는 "두 주인을 섬기지 못한다"(마6:24)는 주님의 경고와 같은 맥락이다. 이 대목에서 한국교회는 결코 자유롭지 못하다. 이 부분을 통렬히 회개하지 않고서는 진정한 예배공동체로서 주님의 '몸 된 교회'라 할 수 없을 것이다. 진실하고 굳건한 믿음으로 거듭나 참다운 교회로 변화되지 않고서는 이 민족을 향한 분단극복과 화해를 설득력 있게 말하기 힘들 것이다.

한편, 현실적으로 북측사회는 우리에게 어떤 존재인가? 250만 명이 넘는 병력이 핵무기를 비롯한 최첨단 무기로 무장한 채 무려 65년이 넘도록 군사적 대치하며 충돌하는 원수이자 적(敵, enemy)으로 여기는 측면이 엄존하고 있음과 동시에, 함께 살아가야 할 통일의 반쪽인 동포(同胞, brethren)라는 측면도 변할 수 없는 현실이다. 이에 한국교회는 북측사회의 이 같은 양 측면 중 어느 측면을 강조해야 할지는 너무나 자명하다 할 것이다.

그리고 우리는 북측사회를 어떻게 인식할 것인가? 반북(反北)을 외치며 용납할 수 없다는 적개심을 풀지 못하는 이들을 향해서

'그리스도를 구주로 고백하는' 교회는 애북(愛北, 마5:44)이 필요함을 호소해야 하고, 친북(親北)을 강조하는 이들을 향해서는 지북(知北)이 필요하다는 것을 알려주어야 할 것이다. 즉 북측사회에 대해 '동의할 수는 없으되 이해하고, 찬양할 수는 없지만 용납하는' 애정 어린 지혜가 절실하다 할 것이다.

지금 우리가 귀담아 들어야 할 말씀은 "아무에게도 악을 악으로 갚지 말고, 모든 사람이 보기에 선한 일을 하려고 애쓰십시오. 할 수 있는 대로 모든 사람과 더불어 화평하게 지내십시오. 사랑하는 여러분, 여러분은 스스로 원수를 갚지 말고, 그 일은 하나님의 진노하심에 맡기십시오. (…) 네 원수가 주리거든 먹을 것을 주고, 그가 목말라 하거든 마실 것을 주어라. (…) 악에게 지지 말고 선으로 악을 이기십시오."(롬12:17~21)라는 이 권면과 우리에게 "화해의 직분을 맡겨주셨다"(고후5:18)는 이 당부라는 점을 잊지 않아야 할 것이다.

한국교회의 이른바 '북한선교'에 대한 관심은 결코 적지 않다. 다만 신학적 고민이 결여된 채 협소하게, 혹은 몰(沒)이념적으로 무신경하게 사용되고 있음을 부인할 수 없다. 다양한 이념적 스펙트럼을 고스란히 안고 있으면서도 일반적인 용어로 사용할 수밖에 없는 조건이기도 하다. 문제를 인식하지 못한 채 사용하는 경우도 있지만, 문제를 인식하고 있어도 보수적인 신앙에 젖어있는 순진한 기독교인 대상으로 관심을 집중시키기 위해 어쩔 수 없이 소위 '대중성'을 의식해서 그냥 사용할 수밖에 없는 경우도 있다. 하지만 '북한선교'라는 용어를 사용할 때, 의식하든 의식하지 않든, 과거 참혹한 전쟁의 경험과 증오의 역사에 대한 성찰 없이 냉전적 반공 이데올로기의 우상에서 벗어나지 못하고 여전히 상대방을 원수로 여기는 대결적 의식이 담겨지게 된다는 점과, 남측교회 방식의 선교로 밀어붙이려는 선교정복주의로서 흡수통일론 혹은 반공주의와 맥을 같이하는 가장 비기독교적(most unchristian)인 점을 이 논문에서는 밝히려고 애썼다. '북한선교'라는 말은 분단을 넘어서려는 과제를 암시하면서도 지금까지의 기독교선교의 오류에 대한 비판적 분석과 반성을 말해주지 않는다는 것, 그리고 이 말은 마치 북측만이 선교를 필요로 하는 피선교지인 것처럼 여기게 한다는 것 등의 이유로 이 논저에서는 평화통일을 위한 '화해선교'라는 용어가 더 좋다고 입장을 분명히 했다.

한반도에서 이제까지 적대적으로 대립했던 두 체제의 평화적 연대 혹은 통합은 한민족으로 하여금 세계평화체제와 경제협력체제 수립에 능동적으로 참여하게 하여 동북아시아와 태평양지역에서 평화공동체를 이룩하고 화해협력을 활성화하는 데 크게 이바지할 것이며, 민중이 역사의 진보적 이익을 실현할 새로운 공동체로서 이념갈등과 세계의 남북문제를 해결하는 새로운 모델이 될 것이다. 그것은 또한 오늘의 세계에서 자본관계를 합리적으로 조정하여 자유와 사회정의가 조화를 이루고 인간과 창조세계의 생태학적 균형을 이루는 새로운 인류문명의 창달에 기여하는 길이다. 정의롭고 평화로우며 인간과 창조세계 사이의 생태학적 정의(생명)가 실현될 새로운 민족공동체는 하나님의 평화를 세계에 선포하며, 하나님나라를 향한 도상 위의 공동체일 것이다.

■ 저자소개

한기양(韓基陽) 목사/신학박사

1956년 경남 진주에서 태어나, 진주고등학교를 나와 국민대 경영학과에 다니다가, 1980년11월 시국사건과 관련 계엄포고령 위반죄로 구속되면서 제적되었다. 이후 사회운동에 열심이었으나 '바울의 가시'(고후12:7)와 같은 지병으로 투병생활 중 하나님의 부르심에 이끌려 1983년 한국기독교장로회 선교교육원에 입학하여 신학을 공부했다. 1989년1월 울산에서 효성교회(현 울산새생명교회)를 개척 설립하고, 그해 10월 목사안수를 받았다. 교회개척과 동시에 지역사회 선교의 일환으로 환경선교에 앞장서서, 울산공해추방운동연합(1989~1993) 및 울산환경운동연합(1993~1998)을 창립하고, 공동대표를 역임했다. 이어 2002년부터는 '굿네이버스'를 통해 대북 인도적 지원사업에 참여하고, 함께하는 교회들이 모여서 겨레사랑선교회(현 굿미션네트워크)를 조직하면서 '평화통일선교'에 대한 관심과 활동이 집중되었다. 한편, 실천신학대학원대학교 개교와 함께 석사과정에 입학하여 2007년 신학석사학위(Th.M.)를 받고, 2011년8월 신학박사학위(Th.D.)를 받았다. 지금까지 22년간 울산새생명교회 담임목사로 시무하면서, 교단 평화통일위원장, 평화공동체운동본부 공동대표를 맡고 있고, 굿미션네트워크 회장으로서 '실천신학콜로키움' 원장으로 봉사하고 있다. 이메일 ecohan21@hanmail.net

참고 문헌

Ⅰ. 국내문헌

1. 단행본

강만길 외 11인. 『해방전후사의 인식 2』. 서울: 한길사, 1985.
강문규 외 편. 『한국의 미래와 기독교』. 서울: 민중사, 1997.
고기준 외. 『북한교회 목사들은 무엇을 어떻게 설교할까?』. 서울: 형상사, 1990.
고태우. 『북한의 종교』. 서울: 통일연수원, 1992.
_____. 『북한의 종교정책』. 서울: 민족문화사, 1988.
권오성 편역. 『독일통일과 교회의 노력』. 서울: 고려글방, 2000.
금진호. 『남은자의 갱신— 북한 개신교 역사』. 서울: 2002.
기독교사상 편집부 편. 『한국의 정치신학』. 서울: 대한기독교서회, 1983.
_____. 『한국교회와 이데올로기』 서울: 대한기독교서회, 1983.
_____. 『한국역사와 기독교』. 서울: 대한기독교서회, 1983.
_____. 『한국의 신학사상』. 서울: 대한기독교서회, .
기독교환경운동연대 편. 『녹색의 눈으로 읽는 성서』. 서울: 대한기독교서회, 2002.
김균진. 『생태학의 위기와 신학』. 서울: 대한기독교서회, 1993.
_____. 『헤겔과 바르트』. 서울: 대한기독교출판사, 1983.
김남식. 『남로당 연구』. 서울: 돌베개, 1984.
_____ 외. 『해방전후사의 인식 5』. 서울: 한길사, 1989.
김동건. 『현대신학의 흐름 제1권』. 서울: 대한기독교서회, 2009.
김명용. 『칼 바르트의 신학』. 서울: 이레서원, 2007.
김병로. 『북한사회의 종교성: 주체사상과 기독교의 종교양식 비교』. 서울: 통일연구원, 2000.
김애영. 『칼 바르트 신학의 정치·사회적 해석』. 서울: 대한기독교서회, 1991.
김양선. 『한국기독교 해방10년사』. 서울: 대한예수교장로회 종교교육부, 1956.
김용성. 『하나님, 이성의 법정에 서다—신정론』. 서울: 한들출판사, 2010.
김용우. 『호모 파시스투스』. 서울: 책세상, 2005.
김이곤. 『구약성서의 고난신학』. 서울: 한국신학연구소, 2001.
김재진. 『칼 바르트 신학 해부』. 서울: 한들출판사, 1998.
김정욱. 『위기의 환경』. 서울: 도서출판 푸른산, 1992.
_____ 외 7인. 『북한의 환경현황과 교류협력의 자세』. 서울: 겨레사랑선교회, 2004.
김정환. 『김교신』. 서울: 한국신학연구소, 1983.
김철수. 『북한헌법과 공산제국의 헌법과의 동이에 관한 연구』. 서울: 국토통일원정책기획실, 1978.
김현식. 『나는 21세기 이념의 유목민』. 서울: 김영사, 2007.
김현철 외. 『NL론 비판Ⅰ』. 서울: 벼리, 1988.
김형수. 『문익환 평전』. 서울: 실천문학사, 2004.
김흥수. "김창준의 생애와 신학", 『신학사상』. 서울: 한국신학연구소,

　　　　　1991.
_____. 『한국전쟁과 기복신앙 확산 연구』. 서울: 한국기독교역사연구소,
　　　　　1999.
_____. 『해방 후 북한교회사: 연구 증언 자료』. 서울: 다산글방, 1992.
김흥수 류대영. 『북한 종교의 새로운 이해』. 서울: 다산글방, 2002.
대한기독교서회편집부 편. 『현대신학을 이해하기 위해 꼭 알아야 할 신학자
　　　28인』. 서울: 대한기독교서회, 2001.
로버트 서비스. 윤길순 역. 『스탈린, 강철권력』. 서울: 교양인, 2005.
류성민. 『북한종교연구 I, II』. 서울: 현대사회연구소, 1992.
문규현. 『분단의 장벽을 넘어서』. 서울: 두리, 1990.
문동환. 『생명공동체와 기화교육』. 서울: 한국신학연구소, 1998.
문익환. 『가슴으로 만난 평양』. 서울: 삼민사, 1990.
_____. 『걸어서라도 갈테야』. 서울: 실천문학사, 1990.
_____. 『문익환 목사 북한방문기』. 서울: 삼민사, 1990.
_____. 『통일을 비는 마음』. 서울: 세계, 1989.
_____. 『히브리민중사』. 서울: 삼민사, 1991.
_____ 외 6인. 『분단의 실상과 교회의 통일운동』. 서울: 한국기독교장로회
　　　총회교육원, 1993.
민경배. 『한국기독교회사』. 서울: 연세대학교출판부, 2002.
박순경. 『마르크스주의와 칼 바르트의 신학사상』. 서울: 한울, 1992.
_____. 『하나님나라와 민족의 미래』. 서울: 대한기독교출판사, 1984.
_____. 『민족통일과 기독교』. 서울: 한길사, 1987.
_____. 『통일신학의 고통과 승리』. 서울: 한울, 1992.
박영신· 박종소· 이범성· 전재영· 조성돈. 『통일 사회통합 하나님나라』. 서울:
　　　대한기독교서회, 2010.
박영신· 정재영. 『현대한국사회와 기독교』. 서울: 한들, 2006.
박재순. 『주체사상과 민중신학』. 서울: 풀빛, 1999.
백낙청. 『어디가 중도며 어째서 변혁인가』. 서울: 창비, 2009.
북미주기독학자회 편. 『기독교와 주체사상』. 서울: 신앙과지성사, 1993.
북한교회사집필위원회 편. 『북한교회사』. 서울: 한국기독교역사연구소, 1996.
서대숙. 『한국공산주의운동사 연구』. 서울: 화다출판사, 1985.
성백걸. 『하나님 자연 사람 그 창조의 숨결』. 서울: 한들출판사, 2008.
성서문학연구위원회 편. 『기독교윤리사상사』. 서울: 한국기독교문학연구소출
　　　판부, 1980.
송건호. 『한국현대사론』. 서울: 한국신학연구소, 1980.
송건호· 박현채 외. 『해방40년의 재인식 1』. 서울: 돌베개, 1985.
송건호 외 11인. 『해방전후사의 인식 1(개정판)』. 서울: 한길사, 1989.
송기득. 『그리스도교 신학과 인간해방』. 서울: 대한기독교서회, 1998.
_____. 『역사의 예수』. 서울: 대한기독교서회, 2009.
_____. 『하느님의 두 아들 - 그리스도교와 사회주의의 만남』. 전남: 신학
　　　비평사, 2003.
_____. 『하느님 없이 하느님과 함께 2』. 전남: 신학비평사, 2009.
안병무 외 12인. 『민족의 희년을 향한 행진』. 서울: 한국기독교장로회총회교
　　　육원, 1993.

양한모. 『교회와 공산주의』. 서울: 가톨릭출판사, 1987.
엘렌 브룬·재키스 허쉬. 김해성 역. 『사회주의 북한』. 서울: 지평, 1988.
오일환 외. 『현대북한체제론』. 서울: 을유문화사, 2000.
와다 하루끼. 『김일성과 만주항일전쟁』. 이종석 역. 서울: 창작과비평사, 1992.
울산환경운동연합 편. 『환경과 생명』. 울산: 처용, 1995.
윤성범. 『칼 바르트』. 서울: 대한기독교서회, 1980.
은준관. 『기독교교육현장론』. 서울: 대한기독교출판사, 2005.
_____. 『신학적 교회론』. 서울: 대한기독교서회, 2000.
_____. 『실천적 교회론』. 서울: 대한기독교서회, 2001.
이만열. 『한국기독교와 민족통일운동』. 서울: 한국기독교역사연구소, 2001.
_____. 『한국기독교와 역사의식』. 서울: 지식산업사, 1992.
이삼열 편. 『맑스주의와 기독교사상』, 한울, 1991.
이성로. 『북한의 사회불평등 구조』. 서울: 도서출판 해남, 2008.
이신건. 『칼 바르트의 교회론』. 서울: 한들출판사, 2000.
이영빈·김순환. 『통일과 기독교』. 서울: 고난함께, 1994.
이영선 편. 『통일을 위해 남한도 변해야 한다』. 서울: 오름, 1998.
이영재. 『설교자를위한토라주석 광야에서(상)』. 전북: 전주성경학당, 2008.
_____. 『설교자를위한토라주석광야에서(하)』. 전북: 전주성경학당, 2008.
_____. 『토라로 세상읽기』. 전북: 전주성경학당, 2008.
_____ 외 8인. 『토라의 신학』. 서울: 동연, 2010.
이일하·신석호. 『토요일에는 통일을 이야기합시다』. 서울: 필맥, 2003.
이장식. 『기독교사상사 2』. 서울: 대한기독교서회, 1981.
이종석. 『새로 쓴 현대북한의 이해』. 서울: 역사비평사, 2000.
_____. 『조선로동당연구: 지도사상과 구조 변화를 중심으로』. 서울: 역사비평사, 1995.
이진경 편. 『주체사상 비판 1』. 서울: 벼리, 1989.
_____. 『주체사상 비판 2』. 서울: 벼리, 1989.
이찬행. 『김정일』. 서울: 백산서당, 2001.
이형구 편. 『단군과 고조선』. 서울: 살림터, 1999.
이형기. 『나의 신학수업의 패러다임 이동』. 서울: 한들출판사, 2005.
_____. 『역사 속의 종말론』. 서울: 대한기독교서회, 2004.
_____ 편저. 『역사 속의 교회』. 서울: 도서출판 교육목회, 1995.
_____. 『하나님의 나라와 교회』. 서울: 한들출판사, 2005.
_____ 외 11인. 『하나님나라와생명살림』. 서울: 한국장로교출판사, 2005.
_____ 외 28인. 『하나님의 나라, 역사 그리고 신학』. 서울: 장로회신학대학교, 2004.
임영택. 『민족화해와협력의시대에읽는북한50년사1,2』. 서울: 들녘, 1999.
임희모. 『한반도 평화와 통일선교』. 서울: 다산글방, 2003.
_____. 『한국교회의 일치·갱신·선교』. 서울: 한들, 2003.
_____ 외4인. 『한국교회북한선교정책』. 서울:한민족선교정책연구소, 2002.
장회익 외 9인, 『생태적 삶을 추구하는 영성』. 서울: 내일을 여는 책, 2000.
전택부. 『한국에큐메니칼운동사』. 서울: 기독교서회, 1982.
정성민. 『폴 틸리히와 칼 바르트의 대화』. 서울: 도서출판 바울, 2004.

정승훈. 『칼 바르트와 동시대성의 신학』. 서울: 대한기독교서회, 2006.
정영태 외 18인. 『국민의 정부 대북정책과 민간통일운동의 진로』. 서울: 통일문제연구협의회, 1999.
정용욱 외. 『한국민중론과 주체사상과의 대화』. 서울: 풀빛, 1999.
정재영. 『소그룹의 사회학』. 서울: 한들, 2010.
정태혁· 최석우· 유관지· 배영삼. 『북한의 종교실태』. 서울: 민족통일중앙협의회, 1981.
조경철. 『예수와 하나님나라의 윤리』. 서울: 성서학연구소, 2006.
조광동. 『더디 가도 사람 생각하지요』. 서울: 지리산, 1992.
조성노 편. 『민족신학의 모색』. 서울: 현대신학연구소, 1993.
조성돈. 『목회사회학』. 서울: 토라, 2004.
조성돈· 정재영. 『그들은 왜 가톨릭교회로 갔을까?』. 서울: 예영, 2007.
_____. 『시민사회 속의 기독교회』. 서울: 예영, 2008.
_____. 『더불어 사는 지역공동체 세우기』. 서울: 예영, 2010.
조성민. 『북한방문기: 잃어버린 땅을 찾아서』. 서울: 도서출판 금강, 1984.
조한혜정· 이우영 편. 『탈분단 시대를 열며』. 서울: 삼인, 2000.
최 영. 『칼 바르트의 신학 이해』. 서울: 민들레책방, 2005.
_____. 『칼 바르트의 화해론 연구』. 서울: 한빛, 1996.
최영실. 『성서와 평화』. 서울: 민들레책방, 2004.
최종호. 『칼 바르트, 하느님 말씀의 신학』. 서울: 한들출판사, 2010.
한국기독교교회협의회 편. 『남북교회의 만남과 평화통일신학』. 서울: 한국기독교사회문제연구원, 1990.
한국기독교역사학회 편. 『한국기독교의 역사 Ⅲ』. 서울: 한국기독교역사연구소, 2009.
한국기독교장로회 서울노회. 『기독교에서 본 주체사상』. 서울: 민중사, 1993.
한국기독교장로회 서울북노회. 『한반도 평화정착과 한국교회의 비전』. 서울: 서울북노회, 2008.
한국기독교장로회 역사편찬위원회. 『한국기독교 100년사』. 서울: 한국기독교장로회출판사, 1992.
한국기독교장로회 총회교육원. 『민족의 희년을 향한 행진』. 경기: 한신대학교 출판부, 1993.
_____. 『분단의 실상과 교회의 통일운동』. 경기: 한신대학교 출판부, 1993.
한국조직신학회 편. 『교회론』. 서울: 대한기독교서회, 2009.
한민족선교정책연구소 편. 『한국교회 북한선교정책』. 서울: 한민족과 선교, 2002.
_____. 『한민족·선교·통일』. 울: 한민족과선교, 2001.
_____. 『21세기 한국과 중국의 교회와 신학』. 서울: 한민족과선교, 2001.
한신대학교 신학부 편. 『신학과 한국교회』. 경기:한신대학교 출판부, 1995.
한완상. 『예수없는 예수교회』. 서울: 김영사, 2009.
함석헌 외 19인. 『한국역사 속의 기독교』. 서울: 한국기독교교회협의회, 1985.

형상사 편집부 편.『교회도 하나, 나라도 하나』. 서울: 형상사, 1989.
홍근수 외 18인.『남북통일과 기독교』. 서울: 통일신학동지회, 1989.
홍동근.『미완의 귀향일기, 상 하』. 서울: 한울, 1988.
_____.『비엔나에서 프랑크푸르트까지: 북과 해외동포·기독자 간의 통일대화 10년의 회고』, 서울: 형상사, 1994.
홍성현 외,『중국교회의 전기와 새로운 중국의 신학』. 서울: 한울, 1992.
황석영.『손님』. 서울: 창작과비평사, 2001.
황장엽.『황장엽 회고록: 나는 역사의 진리를 보았다』. 서울: 한울, 1999.
황종렬.『한국 토착화신학의 구조』. 서울: 국태원, 1996.
황홍렬 외 8인.『한반도와 평화』. 서울: 한민족평화선교연구소, 2003.

2. 논문 및 자료집, 사전류, 간행물

강문규. "최근 10년간의 남북기독교 통일운동과 교류",『기독교대연감』. 서울: 기독교교문사, 1992.
강원룡. "남북통일과 우리의 과제",『기독교사상』. 서울: 대한기독교서회, 1961.2.
김영주. "종교교류정책"(서부연회 편),『평화통일과 북한선교 II』. 서울: 서부연회출판부, 1998.
김재준. "공산주의의 후진국 침투와 교회의 책임",『기독교사상』. 서울: 대한기독교서회, 1968.11.
김흥수 편.『WCC 도서관 소장 한국교회사 자료집: 조선그리스도교련맹』. 서울: 한국기독교역사연구소, 2003.
노중선 편.『민족과 통일 1: 자료편』. 서울: 사계절, 1985.
박승덕. "기독교에 대하는 주체사상의 새로운 관점",『기독교와 주체사상』. 서울: 신앙과 지성사, 1993.
_____. "주체사상의 몇 가지 문제에 대하여",『기독교와 주체사상』. 서울: 신앙과 지성사, 1993.
_____. "주체사상의 종교관",『기독교와 주체사상』. 서울: 신앙과 지성사, 1993.
박영신 외 4인.「평화와 한국교회」. 경기: 실천신학대학원대학교, 2009.
박정진. "평화통일과 북한선교",『기독교사상』. 서울: 대한기독교서회, 2002.1.
변영호. "해방 직후 북한에 있어서 통일전선",『북한현대사 I : 연구와 사료』. 서울: 공동체, 1989.
신평길. "노동당의 반종교정책 전개과정",『북한』. 서울:극동문제연구소, 1995.7.
오성주.「사회복음주의 기독교 교육론 – 김창준 연구」.
윤영관 외 6인.「한국교회와 평화통일」. 서울: 한반도평화연구원, 2008.
이범성 외 3인.「사회통합의 관점에서 본 통일」. 경기: 실천신학대학원대학교, 2008.
이병일.「칼 바르트의 '하나님의 절대타자성'과 '하나님의 인간성'의 현실 비판 연구」(서울: 한신대학교신학대학원 석사학위 청구논문), 1998.
정대일.「국가종교로서의 북한 주체사상 연구」(서울: 한국학대학원 박사학위 청구논문), 2010.

_____. 「주체사상의 영생관에 대한 신학적 고찰」(서울: 한신대학교대학원 석사학위 청구논문), 2003.
조동진. "역사 전환기에 있어서의 북한의 종교정책 변화와 우리의 대응" (서부연회 편), 『평화통일과 북한선교 II』. 서울: 서부연회출판부, 1998.
_____. "통일을 대비하여 무엇을 준비할 것인가?"(안만수 편저), 『1993~2001 한국복음주의협의회 발표문 모음집』. 서울: 한국복음주의협의회, 2001.
조이제. 「김창준 목사의 천국운동과 해방운동」
통일신학동지회 편. "글리온회의 보고 및 북한방문 보고", 『통일과 민족교회의 신학』. 서울: 한울, 1990.
한국기독교교회협의회 통일위원회 편. 『1980~2000 한국교회평화통일운동자료집』. 서울: 한국기독교교회협의회, 2000.
한국기독교장로회 총회. 『정의·평화·통일자료집』. 서울: 한국기독교장로회출판사, 2003.
한국기독교장로회 평화통일위원회 편. 『남북기본합의서 해설서』. 서울: 한국기독교장로회출판사, 1999.
한기양. 「에스겔 선지자의 두 막대기」, 2002.
_____. "지방자치시대 환경선교의 방향과 과제", 「KNCC '95환경선교정책협의회 자료집」, 1995.
한민족평화선교연구소 편. 「한반도와 평화」, 2003.
한창수 편. 『한국공산주의운동사: 사료집』. 서울: 지양사, 1984.
『국어사전』. 이희승 감수. 서울: 민중서림, 1985.
『성경전서』 표준새번역. 서울: 대한성서공회, 1993.
『철학사전』. 임석진 감수. 서울: 이삭, 1985.
『철학사전』. 임석진 외 편저. 서울: 중원문화, 2009.
『철학대사전』. 한국철학사상연구회 편. 서울: 동녘, 1989.
『기독교사상』 제375,380,392,398,399,404,426,428,433,435,438,439,440,444,462,469호. 서울: 대한기독교서회, 1990~1998.
『말씀과교회』 제46,47,48호.서울:한국기독교장로회신학연구소, 2008~2010.
『신학사상』 제47,48,50,53,65,66,67,71,82,94,95,98,106,107,114,117호. 서울: 한국신학연구소, 1984~2002.
『한겨레21』 제772,826호. 서울: 한겨레신문사, 2009~2010.

3. 번역본
Barth, K. 『교회교의학 I/1』. 박순경 역. 서울: 대한기독교서회, 2003.
_____. 『교회교의학 I/2』. 신준호 역. 서울: 대한기독교서회, 2010.
_____. 『교회교의학 II/1』. 황정욱 역. 서울: 대한기독교서회, 2010.
_____. 『교회교의학 II/2』. 황정욱 역. 서울: 대한기독교서회, 2007.
_____. 『교회교의학 IV/3-2』. 황정욱 역. 서울: 대한기독교서회, 2005.
_____. 『교회교의학 IV/4』. 이형기 역. 서울: 대한기독교서회, 2007.
_____. 『말씀과 신학』, 칼 바르트 논문집 I. 바르트학회 공역. 서울: 대한기독교서회, 1995.
_____. 『로마서 강해』. 조남홍 역. 서울: 한들출판사, 2004.

_____. 『칼 바르트가 쓴 모차르트 이야기』. 문성모 역. 서울: 도서출판 한들, 1999.
Beasley-Murray, G. 『예수와 하나님 나라』. 박문재 역. 서울: 크리스챤 다 이제스트, 2002.
Bentley, J. 『기독교와 마르크시즘』. 김쾌상 역. 서울: 일월서각, 1987.
Boer, R. 『성서와 대안좌파』. 서울: 논밭, 2010.
Bonhöfer, D. 『본회퍼의 그리스도론』. 조성호 역. 서울: 종로서적, 1981.
_____. 『옥중서간』. 고범서 역. 서울: 대한기독교서회, 1967.
Bosch, D. 『변화하고 있는 선교』. 김병길·장훈태 역. 서울: 기독교문서선교회, 2006.
Bradley, I. 『녹색의 신: 환경주의적 성경해석』. 서울: 도서출판 따님, 1996.
Bright, J. 『하나님의 나라』. 박일영 역. 서울: 컨콜디아사, 2003.
Bromiley, G. 『바르트 교회교의학 개관』. 신옥수 역. 서울: 크리스챤 다이제스트, 2005.
Brune, E.·Hersh, J. 『사회주의 북한』. 김해성 역. 서울: 지평, 1988.
Campolo, t. 『지구를 살리는 그린크리스챤』. 김기찬 역. 서울: 기독교문사, 1994.
Come, A. 『교의학과 설교』. 정장복 역. 서울: 장로회신학대학교출판부, 2000.
Cummings, B. 외. 『분단전후의 현대사』. 서울: 일월서각, 1983.
_____. 『브루스 커밍스의 한국현대사』. 김동노 외 역. 서울: 창작과비평사, 2001.
Dannemann, U. 『칼 바르트의 정치신학』. 이신건 역. 서울: 한국신학연구소, 1994.
Feuerbach, L. 『기독교의 본질』. 박순경 역. 서울: 종로서적, 1982.
Giddens, A. 『민족국가와 폭력』. 진덕규 역. 서울: 삼지원, 1991.
Godsey, J. 『칼 바르트와의 대화』. 윤성범 역. 서울: 대한기독교서회, 1992.
Gonzalez, J. 『초대교회사』. 서영일 역. 서울: 은성출판사, 2006.
_____. 『중세교회사』. 서영일 역. 서울: 은성출판사, 2007.
_____. 『종교개혁사』. 서영일 역. 서울: 은성출판사, 1992.
_____. 『현대교회사』. 서영일 역. 서울: 은성출판사, 2004.
Goudzwaard, B. 『현대·우상·이데올로기』. 김재영 역. 서울: 한국기독학생회출판부, 1993.
Grunow, R. 『칼 바르트의 신학묵상』. 이신건 외 3인 공역. 서울: 대한기독교서회, 2009.
Gutierrez, G. 『해방의 신학』. 성염 역. 왜관: 분도출판사, 1977.
Harrison, S. 『코리안 엔드게임』. 이흥동 외 역. 서울: 삼인, 2003.
Jay, E. 『교회론의 변천사』. 주재용 역. 서울: 대한기독교서회, 2002.
Kupisch, K. 『칼 바르트』. 박종화 역. 서울: 한국신학연구소, 1985.
Küng, H. 『교회』. 정지련 역. 서울: 한들출판사, 2007.
_____. 『그리스도교』. 이종한 역. 왜관: 분도출판사, 2002.
Lochmann, J. 『사도신경 해설』. 오영석 역. 서울: 대한기독교서회, 1984.
_____. 『사회주의와 기독교: 체코교회의 경험』. 제3세계신학연구소 편집부 역. 서울: 도서출판 등불, 1987.

_____. 『화해와 해방』. 주재용 역. 서울: 대한기독교서회, 1980.
Moltmann, J. 『생명의 영』. 김균진 역. 서울: 대한기독교서회, 1996
_____. 『성령의 능력 안에 있는 교회』. 박봉랑 외 4인 역. 서울: 한국신학연구소, 2007.
_____. 『세계 속에 있는 하나님』. 곽미숙 역. 서울: 동연, 2009.
_____. 『십자가에달리신하나님』 김균진 역 서울:한국신학연구소, 2007.
_____. 『예수 그리스도의 길』. 김균진· 김명용 역. 서울: 대한기독교서회, 2007.
_____. 『오시는 하나님』. 김균진 역. 서울: 대한기독교서회, 2009.
_____. 『창조 안에 계신 하느님』. 김균진 역. 서울: 한국신학연구소, 2007.
_____. 『하나님나라의 지평 안에 있는 사회선교』. 정종훈 역. 서울: 대한기독교서회, 2001.
_____. 『희망의 신학』. 이신건 역. 서울: 대한기독교서회, 2005.
Muller, D. 『칼 바르트의 신학사상』. 이형기 역. 서울: 양서각, 1986.
Oberdorfer, D. 『두 개의 한국』. 이종길 역. 서울: 길산, 2003.
Peace, R. 『신약이 말하는 회심』. 김태곤 역. 서울: 좋은씨앗, 2001.
Sauter, G. 『소망의 이유를 묻는 자들을 위하여 종말론 입문』. 최성수 역. 서울: 한들, 1999.
Weber,O. 『칼바르트의교회교의학』.김광식역. 서울:대한기독교서회, 1990.

II. 북측문헌
1. 전집 및 총서, 사전류
『위대한 주체사상총서, 1~10』. 평양: 사회과학출판사, 1985.
김일성. 『세기와 더불어, 1~6』. 평양: 조선로동당출판사, 1992~1995.
김일성. 『세기와 더불어, 7~8』(계승본). 평양: 조선로동당출판사, 1996~1998.
『김일성전집, 1~38』. 평양: 조선로동당출판사, 1992~2002.
『김일성저작집, 1~44』. 평양: 조선로동당출판사, 1976~1996.
『김일성선집, 1~6』. 평양: 조선로동당출판사, 1960~1964.
『김정일선집, 8』. 평양: 조선로동당출판사, 1998.
《불멸의 력사》 / 백보흠· 송상원. 『영생』.평양:문학예술종합출판사, 1998.
『조선대백과사전, 4, 13, 14, 15, 19』. 평양: 백과사전출판사, 1996~2000.
『조선말대사전, 1~2권』. 평양: 사회과학출판사, 1992.
『조선민주주의인민공화국 사회주의헌법』. 평양: 조선로동당출판사, 1998.
『철학사전』. 평양: 사회과학출판사, 1985.

2. 단행본
김경숙. 『경애하는 김정일동지는 수령에 대한 충실성의 최고귀감』. 평양: 사회과학출판사, 1999.
김명호. 『미제가 남조선에 퍼뜨리고있는 부르죠아 인생관의 반동적 본질』. 평양: 과학백과사전출판사, 1978.
김창하. 『참된 삶의 길』. 평양: 사회과학출판사, 1989.
김철희. 『주체의 인생관』. 평양: 사회과학출판사, 1984.

박일석. 『종교와 사회』. 평양: 삼학사, 1980.
백보흠 송상원. 『영생』. 평양: 문학예술종합출판사, 1998.
윤기덕. 『수령형상문학』. 평양: 문예사판사, 1991.
정하철. 『우리는 왜 종교를 반대하여야 하는가?』. 평양: 조선로동당출판사, 1959.
조성발. 『주체의 인간론』. 평양: 과학백과사전종합출판사, 1988.
최봉식. 『대성산 혁명렬사릉』. 평양: 과학백과사전종합출판사, 1991.
탁진· 김강일· 박홍제. 『김정일 지도자, 1~4』. 평양: 평양출판사, 1992~1998.
허종호. 『주체사상에 기초한 남조선혁명과 조국통일리론』. 평양: 사회과학출판사, 1975.

3. 논문, 정기간행물
김정일. 「온 사회를 김일성주의화하기 위한 당 사상사업의 당면한 몇 가지 과업에 대하여」, 1974.2.19.
_____. 「전당과 온 사회에 유일사상체계를 더욱 튼튼히 세우자」, 1974.4.14.
_____. 「주체사상에 대하여」, 1982.3.31.
_____. 「주체사상교양에서 제기되는 몇 가지 문제에 대하여」, 1986.7.15.
_____. 「주체의 혁명관을 튼튼히 세울데 대하여」, 1987.10.10.
『로동신문』
『영광의 땅 국내혁명사적지』. 평양: 사로청출판사, 1973.
『항일무장투쟁시기 국내혁명전적지』. 평양: 금성청년출판사, 1980.
『항일혁명투쟁주요로정』. 평양: 근로단체출판사, 1986.

III. 외국문헌

Barth, Karl. *Chrch Dogmatics, I/1, The Doctrine of the Word of God*. T&T Clark Ltd: Latest impression 1999.
_____. *Chrch Dogmatics, I/2, The Doctrine of the Word of God*. T&T Clark Ltd: Latest impression 1998.
_____. *Chrch Dogmatics, II/1, The Doctrine of God*. T&T Clark Ltd: Latest impression 1997.
_____. *Chrch Dogmatics, II/2, The Doctrine of God*. T&T Clark Ltd: Latest impression 1997.
_____. *Chrch Dogmatics, III, The Doctrine of Creation*. T&T Clark Ltd: Latest impression 1996.
_____. *Chrch Dogmatics, III/1, The Doctrine of Creation*. T&T Clark Ltd: Latest impression 1998.
_____. *Chrch Dogmatics, III/2, The Doctrine of Creation*. T&T Clark Ltd: Latest impression 1998.
_____. *Chrch Dogmatics, III/3, The Doctrine of Creation*. T&T Clark Ltd: Latest impression 1996.
_____. *Chrch Dogmatics, IV/1, The Doctrine of Reconciliation*. T&T Clark Ltd: Latest impression 1997.

_____. *Chrch Dogmatics, IV/2, The Doctrine of Reconciliation.* T&T Clark Ltd: Latest impression 1996.

_____. *Chrch Dogmatics, IV/3-1, The Doctrine of Reconciliation.* T&T Clark Ltd: Latest impression 1999.

_____. *Chrch Dogmatics, IV/3-2, The Doctrine of Reconciliation.* T&T Clark Ltd: Latest impression 1997.

_____. *Chrch Dogmatics, IV/4, The Doctrine of Reconciliation.* T&T Clark Ltd: Latest impression 1996.

_____. *Chrch Dogmatics, Index volume with aids for the Preacher.* T&T Clark Ltd: Latest impression 1995.

_____. *Der Römerbrief,* Unverderter Nachdruck der ersten Auflage von 1919, Zürich, 1963.

_____. *The Knowledge of God and the Service of God According to the Teaching of the Reformation,* tr. by J. L. M. Haire and Ian Henderson, London: Hodder and Stougton, 1955.

Eric, V. *Die Politischen Religionen,* Stockholm: Bermann-Fischer, 1939.

Hengel, M. *Judaism and Hellenism.* SCM Pess Ltd, 1981.

Küng, Hans. *Rechtfertigung,* tr. by Thomas Collins, *Justification: the doctrine of Karl Barth and a Catholics reflection.* Philadelphia: The Westminster Press, 1964.

_____. *Existiert Gott?,* tr. by Edward Quinn, *Does God Exist?,* New York: Vintage Books Edition, 1981.

Link, Chr. *Schöpfungtheologie in reformatorischer Tradition.* 1991.

Link, Chr. *Schöpfungtheologie angesichts der Herausforderungen des 20. Jahrhunderts*

Park, Kyung-Seo. *Reconciliation Reunification: The Ecumenical Approach to Korean Peninsula Based on Historical Documents.* Hong Kong: Christian Conference of Asia, 1998.

Suh, Dae-Sook. "The Foreign Policy of the New Leaders of North Korea", in *Perspectives on Korea.* eds., Sang-Oak Lee and Duk-Soo Park. Sydney: Wild Peony, 1998.

_____. "Kim Jong Il and New Leadership in North Korea", in *North Korea after Kim Il Sung.* eds., Suh Daeg-Sook and Lee Chae-Jin. Boulder, Colorado: Lynne Rienner, 1998.

Sweezy, P. *The Theogy of Capitalist Development: Principles of Marxian Political Economy.* MR Press, 1956.

Weber, Otto. *Grundlagen der Dogmatik,* tr. by Darrell L. Guder, *Foundations of Dogmatics,* Grand Rapids: William B. Eerdmans Publishing Company, 1962.